MAURICE

HISTOIRE
DES
INSTITUTIONS POLITIQUES
DE L'ANCIENNE FRANCE

PAR

FUSTEL DE COULANGES

Membre de l'Institut (Académie des sciences morales)
Ancien professeur d'histoire à la Sorbonne

LES ORIGINES DU SYSTÈME FÉODAL

LE BÉNÉFICE ET LE PATRONAT
PENDANT L'ÉPOQUE MÉROVINGIENNE

REVU ET COMPLÉTÉ SUR LE MANUSCRIT ET D'APRÈS LES NOTES DE L'AUTEUR

PAR

CAMILLE JULLIAN
Professeur à la Faculté des lettres de Bordeaux

DEUXIÈME ÉDITION

PARIS
LIBRAIRIE HACHETTE ET Cⁱᵉ
79, BOULEVARD SAINT-GERMAIN, 79

HISTOIRE DES INSTITUTIONS POLITIQUES

DE L'ANCIENNE FRANCE

LES ORIGINES DU SYSTÈME FÉODAL

LE BÉNÉFICE ET LE PATRONAT

PENDANT L'ÉPOQUE MÉROVINGIENNE

OUVRAGES DU MÊME AUTEUR

PUBLIÉS PAR LA LIBRAIRIE HACHETTE ET Cie

La Cité antique; 16ᵉ édition. 1 vol. in-16 broché. . . . 3 fr. 50
  Ouvrage couronné par l'Académie française.

Histoire des Institutions politiques de l'ancienne France.
  6 vol. in-8 brochés . . . . 45 fr. »
  La Gaule romaine. 1 vol. . . . . 7 fr. 50
  L'Invasion germanique. 1 vol. . . . . 7 fr. 50
  La Monarchie franque. 1 vol. . . . . 7 fr. 50
  L'Alleu et le domaine rural pendant l'époque mérovingienne. 7 fr. 50
  Les Origines du système féodal : le Bénéfice et le Patronat
    pendant l'époque mérovingienne. . . . . 7 fr. 50
  Les Transformations de la royauté pendant l'époque carolingienne. 1 vol. 7 fr. 50

Recherches sur quelques problèmes d'histoire. 1 vol. 10 fr. »

Nouvelles recherches sur quelques problèmes d'histoire.
  1 vol. grand in-8, broché . . . . 10 fr. »

Questions historiques, 1 vol. in-8, broché . . . . . . 10 fr. »

GUIRAUD (P.) professeur à la Faculté des lettres de Paris :
  Fustel de Coulanges. 1 vol. in-16 broché . . . . 3 fr. 50
  Ouvrage couronné par l'Académie française.

HISTOIRE
DES
INSTITUTIONS POLITIQUES
DE L'ANCIENNE FRANCE

PAR

FUSTEL DE COULANGES

Membre de l'Institut (Académie des sciences morales)
Ancien professeur d'histoire à la Sorbonne

5
LES ORIGINES DU SYSTÈME FÉODAL

LE BÉNÉFICE ET LE PATRONAT

PENDANT L'ÉPOQUE MÉROVINGIENNE

REVU ET COMPLÉTÉ SUR LE MANUSCRIT ET D'APRÈS LES NOTES DE L'AUTEUR

PAR

CAMILLE JULLIAN

Professeur à la Faculté des lettres de Bordeaux

DEUXIÈME ÉDITION

PARIS
LIBRAIRIE HACHETTE ET Cie
79, BOULEVARD SAINT-GERMAIN, 79

1900

Droits de traduction et de reproduction réservés.

PRÉFACE

C'est pour obéir à la volonté de M. Fustel de Coulanges que j'ai accepté la mission de publier ses divers manuscrits et de compléter son *Histoire des Institutions politiques de l'ancienne France*. Il désirait vivement que la tâche commencée par lui fût continuée par un de ses élèves, et il avait bien voulu me désigner au choix de sa famille. La pieuse affection que j'avais pour lui, l'admiration que m'inspirent ses travaux, l'amour de la recherche historique, qu'il faisait partager à tous ses disciples, m'ont rendu ce devoir facile et précieux. Je suis heureux aujourd'hui, en publiant ce volume, d'accorder un premier et reconnaissant hommage à celui qui fut mon maître et me fit l'honneur de m'appeler son ami.

Le volume qui paraît aujourd'hui a été composé à peu près entièrement par M. Fustel de Coulanges. L'introduction et les quatorze premiers chapitres ont été écrits par lui dans les dernières années de sa vie. Çà et là, il y a eu seulement quelques phrases à rédiger, des notes à compléter, des transitions à insérer. Le chapitre xv, très bref du reste, a été fait d'après d'anciens cours et deux articles donnés à la *Revue des Deux Mondes*, le 15 mai 1873[1] et le 1ᵉʳ août 1874[2] : c'est sur les indications formelles de M. Fustel de Coulanges que je l'ai ajouté. Le chapitre suivant est la réimpression presque intégrale d'un Mémoire paru en 1883 dans la *Revue historique*[3]. La conclusion a été écrite sous l'inspiration du présent volume : un des paragraphes est emprunté à l'article du 1ᵉʳ août 1874.

Les textes ont été contrôlés et transcrits d'après les plus récentes éditions. Je n'ai pas cru devoir compléter la bibliographie. M. Fustel de Coulanges avait lu tout ce qui se rapportait à son sujet, œuvres modernes et textes anciens : il ne tenait pas à le montrer.

Toutes les fois que j'ai dû ajouter un texte, une phrase ou un mot, je me suis servi de crochets, pour permettre au lecteur de reconnaître aisément les additions.

Les quinze premiers chapitres paraissent dans l'ordre indiqué par M. Fustel de Coulanges pour le plan de son volume. Les titres ont été parfois légèrement modifiés : l'auteur ne les avait pas définitivement arrêtés.

Ces quinze chapitres concernent uniquement le bénéfice et le patronage. L'intention de M. Fustel de Cou-

---

[1] *Les origines du régime féodal.* — I. *La propriété foncière dans l'Empire romain et dans la société mérovingienne.*
[2] *Les premiers temps du régime féodal.* — II. *Le patronage, la fidélité, le droit de sauvement.*
[3] *Étude sur l'immunité mérovingienne.*

langes était d'étudier l'immunité dans ce même volume.
Cela ressort notamment d'une esquisse très sommaire
de ce volume, trouvée parmi ses papiers[1]. Se serait-il
borné à réimprimer l'article de la *Revue historique*?
L'aurait-il remanié complètement? Je crois plutôt qu'i.
l'eût reproduit : sur un tirage à part de cet article,
annoté de sa main, il n'a fait que d'insignifiantes
additions.

Le titre de ce livre n'est pas celui sous lequel le
public l'a attendu. M. Fustel de Coulanges l'appelait
volontiers le *Bénéfice*, et c'est sous ce nom qu'il le faisait annoncer. Nous avons cru cependant qu'il fallait le
changer. Le bénéfice n'est traité que dans un tiers de
l'ouvrage; le patronage y occupe assurément plus de
place. Ce à quoi l'auteur s'attache surtout, c'est à montrer l'origine des institutions d'où sortira le système
féodal. C'est le mot de féodalité que nous retrouverons
à la fin de chaque chapitre. C'est de la féodalité seulement qu'il est question dans la double introduction.
Enfin, le titre que nous donnons à ce livre est à peu
près celui sous lequel avaient paru les deux articles de
la *Revue des Deux Mondes*, ébauche et résumé du
présent ouvrage.

De tous les ouvrages de M. Fustel de Coulanges,
celui-ci peut-être lui a coûté le plus de temps, lui a

---

[1] « Plan : Du patronage chez les Gaulois, Romains, Germains; de l'en
gagement de la personne, *commendatio*, sous les Mérovingiens; de l'engagement de la terre ou du bénéfice; des immunités et du patronage
royal. »

demandé le plus de soins. Il n'en est point auquel il ait plus longuement songé. S'il ne lui a pas été donné d'y mettre la dernière main, il l'a du moins rédigé presque en entier ; et, dans les pages que j'ai dû ajouter, je me suis efforcé d'être l'interprète fidèle de sa pensée.

Camille JULLIAN.

Bordeaux, 1er mai 1890.

INTRODUCTION

L'un des plus difficiles problèmes de la science historique est de savoir comment les populations de la Gaule sont passées du régime monarchique et administratif que Rome leur avait donné, à un régime entièrement opposé, au régime féodal.

Il est déjà fort difficile de savoir en quel temps ce nouveau régime s'est formé. Voilà une très grande révolution qui s'est faite, une des révolutions les plus considérables de l'histoire des gouvernements, et nous n'en connaissons pas même la date.

Quelques-uns l'ont fait dater du capitulaire de Kiersy-sur-Oise en 877; quelques autres l'ont fait remonter à un édit donné en 615. La simple lecture de ces deux documents suffit à montrer l'inexactitude des deux opinions.

On voudrait trouver dans les textes du temps l'indication de cette date. Ces textes sont nombreux. Chacune de ces générations d'hommes a laissé des écrits de toute nature où elle raconte elle-même les grands événements dont elle a été témoin. Aucune d'elles ne nous signale la naissance du régime féodal. Parmi tant de chroniques, de textes législatifs, de lettres particulières, de diplômes et de chartes, nous ne trouvons jamais l'indication du moment où les villains ont commencé à être assujettis aux seigneurs et les vassaux aux suzerains. Des hommes de toute race nous parlent des changements qu'ils ont vus; aucun d'eux ne nous dit : « C'est de notre temps que le régime féodal s'est établi. »

Il est encore plus difficile de dire la cause de cette révolution et la manière dont elle s'est faite. Si l'on suppose que la sujétion des villains aux seigneurs est le résultat d'une lutte armée et d'un coup de force, on ne trouvera trace de cela dans aucun des écrits du moyen âge. Si l'on suppose que les seigneurs se sont rendus indépendants des rois par une grande insurrection, cela non plus ne se trouvera indiqué nulle part.

Nous possédons sur cette première moitié du moyen âge plus de documents que sur l'antiquité grecque et romaine. Pas une ligne de ces documents ne nous dit ni quand ni comment est née la féodalité.

Les jurisconsultes et les publicistes n'ont pas manqué au moyen âge. Philippe de Beaumanoir et Bouteiller en France, Jean d'Ibelin et Philippe de Navarre en Orient, Glanville et Littleton en Angleterre, et beaucoup d'autres, ont décrit les institutions féodales qu'ils avaient sous les yeux. Ils n'en ont pas déterminé l'origine historique. Aucun d'eux ne les place à une date ni ne les attribue à une cause précise.

Les modernes ont dit : « Il y a eu, au v° siècle, une invasion de Germains en Gaule; elle a tout bouleversé; c'est elle qui a détruit le régime romain et qui a mis à la place le régime féodal. Ce régime a donc une origine germanique. Il a pour cause première la conquête, et la distinction entre les classes n'est que la suite d'une distinction entre vainqueurs et vaincus. »

Cette théorie serait bien commode. Par elle les faits s'expliqueraient simplement, logiquement, systématiquement. L'histoire deviendrait claire et facile. Nous aurions un élément romain et un élément germain, et avec ces grands mots on répondrait à tout, on rendrait compte de toutes les institutions et même de toutes les révolutions du moyen âge.

Par malheur, les documents ne s'accordent pas avec cette théorie. Prenez tout ce qui a été écrit, soit pendant les invasions, soit dans la génération qui est venue immédiatement après elles, soit même dans les cinq siècles qui ont suivi, vous ne trouverez pas une seule ligne où il soit dit que ces invasions aient détruit le régime romain et établi le régime féodal. Vous n'en trouverez pas une seule qui dise, soit sous forme expresse, soit par simple voie d'allusion, que le régime féodal soit le résultat d'une conquête. Pas une ligne enfin, depuis le v° siècle jusqu'au xii°, qui indique que les villains fussent des Gaulois et que les seigneurs fussent des Germains.

Il faut donc chercher d'autres causes et ne pas se contenter de l'hypothèse commode.

C'est que la formation du régime féodal est un événement très complexe. Prétendre le faire découler d'une seule source et le rattacher à un fait unique, c'est se mettre dans le cas de se tromper inévitablement. Il a fallu pour le produire une longue suite de faits et la coïncidence des causes les plus diverses.

On s'est demandé s'il nous était venu de l'ancienne Rome ou de la Germanie, et les érudits se sont partagés en deux camps, celui des romanistes et celui des germanistes. La vérité n'est dans aucune de ces opinions étroites. Vous trouvez le régime féodal chez des populations qui n'ont rien de germanique, et vous le trouvez aussi chez des populations qui n'ont rien de romain. Il a existé également dans la Gaule méridionale où le sang gallo-romain dominait, dans la Gaule septentrionale où les deux races étaient mêlées, dans la Bavière et dans la Saxe où la population était purement germaine. Il a existé chez les Slaves et les Hongrois. Des documents irlandais montrent qu'il s'est formé en Irlande spontanément, sans nulle conquête, en dehors de toute influence ou romaine ou germanique[1]. On le rencontre chez beaucoup d'autres peu-

---

[1] Voir Sumner Maine, *Histoire des Institutions primitives*, trad. Durieu de Leyritz, 1880, chap. v, vi, x surtout, p. 192-193, 196-199, 207-208 de la traduction. — M. Rambaud dans son étude sur l'Empire grec, 1870, a montré qu'il existait là un régime féodal au x° siècle.

ples encore, même hors d'Europe, et à d'autres époques de l'histoire. Il s'est produit chez toutes les races. Il n'est ni romain ni germain ; il appartient à la nature humaine.

Il s'est formé lentement, insensiblement, et c'est pourquoi aucune chronique n'en donne la date. Il est dérivé d'une foule de causes obscures, et c'est pourquoi aucun écrivain contemporain n'en dit la cause. Il a eu ses sources dans les faits les plus divers de l'existence très complexe des hommes durant cinq ou six siècles.

C'est cette existence tout entière, dans son détail et sa complexité, que nous devons étudier, si nous voulons savoir quand, comment, pourquoi le régime féodal s'est formé. Nous ne devons partir d'aucune idée préconçue, d'aucun parti pris qui soit ou romain ou germanique ; nous devons observer les faits de chaque siècle jusqu'à ce que nous apercevions le régime féodal.

Il peut être utile, pour bien diriger notre recherche, de définir d'abord l'objet que nous cherchons. Ce n'est pas qu'une définition complète et exacte de la féodalité puisse être donnée avant la fin de notre étude ; nous pouvons du moins en présenter ici une définition provisoire. Il y a trois traits qui caractérisent le régime féodal :

1° Dans ce régime, le sol est possédé de telle sorte que le possesseur n'en est pas véritablement propriétaire. Sa jouissance peut-être presque assurée ; elle peut même être héréditaire ; mais elle n'est jamais la pleine propriété. Quelques attributs de la propriété lui manquent toujours, tels que le droit de vendre ou le droit de léguer. D'ailleurs, cette jouissance est conditionnelle, c'est-à-dire soumise soit à des redevances, soit à des services, en un mot à des devoirs, et la négligence de ces devoirs entraîne la perte de la possession.

2° Le sol est découpé en grands domaines, que l'on appelle des seigneuries. Sur chacun d'eux un seigneur règne, et tous les hommes du domaine lui obéissent. Ces hommes sont jugés par lui, au lieu de l'être par le roi ou par quelque autre autorité publique. Ils ne payent d'impôt et ne doivent le service militaire qu'à lui au lieu de les devoir au roi; en sorte que chaque terre prise en elle-même semble un petit État.

3° Ces seigneurs dépendent, non pas tous également du roi, mais les uns des autres; et cette dépendance vient de ce que chacun d'eux a reçu sa seigneurie d'un autre : fait qu'il *avoue* formellement à chaque génération nouvelle. Ainsi chacun tient sa terre d'un autre et lui est assujetti pour ce motif. De là toute une hiérarchie de vassaux et de suzerains qui remonte jusqu'au roi.

En résumé, possession conditionnelle du sol à la place de la propriété, assujettissement des hommes au seigneur à la place de l'obéissance au roi, et hiérarchie des seigneurs entre eux par le lien du fief et de l'hommage, voilà les trois traits caractéristiques qui distinguent le régime féodal de tout autre régime.

Donc l'historien qui veut s'expliquer comment la Gaule est passée du régime romain au régime féodal, doit passer en revue chaque génération d'hommes et il doit chercher si elle lui présente ces trois traits ou l'un des trois. Puisqu'il ne sait pas à l'avance la date originelle de ce régime, il doit commencer son étude à la dernière génération soumise au régime romain et continuer ainsi jusqu'à ce que le changement apparaisse à ses yeux. Puisqu'il n'en sait pas d'avance la cause, il ne doit pas se contenter d'étudier tel ou tel ordre de faits; il doit observer attentivement tous les faits, toutes les institutions, toutes les règles de droit public ou privé, toutes les habitudes de la vie domestique, et particulièrement tout ce qui se rapporte à la possession du sol. Il doit étudier toutes ces choses avec une attention également scrupuleuse, parce qu'il ne sait pas à l'avance de quel côté lui viendra la lumière. Cette méthode est longue, mais c'est la seule qui soit sûre. Ce n'est pas la méthode du doctrinaire, mais c'est la méthode du chercheur.

Nous n'avons encore étudié la société mérovingienne que

par deux côtés. Nous avons observé [dans le précédent volume] quel régime de propriété elle pratiquait, et nous avons vu successivement le droit de propriété qu'on appelait alleu, l'organisme rural qu'on appelait villa, l'élément de tenure ou manse, les divers modes de tenure et les différentes classes d'hommes, le propriétaire, le colon, l'esclave, l'affranchi. Nous avions examiné [auparavant], de la même époque et de la même société, les institutions politiques, et nous avons passé en revue la royauté, le pouvoir législatif des rois, les assemblées des Grands, le Palais, l'administration par les comtes et les autres fonctionnaires, les impôts, la justice, la situation faite à l'épiscopat.

Ces deux séries d'études nous conduisaient au régime féodal. Bien qu'aucun des faits sociaux et politiques que nous rencontrions n'eût par lui-même un caractère féodal, il n'en est presque aucun qui ne dût avoir plus tard un rapport étroit avec la féodalité. En effet, cette organisation de la propriété, cette villa, ce manse, le droit si incontesté et si étendu du propriétaire, ces divers modes de tenure, ce colonat et ce servage, tout cela devait se continuer sous la féodalité. Il en est de même des institutions politiques. Cette royauté, ce principe monarchique ne devaient nullement être atteints par le régime féodal; cet entourage des rois et ces assemblées des grands se retrouveront dans la féodalité; les attributions des comtes-fonctionnaires des Mérovingiens expliquent les pouvoirs des ducs et comtes féodaux. Les institutions que nous avons constatées se prolongeront à travers tous les siècles suivants. La féodalité ne les détruira pas; à peine en amoindrira-t-elle quelques-unes; elle se les appropriera plutôt. Rien ne se perdra donc, ou presque rien, de ce que nous avons vu s'établir. Ces institutions sont le terrain solide et résistant sur lequel se construira la féodalité.

C'est la féodalité que nous nous proposons d'étudier maintenant.

Nous ne la prendrons pas tout de suite dans sa pleine vigueur. Nous chercherons d'abord comment elle s'est formée. Les institutions ont d'ordinaire une élaboration lente; les recherches historiques sont lentes aussi, parce qu'elles doivent retrouver et presque reproduire cette longue élaboration des faits.

Avant le fief, il y a eu le bénéfice, la précaire, la recommandation, la truste et la fidélité. Toutes ces choses ne sont pas précisément la féodalité, mais elles y mènent. Le bénéfice n'est pas le fief, mais il deviendra le fief. Nous devons donc étudier ces institutions et ces pratiques.

Pour comprendre les choses féodales, nous en chercherons l'origine et nous remonterons aussi haut qu'il nous sera possible. Notre préoccupation des origines n'est pas une pure curiosité : elle est une partie essentielle de la méthode historique; elle est une des règles les plus nécessaires de l'histoire. Cela tient à la nature même de cette science. L'histoire est proprement la science du devenir. Elle étudie moins l'être en soi que la formation et les modifications de l'être. Elle est la science des origines, des enchaînements, des développements et des transformations.

Nous commencerons par nous demander si les institutions féodales existaient, fût-ce en germe, avant les invasions germaniques ou si elles n'ont paru qu'après elles; nous chercherons si la première origine s'en trouve dans quelque institution de l'Empire romain ou dans quelque coutume de la vieille Germanie.

LES ORIGINES DU SYSTÈME FÉODAL

LE BÉNÉFICE ET LE PATRONAGE

PENDANT L'ÉPOQUE MÉROVINGIENNE

CHAPITRE PREMIER

Qu'il n'existait pas dans l'Empire romain de bénéfices militaires.

On ne croit plus guère aujourd'hui à l'origine romaine du bénéfice et du fief. Il faut constater cependant que cette opinion a été soutenue longtemps, et par des hommes fort érudits. Et cette opinion mérite qu'on l'examine, aussi bien que l'opinion contraire.

Ce n'est pas qu'on ait jamais prétendu que la féodalité existât sous l'Empire romain ; il est trop visible qu'elle n'a été en vigueur que longtemps après la disparition de cet empire. Mais on a dit que sous l'Empire romain il y avait déjà des bénéfices militaires et une espèce de fiefs à l'usage des soldats. On a ajouté que les Germains, après leurs invasions, s'étaient empressés d'adopter cet usage romain, l'avaient développé et étendu, et en avaient fait une institution générale.

Loyseau, dans son *Traité des Seigneuries* qu'il publiait en 1608, explique ainsi l'origine des fiefs : « Les Francs, s'étant emparés des terres de la Gaule, les baillèrent à titre de fiefs, c'est-à-dire à la charge d'assister toujours le prince en guerre : invention qui avait été commencée par les empereurs romains, lesquels, pour assurer leurs frontières, s'étaient advisés de donner les terres d'icelles à leurs capitaines et soldats plus signalés, par forme de bienfaict, qu'aussi ils appelèrent bénéfice, et à la charge de les tenir seulement pendant qu'ils seraient soldats[1]. »

Soixante ans plus tard, le grand romaniste Jacques Godefroi publiait le Code Théodosien, avec son admirable commentaire. Arrivé au livre VII, titre 15, il y rencontrait une loi d'Honorius ainsi conçue : « Les terres que la bonté prévoyante de nos antiques prédécesseurs a concédées aux soldats appelés *gentiles* pour la garde des frontières de l'empire, nous avons appris qu'elles sont quelquefois détenues par des hommes qui ne sont pas soldats; mais il faut qu'on sache que les détenteurs sont astreints au service de la garde des frontières; s'ils manquent à ce devoir, ils doivent quitter ces terres et les rendre aux *gentiles* ou aux vétérans[2]. » A cette loi d'Honorius, Godefroi ajoute une novelle de Théodose II

---

[1] Loyseau, *Traité des Seigneuries*, c. 1, édit. de 1620, p. 12. — Cf. Ét. Pasquier, *Recherches de la France*, livre II, c. 16, édit. de 1723, t. I, p. 128 : « Auguste commença de donner aux soldats quelques assiettes de terres, laquelle coutume fut estroitement observée par ses successeurs. De ces départements et distributions de terres nous voyons assez fréquente mention ès anciens jurisconsultes. Ces terres ne se distribuaient qu'à des soldats : elles ne leur étaient d'abord octroyées qu'à vie, et ne devinrent héréditaires qu'au temps de l'empereur Alexandre Sévère.... Ainsi firent les Francs. » — La même opinion est exprimée par Charondas, dans ses notes sur le Grand Coutumier de Charles VI, édit. de 1698, et dans ses notes sur Bouteiller, édit. de 1603, p. 480. — D'autre part, Dumoulin avait soutenu avec une très grande énergie que les fiefs étaient une création des Francs et n'avaient rien de commun avec le droit romain; voy. édit. de 1681, t. I, p. 3-5.

[2] Code Théodosien, *cum commentariis Gothofredi*, VII, 15, 1, édit. Ritter, t. II, p. 398.

où l'on voit aussi que les *agri limitanei* ne devaient appartenir qu'à des soldats et ne pouvaient être vendus à des hommes qui ne fussent pas soldats[1]. De ces deux textes législatifs il rapproche deux passages de l'Histoire Auguste. Le premier est de Lampride, qui dit qu'Alexandre Sévère « donna les terres prises sur l'ennemi aux chefs et aux soldats des frontières, sous cette condition que leurs héritiers seraient soldats et que ces terres ne pourraient appartenir à des hommes qui ne fussent pas soldats ». Le second est de Vopiscus, qui rapporte que Probus « donna aux vétérans certaines terres de l'Isaurie, ajoutant que leurs enfants mâles devraient être soldats à partir de l'âge de dix-huit ans ». Sur ces quatre textes, Godefroi fait cette réflexion : « C'est ici une espèce de fief ; car on y retrouve la condition ordinaire, qui était que le concessionnaire dût au concédant la fidélité et le service militaire[2]. » Et un peu plus loin : « C'était par cette sorte de fief et de bénéfice que les empereurs récompensaient les fatigues de leurs soldats[3]. » Comparant encore ces soldats aux Lètes des terres létiques et même aux leudes, il ajoute : « Ils étaient une sorte de vassaux voués à la guerre[4]. » Il énumère les conditions attachées à ces concessions impériales et il en compte trois : la première est le service militaire ; la seconde est l'interdiction de vendre, au moins à des hommes qui ne soient pas soldats ; la troisième est l'hérédité, réduite à la succession de mâle en

---

[1] Novelles de Théodose II, édit. Hænel, XXIV, § 4, p. 105-106, ou au Code Justinien, XI, 60 (59), 3.
[2] Godefroi, édit. Ritter, t. II, p. 398 : *Est hæc species quædam feudi. Sane similis lex erat fundorum constituendorum, ut qui prædium acciperet, danti fidem et militiæ firmæ munus exhiberet.*
[3] Ibidem, p. 399 : *Veteranos hoc quasi feudi beneficiique genere pensari, post exsudatos militiæ labores....*
[4] Ibidem : *Vasallorum et hominum genus militiæ adstrictum.*

mâle. Et il conclut : « Tout cela se rapproche beaucoup de la nature des fiefs[1]. »

Cette même opinion a été reprise au siècle suivant par l'abbé Dubos. Les empereurs romains, écrit-il, partageaient les terres entre les soldats sur les frontières, « à condition que l'État demeurerait toujours le véritable propriétaire de ces fonds-là », et ces terres ne passaient « aux héritiers du gratifié » que si ceux-ci portaient les armes. « On regarde communément » cette distribution des terres sous ces conditions « comme la première origine des possessions si connues dans l'histoire sous le nom de fiefs[2]. » L'auteur cite à l'appui de sa théorie les mêmes textes qu'avait déjà indiqués Godefroi; mais il y ajoute un passage de saint Augustin ainsi conçu : « Il est bien connu que les soldats du siècle, lorsqu'ils veulent recevoir de leurs seigneurs temporels un bénéfice temporel, commencent par se lier envers eux par un serment et s'engagent à conserver la foi envers leurs seigneurs[3]. » Voilà donc, dans une phrase de saint Augustin, la mention de « seigneurs », de « bénéfices », de « serment », et de « fidélité ». Il semble que tout le contrat féodal soit contenu dans cette phrase[4].

---

[1] Godefroi, édit. Ritter, t. II, p. 400 : *Quæ pleraque ad feudorum naturam proxime accedunt.* — Déjà Casaubon, dans ses notes sur Vopiscus, 1603, avait dit : *Hanc esse quamdam speciem feudi, vel potius initia quædam ejus juris quod feudorum appellatione est designatum.*

[2] Dubos, *Établissement de la monarchie française*, 2ᵉ édit., 1749, t. I, p. 82. — Plus loin, t. II, p. 518, il revient sur le même sujet, et par une confusion à peine croyable il assimile ces « bénéfices militaires » des empereurs romains aux « terres saliques » de l'époque mérovingienne.

[3] Saint Augustin, *Sermo in vigilia Pentecostes* : *Notum est quod milites sæculi* BENEFICIA *temporalia a temporalibus* DOMINIS *accepturi prius militaribus* SACRAMENTIS *obligantur, et* DOMINIS SUIS FIDEM *se servaturos profitentur.*

[4] Cf. encore l'abbé Garnier, *Traité de l'origine du gouvernement français*, 1765, p. 104. (Il prononce nettement le mot de « bénéfices mili-

Cette théorie ne s'est pas arrêtée à l'abbé Dubos. On la retrouve, très adoucie à la vérité, chez plusieurs érudits de notre siècle[1]. Il y a seulement chez eux cette contradiction qu'après avoir reconnu une sorte de fief militaire chez les Romains, ils professent ensuite que la féodalité vient d'usages germaniques.

Or l'existence de bénéfices militaires et presque de fiefs chez les Romains n'est pas un fait qu'il suffise de pallier et d'amoindrir. Si elle est prouvée, elle est la source ou au moins l'une des sources du régime féodal. Dès que le bénéfice militaire ou le fief a existé dans l'Empire, n'y eût-il tenu qu'une très petite place, il peut avoir été le germe d'où la féodalité est sortie. Il serait possible que, d'une institution purement locale et exceptionnelle, les Germains eussent fait une institution générale et maîtresse. Il n'en serait pas moins important de constater que la première origine en fût dans l'Empire, et l'on devrait admettre que les empereurs romains ont institué les bénéfices militaires, desquels sont venus les bénéfices mérovingiens et les fiefs. Il faut voir si le fait est vrai, et pour cela examiner les textes desquels on a cru qu'il se dégageait.

1° Lampride, après avoir signalé quelques guerres en Mauritanie, dans l'Illyricum et en Arménie, dit que les terres prises sur l'ennemi furent données par l'empereur aux généraux et aux soldats des corps qui gar-

---

taires » à propos du texte de saint Augustin; mais il suit Dubos de très près; cf. p. 49.]

[1] Serrigny, *Droit public et administratif romain*, t. I, p. 365-372; C. Dareste de la Chavanne, *Histoire des classes agricoles*, p. 68-71; Révillout, *Étude sur le colonat*, dans la *Revue historique du Droit*, t. III, 1857, p. 213; M. Garsonnet compare aussi ces concessions à des fiefs, *Histoire des locations perpétuelles*, p. 165, sans dire pour cela que les fiefs en viennent.

daient les frontières. Il parle de donation, *donavit*[1].
L'empereur, à la vérité, imposa pour condition aux
donataires que leurs héritiers seraient astreints au service. Mais nous devons remarquer que cette condition ne
changeait pas la nature de l'acte, qui était une véritable
donation.

2° Vopiscus rapporte que, les montagnes de l'Isaurie
étant infestées par le brigandage, Probus les en purgea,
et qu'ensuite, cherchant un moyen d'empêcher le retour
de ce fléau, il imagina d'y établir des vétérans. « Tous
les lieux d'un accès difficile, il les donna en propriété
privée aux vétérans, en ajoutant cette mesure qu'à partir
de l'âge de dix-huit ans leurs enfants, du moins leurs
enfants mâles, seraient envoyés dans des corps de troupes,
de peur que, s'ils restaient dans leurs montagnes, ils ne
prissent l'habitude du brigandage[2]. » Il y a trois choses
à noter dans ce passage. D'abord l'historien parle d'une
véritable donation en propre, *privata donavit*. Puis il
ne parle pas d'une condition mise à cette sorte de propriété: il dit seulement que l'empereur ajouta que les
fils de ces hommes seraient envoyés à l'armée; c'était
une mesure administrative qu'il prenait et qui était
conforme à la législation militaire du temps. Enfin
l'historien ne dit nullement que ces terres ne fussent

---

[1] Lampride, *Vie d'Alexandre Sévère*, 58 : *Sola quæ de hostibus capta sunt, limitaneis ducibus et militibus donavit, ut eorum essent si heredes eorum militarent, nec unquam ad privatos pertinerent.* — Les mots *ad privatos* s'opposent ici à *milites* et désignent des hommes qui ne sont pas soldats. C'est le sens du mot *privatus* ou de l'expression *privatæ conditionis* au Code Théodosien, VII, 15, 2. Cf. Godefroi, *Glossarium*, au mot *privatus*.

[2] Vopiscus, *Vie de Probus*, 16 : *Potentissimo quodam latrone Palfucrio capto Isauriam liberavit.... Hoc dixit : Facilius est ab istis locis latrones arceri quam tolli. Veteranis omnia illa quæ anguste adeuntur loca* PRIVATA DONAVIT, *addens ut eorum filii ab anno octavo decimo, mares duntaxat, ad militiam mitterentur, ne latrocinare unquam discerent.*

héréditaires que de mâle en mâle; il n'indique aucune règle de succession, et laisse supposer que ces sortes d'héritages étaient soumis aux règles ordinaires qui régissaient la succession des *privata*.

Il fallait avoir lu bien superficiellement ces deux passages pour y voir une ressemblance avec les fiefs ou les bénéfices. Il s'agit d'une donation pleine et entière; *donavit*, dit Lampride; *privata donavit*, dit Vopiscus. C'est l'opposé du bénéfice et du fief. Ces concessions sont héréditaires, ce que le bénéfice n'a jamais été en fait, ce que le fief n'a jamais été en droit. Rien ne montre que la succession masculine en fût une règle, comme plus tard pour le fief. Enfin, si la condition du service militaire y était attachée, cela même, loin d'être une ressemblance avec le bénéfice mérovingien, est ce qui s'en éloigne le plus; car nous constaterons bientôt que le bénéfice, origine du fief, ne fut jamais soumis à la condition du service militaire.

Faisons le même examen sur les deux textes législatifs qui ont été allégués, en y ajoutant même une autre loi d'Honorius qui est au Code Justinien et un fragment du jurisconsulte Paul qui est au Digeste[1].

Tous ces textes se rapportent à des terres situées aux frontières, *agri limitanei*. On sait que les empereurs, pour défendre ces vastes frontières sans avoir besoin de trop de soldats, les avaient garnies d'une ligne de petits forts, *castella*, et d'un fossé, *limes*[2]. Les soldats qui les

---

[1] Code Justinien, XI, 60 (59), 2 [Code Théodosien, VII, 15, 2]. — Paul, au Digeste, XXI, 2, 11 : *Possessiones (trans Rhenum) ex præcepto principali veteranis in præmia adsignatas.*

[2] Spartien, *Vie d'Hadrien*, 12 : *Per ea tempora et alias frequenter in plurimis locis, in quibus barbari non fluminibus sed limitibus dividuntur, stipitibus magnis in modum muralis sæpis funditus jactis atque annexis barbaros separavit.* — Ammien Marcellin, XXVIII, 2 : *Valenti-*

gardaient s'appelaient *castellani* ou *limitanei*[1]. Autour de chaque *castellum* et le long du *limes*, il était de règle que la terre fût laissée à l'usage des soldats. Chaque petit corps de troupe avait quelques prairies pour nourrir des bêtes[2], et aussi quelques champs en labour. C'était le profit des soldats, et comme le complément de leur solde. C'était surtout leur ressource pour faire vivre leurs familles ; car les soldats de l'Empire, qu'ils fussent barbares ou romains, avaient d'ordinaire avec eux leurs femmes et leurs enfants[3].

C'est de ces sortes de terres qu'il est question dans les codes. Les empereurs se sont aperçus que quelques abus ont été commis, que des particuliers ont occupé plusieurs de ces terres ou les ont achetées. Ils font des lois pour restituer ces terres aux soldats, en annulant toute aliénation comme illicite[4].

---

nianus magna animo concipiens et utilia, Rhenum omnem a Rætiarum exordio ad usque fretalem Oceanum magnis molibus communiebat, castra extollens altius et castella turresque assiduas per habiles locos et opportunos qua Galliarum extenditur longitudo, nonnunquam etiam ultra flumen ædificiis positis subradens barbaros fines. — Code Théodosien, VII, 15, 1 : *Munitionem limitis atque fossati.* — Sur ce fossé du côté de la Germanie, voir Cohausen, *der römische Grenzwall*, 1884, etc.

[1] *Castellanus miles*, Code Théodosien, VII, 15, 2. — *Duces et milites limitanei*, Lampride, *Vie d'Alexandre Sévère*, c. 58. — Sur les *limitanei milites* opposés aux *milites comitatenses*, voy. une loi de 389 au Code Théodosien, VIII, 4, 17 ; une novelle de Théodose, XXIV, édit. Hænel, p. 102, et une loi du Code Justinien, I, 27, 2, § 8 [Voir la *Notitia Dignitatum*, commentaire de Bœcking, p. 515 et suiv. Un diplôme militaire du III° siècle mentionne les *milites castellani*, *Ephemeris epigraphica*, t. IV, p. 508].

[2] Tacite parle déjà de cet usage, *Annales*, XIII, 55 : *Agros vacuos et militum usui sepositos.... Partem campi jacere in quam pecora et armenta militum transmitterentur.*

[3] Novelle de Théodose II, Hænel, p. 105, 106 [Code Justinien, XI, 60 (59), 3] : *Agros limitaneos universos cum paludibus et omni jure quos, ex prisca dispositione, limitanei milites ab omni munere vacuos ipsi curare pro suo compendio atque arare consueverunt.*

[4] *Ibidem* : *Si ab aliis possideantur, cujuslibet spatii temporis præ-*

Mais ces terres ne sont pas des fiefs. Un peu d'attention suffit pour apercevoir une différence fondamentale entre elles et les fiefs. Ces terres étaient communes à chaque corps de troupe. Elles appartenaient indivisément à telle légion[1], à telle cohorte, à telle troupe de *gentiles*, aux hommes de tel *castellum*. Mais elles n'appartenaient pas individuellement et privément à chaque soldat ou à chaque officier. Qu'un soldat passât d'un de ces corps dans un autre, il ne conservait aucune part de l'*ager limitaneus*. Ce caractère collectif de la possession est précisément l'opposé de ce que nous trouverons dans le fief. Jamais un fief n'appartiendra collectivement à un corps de soldats. Il sera au contraire de l'essence du fief d'être individuel, ainsi que les services et les obligations qui y seront attachés. Il en sera de même du bénéfice mérovingien. Les *agri limitanei* des empereurs n'ont donc rien de commun avec le bénéfice et le fief.

Reste le passage de saint Augustin, où l'abbé Dubos trouvait la mention de seigneurs, de bénéfices, et de serment de fidélité au seigneur. Le sermon dans lequel se lit cette phrase n'est pas de saint Augustin. C'est un sermon apocryphe[2] : il a été composé au moyen âge, et

---

scriptione cessante, ab universis detentoribus vindicatos iisdem militibus sine ullo collectionis onere, sicut antiquitus statutum est, volumus assignari. Si quis forte, quod minime audere debuerat, emptionis titulo memorati juris possidet praedia, competens ei actio adversus venditorem intacta servabitur. — Code Justinien, XI, 60 (59), 2 : *Quicumque castellorum loca quocumque titulo possident, cedant ac deserant, quia ab his tantum fas est possideri quibus adscripta sunt et de quibus judicavit antiquitas. Quod si quispiam in his locis non castellanus miles fuerit detentator inventus, capitali sententia... plectatur.*

[1] *Corpus inscriptionum latinarum*, t. II, n°² 2916-2920 : *Terminus Augustalis dividit prata legionis quartae et agrum Juliobrigensem.* — Henzen, n° 6825 : *Pequarius [legionis].* Cf. L. Renier, *Inscriptions de l'Afrique*, n°² 129 et 425 [*Corpus inscriptionum latinarum*, t. VIII, n°² 2553, 2827].

[2] On trouvera ce sermon *in vigilia Pentecostes* dans l'édition de Lou-

le passage cité a été emprunté à Yves de Chartres, qui vivait au commencement du xii⁰ siècle. Ce passage sur le serment féodal n'a donc pas été écrit au temps des empereurs romains; il a été écrit en pleine féodalité[1].

Ajoutons que le mot *beneficium*, terme très employé dans la langue de l'Empire, ne s'applique jamais à une terre. On lit souvent qu'un homme a obtenu une terre « par le bienfait du prince », on ne lit jamais que la terre soit « un bénéfice concédé par le prince[2] ». Dans toute concession par bienfait, il s'agit d'une donation en pleine et perpétuelle propriété, non pas d'une concession temporaire, conditionnelle, révocable, comme seront plus tard les bénéfices. Le mot *beneficiarius* est fréquent aussi dans la langue de l'Empire; mais il se dit d'officiers nommés au choix du général[3] ou de sol-

---

vain, 1635, et dans l'édition des Bénédictins, 1685. Dans la première, il est au t. X. p. 687, parmi les sermons apocryphes ou douteux. De même dans l'édition des Bénédictins, au t. IV. p. 278; et les savants éditeurs le font précéder de cette note, qui aurait dû frapper l'abbé Dubos : *ex Ruffino, Cæsario, Gregorio, Yvone Carnotensi collectus*. Ce sermon n'est en effet qu'une sorte de centon.

[1] Cette phrase citée comme étant de saint Augustin, on la trouve dans les œuvres d'Yves de Chartres, édit. de l'abbé Migne, *Patrologie*, t. CLXII, col. 604. Il n'est pas possible de soutenir que la phrase ait été empruntée par Yves à saint Augustin; la lecture et la comparaison des deux sermons ne permettent pas cette supposition. C'est un anonyme qui l'a empruntée à Yves et l'a insérée maladroitement dans un sermon qu'il a mis sous le nom de saint Augustin. Yves de Chartres est mort en 1116.

[2] *Beneficium* se dit de toute sorte de bienfait ou faveur, qu'elle soit accordée par l'État (ex : Cicéron, *Pro Archia*, V; *Ad familiares*, V, 20, 7; *Philippiques*, II, 36, 91) ou qu'elle le soit par le prince. Le *Liber beneficiorum* dont il est parlé plusieurs fois chez les *Agrimensores*, édit. Lachmann, p. 203, p. 295, p. 400, était un registre où l'on tenait note de tous les dons du prince, soit en terres, soit en autres objets. [Cf. Lampride, *Vie d'Alexandre*, 46. Il est fait mention du *primicerius beneficiorum* dans la *Notitia Dignitatum*, d'un *a commentariis beneficiorum* dans une inscription, Gruter, 578, 1.]

[3] Sur l'expression *ordinem consequi beneficio (ducis) non virtute*, voir Hirtius, *De bello Africano*, 54; Tacite, *Histoires*, I, 25; Suétone, *Tibère*,

dats qui ont obtenu une faveur telle qu'une haute paye ou l'exemption des corvées ou qui sont attachés à des services particuliers¹; pas une seule fois on ne lui trouve une signification qui approche de celle qu'il a eue au moyen âge.

Ainsi il n'y a pas un seul texte de l'Empire romain qui nous montre des bénéfices militaires ou des fiefs. Nous ne voyons jamais ni des terres concédées viagèrement sous condition de services féodaux, ni rien qui ressemble au relief, à la commise, à la règle de succession masculine. L'opinion qui fait dériver le fief d'une création du gouvernement impérial en faveur de ses soldats doit donc être complètement écartée. Le fief ou le bénéfice militaire ne fut jamais une institution romaine².

12. [Cf. *Handbuch* de Marquardt, *Rœm. Staatsverwaltung*, t. II, 2ᵉ édit., p. 540.]

¹ Voir les inscriptions, *Corpus inscriptionum latinarum*, t. III, nᵒˢ 1781, 1906, 1909, 1910, 2023, 3161, 5270, 3955, 4820, 5953; t. VIII, nᵒˢ 2080, 2401, 2226, 2564, 2798, 2829, 10717. — Cf. Spartien, *Vie d'Hadrien*, 2; Végèce, II, 7. Le mot *beneficiarius* se dit aussi de soldats détachés de l'armée pour le service des magistrats; Pline, *Lettres*, X, 21 et 27, édit. Keil, etc. [Dans son livre sur les *Institutions politiques et administratives de la France*, t. I, 1890, p. 431, M. Viollet semble confondre les expressions et les faits, lorsqu'il dit que les soldats appelés *beneficiarii* recevaient des terres et qu'il parle « des droits d'un soldat sur son bénéfice ». Il n'y a, je crois, rien de pareil dans les textes.]

² Nous ne faisons que répéter ici ce que nous écrivions déjà en 1875 (*Revue des deux mondes*, 15 mai, p. 452-453). Nous sommes surpris que M. Garsonnet, dans son *Histoire des locations perpétuelles*, p. 244, nous attribue d'avoir soutenu l'opinion que nous avons au contraire combattue très nettement.

CHAPITRE II

Le « comitatus » germanique est-il l'origine des institutions féodales ?

Ce que nous n'avons pas trouvé dans l'Empire romain, le trouverons-nous dans l'ancienne Germanie ?

Tacite décrit avec assez de netteté les institutions politiques des Germains. Il montre chez chacun de ces peuples un organisme politique qu'il appelle *civitas*, c'est-à-dire une cité ou un État[1]. Dans cet État, il existe une assemblée politique de tous les hommes libres ; c'est le vrai souverain[2]. Souvent les magistrats sont élus ; quelquefois il y a des rois héréditaires, rarement des rois absolus[3]. Tout cela est le contraire des institutions féodales. Il existe partout une classe noble ; mais cette noblesse n'a rien de féodal. Elle ne constitue pas une hiérarchie de suzerains et de vassaux. Elle ne découpe pas le sol en seigneuries. La justice est rendue au nom de l'État. Le régime qui est en vigueur en Germanie, c'est le régime de l'État sous la forme républicaine ou monarchique ; ce n'est pas la féodalité.

Voilà un premier point acquis. Mais il reste à cher-

---

[1] Tacite, *Germanie*, c. 8, 12, 13, 14, 15, 30, 37, 41, 44. De même César, *De bello gallico*, VI, 23. César et Tacite emploient aussi, au sujet des Germains, le mot *populi*, terme qui dans la langue latine impliquait toujours l'idée d'une organisation politique.

[2] *Ibidem*, c. 11 : *De minoribus rebus principes consultant, de majoribus omnes ; ita tamen ut ea quoque quorum penes plebem arbitrium est, apud principes pertractentur. Coeunt... certis diebus.... Considunt armati ; silentium per sacerdotes imperatur.... Rex vel princeps... audiuntur.*

[3] *Ibidem*, c. 7, 11, 25, 42, 43, 44, 45.

cher si, au milieu de cette société qui prise d'ensemble n'est pas féodale, il ne se trouve pas quelque institution particulière qui ressemble à la féodalité ou d'où la féodalité ait pu sortir. Il y avait chez ces peuples une telle diversité et une telle complexité d'usages et de pratiques, qu'il faut regarder avec une grande attention avant d'affirmer qu'ils n'eussent rien de féodal.

Au chapitre 31 de la *Germanie*, Tacite décrit une organisation militaire. « Il existe une pratique qui, chez les autres peuples germains, n'est adoptée que par quelques braves isolément, mais qui chez les Cattes est devenue une sorte d'institution publique[1]. Elle consiste en ce que les guerriers, dès leur première jeunesse, se laissent croître la barbe et les cheveux, et gardent, jusqu'au jour où ils auront tué un ennemi, cet extérieur farouche qui marque qu'ils sont voués et engagés à la Vertu guerrière[2]. Ce n'est que sur le sang et les dépouilles d'un ennemi que les hommes découvrent leur front, et c'est alors seulement qu'ils croient avoir acquitté le prix de leur naissance.... Les plus braves portent en outre un anneau de fer, ce qui est pour eux un signe dégradant, et ils le portent jusqu'à ce qu'ils se soient rachetés par la mort d'un ennemi. Nombre de Cattes se plaisent dans cet état. Ils y vieillissent.... Ils ont le privilège de commencer tous les combats. Ils sont toujours au premier rang[3]. Même en temps de paix leur extérieur reste le même. Aucun de ces hommes n'a de

---

[1] Tacite, *Germanie*, 31 : *Aliis Germanorum populis usurpatum rara et privata cujusque audentia, apud Cattos in consensum vertit.* — Tacite représente les Cattes comme le peuple le plus guerrier de la Germanie.

[2] Ibidem : *Votivum obligatumque Virtuti oris habitum.*

[3] Ibidem : *Omnium penes hos initia pugnarum, hæc prima semper acies.* — Ils ne sont pas tous les guerriers d'un peuple, mais ils sont l'élite de ses guerriers.

maison ni de terre. Pour vivre ils se rendent chez qui ils veulent et se font nourrir, gaspillant ce qu'un autre possède et ne se souciant pas de rien posséder eux-mêmes[1]. »

Ce n'est certainement pas ici que nous trouvons la féodalité. Tous ces traits en sont l'opposé. Ce guerrier doit le service militaire toute sa vie, mais ce n'est pas parce qu'il s'est engagé envers un suzerain ; il ne s'est voué qu'au dieu de la guerre. Il n'obéit pas à un chef. Il ne reçoit rien d'un seigneur. Il n'est vassal de personne ; il vit isolé et indépendant, reçu dans toute maison où il se présente et nourri par chacun tour à tour. Tout cela est le contraire des coutumes féodales. Il est digne d'attention qu'il existe en Germanie une institution militaire qui non seulement n'est pas féodale, mais est inconciliable avec toute espèce de féodalité.

Mais à côté de ces guerriers il en est d'autres qui sont organisés suivant un autre principe. Ils s'attachent à un chef; Tacite les appelle, à l'égard de ce chef, des compagnons, *comites*, et il appelle chacun de leurs groupes un compagnonnage, *comitatus*[2]. C'est ici que beaucoup d'historiens modernes ont cru voir l'origine des vassaux et des fiefs.

L'historien qui a exprimé cette opinion, sinon le premier, du moins avec le plus d'énergie, est Montesquieu. « Chez les Germains, il y avait des vassaux », dit-il[3]; s'il n'y avait point encore de fiefs, c'était uniquement « parce que les princes n'avaient point de terres à donner » ; « ou plutôt les fiefs étaient des che-

---

[1] Tacite, *Germanie*, 31 : *Nulli domus aut ager..., prout ad quemque venere, aluntur, prodigi alieni, contemptores sui.*
[2] Ibidem, 13, 14.
[3] Montesquieu, *Esprit des lois*, XXX, 1, 2, 3.

vaux de bataille, des armes, des repas. Il y avait des vassaux, parce qu'il y avait des hommes fidèles qui étaient liés par leur parole, qui étaient engagés pour la guerre et qui faisaient à peu près le même service que l'on fit depuis pour les fiefs ».

La théorie de Montesquieu n'est plus admise tout entière. Déjà Guizot l'a réduite à des termes plus mesurés, quand il a dit : « Dans ces compagnons, dans ces présents que le chef leur fait, Montesquieu voit les vassaux et les fiefs ; il eût dû se borner à les prévoir[1]. » Mais Guizot n'en pense pas moins que là est l'origine des bénéfices et des fiefs. Dans la seconde leçon de son Cours de 1829, il fait remonter le bénéfice à ces usages germains, en faisant cette seule réserve que les dons d'objets mobiliers étaient remplacés par des dons de terres[2].

Ainsi pensait encore Benjamin Guérard : « On ne peut pas attribuer aux bénéfices une origine romaine ; le bénéfice est donc un produit de la Germanie. Le chef de bande germain, après avoir dans sa patrie donné à ses compagnons des chevaux, des framées, des repas, leur distribua sur le sol de la Gaule les terres qu'ils avaient conquises en commun[3]. »

En Allemagne, cette opinion a été soutenue encore par Eichhorn. Elle n'a été combattue qu'en 1850 par Paul Roth dans son bel ouvrage sur l'institution bénéficiaire et par M. Waitz dans son histoire de la constitution politique de l'Allemagne[4].

[1] Guizot, *Essais sur l'histoire de France*, édit. de [1832, p. 92] 1846, p. 85.
[2] Guizot, *Civilisation en France*, édit. de 1846, t. III, p. 240 [édit. de 1876, t. III, p. 55].
[3] Guérard, *Polyptyque d'Irminon*, Prolégomènes, p. 506.
[4] [Voir notamment ce qu'il dit à propos du *beneficium*, c. 5 du t. II; c'est surtout Guizot qu'il s'attache à réfuter.]

La question dépend tout entière du passage de Tacite qui est l'unique document. Il faut nous mettre sous les yeux les deux chapitres qu'il a donnés à cette institution[1]. Il faut les traduire exactement, afin d'entrer le plus possible dans la pensée de Tacite et de comprendre le compagnonnage germain comme il l'a lui-même compris.

Il commence par parler des chefs de compagnons ; il les désigne par le mot *principes*[2], et il montre comment chacun d'eux acquiert ce rang de chef : « Une noblesse de rang insigne ou les grands services rendus par les ancêtres assignent quelquefois à de tout jeunes gens le rang de chef[3]. » Nous insistons sur le mot *insignis*. La pensée de Tacite est qu'il ne suffit pas d'appartenir à la classe noble pour obtenir tout de suite et dès la première jeunesse le rang de chef sans passer par l'état de compagnon. Ce privilège n'appartient qu'à une noblesse

---

[1] Tacite, *Germanie*, 13 et 14.
[2] Tacite emploie ailleurs le mot *princeps* dans un autre sens : *princeps civitatis*, c. 10 ; *principes qui jura reddunt*, c. 12 ; mais dans les chapitres 13 et 14 le mot *princeps* est employé huit fois avec la signification bien évidente de *princeps comitum*. Il est synonyme de *quèm sectantur* que Tacite emploie dans la phrase suivante.
[3] *Insignis nobilitas aut magna patrum merita principis dignitatem (ailleurs dignationem) etiam adolescentulis assignant.* — Dans cette phrase, le premier mot dont il faut bien marquer le sens est *principis* ; il signifie chef de *comites*, comme plus bas *æmulatio principum*, ainsi que dans tout le reste du chapitre et dans tout le chapitre suivant. — *Dignitatem* est dans les deux meilleurs manuscrits, le *Leydensis* et le *Vaticanus*, n° 1862 ; du reste, le mot *dignatio* avait dans la langue latine le même sens que *dignitas*. M. Waitz traduit *dignationem principis* par « la faveur du chef » ; mais il n'y a pas d'exemple dans la langue latine d'un pareil emploi de *dignatio*. Comment Tacite aurait-il pu dire qu'il fallait une noblesse insigne et les grands services des ancêtres pour que le chef jugeât un jeune homme digne d'être son compagnon ? A ce compte, les compagnons eussent été bien peu nombreux. Ce qu'il a dit, c'est qu'il fallait une noblesse éclatante pour que l'on eût dès la première jeunesse le rang de chef.

tout à fait éclatante et hors pair. Les autres nobles commencent par être simples compagnons et n'arrivent qu'assez tard au rang de chef ; c'est ce que marque la phrase suivante : « Quant aux autres chefs, c'est seulement quand ils sont plus âgés et qu'ils ont fait leurs preuves, qu'on s'attache à eux[1]. » Il existe donc, d'après Tacite, deux catégories de chefs de compagnonnage : quelques-uns, en petit nombre, doivent ce rang à leur naissance ; tous les autres l'acquièrent plus tard par un mérite reconnu. Remarquons que ni dans l'un ni dans l'autre cas l'État n'intervient. Ce n'est jamais la *civitas* qui désigne ces chefs. Ils sont chefs soit parce que le prestige de leur grande noblesse a déterminé les hommes à leur reconnaître tout de suite ce rang, soit parce que leur mérite, leur âge, leurs exploits guerriers ont décidé des hommes à se grouper autour d'eux.

Tacite parle ensuite des compagnons du chef. « Nul ne rougit, dit-il, de figurer parmi les compagnons[2]. » Cette observation implique, si je ne me trompe, que l'état de compagnon n'est jamais un état obligatoire ; nul n'est compagnon apparemment que parce qu'il veut

[1] *Ceteris robustioribus ac jam pridem probatis aggregantur.* — Je ne m'explique pas qu'on ait voulu changer *ceteris* en *celeri*. *Ceteris* est dans tous les manuscrits, et il faut le garder. On a voulu en faire le sujet de *aggregantur* ; mais *aggregantur*, comme *sectantur* qui est deux lignes plus bas, a pour sujet *homines* sous-entendu. *Ceteris* est un régime, et il s'applique, non aux compagnons, mais aux chefs. Tacite vient de parler de quelques chefs peu nombreux à qui leur grande noblesse a valu tout de suite ce rang ; il parle maintenant des autres chefs à qui les hommes ne s'attachent que lorsqu'ils sont devenus plus âgés et ont fait leurs preuves. Sa phrase doit s'analyser ainsi : *Inter principes, nonnulli sunt quibus insignis nobilitas principis dignationem assignat, ceteri sunt quibus jam robustioribus ac probatis homines aggregantur.*

[2] *Nec rubor inter comites adspici.* Pour s'expliquer cette remarque de Tacite, il faut songer que, dans la langue courante de son temps, *comes* indiquait un état de subordination.

l'être. Le compagnonnage ne se recrute pas non plus dans les classes inférieures de la société germanique. C'est donc un état honorable.

« Chaque groupe de compagnons a en lui-même des rangs et des grades, et c'est le jugement du chef qui en décide[1]. » Cette troupe n'est donc pas une troupe d'égaux. Les compagnons ne sont pas les égaux du chef. Ils ne sont même pas égaux entre eux. Les rangs ne se marquent d'ailleurs ni par la naissance ni par l'âge; ils ne dépendent pas non plus d'une élection que les compagnons feraient entre eux : ils sont assignés par le chef. Voilà un trait qui nous laisse voir que le chef a un grand pouvoir sur ses hommes.

« Il y a une grande émulation entre les compagnons à qui aura la première place auprès de son chef; il y a émulation entre les chefs à qui aura le plus de compagnons et les plus braves[2]. » Arrêtons-nous sur cette phrase : elle contient plusieurs vérités dignes d'attention. L'émulation entre les chefs marque assez clairement que, chez un même peuple germain, il y a ordinairement plusieurs chefs de cette sorte et, par conséquent, plusieurs groupes guerriers. Le compagnonnage n'est donc pas, comme on aurait pu supposer, le groupement des guerriers d'un peuple. Les groupes sont d'ailleurs indépendants les uns des autres, puisqu'ils se font concurrence. Que les chefs se disputent à qui aura le plus de compagnons, cela implique que les compagnons peuvent passer d'un groupe à l'autre. Le compagnon choisit donc son chef. Le lien entre le chef et

---

[1] *Gradus quinetiam ipse comitatus habet, judicio ejus quem sectantur.*

[2] *Magna et comitum æmulatio quibus primus apud principem suum locus, et principum cui plurimi et acerrimi comites.*

chaque compagnon est donc formé par un accord volontaire.

« A la force de sa suite se mesurent la dignité et la force du chef. Être entouré toujours d'un groupe nombreux de jeunes gens choisis, voilà ce qui fait son honneur dans la paix, son appui dans la guerre[1]. » Notons ces mots « dans la paix »; ils sont importants en ce qu'ils établissent une différence entre l'institution que décrit Tacite et celle que décrivait César. César avait dit, parlant des Germains : « Faire des incursions et des pillages chez le peuple voisin leur paraît chose honnête ; en ce cas, un des grands se lève dans l'assemblée publique ; il annonce qu'il va diriger une incursion de tel côté : ceux qui veulent se lèvent après lui et le suivent[2]. » César signalait là une association momentanée, tumultuaire, formée pour un but déterminé, qui ne durait que le temps de faire une incursion, et qui se dissolvait au retour. L'institution que décrit Tacite est tout autre. Il s'agit ici d'une association durable, permanente, qui ne se forme pas uniquement en vue de la guerre, et qui se maintient même en temps de paix.

« Le moyen d'acquérir renom et gloire, non seulement chez le peuple auquel on appartient, mais encore dans les États voisins, c'est de l'emporter sur les autres par le nombre et la vaillance de sa suite. Ceux qui ont cette supériorité reçoivent des ambassades ; on leur envoie des présents, et il suffit quelquefois de leur nom pour décider du succès d'une guerre entre deux peuples[3]. » On voit encore ici combien ces chefs sont indé-

---

[1] *Hæc dignitas, hæ vires; magno semper electorum juvenum globo circumdari, in pace decus, in bello præsidium.*
[2] César, *De bello gallico*, VI, 23.
[3] *Nec solum in sua gente cuique, sed apud finitimas quoque civitates*

pendants de l'État. Les peuples étrangers entretiennent des négociations avec eux. Les présents dont parle Tacite ne peuvent être qu'une façon d'acheter leurs services ou d'acheter au moins leur neutralité. Entre deux peuples qui se font la guerre, le chef de compagnons choisit le parti qui lui convient le mieux. Car il n'est pas au service de son État, et il n'est même pas bien sûr qu'il ait des devoirs envers son peuple. Il soutient au dehors qui il veut.

Tacite va nous montrer maintenant les relations entre le chef et ses compagnons et marquer la nature du lien qui les unit. « Sur le champ de bataille, il est honteux au chef d'être surpassé en courage; il est honteux au compagnon de ne pas égaler le courage de son chef[1]. Même il y a infamie et flétrissure pour toute la vie à survivre à son chef et à revenir sans lui du combat[2]. » Il faut se garder de passer trop vite devant ces expressions; on risquerait de n'en pas voir le vrai sens. Cette « infamie » dont parle Tacite n'est pas seulement une tache à l'honneur, une honte morale. L'infamie, chez tous les peuples anciens, était une peine, et presque la plus grave de toutes les peines. Tacite la définit lui-même en ce qui concerne les Germains :

---

d nomen, ea gloria est, si numero ac virtute comitatus emineat. Expetuntur etiam legationibus et muneribus ornantur, et ipsa plerumque fama bella profligant.

[1] Tacite, Germanie, 14 : *Cum ventum in aciem, turpe principi virtute vinci, turpe comitatui virtutem principis non adæquare.*

[2] *Jam vero infame in omnem vitam ac probrosum superstitem principi suo ex acie recessisse.* — Cette indication de Tacite est confirmée, pour le iv° siècle, par Ammien Marcellin, XVI, 12, 60; parlant de l'Alaman Chonodomar, il écrit : *Ultro se dedit, solus egressus, comitesque ejus ducenti numero et tres amici junctissimi, flagitium arbitrati post regem vivere vel pro rege non mori, tradidere se vinciendos.* Notez que ce n'est pas comme sujet, c'est comme compagnons que ces deux cents hommes veulent et doivent partager le sort de Chonodomar.

« L'infâme ne peut plus ni assister aux actes religieux ni prendre part aux assemblées publiques; la peine est si dure, qu'on voit des hommes y mettre fin en s'étranglant eux-mêmes[1]. » C'est cette sorte d'infamie qui frappe le « compagnon », non pas pour avoir fui, non pas même pour avoir été vaincu, car il est peut-être revenu vainqueur du combat, mais simplement parce qu'il en est revenu sans son chef, et parce que son chef a été tué.

Voilà un trait de mœurs bien singulier, mais la suite l'explique : « Défendre son chef et protéger ses jours, voilà la règle première de leur serment[2]. » Il y a donc eu d'abord un serment. Or nous devons comprendre que chez les anciens peuples le serment était autre chose que ce qu'il est dans nos sociétés modernes. Il était une formule religieuse, sacramentelle, et d'efficacité irrésistible, par laquelle l'homme déclarait qu'au cas où la chose qu'il énonçait ne serait pas exécutée et remplie, il se vouait à un dieu et se livrait à toute sa colère. Un serment était un pacte avec une divinité terrible. Nous comprenons dès lors ce que Tacite disait tout à l'heure: puisque le compagnon avait juré qu'il sauverait les jours du chef, si ce chef avait été tué, il y avait violation du serment; le compagnon était donc, à moins qu'il ne mourût lui-même, sous le coup de la vengeance d'un dieu; et aux yeux des hommes il devenait un infâme, c'est-à-dire un maudit et un réprouvé.

Le compagnon devait à son chef une abnégation

---

[1] Tacite, *Germanie*, 6: *Scutum reliquisse præcipuum flagitium, nec aut sacris adesse aut consilium inire ignominioso fas; multique superstites bellorum infamiam laqueo finierunt.*

[2] Ibidem, 14 : *Illum defendere, tueri... præcipuum sacramentum est.*

complète de soi-même. Non seulement il devait sa vie pour celle du chef, mais encore, « s'il faisait lui-même quelque exploit, c'était à la gloire de son chef qu'il devait l'attribuer[1] ». Cela aussi était dans son serment. « Le chef combat pour la victoire, les compagnons combattent pour le chef[2]. » C'est donc un dévouement sans limites à la personne. Le compagnon donne sa vie, non pour vaincre, non pour faire triompher telle ou telle cause, mais seulement pour garantir la vie du chef. Lui-même n'a ni nom, ni gloire, ni personnalité. Son serment lui a ôté tout cela. Il n'existe dans tout le groupe qu'une seule volonté, qu'un seul intérêt, qu'une seule âme, qu'une seule vie, celle du chef.

Tacite continue en montrant que cette sorte d'association peut difficilement rester à l'état de paix. « Si l'État où ils sont nés languit dans l'oisiveté d'une longue paix, la plupart de ces jeunes nobles vont chercher d'autres peuples qui soient en guerre[3]. » On remarquera ici que c'est surtout la classe noble, et particulièrement la jeunesse de cette classe, qui compose ces groupes guerriers. On y remarquera aussi combien ces groupes sont indépendants de l'État; d'une part, ils n'influent guère sur les décisions de l'assemblée publique, puisque désirant la guerre ils ne peuvent déterminer leur État à renoncer à la paix; mais, d'autre part, l'État ne leur interdit pas de faire la guerre à leur gré, où ils veulent, contre qui ils veulent.

---

[1] *Sua quoque fortia facta gloriæ ejus assignare.*
[2] *Principes pro victoria pugnant, comites pro principe.*
[3] *Si civitas in qua orti sunt longa pace et otio torpeat, plerique nobilium adolescentium petunt ultro illas nationes quæ aliquod bellum gerunt.* — Il faut entendre *si... torpeat* comme exprimant la pensée de ces hommes et non celle de Tacite. On pourrait traduire : « S'ils trouvent que l'État languisse dans une longue paix. »

Mais pourquoi aiment-ils la guerre? Tacite donne de cela deux raisons. D'abord, « le repos répugne à cette race[1] ». Prenons garde que Tacite paraît ici se contredire ; il vient de dire en effet que la *civitas*, c'est-à-dire la grande majorité du peuple, reste attachée à la paix au point d'y languir. Nous devons entendre que, lorsqu'il ajoute que « cette race a horreur du repos », il a en vue surtout la classe noble et surtout les groupes guerriers. C'est d'eux qu'il parle encore quand il dit qu'ils recherchent la gloire, « qui ne s'acquiert aisément que dans les dangers[2] ». Mais il signale une autre raison qui fait que la guerre est pour ces hommes une nécessité. C'est « qu'on ne peut conserver un compagnonnage nombreux que par la force des armes et par la guerre[3] ». Et pour expliquer cela, il nous fait entrer dans le cœur même de l'institution. « Les compagnons exigent, en effet, quelque chose de la libéralité du chef[4]. » Et l'on comprend que s'ils se sont voués à lui, il a été sous-entendu qu'ils recevraient une compensation. Quels sont les dons que le chef doit leur faire? Tacite n'en nomme que deux, choisissant apparemment les plus honorables : « c'est ce cheval de guerre, qui a pour eux tant de prix; c'est cette framée, qui sera souvent sanglante et victorieuse[5] ». On devine bien quelques autres dons, des vêtements, des esclaves, des bestiaux, de l'or et de l'argent s'il s'en trouve dans le butin; mais Tacite ne parle pas de terres, et l'ensemble du passage ne permet pas de supposer que le chef donne de la terre à ses

---

[1] *Ingrata genti quies.*
[2] *Facilius inter ancipitia clarescunt.*
[3] *Magnum comitatum non nisi vi belloque tueri.* D'autres textes portent *tuentur.*
[4] *Exigunt enim principis sui liberalitate....*
[5] *... Illum bellatorem equum, illam cruentam victricemque framcam.*

hommes. En outre, une autre nécessité qui s'impose au chef, c'est de donner « des repas » à ses compagnons ; et « ces repas, tout grossiers qu'ils sont, sont abondants et coûteux[1] ». Ainsi les compagnons sont nourris par le chef, peut-être à la même table que lui. Il doit faire tous les frais de l'entretien de sa troupe. Il la nourrit, et, de quelque façon, la paye ; car « ces repas sont une sorte de solde ». Et il faut qu'il soit large et « libéral » ; autrement sa troupe le quitterait. Or il est clair que « pour fournir à cette libéralité, il faut la guerre et le butin[2] ».

[1] *Epulæ, et quanquam incompti, largi tamen apparatus, pro stipendio cedunt.*

[2] *Materia munificentiæ per bella et raptus.* Nous nous tromperions beaucoup en supposant que Tacite admire cette institution. Je sais bien qu'il y a une façon de lire Tacite qui fait que chacune de ses phrases se tourne en éloge ; mais cela tient seulement à ce que notre esprit met lui-même l'éloge dans chaque phrase. Si vous lisez toute cette description de l'historien sans avoir d'avance cette disposition d'esprit, si vous observez chaque mot sans avoir d'autre souci que d'y chercher la pensée de l'auteur, vous n'y trouverez pas un seul mot qui implique l'admiration. Il serait, en effet, bien étrange que Tacite, avec les habitudes d'esprit qu'il avait et la haute idée que tout Romain se faisait de la puissance publique, admirât des hommes qui se rendaient si indépendants de l'État et si étrangers à leur patrie. On ne croira certainement pas qu'il approuvât un serment militaire qui rendait ces hommes indifférents à toute espèce de cause et ne les obligeait qu'à défendre les jours d'un autre homme. Tacite avait d'autres idées sur le devoir militaire ; il l'eût appliqué plutôt à la patrie. Quand il nous montre, d'un côté, la *civitas* qui se plaît à la paix, et de l'autre ces guerriers qui vont chercher n'importe quel ennemi, nous devons croire que ses préférences sont pour la *civitas* pacifique. Il juge sévèrement ces expéditions, quand il montre qu'elles n'ont pour mobiles que les intérêts les plus matériels et les plus grossiers. Tacite exprime avec une force merveilleuse les sentiments des hommes dont il parle ; mais ce n'est pas à dire qu'il partage ces sentiments ou les approuve. Il termine même sa description par un blâme formel : « Vous ne pourrez jamais apprendre à ces hommes qu'il vaut mieux labourer la terre et attendre la moisson que de provoquer des ennemis et de chercher des blessures ; ils vont jusqu'à croire (*quin immo*) que c'est paresse et lâcheté que d'acquérir par le travail ce qu'on peut prendre avec du sang. » Ceux-là se font une étrange idée de Tacite qui croient que de telles paroles

Telle est l'institution décrite par Tacite. Est-elle la féodalité? Ressemble-t-elle au moins à ce que sera la féodalité?

En premier lieu, il faut observer que ces groupes guerriers ne sont pas un peuple, ne constituent pas une société politique. Cela est si vrai, que le peuple peut rester en paix et le groupe guerrier être en guerre. Ainsi, à supposer que ce groupe ait un caractère féodal, ce groupe est en dehors de la société. C'est déjà une différence capitale avec la féodalité du moyen âge qui a enserré la société et l'a régie.

Mais ce groupe guerrier lui-même a-t-il un caractère féodal? Il faut se défier des premières apparences. Dans ce compagnon on croit d'abord voir un vassal, parce que, comme le vassal, « il est engagé à un autre homme ». Mais le principe de l'engagement n'est nullement le même. Nos études ultérieures nous montreront que le vassal n'est engagé envers le seigneur que parce qu'il reçoit quelque chose de lui; le don du fief, en réalité, précède l'hommage, bien que, dans la forme, les deux soient du même jour et du même moment. Pour le compagnon, au contraire, les « présents » ne viennent qu'après, longtemps après, quand le chef peut et veut en faire, et dans la mesure où il le veut et le peut. Il y a donc une différence capitale dans la nature des deux engagements, et dans les relations qui en sont la suite.

---

sont un éloge. Il ajoute d'ailleurs, insistant sur le côté psychologique de l'institution qu'il vient de décrire, et continuant à parler de ces mêmes hommes : « Si la guerre leur manque, ils ne savent que faire, chassent un peu, passent la plus grande partie du temps à manger et à dormir, et vivent dans un engourdissement hébété. » Notons que le jugement sévère contenu dans ces dernières lignes ne s'applique pas à toute la race germanique, mais seulement aux hommes dont il vient de parler, aux hommes des *comitatus*; cela ressort des mots *fortissimus quisque ac bellicosissimus*.

Voici une autre différence. Tacite nous a dit que le chef ne pouvait attacher à lui ses compagnons que par la guerre, parce que la guerre seule lui fournissait les moyens de les récompenser. C'est dire qu'il n'avait pas dans le pays de terres à leur distribuer. La concession bénéficiale de la terre était donc inconnue en Germanie. Or nous reconnaîtrons dans la suite de ces études que la concession du sol en bénéfice ou en fief est l'élément essentiel, principal, nécessaire de toute féodalité.

Il n'y a aucun rapport entre le don d'un cheval ou d'une framée et la concession d'une terre en fief. C'est vraiment s'attacher à de pures apparences que de rapprocher ces deux choses. Elles ne diffèrent pas seulement par l'objet concédé. C'est la nature même de la concession qui est différente. Il est clair, en effet, que le cheval, la framée, la part de butin, sont donnés en toute propriété; tandis que, le jour où il y aura fief ou bénéfice, il s'agira toujours d'une concession temporaire, conditionnelle, et qui ne portera que sur un usufruit. Les Germains connaissent le don; rien ne montre qu'ils connaissent le bénéfice. Il est commode de dire qu'ils sont passés, après la conquête, du don d'objets mobiliers au don de la terre. Mais on devrait observer que le bénéfice n'est plus un don. Les deux actes sont essentiellement différents, opposés par nature, et ils ne dérivent pas l'un de l'autre.

Le compagnon faisait un serment en s'attachant à son chef; le vassal aussi prêtera serment au suzerain. Est-ce là une ressemblance? Nullement; car le serment n'est pas de même nature. Le vassal n'a jamais juré de mourir avec son suzerain. Le serment féodal n'entraînait pas un dévouement complet. Tout au contraire, il était l'expression d'un contrat, et il imposait aux deux parties des obligations réciproques. Le serment du « compagnon » était un serment d'abnégation, d'abandon de la personne, de « dévouement » dans le sens antique et religieux de ce mot.

Il serait facile de montrer aussi que le service militaire exigé des « compagnons » n'était pas de même nature que celui qui a été exigé plus tard des vassaux. On pourrait ajouter encore que le vassal avait d'autres obligations que ce service militaire, qui était, d'après Tacite, l'unique devoir du « compagnon ».

Si nous voulons trouver quelque chose qui ressemble à ce « compagnon » germain, il faut chercher, non dans le moyen âge féodal, mais chez les anciens Gaulois ou Aquitains. César avait noté qu'il y avait auprès des grands personnages de la Gaule « des dévoués, qu'ils appellent en leur langue *soldurii* ». Ces hommes vivent constamment avec leur chef; « ils partagent toutes les jouissances de celui à l'amitié duquel ils se sont voués; ils partagent aussi ses revers; s'il meurt, ils doivent mourir; on n'a jamais vu d'exemple que, le chef ayant été tué, ses dévoués ne soient morts eux-mêmes[1] ». On reconnaît ici, sous des mots un peu différents, tous les traits que Tacite avait marqués. Ceux que César appelle « amis » sont les mêmes que Tacite appelle « compagnons ». Le « partage des jouissances » équivaut aux repas communs et aux dons. Les mots *devoti, se*

---

[1] César, *De bello gallico*, III, 22 [Il s'agit du roi des *Sotiates*, peuplade aquitanique] : *Adiatunnus cum sexcentis* DEVOTIS *quos illi* SOLDURIOS *appellant, quorum hæc est conditio, ut omnibus in vita commodis una cum his fruantur quorum* SE AMICITIÆ DEDIDERINT; *si quid his per vim accidat, aut eumdem casum una ferant aut sibi mortem consciscant; neque adhuc hominum memoria repertus est quisquam qui, eo interfecto* CUJUS SE AMICITIÆ DEVOVISSET, *mori recusaret.* — Cf. VII, 40 : *Litavicus cum suis clientibus, quibus more Gallorum* NEFAS EST *etiam in extrema fortuna deserere patronos.*

devovere qu'emploie César, en leur donnant sans nul doute la signification précise qu'ils avaient en latin, rappellent le serment d'absolue abnégation dont Tacite a parlé. Enfin, l'un et l'autre dévouement aboutissent à la même obligation, celle de mourir avec le chef. Les « compagnons » de la Germanie ne ressemblent guère aux vassaux du moyen âge; mais ils ressemblent beaucoup aux « dévoués » de l'ancienne Gaule.

Il y a encore une autre raison qui nous empêche de croire que la féodalité dérive du *comitatus*. Pour établir que le compagnonnage germain ait été la source directe du régime qui a régné au moyen âge, il faudrait prouver d'abord qu'il a été transplanté en Gaule. Or cela paraît fort douteux. Les documents que nous avons sur l'entrée des Wisigoths et des Burgondes n'en parlent pas. On a supposé que l'armée de Clovis avait dû être composée de groupes semblables à ceux qu'a décrits Tacite; mais c'est une pure supposition. On ne trouve dans aucun des documents du v⁵ siècle un seul indice qui permette de croire que les envahisseurs fussent organisés en groupes de compagnons. Ce n'est pas le *comitatus* qui a fait les invasions. Aussi ne voyons-nous pas qu'il soit en vigueur après elles dans le nouvel État. Nous savons assez bien comment se formaient les armées franques sous les fils et petits-fils de Clovis; nous n'y apercevons jamais ces groupes de compagnons. Nous voyons plutôt que les chefs des divers corps de troupes sont choisis par le roi, et que ce n'est jamais le soldat qui choisit lui-même son chef. Cela est l'opposé du compagnonnage germanique. On n'a donc aucune raison de penser que l'institution du *comitatus* ait été transportée en Gaule. Il y a eu ainsi un grand intervalle, une coupure de plusieurs siècles entre le compagnonnage germain et la féodalité.

En résumé, non seulement la société germanique n'était pas régie féodalement, mais même l'institution particulière du *comitatus* n'avait qu'une ressemblance apparente avec la féodalité.

Il y aurait toutefois de l'exagération et de l'inexactitude à soutenir que le *comitatus* germain ait été tout à fait étranger à la formation du régime féodal. Il contenait en soi certaines habitudes qui ont pu, ayant été autrefois puissantes et ayant laissé leur marque dans les âmes, passer en Gaule avec les envahisseurs. Dans la description de Tacite, il y a tout au moins quelques traits qui se retrouveront dans la Gaule franque. C'est d'abord cette émulation et cette concurrence entre les chefs à qui attachera le plus d'hommes à sa personne ; nous la verrons bientôt reparaître à la faveur des désordres de la société. C'est aussi cette propension du faible à chercher la protection d'un plus fort en se livrant à lui : propension qui n'est pas purement germaine, mais où les habitudes germaines peuvent avoir eu une grande part. C'est encore cette conception d'esprit en vertu de laquelle l'homme vouait son obéissance à un autre homme, au lieu de la vouer à l'État ou au souverain : conception qui était opposée au principe romain, que les Germains ont peut-être introduite en Gaule, et que les guerres civiles ont certainement développée. Tout cela explique que certaines pratiques, telle que la recommandation, la truste, et même le bénéfice, aient pu prédominer dans l'âge suivant.

Ce qui serait faux, ce serait de croire que le *comitatus* ait été transporté en Gaule avec son organisme entier. Ce qui peut être vrai, c'est que certaines idées de l'esprit et certaines mœurs qui étaient dans le *comitatus* se sont infiltrées en Gaule, et [y ont peu à peu grandi] à la faveur des troubles du temps. Le *comitatus* germain a pu contribuer ainsi, d'une manière indirecte et pour une part seulement, à la génération du régime féodal.

CHAPITRE III

Que le système bénéficiaire ne s'est établi ni immédiatement après la conquête franque, ni par l'effet de concessions royales.

1° DES DONATIONS PRIVÉES.

Nous n'avons trouvé le bénéfice militaire ni dans l'empire romain, ni dans l'ancienne Germanie. Il faut chercher s'il s'est produit au moment des invasions et par le seul effet de la conquête. Beaucoup d'historiens modernes ont professé que les rois francs, se trouvant maîtres des terres, les ont distribuées à leurs guerriers, et qu'au lieu de les leur donner en toute propriété, ils les leur ont concédées en bénéfice, c'est-à-dire pour un temps, et à charge de service militaire. Ainsi serait né le régime bénéficiaire, origine du régime féodal. C'est ce qu'il faut vérifier dans les textes, en nous plaçant le plus près possible de l'établissement des Francs, c'est-à-dire dans la première moitié de la période mérovingienne.

Quand on étudie les documents d'une époque, l'esprit doit être attentif à deux choses : d'abord à voir ce qui y est, ensuite à se rendre compte de ce qui n'y est pas. Parmi les textes du ve et du vi^e siècle qui doivent nous montrer comment les Francs se sont établis en Gaule, il est une chose que nous ne rencontrons jamais : c'est que ces hommes se soient emparés des terres des habitants. Nous savons, au contraire, que beaucoup de Romains sont restés riches, et riches en terres [1].

On pourrait supposer, à la vérité, que les terres laissées aux mains des anciens habitants aient été soumises à des conditions d'infériorité à l'égard des rois et des chefs francs, et que le bénéfice ait pu venir de là. Mais c'est encore une chose que l'on n'aperçoit jamais dans les documents. Au contraire, si nous regardons les testaments ou les donations de ces propriétaires romains, nous reconnaissons bien que leurs terres ne sont grevées d'aucunes redevances, d'aucuns services; elles ne sont subordonnées à aucun domaine éminent, ni au profit du roi, ni au profit de la nation franque. Il est visible que le Romain les possède sans être astreint à rien qui ressemble au relief, sans être menacé d'aucune reprise. Il les transmet à ses enfants de plein droit. Il les lègue à qui il veut. Il en dispose à son gré par vente, échange, donation. Il n'y a donc pas lieu de croire que, sur les terres romaines, les vainqueurs aient remplacé le plein droit de propriété par la possession bénéficiaire. Ni le bénéfice ni la vassalité ne sont venus par cette voie.

Nous avons vu ce qu'était l'alleu à l'époque mérovingienne. Le mot alleu, *alode* dans la langue du temps, signifiait proprement héritage, et par suite propriété patrimoniale. La femme possédait par alleu aussi bien que l'homme, le prêtre et le marchand aussi bien que le guerrier, le Romain aussi bien que le Franc. Car l'alleu n'est pas autre chose que le plein droit de propriété.

Or cette propriété pleine et entière n'a subi aucun amoindrissement à la suite de l'arrivée des Germains[2].

[1] [Voir le livre sur l'*Alleu*.]
[2] [Voir l'*Alleu*, ch. 3.]

Elle persiste et dure à travers toute l'époque mérovingienne. Elle fait le fond de toutes les chartes. Dans un acte de 526, nous voyons Harégaire et sa femme Truda faire donation d'un grand domaine et des esclaves qui le cultivent; s'ils peuvent en faire donation, c'est visiblement qu'ils en ont la pleine propriété[1]. Dans une charte de 543, Ansémund dispose de ses terres, et il déclare qu'il les tient *jure hereditario*[2]. En 573, une femme nommée Bethta fait un acte où elle énumère les terres qu'elle a héritées de son fils Ermenfred[3]. En 579, Godin et sa femme Lantrude font une donation de biens fonciers[4]. En 587, Girard et sa femme Gimberge font donation de deux *villæ*[5]. Bertramn lègue plus de vingt domaines, dont les uns lui viennent d'héritage, les autres d'achat, et quelques-uns de donation[6]; et il les lègue à son gré à des églises ou à des parents. Vers 620, la terre de Clamecy est vendue par ses propriétaires, les héritiers de Godinus[7]. En 631, Theudilane, Maurus et Audégisile se partagent une succession qui consiste en terres[8]. En 632, Ermembert et sa femme Erménoara font donation de trois domaines qu'ils possédaient par héritage de leurs parents, *ex alode parentum*[9]. En 648,

---

[1] *Charta Haregarii*, dans les *Diplomata*, édit. Pardessus, n° 108. La charte est contestée dans sa forme; mais la donation qui y est contenue ne peut pas l'être, car la terre en question a été certainement donnée au monastère.

[2] Ibidem, n° 140

[3] N° 179 : *Bethta..., locella Soliaco, Mansione, villam Barıaco seu e Briscino, quam filius suus Ermenfredus moriens dereliquit et ad ipsam legibus obvenit.*

[4] N° 186.

[5] N° 196.

[6] N° 230.

[7] N° 273.

[8] N° 253.

[9] N° 256.

Adroald, grand propriétaire dans le pays de Thérouenne, fait une donation de terres qu'il tient d'héritage, *hereditatis suæ*, *proprietatis suæ*; et il en fait donation avec cette formule, que nous retrouvons dans beaucoup d'autres actes : *ut teneatis, habeatis, et quibus volueritis relinquatis*[1]. Il est ainsi hors de doute que le droit de propriété est resté en vigueur après les invasions. Il n'a été ni supprimé ni restreint. Aucune modification n'a été apportée à son principe, aucune condition à son exercice, aucune limite à ses applications. Ce n'est donc pas par un amoindrissement du droit de propriété que la possession bénéficiaire et féodale s'est trouvée établie.

2° LES DONATIONS ROYALES.

Le plus grand propriétaire était le roi. Lorsque Clovis a pris pour lui l'autorité romaine, il a pris aussi les terres qui formaient le domaine impérial.

Ce fait est attesté par une série de diplômes où nous voyons les successeurs de Clovis, en même temps qu'ils font donation de terres, déclarer que ces terres font partie du fisc, *ex fisco nostro*. Le terme *fiscus*, dans la langue de l'empire, avait désigné, non seulement le trésor, mais aussi le domaine des empereurs[2]. Les rois francs continuèrent à l'employer. Ils écrivirent qu'ils

---

[1] N° 312. — De même, *Vita S. Germani*, dans les *Acta SS. Bened.*, II, p. 477 : *Germanus habebat quam plurima prædia*. Et c'était une pleine propriété, puisque l'hagiographe ajoute : *Multa largitus est de propriis rebus.... De propria facultate fundavit monasterium*.

[2] Ulpien, au Digeste, XLIII, 8, 2, § 4 : *Loca quæ sunt in fisci patrimonio*. — Digeste, XLIX, 14, 3, § 10 : *Si in locis fiscalibus*. — Code Théodosien, X, 8, 4 : *Possessiones et domus ad fiscum pertineant*. — Digeste, L, 1, 58, § 1 : *Prædia fisci*.

donnaient une terre de leur fisc, *terram fisci nostri*[1] ; ou bien ils dirent que le nouvel acquéreur posséderait une terre « comme elle avait été jusque-là possédée par leur fisc[2] ». Même le nom de fisc s'attacha à chacune de ces terres, et chacune d'elles fut appelée un *fiscus*[3]. L'emploi si fréquent de ce terme, qui passait ainsi des diplômes impériaux[4] aux diplômes mérovingiens, implique que les terres du fisc impérial sont passées de même aux mains des rois francs.

Aucun texte ne montre d'ailleurs que ces terres soient devenues la possession commune de la nation franque. Elles ont été visiblement la propriété personnelle des rois. Aussi voyons-nous ces rois les donner, les échanger, les vendre, les aliéner librement[5]. Ils exercent sur elles les droits complets d'un propriétaire, et ils les exercent de la même façon que les empereurs.

Il faut chercher si ce n'est pas sur ces terres du domaine royal que le système bénéficiaire s'est d'abord établi. Beaucoup d'historiens modernes ont, en effet, supposé que les rois avaient dû les distribuer à leurs guerriers sous la condition de service militaire, et avec

---

[1] *Diplomata*, n° 87 : *Quidquid est fisci nostri.* — *Villam quam fiscus noster tenuit*, Marculfe, I, 15 ; *Diplomata*, n° 340. — *Quidquid fiscus noster continet*, *Diplomata*, n° 162. — *Quodcumque fiscus noster tenuisse nuscitur*, Marculfe, I, 30 ; I, 15.

[2] *Sicut hactenus a fisco nostro possessa est*, *Diplomata*, n°˙ 277, 279, 284, 285, 340.

[3] *Donamus fiscum*, *Diplomata*, n° 163 ; *Fiscum Floriacum*, n° 358. — *Dedit fiscum regium*, V. S. Mauri, 61.

[4] *De fisco donandum*, Code Théodosien, X, 1, 1. — *Possessiones fisci donavimus*, Code Théodosien, X, 1, 2.

[5] Voyez, pour l'échange, Marculfe, I, 30. — Dans une charte nous voyons que le *fiscus Floriacus* est passé par échange dans les mains de Leodebode, en pleine propriété, et celui-ci le lègue à son tour *cum omni jure suo, sicut acto tempore ad fiscum fuit possessus*, *Diplomata*, n° 358, t. II, p. 142 et 144.

faculté de les reprendre à volonté ; de là serait venu, suivant eux, l'usage des bénéfices.

La première chose qu'on remarque en observant les textes, c'est qu'ils ne font jamais mention d'une distribution générale de ces terres. Un acte collectif, qui les aurait réparties entre les chefs ou les soldats de toute une armée, ne se voit nulle part. Les documents du règne de Clovis ne signalent pas cet acte ; les documents postérieurs ne le rappellent jamais ; il n'y est fait aucune allusion dans aucune des chartes postérieures. Une distribution originaire à la masse des guerriers, ou seulement à tous leurs chefs, est une hypothèse que rien n'appuie.

On remarquera encore, en observant les chartes du vi° et du vii° siècle, qu'elles ne signalent jamais une distribution collective de ces terres. Il n'y a donc pas d'indice qu'un tel acte ait jamais été dans les usages des Mérovingiens. Toutes les concessions ont un caractère essentiellement individuel. Les rois n'ont jamais procédé que par donations particulières, chacune d'elles portant sur une seule terre et au profit d'un seul homme. Ce caractère se reconnaît même dans les donations aux églises ; chacune d'elles est faite en faveur d'un seul monastère ou d'un seul évêché, le plus souvent même sous le nom de tel abbé ou de tel évêque. Nous devons donc écarter l'idée d'un vaste ensemble de bénéfices militaires créé en un jour, au lendemain de la conquête, ou à toute autre époque.

Voyons d'ailleurs, par la teneur des chartes, la nature de ces concessions, et observons si la terre y est donnée en propre ou n'y est concédée qu'en bénéfice.

Nous possédons beaucoup de chartes par lesquelles un roi donne une terre à une église ou à un monastère.

Elles comportent toujours une donation en propre et à perpétuité. Les termes en sont d'une entière clarté. Il est dit, par exemple, que la terre appartiendra à l'abbé « et à ses successeurs à toujours », et qu'ils pourront « faire d'elle ce qu'ils voudront ». Aucune condition n'est énoncée, aucune charge, aucun service. Toute possibilité de retour au roi est exclue.

Il est vrai que ces chartes n'ont peut-être pas une valeur absolue pour la recherche que nous faisons. On peut supposer en effet que c'est parce que la donation concerne l'Église qu'elle est faite en termes si complets. Il se pourrait que l'Église eût réussi à se faire donner en propre ce que les laïques n'auraient obtenu qu'en bénéfice. C'est donc sur les dons faits aux laïques et aux simples particuliers que nos recherches doivent porter. Nos documents seront moins nombreux, mais peut-être produiront-ils une lumière plus vive.

Parmi les diplômes attribués à Clovis, il n'en est que deux en qui l'on puisse avoir quelque confiance[1]. Par l'un, le roi fait donation d'une terre à deux hommes nommés Euspicius et Maximinus; par l'autre, il donne des terres à un personnage nommé Joannès. Dans le premier, la concession royale est énoncée en ces termes : « Nous vous concédons le domaine de Micy, qui est de

---

[1] Ce sont les nᵒˢ 58 et 87 du recueil de Pardessus. Encore ne disons-nous pas que ces diplômes soient authentiques. Le diplôme en faveur de Joannès de Réomé (nº 58) contient des phrases qui ne sont certainement ni de Clovis ni de son époque. S'il est la copie d'un diplôme vrai, comme j'incline à le croire, c'est une copie très altérée et très allongée. Le nº 87, en faveur d'Euspicius et de Maximinus, a toujours été considéré comme vrai, quoiqu'on ne l'eût pas en original. Tout récemment M. Julien Havet l'a attaqué, mais sans donner d'autres raisons sinon qu'il est sous forme de lettre, et que cette forme n'a pas été en usage sous les successeurs de Clovis. Cette raison ne m'a pas paru très convaincante. J'ajouterai même que cette forme insolite me semble être plutôt une garantie contre les faussaires. Ceux-ci ont l'habitude d'imiter les formes les plus en vogue.

notre fisc..., nous vous le donnons à perpétuité[1]. » Dans le second, le roi écrit que celui à qui il donne les terres « les aura à titre perpétuel héréditairement[2] ». Ces termes sont ceux d'une pleine et complète propriété, non ceux d'une concession bénéficiaire. — Il est bien vrai que ces chartes ne sont pas d'une authenticité certaine; mais, si les chartes sont douteuses, les donations qui y sont contenues ne le sont pas. D'une part, elles sont confirmées par les Vies de saint Mesmin et de saint Jean de Réomé qui les relatent[3]. D'autre part, il est incontestable que les domaines indiqués dans les deux chartes ont été donnés à ces trois personnages, qui

---

Les faussaires du xe siècle, à plus forte raison ceux du xviie, fabriquant un diplôme, auraient reproduit la formule usuelle. C'est justement ce qu'ils ont fait pour la même donation; nous en avons un diplôme complètement faux, sous le n° 88; or ce diplôme faux imite visiblement les règles ordinaires de la chancellerie mérovingienne. Qu'on lise dans le recueil de Pardessus ces deux diplômes relatifs au même fait, et la fausseté du second fera ressortir le caractère de véracité du premier. Je ne le crois pourtant pas absolument authentique. Je pense que les mots *et hi qui vobis in sancto proposito succedent* sont une interpolation. J'ai aussi bien des doutes sur les mots *absque tributis, nauto et exactione*. En résumé, je crois voir ici la copie altérée d'un acte vrai, mais non pas un acte faux.

[1] *Miciacum concedimus et quidquid est fisci nostri... in perpetuum donamus.*

[2] *Ut quantumcunque de nostris fiscis circuisset perpetuo per nostram regalem munificentiam habeat, et quod... nos illi contulimus jure hæreditario tam nos quam nostri successores reges teneant in defensione.* — Cf. n° 136.

[3] *Vita S. Maximini*, dans les *Acta SS. Bened.*, I, p. 584 : *Euspicius dixit: Domine mi Rex, peto ut agrum Miciacensem ei (Maximino) liberalitas vestra concedat.... Rex annuit. Ideo accitis commentariensibus et notariis publicis sollemnes ordinatæ atque conscriptæ sunt conscriptiones, adhibitis signis atque sigillis.* — Cf. la seconde Vie du même saint, ibid., p. 593 : *Euspicius rogavit ut possessionem quamdam sub nominis vocabulo Miciaco ejus proprio juri concederet.... Prædio impetrato,... ut huic regio dono perpes maneret memoria, chartæ mandatum est.* — L'auteur des Miracles de Jean de Réomé, qui vivait au ixe siècle, dit « qu'on peut lire dans les archives de son monastère les diplômes royaux conférant des terres à ce personnage ». (*Acta SS. Bened*, I, p 639.)

les ont à leur tour donnés aux monastères qu'ils ont fondés; et cela implique visiblement que la donation primitive avait bien les caractères qui sont indiqués dans nos deux chartes. Ainsi les seuls actes de donation qu'on puisse citer de Clovis nous le montrent donnant des terres en propriété, et non pas en bénéfice[1].

[L'auteur de la Vie d'Eusicius raconte que Childebert Ier, au retour d'une expédition militaire, décide de récompenser les soldats qui l'avaient suivi. L'un d'eux, Wulfinus, pria le roi de lui donner un domaine, *honor*, que le fisc possédait sur les bords du Cher. Childebert le lui accorda; mais Wulfinus, peu après, le céda à un monastère[2].] L'hagiographe qui nous a transmis ce fait n'est pas un contemporain; nous ne pouvons donc pas accepter avec sûreté tous les détails de son récit. Quand il appelle un domaine *honor*, il se sert d'un terme de son époque, non de l'époque dont il parle. Il est du IXe siècle, et il emploie la langue de son temps. Il n'en est pas moins vrai qu'il ressort de son récit un fait qu'il n'a pas inventé, à savoir qu'un roi franc, au retour d'une guerre, récompense les chefs de son armée par des dons de terres, et que ces terres leur sont si bien données en propre, qu'ils peuvent en faire cession à un monastère.

---

[1] On fera à ce propos une remarque qui a son intérêt. Les donations ne s'adressent pas à des monastères, mais personnellement à des individus. Ni Euspicius ni Maximinus n'étaient abbés de monastère lorsque Micy leur fut donné.

[2] *Vita Eusicii*, apud dom Bouquet, t. III, p. 428: *Decrevit unicuique secundum acceptationem personæ servitium remunerare. Igitur Wulfinus ejusdem generis vir nobilissimus* REMUNERATIONIS *suæ præmium, sicut et cæteri, præstolabatur.... Petit sibi dari super Chari fluvium quem rex habebat* HONOREM.... *Rex illi concessit.... Mox Wulfinus ad virum Dei venit et plura de his quæ a rege beneficiis impetraverat, eidem viro Dei largitus est.*

Une vie de saint que l'on croit avoir été écrite, sous sa première forme, au vie siècle[1], parle d'une donation royale, et elle en parle en ces termes : « Le roi Théodebert donna une terre du fisc nommée Le Bois avec toutes les *villæ* et les revenus qui en dépendaient ; et appelant Amobald, chef de ceux qui écrivaient les diplômes royaux, il lui ordonna d'écrire un acte de donation de ces biens, et de le sceller de l'anneau royal[2]. » On voit ici qu'il s'agit d'une pleine donation et qu'aucune des conditions inhérentes au bénéfice n'est indiquée. On voit aussi que ces donations étaient consignées dans des diplômes ; ce fut l'usage constant de l'époque mérovingienne[3].

Prenons le testament de Bertramn. Ce personnage, avant d'être évêque du Mans, avait été un laïque[4] très mêlé aux affaires et « l'un des fidèles » du jeune roi

---

[1] *Vita S. Mauri, auctore Fausto ipsius socio, interpolatore Odone*, dans les *Acta SS. Bened.*, I, p. 274. — Roth me paraît aller trop loin lorsqu'il rejette cette Vie comme à peu près apocryphe. Nous n'avons, à la vérité, que la copie qui en fut faite par Odon de Glanfeuil au ixe siècle ; mais Odon déclare l'avoir faite sur un très vieux manuscrit et n'avoir modifié que les expressions pour rendre le style plus correct. Ce manuscrit primitif donnait la Vie écrite par Faustus, lequel parle même en son nom et déclare avoir été le compagnon de saint Maur.

[2] Ibidem, c. 52, p. 293.

[3] L'usage de faire un acte écrit pour chaque donation est attesté par Grégoire de Tours, X, 19, t. II, p. 251. Remarquez aussi dans Marculfe, I, 31, les mots *cartas precedentium regum*, qui indiquent que l'usage des actes écrits, de la part des rois francs, est bien antérieur à l'époque de Marculfe. Voyez aussi *Vita S. Maximini*, c. 11, qui mentionne les *solemnes conscriptiones* et les *notarii* qui les écrivaient. La pratique habituelle de *testamenta* pour les ventes et donations est attestée par la Loi des Francs Ripuaires, LIX et LXIII, et par la Loi des Burgondes, XLIII. La Loi salique fait allusion aux lettres royales qu'on appelait *præcepta*, XIV, 4. Il est hors de doute que les premiers Mérovingiens eurent une chancellerie organisée ; ce n'est pas eux probablement qui l'avaient organisée : ils l'avaient vraisemblablement empruntée aux bureaux du préfet des Gaules.

[4] Il dit : *Dum laicus fui, Diplomata*, t. I, p. 199.

Clotaire II[1]. Aussi avait-il reçu de lui plusieurs dons de terre. Nous pouvons donc voir par son exemple de quelle nature étaient les dons que les rois faisaient à leurs fidèles. Il mentionne un de ses domaines, « la villa Bonalpha, que le seigneur roi Clotaire m'a donnée pour me récompenser de la fidélité que je lui avais gardée[2] ». Or cette terre ne lui a pas été concédée en simple bénéfice; car, d'une part, il l'appelle « terre de ma propriété », *villam juris mei*[3]; d'autre part, il en dispose par legs, ce qu'on ne pourrait jamais faire d'un bénéfice. Dans le même testament il mentionne un autre domaine « que le roi Clotaire m'a donné, alors que j'étais laïque[4] », et plus loin, quatre domaines encore « que le roi m'a donnés intégralement par chartes signées de sa main[5] ». Or toutes ces terres données par le roi à un fidèle lui ont été données sans conditions d'aucune sorte et en pleine propriété, puisque ce fidèle les lègue à qui il veut.

[1] Cela ressort des mots : *Pro fidei meæ conservatione*, p. 198. Et plus loin, p. 203 : *Dum nos cum Chlotario rege pro fide nostra detenti fuimus.*

[2] *Testamentum Bertramni, Diplomata*, n° 230, p. 198 : *Te, ecclesia Cænomanica, habere volo ac jubeo villam* JURIS MEI *cujus vocabulum Bonalpha, sitam in territorio Stapense, quam mihi domnus rex suo munere... pro fidei mea conservatione habere concessit.* Il ajoute : *Una cum domna Fredegunde*, ce qui indique que la donation est de la minorité de Clotaire II, probablement avant que Bertramn fût évêque.

[3] Les mots *juris mei*, fréquents dans les chartes, s'appliquent toujours à un objet possédé en propre. Exemples : Marculfe, II, 19, 20, 21, 22 ; *Andegavenses*, 9 ; *Turonenses*, 1, 8, 9 ; Rozière, 341 [Zeumer, p. 490]. *Diplomata*, n°ˢ 186, 196, 230, 242, 265, 271, 300. — L'expression était déjà employée dans le droit romain ; ex. : Paul, *Sentences*, II, 25, 1 ; Code Théodosien, XV, 1 ; II, 26, 1. Elle reste employée dans tous les actes mérovingiens, où nous lisons sans cesse : *De meo jure in vestrum dominium trado et transfundo.*

[4] Ibidem, p. 199 : *Villa de Nimione in territorio Parisiaco quam mihi domnus Chlotarius rex dedit, dum laicus fui.*

[5] Ibidem, p. 200 : *Villas quas mihi domnus Chlotarius contulit ad integrum, suis præceptionibus manu sua roboratis.*

A partir de Dagobert, nos chartes sont plus nombreuses, et plus souvent aussi nous pouvons saisir le vrai caractère des donations royales. Eligius, alors qu'il était laïque et fonctionnaire du Palais, a reçu du roi le domaine de Solignac; plus tard, il fait cession du même domaine à des moines en ces termes : « Je vous cède et je transporte de mon droit en votre droit, de ma propriété en votre propriété, la terre de Solignac que je tiens de la générosité du roi, et, renonçant à mon droit de propriété, je vous la cède à titre perpétuel[1]. » Il emploie ainsi les termes les plus énergiques que le droit romain ait jamais employés pour désigner le plein droit du propriétaire; il répète deux fois le mot *dominium*. Or il me semble que par les termes de la donation d'Eligius, on peut deviner ceux qui étaient écrits dans la donation du roi. S'il cède un plein droit de propriété sur la terre, c'est que le plein droit de propriété lui avait été donné par la lettre royale.

Dans un acte de 635, le même roi rappelle qu'il a précédemment fait don d'un domaine à trois frères qui le servaient dans le Palais; il ne rappelle pas qu'il ait mis aucune condition à son présent ni qu'il ait exigé aucun service; sans aucun doute il avait donné la terre en toute propriété, puisque les trois frères à leur tour peuvent faire donation du même domaine[2]. Dans un acte de la même année, Palladius rappelle qu'il a reçu du roi

---

[1] *Charta Eligii, Diplomata*, n° 254 : Cedo... cessum esse volo ac de meo jure in vestro dominio transfundo agrum Solemniacensem qui mihi ex munificentia Dagoberti regis obvenit... et meo subtracto dominio, vestræ dominationi cedo perpetualiter.

[2] *Diplomata*, n° 270. Le roi confirme, à la vérité, l'acte des trois frères; nous reviendrons plus loin sur le sens de ces confirmations que les rois font souvent d'actes privés; elles n'impliquent en aucune façon que le roi ait gardé un domaine éminent sur la terre; pas un mot de l'acte n'exprime cette idée.

trois beaux domaines, *tres agros nobilissimos*[1]. Il ne les a pas reçus sous condition de service militaire, puisqu'il est devenu évêque et ne les a pas perdus. Il ne les a pas reçus à titre viager, puisqu'il peut en faire donation à son église.

Par une charte de 640, un certain Blidegisile déclare que le roi lui a autrefois donné un domaine dans le pays de Paris, et il transfère très librement ce domaine à un monastère[2]. Par un acte de 650, Grimoald dit qu'il a reçu du roi la villa Germiniacus et il en fait à son tour donation perpétuelle. Il s'exprime ainsi : « Je vous cède cette villa à perpétuité, de façon que vous la teniez et possédiez et ayez le plein pouvoir d'en faire ce que vous voudrez[3]. » C'est la formule ordinaire des donations en propre ou des ventes[4], et si Grimoald l'emploie, c'est apparemment que le roi l'a d'abord employée à son égard.

Voici un acte de 657 qui est fait par une femme nommée Adalsinda. On y lit qu'un domaine a été donné par le roi à son père Amalgaire, qu'elle a hérité de ce domaine, et qu'elle en fait donation. On voit bien que le roi n'avait pas donné la terre à charge de service guerrier, puisque cette terre était passée par héritage à la fille. Et l'on voit aussi qu'il ne l'avait pas donnée à titre viager, puisque la fille qui en avait hérité pouvait encore en faire donation[5].

Voilà donc une série d'actes où les rois donnent leurs

[1] *Diplomata*, n° 273.
[2] Ibidem, n° 293.
[3] Ibidem, n° 316 : *Concedo vobis perpetualiter, ut teneatis, possideatis, vel quidquid inde facere volueritis liberam habeatis potestatem.*
[4] Cf. *Formulæ Turonenses*, 5, 21, 26; Marculfe, II, 3; II, 11; II, 19; *Bignonianæ*, 12; Rozière, 228, 229 [*Lindenbrogianæ* 7; *Merkelianæ*, 15].
[5] Ibidem, n° 528.

terres sans conditions, à titre perpétuel, en pleine propriété. Nous n'avons au contraire aucun acte où les rois concèdent une terre sous conditions, à charge de service, en viager.

Sans doute il se pourrait que toutes les chartes relatives aux concessions bénéficiaires eussent disparu, tandis qu'il ne nous serait resté que celles qui concernent des donations complètes. Cela est possible assurément. Mais ce qui est certain, c'est que les chartes nous montrent des donations en propre et ne nous montrent pas de concessions royales en bénéfice. On remarquera même que cette sorte de concession n'est jamais ni rappelée ni signalée, fût-ce par voie d'allusion, dans les cent cinquante années qui suivent l'établissement des Francs. La concession bénéficiaire sera mentionnée maintes fois à partir du viii siècle, et en termes très clairs. Semblable mention ne se rencontre ni au vi ni dans la première moitié du vii siècle. Nous ne rencontrons pas une fois la condition du service militaire ni la clause de révocabilité.

Marculfe a recueilli au vii siècle les formules d'actes qu'il savait être en usage chez les rois mérovingiens. Dans ce recueil, il y a une formule pour les dons de terres que les rois faisaient aux églises. On n'est pas surpris qu'il s'agisse ici de donations en pleine propriété[1]. Mais il y en a une autre qui vise précisément les dons que les rois faisaient à leurs fidèles, c'est-à-dire à leurs guerriers, à leurs courtisans, à leurs admi-

---

[1] Marculfe, I, 15, édit. Zeumer, p. 53, Rozière, n° 148 : *Per presentem auctoritatem nostram decernemus ut ipsa villa pontifex [aut] illi abba in omni integritate, et ipsi et successores sui habeant, teneant et possedeant, vel quicquid exinde facire voluerint liberam in omnibus habeant potestatem.*

nistrateurs ou aux serviteurs de leur Palais. Elle est conçue ainsi : « C'est à bon droit que les dons de notre largesse élèvent ceux qui ont servi avec zèle depuis leur jeunesse nos parents et nous[1]. Nous avons donc accordé à tel personnage, de notre pleine volonté, telle villa située en tel pays, avec tous ses revenus et toutes ses limites, sans nulle réserve, telle qu'elle a été possédée et l'est encore par notre fisc[2]. Nous décidons par le présent acte royal que le susdit recevra cette villa avec toutes ses dépendances, à perpétuité, en sorte qu'il la tienne et possède par droit de propriété, *jure proprietario*, qu'il la transmette à ses enfants, en vertu de notre don, ou qu'il la lègue à qui il voudra, et qu'enfin tout ce qu'il voudra faire de cette villa il ait par notre volonté tout pouvoir de le faire[3]. En foi de quoi nous avons signé de notre main le présent acte. » Telle était donc la formule ordinaire des dons des rois à leurs fidèles. On y voit dans les termes les plus clairs que les rois donnent leurs terres sans conditions, sans réserve, et pour toujours.

Dans une autre formule, un roi rappelle qu'un do

---

[1] Marculfe, I, 14, § 1, édit. Zeumer, p. 52, Rozière, n° 138 : *Merito largitatis nostræ munere sublevantur qui parentibus nostris vel nobis ab adulescentia instanti famulantur officio.* — Cf. *Diplomata*, n° 540.

[2] *Nos industri viro illi prumptissima voluntate villa nuncupante illa in pago illo, cum omni merito et termino suo, in integritate, sicut ab illo [aut] a fisco nostro fuit possessa vel moderno tempore possedetur, visi fuimus concessisse.* — Nous n'avons plus besoin de dire que, dans la langue du temps, *visi fuimus concessisse* ne signifie pas autre chose que *concessimus*.

[3] *Quapropter per presentem auctoritatem decernemus, quod perpetualiter mansurum esse jobemus, ut ipsa villa antedictus vir ille in omni integritate... perpetualiter habeat concessa, ita ut eam jure proprietario habeat, teneat atque possedeat, et suis posteris, ex nostra largitate, aut cui voluerit ad possedendum relinquat, vel quicquid exinde facire voluerit ex nostro permisso liberam in omnibus habeat potestatem.*

ses prédécesseurs a donné une villa à un fidèle, et qu'en conséquence ce fidèle « la possède en plein droit de propriété[1] ». Une autre formule nous montre un testateur qui dispose également de tous ses biens, « soit qu'il les ait reçus d'héritage, soit qu'il les ait achetés, soit qu'il les tienne de concession royale[2] ». Ailleurs, c'est une donation mutuelle entre deux époux, et le mari fait donation de domaines qu'il possède « les uns par héritage, les autres par don du roi[3] ». Que l'on cherche, au contraire, dans ce recueil de Marculfe ou dans quelque autre, la formule d'une concession royale en bénéfice, on ne la trouvera pas.

Après les chartes et les formules, il faut regarder chez les écrivains. Grégoire de Tours mentionne assez fréquemment des personnages, laïques et serviteurs du roi, qui ont reçu des terres du fisc[4]. Pas une seule fois il ne fait observer que ces terres aient été reçues sous

---

[1] Marculfe, I, 17 : *Constat villa illa a principe illo memorato illi fuisse concessam, et eam ad presens jure proprietario possidere videtur.*

[2] Ibidem, II, 17.

[3] Ibidem, I, 12 : *Villas illas quas aut munere regio aut de alodo parentum tenere videtur.* — De même, dans une formule postérieure, Rozière, n° 141 (Zeumer, p. 320) : *Nos morem parentum nostrorum sequentes... libuit fideli nostro perpetualiter ad proprium concedere....*

[4] Grégoire de Tours, V, 3 : *Villas ei rex a fisco indulserat.* — VIII, 21 : *Res de fisci munere promeruerat.* — IX, 38 : *Res quas a fisco meruerant.* — X, 19 : *Villas per regis chartas emerui.* — Il ne faudrait pas que ce mot *mereri* fît illusion, ni qu'il entraînât l'esprit à supposer qu'il s'agisse ici d'une sorte de contrat entre un roi qui donne et un fidèle qui doit mériter. Il faut faire attention au sens qu'avait le mot *mereri*, ou plus souvent *merere*, depuis trois siècles. Il signifiait obtenir, et surtout obtenir de la bonté du prince. C'est dans ce sens qu'il était surtout employé dans la langue du palais impérial et de l'administration; voyez des exemples au Code Théodosien, I, 2, 8; VIII, 9, 1; X, 8, 4; X, 9, 2; XI, 13, 1; XI, 22, 3; XI, 24, 6, § 8; XII, 1, 118; et l'*Interpretatio*, I, 2, 4, etc. L'expression *merere ex fisco*, qui était sans doute employée dans les actes impériaux, l'est certainement dans les chartes mérovingiennes; *Diplomata*, n° 270 : *Quod ex nostra largitate meruerunt*; n° 328 : *Villa quod genitor noster Amalgarius et Amoloaldus de fisco promeruerunt*. [Cf. p. 33.]

condition de service militaire, ni que la donation fût seulement viagère et révocable. Grégoire, qui connaissait bien les rois francs et leurs fidèles, ne fait aucune allusion à de tels usages, qu'il n'aurait pu ignorer. Les hagiographes mentionnent maintes fois les donations royales ; pas une fois ils ne font allusion à des bénéfices royaux[1].

Si nous jetons les yeux hors de l'État franc, nous ne voyons pas non plus que les autres rois germains aient distribué leurs terres en bénéfices. Les Lois des Alamans, des Bavarois, des Ostrogoths, des Lombards, ne font aucune mention de bénéfices royaux[2]. La Loi des Wisigoths déclare formellement que les terres données par les rois sont la propriété des donataires, que ceux-ci les transmettent à leurs enfants ou à leurs héritiers suivant la loi civile[3], et qu'ils peuvent même les léguer à qui ils veulent ou en disposer par vente[4]. La Loi des Burgondes est surtout instructive en ce qu'elle est contemporaine des premiers temps de la monarchie franque. Le roi Gondebaud déclare que les donations faites par ses parents sont héréditaires[5]. Il observe que, ces

---

[1] Voir *Vita S. Maximini*, 12, *Acta SS. Bened.*, I, p. 588 : *Prædium quod regali munere ei datum fuerat.* — *Vita S. Bercharii*, ibidem, II, p. 841. — *Vita S. Balthildis*, 8, ibidem, II, p. 780 : *Magnam silvam ex fisco dedit.* — *Vita S. Eligii*, I, 15 et 17.

[2] Les Lois des Alamans et des Bavarois mentionnent un genre de *beneficium* dont nous parlerons plus loin, mais qui n'est pas un bénéfice royal et qui est tout l'opposé du bénéfice militaire.

[3] *Lex Wisigothorum*, V, 2, 2 : *Donationes regiæ potestatis quæ in quibuscunque personis collatæ sunt, in eorum jure consistant.... In nomine ejus qui hoc promeruit transfusa permaneat, ut quidquid de hoc facere voluerit potestatem in omnibus habeat. Si is qui hoc promeruit, intestatus discesserit, debilis secundum legem heredibus res ipsa successionis ordine pertinebit.*

[4] Cela résulte des mots *si intestatus discesserit*, et des mots *quidquid facere voluerit potestatem habeat*.

[5] *Lex Burgundionum*, I, 3 : *Si quis de populo nostro a parentibus*

donations étant toujours faites par actes écrits, le donataire devra toujours montrer sa charte[1]. Mais il ne fait allusion à aucun service militaire qui serait attaché à ces concessions. Lorsqu'il ajoute que les enfants des donataires devront le servir avec le même zèle qu'ont eu leurs parents, cette recommandation fort naturelle ne ressemble pas à l'obligation spéciale et étroite qui s'est attachée plus tard aux fiefs[2]. Rien en cela n'implique que la concession ait été temporaire et strictement conditionnelle. D'ailleurs le vrai sens de ce passage de la Loi des Burgondes s'aperçoit nettement si l'on en rapproche le passage du *Papianus*, c'est-à-dire de la Loi romaine de Burgondie qui lui correspond. La même disposition y est exprimée en ces termes : « Quant aux donations faites par les rois, la propriété en passera des donataires à leurs héritiers et ensuite aux héritiers de ceux-ci, suivant la loi[3]. » C'est la même règle exactement dans les deux codes faits en Burgondie ; et cela nous montre que les donations royales, qu'elles fussent accordées à des Burgondes ou qu'elles le fussent à des Romains, avaient le même caractère, vérité qui ressortait déjà de l'observation des diverses chartes des rois

nostris munificentiæ causa aliquid percepisse dinoscitur, id quod ei conlatum est etiam ex nostra largitate, ut filiis suis relinquat præsenti constitutione præstamus.

[1] *Lex Burgundionum*, I, 4 : *Donationum nostrarum textus ostendant.*

[2] *Ibidem* : *Superest ut posteritas eorum ea devotione et fide deserviat ut augere sibi et servare circa se parentum nostrorum munera cognoscat.* — Dans deux autres passages du même code, il est fait mention des donations royales, *munificentiæ* (titre LIV, et addit. II, 13, Pertz, p. 577), et toujours sans la moindre allusion à des obligations de service militaire ou à une clause de révocabilité.

[3] *Papianus*, I, 3 : *De donationibus dominorum, proprietas accipientium etiam circa heredes et proheredes lege firmatur* (Pertz, *Leges*, III, p. 596). — On sait que le *Papianus* dans cette première partie, correspond titre pour titre à la *Lex Gundobada*. La phrase du *Papianus*, I, 3 a donc le même sens que la phrase de la Loi des Burgondes, I, 3.

francs. Les auteurs du *Papianus*, s'appuyant suivant leur coutume sur une loi romaine, citent ici comme autorité une constitution de l'empereur Honorius sur la perpétuité des donations impériales[1].

Ceci jette un grand jour sur le sujet qui nous occupe. Quand nous voyons les rois francs, ainsi que les rois wisigoths et burgondes, faire des dons de terres à leurs guerriers, aux ecclésiastiques, ou à leurs fonctionnaires, nous sommes d'abord tentés de croire qu'ils agissent suivant un usage germanique. Il n'est sans doute pas impossible que pareille habitude existât dans l'ancienne Germanie. Mais ce qui est certain, c'est que les rois germains la trouvaient établie en Gaule et pratiquée par le gouvernement auquel ils succédaient. L'Empire avait été propriétaire d'innombrables domaines, et les empereurs les avaient employés souvent à récompenser leurs fonctionnaires, leurs courtisans ou leurs soldats. Rien n'était plus fréquent de la part des princes du IVe siècle que ces donations de terres du domaine. Elles faisaient l'occupation d'un des bureaux importants du Palais[2]. Elles firent aussi l'objet d'un grand nombre d'édits impériaux, dont une partie se retrouve dans les Codes de Théodose II et de Justinien[3]. Si l'on compare ces constitutions impériales aux diplômes des rois francs sur la même matière, on observera de singulières analogies. Les expressions employées sont les mêmes. Une donation impériale s'appelait *largitas, munificentia, donatio,*

---

[1] Code Théodosien, XI, 20, 4 : *Largitates, tam nostræ clementiæ, quam retro principum, tenere perpetuam firmitatem præcipimus.* La loi est de 423.

[2] *Scrinium* ou *primiscrinium beneficiorum*. Voir *Notitia dignitatum*, édit. Bœcking, t. I, p. 44 et 260, t. II, p. 54. [Voir plus haut, p. 10.]

[3] Code Théodosien, X, 8; X, 9, 2; X, 10, 5 et 6; X, 10, 14; XI, 20, 1-5; Code Justinien, XI, 60 (61).

beneficium[1]; les mêmes noms se retrouvent sans cesse dans les actes des rois francs, wisigoths ou burgondes[2]. Obtenir ces donations s'appelait au vii° siècle *merere ex fisco*, expression qui était sans doute employée dans la chancellerie impériale[3]. Les donations impériales étaient toujours conférées par actes écrits, *annotationes*[4]; celles des rois francs le furent par des *præcepta* ou des *auctoritates*. Les formules des donations impériales sont perdues pour nous[5]; les formules des donations mérovingiennes sont écrites dans une langue toute latine et sont pleines d'expressions qui rappellent la phraséologie usitée sous l'Empire[6]. Les dons des empereurs ne contenaient aucune condition de service militaire; cette condition n'existe pas davantage dans les dons des rois francs. Les donations des empereurs impliquaient la pleine propriété du donataire; il est vrai que les empereurs faisaient souvent effort pour les reprendre, mais ils reconnaissaient hau-

---

[1] *Quibus possessiones sacra largitate donatæ sunt* (Code Justinien, XI, 60 (61), 6). — *Largitates nostræ clementiæ* (Code Théodosien, XI, 20, 4). — *Principalis liberalitas* (Code Théodosien, X, 8, 2 et 3). — *Munificentia principalis* (Code Théodosien, X, 10, 15; XI, 20, 1; XI, 20, 6). — *Beneficium principale* (Code Théodosien, X, 9, 2; X, 10, 14).

[2] *Munificentiæ* (*Lex Burgundionum*, I, 3; LIV). — *Largitas* (Ibidem). — *Regalis munificentiæ collatio* (*Lex Wisigothorum*, V, 2, 2). — *Munificentia, indulgentia, largitas* (*Diplomata*, n°° 266, 269, 270, 271, 277, etc.).

[3] Grégoire de Tours, VIII, 22 : *Quæcunque de fisco meruit*. De même, VIII, 21; IX, 38; X, 19; Pardessus, II, p. 105 [Cf. Code Théodosien, XI, 20, 4].

[4] *Annotationes* (Code Théodosien, X, 8, 1; Code Justinien, X, 10, 2).

[5] Nous en retrouvons du moins quelques indications dans une loi de 313 au Code Théodosien, X, 8, 1 [Code Justinien, X, 10, 2] : *Hoc verbo ea vis continebatur quam antea scribebamus : cum adjacentibus, et mancipiis, et pecoribus et fructibus et omni jure suo*.

[6] Par exemple, les mots *integro statu*, qui étaient usités dans les *annotationes* impériales (Code Théodosien, X, 8, 1, loi de 313), se retrouvent sous la forme *in integrum*. De même la phrase des diplômes impériaux : *Cum adjacentibus et mancipiis et pecoribus et fructibus et omni jure suo* (Ibidem), se retrouve, un peu allongée, dans toutes les donations mérovin-

tement qu'elles étaient perpétuelles et héréditaires[1]. En passant des empereurs romains aux rois francs, la pratique des donations de terre est restée la même et a produit les mêmes effets.

On remarquera encore que les empereurs appelaient quelquefois ce genre de donation *beneficium*, mot qui marquait seulement le bienfait ou la faveur qu'ils conféraient[2]. Le même terme est quelquefois employé par les rois francs au sujet de leurs dons de terre[3]. Il n'a pas d'autre sens que celui de bienfait ou faveur, et il est employé comme synonyme de *largitas* ou *munificentia*. Il n'implique en aucune façon que la concession soit viagère ou conditionnelle. L'idée qui s'est attachée plus tard au mot *beneficium* n'y est pas encore contenue.

La teneur des chartes mérovingiennes n'implique jamais que ces terres pussent en aucun cas être reprises par les rois. Dans la pratique, nous avons plusieurs

---

giennes. Le *hi quibus pro laboribus suis ac meritis aliquid donaverimus* (Code Théodosien, X, 8, 3) est devenu le *merito sublevantur*, etc., que nous avons cité plus haut, ou le *pro fidei suæ respectu*, que nous trouvons ailleurs. Le *in bene meritos* du Code Théodosien, XI, 20, 4, nous reporte au *meritis compellentibus* de Marculfe, I, 17. Ajoutez une série d'expressions comme celles-ci : *Munificentia nostra donamus, ex nostra largitate, ex nostra indulgentia, qui nostra largitate meruerunt*, toutes expressions visiblement issues de la chancellerie impériale.

[1] Loi de 340, au Code Théodosien, X, 10, 5 : *Donatarum rerum dominium his tradatur quos anteriores tempus imperialis donationis ostenderit.* — Loi de 384, Code Justinien, XI, 62 (61), 6 : *Hi quibus patrimoniales possessiones vel a nobis vel a parentibus nostris sacra largitate donatæ sunt, inconcusse possideant atque ad suos posteros mittant*, etc.

[2] *Beneficii principalis*, Code Théodosien, X, 9, 2. — *Beneficium a nobis indultum*, Code Théodosien, X, 10, 14.

[3] *Diplomata*, n° 280 : *De nostre largitatis beneficio.* — N° 340 : *Hoc nostre concessionis beneficium firmum esse volumus ut pontifex de ipsa dicta villa habendi, tenendi, dandi, commutandi habeat potestatem.* — Cf. *Miracula S. Joannis Reomaensis*, c. 10. *Acta SS. Bened.*, I, p. 639 : *Beneficia a prædictis regibus præstita per præcepta chartarum quæ vsque nunc in archivis monasterii condita sunt.*

exemples où des terres de cette nature ont été reprises. Mais il ne faudrait pas se hâter de conclure de quelques cas particuliers qu'il fût de l'essence de ces concessions d'être révocables. Grégoire de Tours cite deux exemples; mais dans tous les deux nous devons remarquer que le donataire est poursuivi pour crime de trahison, et que les terres qu'il a reçues du fisc ne lui sont enlevées qu'en vertu d'un jugement. Dans l'un, il s'agit de Gontran Boson, qui a soutenu la cause de l'usurpateur Gondovald et qui est en outre accusé d'un crime de droit commun[1]. Dans l'autre exemple, le comte de l'écurie Sunnégisile et le référendaire Gallomagnus sont accusés de complot contre la vie du roi[2]. Que le roi ressaisît des terres qu'il avait données à ces hommes, cela ne saurait prouver qu'il les leur eût données à titre révocable ou en viager. Nous devons songer, en effet, que les lois franques punissaient les crimes commis contre le roi de la confiscation des biens[3]. Les autres lois barbares prononçaient la même peine[4]. C'est ainsi que, dans le droit impérial, le crime de lèse-majesté avait toujours entraîné la confiscation. Or, c'est d'un crime de lèse-

---

[1] Grégoire de Tours, VIII, 21 : *Cum Guntchramnus (Boso) de his interpellatus nullum responsum dedisset, clam aufugit. Ablatæ sunt ei omnes res quæ in Arverno de fisci munere promeruerat.*

[2] Ibidem, IX, 38. Joignez-y l'affaire de Godin, V, 5, qui avait soutenu l'entreprise de Mérovée contre Chilpéric : *Villas quas ei rex a fisco indulserat, abstulit.*

[3] *Lex Ripuaria*, LXIX : *Si quis regi infidelis extiterit, de vita componat et omnes res suæ fisco censeantur.* — Marculfe, I, 32 : *Dum ille faciente rebello et omnes res ejus sub fisci titulum præcipimus revocare.* — Rozière, n° 40 [Zeumer, p. 293] : *Dignam subierunt sententiam et res eorum secundum legitimas sanctiones (ailleurs legum sanctionem) fisco nostro sociatæ sunt.*

[4] *Edictum Rotharis*, 4 : *Si quis contra animam regis consiliaverit, animæ suæ incurrat periculum et res ejus infiscentur.* — Cf. *Lex Alamannorum*, XXV; *Lex Baiuwariorum*, II, 1; *Lex Wisigothorum*, II, 1, 7.

majesté qu'il s'agit dans les deux faits signalés par Grégoire de Tours[1]; la confiscation était donc de plein droit. Les terres de Gontran Boson et de Sunnégisile ne leur ont pas été reprises parce que la donation avait été temporaire, mais parce que ces hommes étaient coupables[2]. Cela est tellement vrai, que le fisc s'emparait non seulement des terres données par le roi, mais aussi de leurs terres patrimoniales et de toutes leurs propriétés. Nous avons même plus d'exemples de terres patrimoniales confisquées que nous n'en avons de terres royales[3]. Or il est clair que si le roi pouvait saisir les propriétés patrimoniales d'un coupable ou d'un adversaire, il pouvait à plus forte raison reprendre les biens qu'il lui avait lui-même donnés[4]. Il agissait alors, non en vertu du principe que ces concessions fussent tou-

---

[1] Voir sur le *crimen læsæ majestatis* chez les Francs, Grégoire de Tours, V, 25 : *Burgolenus et Dodo ob crimen majestatis... res omnes eorum fisco conlatæ sunt.* — X, 19 : *Ob crimen lesi majestatis... reum mortis... multa regalibus thesauris sunt intata.* — V, 28 (27) : *Additum quod essent rei majestatis et patriæ proditores.*

[2] Un autre fait de même nature est signalé dans le testament de Bertramn, p. 198 : *Villam quam Vædola coram justitia (regis) reddidit.*

[3] Grégoire de Tours, III, 14 : Mundéric ayant essayé d'usurper la royauté, *res ejus fisco conlatæ sunt*; ces *res* ne sont pas des dons faits par les rois, ce sont les biens propres de Mundéric. — V, 3 : Le référendaire Siggo ayant trahi Chilpéric, *res ejus quas in Sessionico habuerat, Ansoaldus obtinuit*; ici *res* peut désigner indifféremment des biens patrimoniaux ou des terres qu'il aurait reçues de Chilpéric. — V, 25 : Ennodius est condamné à l'exil et ses biens sont confisqués; l'historien dit ses biens, *facultates*; il ne dit pas des bénéfices. — V, 26 (25) : Les biens de Burgolène et de Dodo sont confisqués, *res omnes tam eorum quam patris fisco conlatæ sunt*; ces termes indiquent bien qu'il s'agit de propriétés privées et patrimoniales. — VII, 29 : Éberulf, accusé d'avoir fait mourir Chilpéric, est mis à mort; tous ses biens indistinctement sont pris par le fisc, lequel, suivant l'usage, en concède une bonne part à des fidèles; même ses biens patrimoniaux, qu'on avait d'abord laissés à sa veuve, sont saisis par le fisc et distribués, *quæ de propriis rebus [ailleurs quod a prioribus] ei relicta fuerant, suis fidelibus condonavit.*

[4] Ibidem VIII 38. *in fine.*

jours révocables, mais en vertu de son droit de punir. Il ne révoquait pas des bénéfices, il confisquait une fortune. De tels actes n'avaient aucun rapport avec la règle des fiefs; mais ils étaient conformes au droit romain et au droit des Francs.

On comprend même que parfois, pour des crimes moindres, le roi ne confisquât pas la fortune entière, et qu'en ce cas il se contentât de reprendre les biens qu'il avait donnés en laissant à l'homme ses biens patrimoniaux. Grégoire de Tours donne un exemple de cette distinction quand il rapporte que le roi, ayant pardonné à Sunnégisile, lui rendit ses biens propres et ne lui reprit que les terres fiscales[1].

Quelques historiens modernes ont été très frappés de voir qu'à la mort d'un roi le successeur confirmait par de nouvelles lettres les donations du prédécesseur. Ils ont conclu trop vite de là que ces donations étaient essentiellement temporaires. Cette conclusion est exagérée et inexacte. Pour nous faire une idée juste de ces renouvellements de chartes, il suffit de nous mettre sous les yeux le texte de la formule qui y était employée : « C'est avec justice que l'autorité royale confirme, en faveur de ceux qui ont été toujours fidèles à nos prédécesseurs et à nous, les dons qui leur ont été faits ou les propriétés de leurs pères[2]. Tel personnage, homme illustre, nous a présenté les chartes des rois précédents qui attestent que tels et tels domaines ont été donnés à ses parents[3]; et il nous a demandé de confirmer par un

[1] Grégoire de Tours, VIII, 38, *in fine*.
[2] Marculfe, I, 31, édit. Zeumer, p. 62 : *Merito regalis clementia in illis conlata munera vel proprietate parentum confirmare deliberat, quos cognoscit anteriorum regum... vel nobis fidem integram conservasse....*
[3] *Cartas precedentium regum nobis protulit recensendas, qualiter parentibus suis loca aliqua fuisse concessa.*

diplôme de nous tout l'ensemble de sa fortune, *omne corpus facultatis suæ*[1], tant ce que lui et ses parents ont obtenu par don royal, que ce qui lui est venu par vente, cession, donation, échange ou toute autre juste cause[2]. Nous le lui accordons volontiers. En conséquence nous ordonnons que tout ce qu'il possède, soit par succession de ses parents, soit comme récompense de ses services, tout ce qui lui vient de don royal ou lui a été acquis par d'autres titres légitimes, terres, maisons, esclaves, ou objets mobiliers, tout cela lui soit pleinement confirmé, de telle sorte qu'il en ait une entière possession et qu'il le transmette à ses enfants et descendants[3]. »

Il y a dans cette formule deux traits significatifs. En premier lieu, la confirmation porte, non seulement sur les terres données par le roi, mais aussi sur les biens patrimoniaux ou acquis par achat; les uns et les autres sont confirmés dans les mêmes termes. Cet acte ne prouve donc pas plus la révocabilité des donations qu'il ne prouverait celle des alleux. En second lieu, la formule n'exprime par aucun mot que les terres aient été concédées à titre viager; tout au contraire, elle déclare qu'elles sont une propriété héréditaire, que le détenteur

---

[1] L'expression *omne corpus facultatis*, signifiant la totalité d'une fortune, est fréquente dans les textes mérovingiens; voir *Andegavenses*, 41; Marculfe, II, 7; on la trouve dans le traité d'Andelot et dans beaucoup de diplômes.

[2] *Petiit ut eum de omni corpore facultatis suæ, tam quod regio munere ipse vel parentes sui promeruerunt, quam quod per venditionis, cessionis, donationis, commutationesque titulum... justæ et rationabiliter est conquesitum..., per nostrum in ipso deberemus confirmare preceptum.*

[3] *Precipientes ut quicquid ex successione parentum vel ejus utilitate, tam quod munere regio vel per quodlibet instrumenta cartarum ad eodem justæ pervenit, tam in villabus, mancipiis, ædificiis, accolabus... per hanc auctorita' m firmatus, cum Dei et nostra gratia, in integritate hoc valeat possidere et suis posteris deræmlinquere.* — Il y a une autre formule analogue, Marculfe, I, 17.

actuel les a reçues de ses parents[1], et qu'il les laissera à ses descendants. Une autre formule de confirmation dit expressément que le fidèle qui a reçu une terre en don du roi « la possède par droit de propriété » ; elle ajoute « qu'il la laissera à ses enfants, ou la léguera à qui il voudra, et qu'il en fera enfin tout ce qu'il jugera à propos d'en faire[2] ».

Ces confirmations ne signifient donc pas que les concessions aient été temporaires ou viagères. Aussi n'expriment-elles jamais cette idée. Ce sont des lettres qui se reproduisent à chaque génération, mais qui chaque fois répètent que la donation est perpétuelle. Elles ne ressemblent en rien au relief que nous verrons plus tard; car elles ne sont pas à vrai dire des renouvellements de la concession. Précisément parce qu'elles s'appliquent à toutes sortes de propriétés, elles n'ont rien de commun avec l'institution bénéficiaire[3].

---

[1] *Quod parentes sui promeruerunt.*

[2] Marculfe, I, 17, Rozière, n° 152 : *Sicut constat villa illa ab ipso principe illo memorato tui fuisse concessa, et eam jure proprietario possidere videtur..., ipse et posteritas ejus eam teneant et possedeant et cui voluerint ad possedendum relinquant, vel quicquid exinde facere decreverint, ex nostro permisso libero perfruantur arbitrio.*

[3] Il est dit dans la Vie de saint Maur que, sur la demande de Florus, le roi Théodebert donna à son neveu Randramn tout ce que Florus avait eu par don royal. *Dedit ei per sceptrum regale quod manu gestabat quæcunque Florus patruus ejus ex regali possederat dono.* Or il faut remarquer que Florus avait, le même jour, demandé au roi de faire un diplôme par lequel « ses propres » étaient donnés au monastère, *ut præceptum regiæ dignitatis facere juberet super testamentum quod ipse de propriis rebus quas illi loco tradiderat scribere rogaret.* Ainsi Florus croit devoir faire intervenir le roi aussi bien pour la donation qu'il fait de ses biens patrimoniaux que pour le transfert de ceux qu'il a reçus par don royal. Ni l'un ni l'autre acte n'impliquent qu'il n'eût pas la propriété pleine des biens. Les deux actes sont proprement des actes de déférence pour le roi ou plutôt encore de précaution pour l'avenir; mais ni par l'un ni par l'autre il ne reconnaît l'absence de droit. J'ajoute que les expressions *quæ possederat dono* n'entraînent pas l'idée de bénéfice (*Vita S. Mauri*, 53, *Acta SS. Bened.*, I, p. 291-292.)

Elles font partie de cet ensemble d'habitudes qui faisaient intervenir les rois dans tous les actes de la vie privée. Un testateur demandait souvent au roi de confirmer son testament, un donateur sa donation, un acheteur son achat, un héritier sa succession[1]. Nul ne croyait ses droits assurés s'ils n'étaient garantis par une lettre royale. Comme chaque maison riche avait ses archives[2], les hommes semblent avoir mis un empressement singulier à augmenter le nombre de leurs titres. Il n'est pas impossible d'ailleurs que le gouvernement mérovingien n'ait tiré de là un revenu. Nous devons songer aussi aux désordres des temps, à la puissance absolue de ces rois, surtout de leurs ministres, et au peu de garanties légales que les simples particuliers avaient vis-à-vis d'eux. Nul n'était sûr de garder sa terre, s'il ne pouvait montrer une lettre, non d'un roi mort, mais du roi actuellement vivant. Chacun allait donc, à chaque nouveau règne, implorer cette lettre, non sans la payer apparemment. Les confirmations n'étaient pas une reconnaissance du défaut de droit; elles étaient une garantie qu'on ajoutait au droit[3]. C'est par une précaution

---

[1] Voir des exemples de cela dans Marculfe, I, 12; I, 13; I, 20; *Diplomata*, n°° 157 et 245; Rozière, n°° 317 et 318 [Zeumer, p. 289 et p. 459]; *Vita S. Geremari*, 7; *Vita S. Mauri*, 53.

[2] Marculfe, I, 34 : *Omnia instrumenta cartarum quod ipsi vel parentes sui habuerunt, tam quod ex munificentia regum possedit, quam quod per vendicionis, cessiones, donationes, commutationesque titulum habuit, una cum domo sua incendium concremetas esse.* — *Andegavenses*, 33 : *Instrumenta cartarum quam plurimas, vindicionis, caucionis, cessionis, donacionis, dotis....* — *Ibidem*, 31. — *Arvernenses*, 1. — Rozière, 403-414.

[3] C'est ce qui est exprimé par plusieurs documents. Par exemple, la formule de Marculfe, I, 13, nous montre un acte tout privé, entre deux particuliers, qui se passe pourtant devant le roi; et le roi indique la raison de cela : *Quicquid in presentiam nostram agetur vel per manu nostra videtur esse transvulsum, volumus ut maneat in posterum robustissimo jure* (Zeumer, p. 51, Rozière, n° 210).

semblable que l'évêque Bertramn, voulant assurer l'exécution de son testament, se munit à l'avance d'une autorisation royale. Ce n'est pas qu'il la demande spécialement pour les biens qu'il tient du roi ; il la demande et l'obtient pour toute sa fortune sans distinction[1]. De tels usages sont des éléments curieux de l'histoire d'une époque ; mais ce serait les comprendre mal que de supposer qu'ils impliquaient l'absence de tout droit d'hérédité[2].

On a dit que le traité d'Andelot avait accordé aux leudes l'irrévocabilité des bénéfices, ce qui prouverait que les bénéfices royaux avaient été révocables jusqu'alors. Mais le traité d'Andelot, dont Grégoire de Tours nous a donné le texte[3], ne parle pas de bénéfices. Ni ce

---

[1] *Testamentum Bertramni, Diplomata*, t. I, p. 198 : *Quia domnus Chlotarius rex suum præceptum manus suæ jure firmatum mihi dedit ut de propria facultate quod ex parentum successione habeo seu quod munere suo consecutus sum aut aliunde comparavi, tam pro animæ meæ remedio quam propinquis meis seu fidelibus meis delegare voluero, liberum utendi tribuit arbitrium.*

[2] Il y a une phrase des *Gesta Dagoberti*, 26, où l'on a cru voir l'indication d'une donation en viager : *Landegisilus dum viveret eam villam per præceptum regale promeruerat.* On a traduit *dum viveret* par « en usufruit sa vie durant ». Mais si on lit le chapitre entier, on voit que ces mots ont un autre sens. Le chroniqueur, ayant raconté la mort de Landégisile, ajoute qu'il avait eu de son vivant une donation royale ; or, ce Landégisile étant le frère de la reine Nanthilde, celle-ci, qui était vraisemblablement héritière, Landégisile n'ayant pas d'enfants, demanda au roi la permission de donner cette terre à l'abbaye de Saint-Denis ; ce qui fut fait. Rien, dans ce chapitre, n'indique la règle de la révocabilité des bénéfices. — Nous ne parlerons pas ici de trois diplômes où l'on voit des terres être « ramenées au fisc », *ad fiscum revocari* ; mais ces diplômes, qui sont des années 677, 688, 695, dépassent la date que nous nous sommes fixée dans le présent chapitre et appartiennent à une autre époque.

[3] Grégoire de Tours, IX, 20. Le roi Gontran lui en avait fait donner lecture : *Pactionem ipsam relegi rex coram adstantibus jubet.* Il y a apparence que l'évêque de Tours en prit une copie ; il intitule son texte *Exemplar pactionis*.

mot ni aucun terme analogue ne s'y trouve. Il n'y est parlé que des « dons » des rois. Le terme employé est *munificentiæ regum*, lequel s'est toujours dit, depuis le IV° siècle jusqu'au VII°, des donations en pleine propriété[1]. Il n'y est pas dit que ces dons avaient été révocables; il n'y est pas dit non plus qu'ils cesseront de l'être à partir de ce traité. Il y est dit seulement que ces dons sont une propriété assurée, *quisque cum securitate possideat*. Remarquons même que cela est dit, non pas de dons récents, mais de dons qui remontent au moins à vingt-six ans et au delà, « dons des anciens rois jusqu'à la mort de Clotaire[2] ». Voilà donc des terres qui sont déjà dans les mêmes mains depuis plusieurs règnes, et dont la possession se trouve confirmée.

Pourquoi les auteurs du traité d'Andelot ont-ils pris la peine d'y introduire cet article? Par cette raison bien simple qu'au milieu des guerres civiles qui ont précédé, bien des hommes qui avaient reçu des dons de l'un ou de l'autre roi avaient trahi ce roi, et que les dons avaient été repris. Il y avait eu une série de confiscations légitimes, auxquelles s'étaient ajoutées beaucoup de spoliations moins justes[3]. Il fallait réparer le mal. Aussi les rois commencent-ils par rendre la sécurité à toute la propriété foncière. « Nul de nos sujets, dans l'un ou dans l'autre royaume, ne sera lésé dans ses droits, chacun possédera et reprendra possession des biens qui

---

[1] Grégoire de Tours, IX, 20, édit. de la *Société de l'Histoire de France*, t. II, p. 160; édit. des *Monumenta Germaniæ*, p. 377 : *Et de id quod per munificentias præcedentium regum unusquisque usque transitum Chlotarii regis possedit, cum securitate possideat*.

[2] La mort de Clotaire I⁻ est de 561; le traité d'Andelot est de 587.

[3] Grégoire de Tours : *Si aliquid cuicumque per interregna sine culpa tultum est*.

lui appartiennent[1]. » Ils conviennent même de rendre à chacun ce qu'ils ont pu lui enlever sans qu'il y eût délit commis, et de le lui rendre après jugement[2]. Ils disent encore que « toutes les donations qui ont été faites par eux, soit aux églises, soit aux fidèles, seront respectées et maintenues[3] ». C'est la formule habituelle de confirmation. Elle ne signifie nullement que les donations faites avaient été jusqu'à cette heure révocables ou viagères.

Ceux qui se représentent le traité d'Andelot comme une concession faite aux « leudes », n'en ont pas lu le texte ou l'ont lu légèrement. C'est un simple traité entre les deux rois. Il n'accorde rien aux hommes qu'on appelait leudes[4]. On y chercherait en vain une seule phrase qui visât la constitution du bénéfice. Quand il y est parlé des dons que font les rois sur « les terres du fisc », c'est pour présenter ces dons comme naturellement perpétuels[5], et sans faire entendre en aucune

---

[1] Grégoire de Tours : *Quicquid unicuique fidelium in utriusque regno per legem et justiciam redebetur, nullum ei præjudicium paciatur, sed liceat res debetas possedere atque recipere.* Pas un mot, dans cette phrase, n'exprime l'idée de bénéfice ; il est plus probable qu'il s'agit de biens propres ; les mots *per legem* impliquent qu'il s'agit du mode de possession établi par la loi, c'est-à-dire de la propriété. C'est aussi le sens des mots *res debitas*. Le mot *fideles*, au vi^e siècle, signifie tantôt sujets et tantôt fidèles.

[2] Ibidem : *Si aliquid... sine culpa tultum est, audiencia habita, restauretur.* — C'est encore de biens propres qu'il s'agit ici. La restitution des anciens dons des rois n'est marquée que dans cette phrase : *Et quod exinde fidelibus personis ablatum est, de præsenti recipiat.*

[3] Ibidem : *Quidquid antefati reges* (dans tout le texte du traité, l'expression *antefati* ou *præfati reges* se rapporte à Childebert II et à Gontran).

[4] Il n'y est parlé des *leudes* que pour dire que les leudes de Gontran qui l'ont trahi « lui seront ramenés », que les leudes de Sigebert qui l'ont abandonné seront de même « ramenés des lieux où ils sont » et remis aux mains de son fils.

[5] C'est ainsi qu'il est dit que tout ce que la fille de Gontran voudra donner *de agris fiscalibus*, le sera à perpétuité, *perpetuo conservetur*. Il

manière que ce soit là une innovation. Le traité d'Andelot n'a rien de commun avec le régime bénéficiaire¹.

Ce qui est bien avéré, c'est qu'il y eut beaucoup de révocations arbitraires sous les Mérovingiens, placés qu'ils étaient entre l'avidité de ceux qui demandaient des terres et la tiédeur de ceux qui, les possédant, ne désiraient plus que les conserver.

Les donations furent souvent révoquées : cela ne veut pas dire qu'elles fussent révocables. Les rois ont souvent cherché à reprendre les terres qu'ils avaient données; mais ils ne les avaient pas données avec la clause qu'ils les reprendraient. Il n'y a pas une ligne dans les documents où il soit dit que ces terres doivent de plein droit revenir aux princes. Quand il leur arrive de ressaisir une terre, ils donnent pour raison « que ceux-là sont justement privés des bienfaits qu'ils ont reçus, qui

---

est répété plus loin et d'une manière plus générale : *Si quid de agris fiscalibus pro arbitrii sui voluntate cuiquam conferre voluerint, fixa stabilitate in perpetuo conservetur nec ullo tempore convellatur.*

¹ Comme nous tenons à citer *tous* les textes, il faut présenter Grégoire de Tours, VIII, 22, où il est dit que Wandelinus, *nutritor Childeberti regis,* étant mort, *quæcumque de fisco meruit, fisci juribus sunt relata.* On a cru ici encore qu'il s'agissait de bénéfices, lesquels à la mort du concessionnaire revenaient naturellement au fisc. Mais cela ne ressort nullement du passage de Grégoire de Tours. Wandelin est *nutritor regis,* c'est-à-dire quelque chose comme nourricier de l'enfant Childebert ; c'est une charge purement domestique, à laquelle la jouissance de quelques biens pouvait être attachée. Wandelin n'avait peut-être pas d'enfants : il y avait bien des raisons pour que les biens qu'il tenait du fisc revinssent au fisc après sa mort; un cas si particulier ne peut pas prouver que les concessions royales fussent en général révocables. — Grégoire de Tours dit encore: *Obiit Bodygisilus dux, sed nihil de facultate ejus filiis minuatum est* (VIII, 22); nous ne savons ce qu'était ce Bodegisile; cette *facultas* dont il est parlé ici consiste-t-elle en terres du fisc, que le roi laisserait à ses fils? Consiste-t-elle en propres, que le roi confirmerait suivant l'usage presque constant de l'époque? Ou bien encore consiste-t-elle en emplois et dignités que le roi aurait transférés à ses fils? Ou bien, Grégoire de Tours veut-il dire simplement : « Bodegisile mourut dans un âge avancé; rien de sa grande fortune ne fut perdu pour ses fils? » C'est bien à tort, en tous cas, qu'on a vu dans

se sont montrés ingrats et infidèles[1] ». Ils ne disent pas qu'ils aient le droit de ressaisir ces terres parce qu'ils ne les ont concédées que temporairement ou parce qu'ils se sont réservé un domaine éminent sur elles.

Tout au contraire, ils reconnaissent plus d'une fois que leurs donations sont perpétuelles; plus que cela, chaque roi reconnaît que les donations de ses prédécesseurs étaient perpétuelles. C'est le sens de la déclaration de Gontran et de Childebert à Andelot. Clotaire II fit par deux fois une déclaration plus claire encore. « Toutes les donations faites par la générosité de nos prédécesseurs, soit à une église, soit à des clercs, soit à des laïques, doivent durer à toujours[2]. » Il est possible que dans la pratique il se soit écarté de cette règle, surtout pendant les guerres civiles de 613; mais par l'édit de 614 il s'engage à rendre les donations qu'il a reprises : « Tout ce que nos prédécesseurs ou nous-même avons accordé et confirmé, doit être maintenu sans nulle atteinte; ce que nos fidèles et nos leudes ont pu perdre dans les guerres entre les rois leur sera restitué[3]. »

cette phrase une allusion à l'usage de reprendre les bénéfices royaux. — Il en est de même de cette autre phrase, IX, 35 : *Mortuo [Waddone], filius ejus ad regem abiit resque ejus obtenuit.* Si on lit tout ce chapitre, on voit bien qu'il n'est pas question de bénéfices; *res* signifie les biens, la fortune, et si le fils de Waddon a dû se rendre auprès du roi pour les avoir, c'est parce que Waddon a été tué dans une querelle et en commettant un délit.

[1] *Diplomata*, n° 386 : *Merito beneficia quæ possident amittere videntur qui non solum largitoribus ipsorum beneficiorum ingrati existunt, verum etiam infideles eis esse comprobantur.... Omnes res suas ad nostrum fiscum jussimus revocari.* — Remarquer que dans cette phrase le mot *beneficia* ne signifie pas autre chose que bienfait ou faveur. Je pense aussi que *infideles* a ici le même sens que dans la Loi Ripuaire, LXIX, celui de traître au roi.

[2] *Chlotarii præceptio*, c. 12, Boretius, p. 19, Baluze, col. 7 : *Quæcunque ecclesiæ vel clericis aut quibuslibet personis a præfatis principibus munificentiæ largitate conlata sunt, omni firmitatis perdurent.*

[3] *Chlotarii edictum*, c. 16 et 17, Boretius, p. 23 : *Quidquid parentes*

Ainsi, ce que l'on rencontre dans les textes du vi° et du vii° siècle, c'est la pleine donation en propre, ce n'est pas la concession temporaire ou conditionnelle. On ne peut sans doute pas aller jusqu'à affirmer que les rois n'aient jamais fait aucune concession de cette nature. De ce qu'on n'en trouve pas d'exemples dans les documents qui nous sont parvenus, il ne suit pas de toute nécessité que la chose ait été impossible. Il suffit de constater que les premiers rois mérovingiens ont donné leurs terres en pleine propriété, et que nous ne les voyons jamais les concéder en bénéfice. Jamais surtout nous ne les voyons mettre à leurs dons la condition du service militaire.

En résumé, si l'on se place entre le règne de Clovis et le milieu du vii° siècle, et si l'on cherche, dans cet espace de cent soixante ans, quel usage les rois ont fait de leurs domaines, on doit reconnaître qu'ils ne les ont pas fait servir à l'établissement d'un vaste système de bénéfices. Le régime bénéficiaire n'a donc pas été établi aussitôt après la conquête. Il n'est pas du premier âge de la monarchie franque. Il n'est pas sorti tout organisé des relations primitives entre le roi et ses fidèles. Il n'a pas eu sa source première dans le palais des rois, ni son principal terrain dans les domaines royaux. C'est ailleurs que nous devons en chercher l'origine.

nostri anteriores principes vel nos per justitia visi fuimus concessisse et confirmasse, in omnibus debeat confirmari. Et quæ unus de fidelibus ac leudibus, interregno faciente, visus est perdidisse, generaliter absque alico incommodo de rebus sibi juste debitis præcipimus revertere.

CHAPITRE IV

Le précaire romain.

Quand nous avons étudié les institutions publiques, soit dans la société romaine, soit dans la Germanie, nous n'y avons rien vu qui eût un caractère féodal. Nous n'avons rien trouvé qui ressemblât au fief, ni même au bénéfice, origine du fief. Il faut que nous fassions la même étude sur les institutions d'ordre privé.

C'est dans celles-ci, en effet, que nous pourrons saisir les origines de la féodalité. La féodalité n'est pas née d'un système politique; elle a pris naissance dans les usages de l'existence individuelle. Loin qu'elle ait été créée par une révolution, c'est d'une lente tradition d'habitudes qu'elle est sortie. La vie privée a été le terrain où elle a germé. Elle s'est établie dans les mœurs des particuliers et dans leurs relations entre eux longtemps avant de se produire comme organisme politique.

C'est donc dans la vie privée qu'il en faut chercher les racines. Si la société germaine nous était bien connue, si les historiens anciens et les monuments nous renseignaient avec une précision suffisante sur son droit et ses usages nous trouverions peut-être en elle beaucoup de pratiques qui ont contribué à former le bénéfice et le fief. Mais nous ne connaissons de cette société que quelques traits généraux et superficiels. Le détail nous échappe, et pour notre recherche c'est le détail minutieux qu'il nous faudrait. Les pratiques germaines relatives à la possession du sol, à la propriété, à la tenure, sont ce que nous ignorons le plus. C'est pour cette raison peut-être que nous ne trouverons pas en Germanie ces racines premières. La recherche que nous tentons ne peut se faire que dans la société romaine, parce qu'elle est la seule dont nous connaissions le droit et la pratique. Nous ne conclurons pas de là que la féodalité soit plus romaine que germanique; c'est une chose que nous ne pourrons jamais affirmer avec une pleine certitude, la comparaison entre l'ancienne société romaine et l'ancienne société germanique ne pouvant pas être faite scientifiquement. Nous cherchons le germe de la féodalité dans la société romaine, parce que cette société est la seule que nous connaissions dans un détail suffisant, la seule dont nous possédions la littérature, les lois, et surtout la jurisprudence.

Ce n'est pas que nous devions trouver dans cette société romaine une institution dont on puisse dire qu'elle soit à elle seule l'origine du bénéfice et du fief. Une telle institution n'exista jamais. Mais nous trouverons un ensemble d'usages ou de pratiques qui, en s'associant et en se combinant, ont pu produire ce régime. Nous avons parlé précédemment du droit de propriété sur la terre, du droit de propriété sur la personne, c'est-à-dire de l'esclavage, puis de la condition d'affranchi, du colonat, de la tenure, et enfin de l'organisme rural qu'on appelait la *villa*[1]. Ce sont là autant d'éléments qui, bien que le caractère féodal ne soit dans aucun d'eux pris isolément, sont pourtant entrés dans la composition du système féodal. La féodalité n'aurait pas existé sans eux, et ils ont subsisté en elle. Il importe maintenant de porter notre attention sur quelques

---

[1] [Voir le volume sur *l'Alleu*.]

autres pratiques qui se sont ajoutées et associées aux précédentes et qui, par une action lente, ont fini par transformer l'organisme entier.

1° DE LA POSSESSION ET DE L'USUFRUIT EN DROIT ROMAIN.

Partons d'abord d'une conception d'esprit qui fut très puissante chez les Romains : c'est celle qui leur faisait distinguer très nettement la possession et la propriété[1]. La propriété, *dominium*, était un droit; la *possessio* était surtout un fait[2]. La propriété était un lien de droit qui se formait entre une terre et un homme indépendamment de tout fait corporel, et même indépendamment de la volonté de cet homme[3]. Ce lien, supérieur à la volonté individuelle, durait aussi au delà de l'individu humain; il se transmettait héréditairement. Pour le rompre, c'est-à-dire pour le transférer à un autre, il fallait faire intervenir des actes solennels ou juridiques. La possession, sans être un droit, était un fait dont le Droit tenait compte[4]. Toute occupation n'était pas possession. Un esclave ne possédait pas; un fermier libre ou un colon ne possédait pas; mais un homme pouvait, bien que n'occupant pas corporellement

---

[1] Festus, d'après Ælius Gallus, jurisconsulte contemporain de Cicéron : *Possessio est usus quidam agri, non ipse ager, nec qui dicit se possidere is suam rem potest dicere.* Festus, v° *Possessio*; Huschke, *Jurisprudentia antejustiniana*, p. 96-97, 4ᵉ édition.

[2] Javolenus au Digeste, L, 16, 115 : *Quidquid adprehendimus, cujus proprietas ad nos non pertinet, hoc possessionem appellamus.*

[3] Ulpien, au Digeste, XLI, 2, 17 : *Differentia inter dominium et possessionem hæc est quod dominium nihilominus ejus manet qui dominus esse non vult.*

[4] Du moins le droit prétorien. Il y avait des *interdicta adipiscendæ possessionis causa vel relinendæ vel recuperandæ*, Gaius, IV, 143. Voir aussi la formule du préteur: *Uti nunc possidetis eum fundum..., ita possideatis, adversus ea vim fieri velo.* Festus, v° *Possessio*.

et bien que domicilié fort loin, posséder une terre par son esclave, par son fermier, par son mandataire ou par son colon[1]. La possession, toujours distincte de la propriété[2], tantôt s'associait à elle et tantôt se séparait d'elle. Le même homme pouvait être *dominus* et *possessor*[3], tandis que d'autres fois, sur une même terre, un homme pouvait être *possessor* et un autre homme *dominus*[4]. Cette distinction fut surtout profonde dans les deux premiers siècles de l'Empire. En Gaule, durant cette époque, le propriétaire du sol était l'empereur, les hommes n'y étaient que possesseurs[5].

La distance qui séparait la possession de la propriété s'amoindrit avec le temps. C'est une chose digne de remarque que, dans la langue de l'époque impériale et même des jurisconsultes, le mot *possessio* est maintes fois employé pour désigner un domaine[6], et le mot *pos-*

---

[1] Gaius, II, 89 : *Per eos quos in potestate habemus, adquiritur nobis possessio.* — Ibidem, IV, 153 : *Possidere videmur, non solum si ipsi possidemus, sed etiam si nostro nomine aliquis in possessione sit, qualis est colonus et inquilinus.* — Paul, *Sentences*, V, 2. — Digeste, XLI, 2, 8 et 25 : *Et per colonos et per servos nostros possidemus.*

[2] Ulpien, au Digeste, XLI, 2, 12 : *Nihil commune habet proprietas cum possessione.*

[3] On peut *possidere jure dominii*, Ulpien, au Digeste, XXXIX, 2, 15, § 33. De même on peut *capere dominium possidendo*, Africain, au Digeste, XXXIX, 2, 44.

[4] Digeste, XLI, 2, 19 et 23.

[5] Gaius, II, 7 : *In provinciali solo... dominium populi romani est vel Cæsaris, nos autem possessionem tantum vel usumfructum habere videmur.* — Les Gaules, moins la Narbonnaise, étaient provinces impériales. Les mots *in solo provinciali* doivent s'entendre au sens littéral de la langue officielle de Rome : c'est le sol qui n'est pas sol italique ; c'est aussi le sol qui n'appartient pas à des cités fédérées ; il y avait ainsi, même en Gaule, beaucoup de territoires qui ne rentraient pas dans le cas dont parle Gaius.

[6] *Possessio* est synonyme de *prædium* dans Ulpien, au Digeste, XXVII, 9, 5, § 10 et 12 ; il est synonyme de *patrimonium* au Digeste, L, 4, 18, § 21. *Vilici possessorum*, Digeste, XI, 4, 1. — Cf. *Fragmenta Vaticana*, § 24 : *Possessionem venditam esse* (loi de Dioclétien) ; Code Justinien, IX, 59, 2 : *Si in possessione latitant... dominus possessionis* ; Code Théodo-

sessor pour désigner un propriétaire¹. Dans les lois elles-mêmes, les plus grands propriétaires fonciers sont appelés *possessores*². Mais il ne faut pas que ces termes fassent illusion. La différence subsista toujours entre possession et propriété. Les lois des empereurs et les Institutes mêmes de Justinien l'attestent. La propriété continua à s'appeler exclusivement du nom de *dominium* ou *proprietas*; seule elle comprenait à la fois le droit d'user, celui de léguer et celui d'aliéner³. L'Empire romain avait ainsi habitué les hommes à une distinction à la fois théorique et pratique, qui resta dans leur esprit et dans leurs habitudes, et qui devint un des éléments les plus importants de l'organisme féodal.

Les Romains pratiquaient aussi l'usufruit, qu'ils ne confondaient ni avec la propriété ni avec la possession⁴. Les juristes le définissaient ainsi : « L'usufruit est le droit d'user d'une chose qui est la propriété d'autrui et d'en recueillir les fruits, sans en pouvoir détruire ni transformer la substance⁵. » Par l'usufruit la propriété se fractionnait entre deux hommes⁶. L'un était proprié-

---

sien, VI, 3, 1 : *Senatoriae possessiones* est synonyme de *senatorum fundi*; Code Théodosien, X, 8, 1 : *Si annotationes nostrae contineant possessionem sive domum quam donaverimus integro statu donatam... cum omni jure suo....* — [Cf. plus haut, p. 49.]

¹ Digeste, II, 8, 15 : *Sciendum est possessores immobilium rerum satisdare non compelli... fundi possessores.*

² Ulpien, au Digeste, L, 9, 1 : *Ordini et possessoribus cujusque civitatis.* — Code Théodosien, XI, 7, 12 : *Potentiorum possessorum domus* (loi de 383); IX, 27, 6 : *Honoratorum, decurionum, possessorum.* — [Cf. les *Possessores Aquenses*, des inscriptions d'Aix-les-Bains, *Corpus inscriptionum latinarum*, XII, n⁰ˢ 2459, 2460 et 5874.]

³ Code Théodosien, VIII, 18, 1.

⁴ Gaius, au Digeste, XLI, 1, 10 [Institutes, II, 93] : *Usufructuarius non possidet.* — Ulpien, ibidem, XLIII, 26, 6 : *Fructuarius est in praedio, et tamen non possidet.*

⁵ Institutes de Justinien, II, 4 : *Usus fructus est jus alienis rebus utendi, fruendi, salva rerum substantia.*

⁶ Ibidem : *Usus fructus a proprietate separationem recipit.... Si quis*

taire du fonds, *dominus fundi* ; l'autre était propriétaire des fruits, *dominus fructuum*[1]. Chacun d'eux exerçait son droit en pleine liberté ; l'usufruitier pouvait vendre, louer, donner à un tiers son usufruit[2], et pendant ce temps-là le propriétaire pouvait vendre le fonds[3] ; les deux droits subsistaient côte à côte et sans atteinte. D'ailleurs l'usufruit était un droit essentiellement temporaire : il cessait soit à une époque fixée d'avance, soit à la mort de l'usufruitier[4]. La terre revenait alors, nécessairement, aux mains du propriétaire[5].

Par la possession et l'usufruit, il pouvait arriver qu'un même champ appartînt à trois hommes superposés en quelque sorte l'un à l'autre : l'un en avait la propriété ou le domaine ; l'autre en avait la possession, l'usage, le domaine utile ; le troisième enfin en avait la tenure[6].

---

alicui usum fructum legaverit, heres nudam habet proprietatem, legatarius usum fructum. — Digeste, XXXIII, 2 : *De usu et usu fructu.*

[1] Institutes de Justinien, II, 1, § 36.

[2] Ibidem, II, 5, 1 : *Minus juris in usu est quam in usu fructu. Is qui nudum usum habet..., nulli alii jus quod habet aut vendere aut locare aut gratis concedere potest, cum is qui usumfructum habet potest hæc omnia facere.* — Ulpien, au Digeste, XIX, 2, 9 : *Si fructuarius locaverit fundum in quinquennium et decesserit, heredem ejus non teneri.* — *Fragmenta Vaticana*, 41 : *Usumfructum locari et venumdari posse a fructuario nulli dubium est* (loi de Dioclétien).

[3] Digeste, XXI, 2, 46 : *Fundum, cujus usus fructus Attii erat, mihi vendidisti.*

[4] Paul, Sentences, III, 6, 33 : *Finitur usus fructus aut morte aut tempore..., tempore, quoties ad certum tempus usus fructus legatur, veluti biennio aut triennio.* — Parfois l'usufruit était transmissible aux premiers héritiers, et il se trouvait ainsi constitué pour deux générations d'hommes ; cela résulte de ces mots d'Ulpien, au Digeste, VII, 4, 5 : *Nisi forte heredibus legaverit.*

[5] Institutes de Justinien, II, 4, 4 : *Revertitur ad proprietatem et ex eo tempore nudæ proprietatis dominus incipit plenam habere in re potestatem.*

[6] Voir un exemple de cela au Digeste, VII, 1, 58 : Le jurisconsulte montre, à propos d'une même terre, un homme qui est propriétaire, une femme qui est usufruitière, et des *coloni* qui payent la *pensio* à celle-ci.

La coexistence de ces trois hommes et de ces trois conditions d'hommes en rapport avec la même terre s'est continuée au moyen âge et a formé l'un des caractères les plus saillants de la vie féodale.

La possession et l'usufruit romains ont fourni au bénéfice des âges postérieurs quelques-uns de ses éléments ; mais il y a eu dans ce bénéfice plusieurs traits essentiels qui ne se trouvaient ni dans la possession ni dans l'usufruit des Romains. Pour retrouver ces traits, il faut étudier encore une autre pratique romaine, qui a survécu à l'Empire et qui s'est transmise au moyen âge. C'est celle que la langue latine appelait *possessio precaria*, ou d'un seul mot *precarium*. Assurément le précaire n'a pas produit à lui seul le bénéfice mérovingien, mais il est entré pour beaucoup dans sa formation.

2° LA NATURE DU PRÉCAIRE D'APRÈS LES JURISCONSULTES.

Le précaire n'occupe aucune place dans les lois romaines. Ni les Douze Tables, ni les lois de la République, ni les Codes de Théodose II et de Justinien ne traitent de ce sujet. S'il est mentionné parfois dans les Codes, ce n'est qu'incidemment, par voie d'allusion, et toujours avec défaveur[1]. Nous pouvons conclure de cette première remarque que ce n'est pas le législateur qui a établi le précaire. Le précaire n'a été qu'une pratique, une pratique extra-légale. Aussi les jurisconsultes ont-ils dit qu'il était en dehors du Droit[2] et qu'il n'ap-

---

[1] Le précaire ne se trouve nommé que dans une loi d'Alexandre Sévère (Code Justinien, IV, 54, 3) ; dans deux lois de Dioclétien (Code Justinien, VIII, 6, 1 ; VIII, 9, 2) ; dans une loi de Valentinien et Valens (Code Justinien, VII, 39, 2) ; dans deux lois de Zénon (Code Justinien, IV, 65, 33 ; VIII, 4, 10).

[2] Paul, au Digeste, XLIII, 26, 14 : *Quia nulla eo nomine juris civilis actio esset.*

partenait qu'à cette sorte de droit vague et indécis que les Romains appelaient *jus gentium*[1]. Ce n'est donc pas dans les lois proprement dites, mais à côté des lois que nous en pourrons trouver la trace.

Il est très ancien dans la société romaine. Térence en atteste l'usage en employant une formule, probablement déjà vieille, où il était mentionné[2]. Une des plus anciennes inscriptions romaines, celle d'une loi agraire, contient la même formule[3]. Cicéron y fait une allusion dans son troisième discours contre Rullus[4], à propos d'une autre loi agraire. Il est vrai que tous ces textes présentent le précaire comme ne créant aucun droit, et même comme étant incompatible avec le Droit; mais ils marquent en même temps que la pratique du précaire existait sous la République[5]. Il était même si fréquent et il donnait lieu à tant de contestations et de procès, que la justice avait à s'en occuper et qu'il s'était formé une formule juridique à son sujet[6]. Cette formule visait, non à le protéger, mais à bien marquer qu'il n'était pas un acte légal[7]. A dire vrai, le terme

---

[1] Ulpien, ibidem, XLIII, 26, 1 : *Ex jure gentium descendit.*

[2] Térence, *Eunuchus*, vers 319, acte II, sc. 4 : *Vel vi vel clam vel precario fac tradas.* — Déjà Plaute faisait allusion au précaire : *Petere me precario a vobis jussit* (*Amphitryon*, prologue, v. 21).

[3] *Lex vulgo dicta Thoria*, dans le *Corpus inscriptionum latinarum*, t. I, p. 80, c. 18 : *Quod neque vi neque clam neque precario possederit.*

[4] Cicéron, *In Rullum*, III, 3 : *Etiamne si clam, si precario venit in possessionem?*

[5] Le précaire est encore signalé incidemment par Tite Live, III, 47 et VIII, 35. — Sénèque en donne presque la définition quand il dit : *Sapiens corpus suum seque ipsum inter precaria numerat, vivitque ut commodatus sibi et reposcentibus redditurus* (Sénèque, *De tranquillitate*, 11.)

[6] Digeste, XLIII, 17, 1 : *Ait prætor : Uti eas ædes nec vi nec clam nec precario alter ab altero possidetis, quominus ita possideatis vim fieri veto.* — Cf. Gaius, IV, 149-150; Ælius Gallus, édit. Huschke, 4ᵉ édit., p. 96-97.

[7] Le précaire est rarement signalé dans les inscriptions connues jusqu'à

precarium ou l'expression *precario possidere* n'ont qu'une valeur négative ; loin d'être l'expression d'un droit, ils marquent l'absence de droit, et particulièrement l'impossibilité d'acquérir par prescription.

Mais, si les législateurs pouvaient le laisser de côté, il était trop employé pour que les jurisconsultes pussent le négliger. Ælius Gallus, contemporain de Cicéron, Antistius Labéo, contemporain d'Auguste, Massurius Sabinus, contemporain de Tibère, s'occupèrent de cet usage[1]. Plus tard, Scævola, Gaius, Paul, Ulpien en traitèrent dans leurs écrits. On voit par là que, s'il tenait peu de place dans le Droit, il en tenait beaucoup dans la pratique. Aussi trouvons-nous au Digeste tout un titre sur le précaire, titre qui ne représente qu'une faible partie des réponses que les Prudents, sans cesse consultés, eurent à donner sur cette matière délicate.

Nous allons chercher, surtout d'après ces réponses des jurisconsultes, ce que le précaire était en théorie et par essence. Nous chercherons ensuite, par l'observation de quelques faits de l'histoire, ce qu'il était dans la réalité[2].

Ulpien le définit ainsi : « Le précaire est ce qui est concédé à un homme qui l'a demandé par une prière, et ne lui est concédé que pour l'usage[3]. » Il est assez visible que *precarium* vient de *preces*. Cette prière est

---

ce jour. Voyez *Corpus incriptionum latinarum*, III, 3626 ; X, 1285, 4480, 5904.

[1] Voir Ælius Gallus, *Fragmenta*, 12, dans Huschke, *Jurisprudentia antejustiniana*, 4ᵉ édit., p. 96 ; Labéon est cité au sujet du précaire dans le Digeste, XLIII, 26, 8, § 7 et 8, et 22, § 1 ; Sabinus l'est aussi, au Digeste, XLIII, 26, 8, § 1.

[2] L'opération de précaire pouvait s'appliquer aux objets mobiliers (Gaius, IV, 90) et aux personnes serviles (Digeste, IX, 4, 22) ; mais nous ne l'étudierons que dans ses rapports avec le sol.

[3] Ulpien, au Digeste, XLIII, 26, 1 : *Precarium est quod precibus petenti utendum conceditur*.

un élément essentiel du précaire, ainsi que l'atteste Ulpien : « L'homme ne possède en précaire que pour cette seule cause qu'il a adressé une prière[1]. » Sans une *rogatio*, c'est-à-dire sans une demande personnelle, il n'y a jamais de précaire[2]. Cette prière est sans cesse rappelée par les jurisconsultes. Ils appellent maintes fois l'acte de précaire une *precarii rogatio*. Ils n'emploient jamais à côté du précaire un terme qui signifie contracter, ou acheter, ou vendre, ou donner, ou léguer; ils n'emploient que les mots *rogare* pour celui qui obtient, *concedere* pour celui qui donne. Des deux hommes entre lesquels l'acte de précaire se forme, l'un est dit *rogatus*, l'autre est désigné par les mots *qui rogavit*.

Aussi le précaire n'est-il jamais un contrat. Il n'est pas conclu entre deux hommes qui soient égaux l'un à l'autre et qui traitent d'égal à égal. Il se forme entre deux hommes dont l'un se présente comme solliciteur, presque comme suppliant, et dont l'autre répond à cette prière par un refus ou par une concession[3].

---

[1] Digeste, XLIII, 26, 2, § 3 : *Ex hac solummodo causa quod preces adhibuit.* — On a dit que la prière n'était pas nécessaire et l'on a cité ces mots d'Ulpien : *Fieri potest ut quis non rogaverit, sed habeat precario* (XLIII, 26, 4, § 2); mais ce n'est là qu'une citation tronquée; il fallait voir la phrase entière. Ulpien ajoute : *Utputa servus meus rogavit, mihi adquisivit precarium, vel quis alius qui meo juri subjectus est.* Ulpien veut donc dire qu'il y a des cas où l'homme qui possède en précaire n'a pas lui-même adressé la prière, mais a chargé son esclave, son fermier, son intendant, de l'adresser pour lui. Il faut lire tout ce fragment d'Ulpien; en treize lignes il contient neuf fois le mot *rogare*, et il est bien visible qu'il n'y a jamais *precarium* sans une *rogatio*.

[2] Paul, *Sentences*, V, 6, 12 : *Heres ejus qui precariam possessionem tenebat, si in ea manserit, magis dicendum est clam videri possidere;* NULLÆ ENIM PRECES EJUS VIDENTUR ADHIBITÆ. — Isidore de Séville, qui paraît s'être servi de sources anciennes, définit ainsi le précaire : *Precarium est dum prece rogatus... permittit in possessione fundi morari... et dictum precarium quia prece aditur* (Isidore, *Origines*, V, 25).

[3] On cite pourtant un passage d'Ulpien qui, dans une énumération des divers contrats, nomme le précaire. Digeste, L, 17, 23 : *Contractus qui-*

La prière et la réponse peuvent se faire ou verbalement ou par écrit. Elles peuvent même se faire par l'entremise de tierces personnes¹. Les jurisconsultes signalent plusieurs fois le cas où la demande s'est faite par lettre². On peut supposer que cette lettre s'appelait dans la langue usuelle *epistola precatoria*, bien qu'on ne rencontre cette expression dans les documents qu'à partir du vi° siècle³. Peut-être faisait-on quelquefois une double lettre, la seconde ayant pour effet de manifester la volonté du concédant, et cette seconde lettre a pu s'appeler dans la langue vulgaire *epistola præstaria*, expression que nous ne rencontrerons, à la vérité, que plus tard⁴. Remarquons d'ailleurs que si la prière, sous

dam dolum dumtaxat recipiunt, quidam et dolum et culpam; dolum tantum, depositum et precarium; dolum et culpam, mandatum, commodatum, venditum, pignori acceptum, locatum. Cette anomalie a frappé les commentateurs. Il n'est pas nécessaire de dire qu'Ulpien a voulu parler ici de quasi-contrats. Il explique ailleurs, en un passage plus clair (Digeste, XLIII, 26, 8, § 3), pourquoi le *dolus* s'applique au précaire, et il ne dit pas dans ce passage que le précaire soit un contrat; tout au contraire, il dit que le précaire est l'opposé d'un contrat. — L'emploi du mot *contractus* au titre L, 17, 23, emploi dont on ne trouve qu'un seul exemple, et dans une énumération tout artificielle, ne peut pas prévaloir contre les textes beaucoup plus nets de tout le titre *De precario* du Digeste.

¹ Gaius, au Digeste, XLIII, 26, 9 : *Precaria possessio consisti* [*constitui* dans les mss de Bologne] *potest vel inter præsentes vel inter absentes, veluti per epistulam vel per nuntium.* — Ulpien, ibidem, 4 : *Utputa si servus meus rogavit, vel quis alius qui meo juri subjectus est.*

² Gaius, ibidem : *Per epistolam.* — Paul, Sentences, V, 6, 11 : *Qui per epistolam sibi concedi postulavit.*

³ Le premier exemple, à notre connaissance, est dans un papyrus de Ravenne; voyez Marini, *Papiri diplomatici*, n° 138, p. 205; encore cette *epistola precatoria* ne semble-t-elle relative qu'à un prêt d'argent en précaire. L'expression devient fréquente en Gaule dans les Formules.

⁴ Nous retrouverons ces expressions au vi° siècle; étaient-elles déjà en usage au iii°, c'est ce qu'on ne peut sans doute pas affirmer. Le mot *præstare* était usité pour la concession du précaire, Ulpien, au Digeste, XLIII, 26, 8. Aucune *epistola præstaria* ne nous est parvenue du temps de l'Empire; il y a une lettre analogue pour un précaire d'usufruit dans un fragment de Scævola, au Digeste, XXXIX, 5, 32.

quelque forme que ce fût, était obligatoire, la réponse formelle et précise ne l'était pas. Le jurisconsulte Paul nous avertit que le propriétaire n'est pas tenu de donner une marque extérieure de sa concession[1]. Il peut se contenter d'un assentiment tacite, surtout s'il veut éviter tout ce qui pourrait paraître le lier.

En tout cas, de cette prière de l'un et de cette réponse ou de ce tacite acquiescement de l'autre il résulte un acte qui ne peut pas avoir le caractère d'une véritable obligation, et qui est essentiellement une faveur. Ulpien l'appelle un genre de libéralité[2]. Paul fait observer qu'il ressemble plus à une donation et à un bienfait qu'à un contrat[3]. Il est possible que les mots précaire et libéralité aient été également employés dans la langue usuelle: le même acte était un précaire si on l'envisageait du côté de celui qui l'avait demandé; il était une libéralité si on le regardait du côté de celui qui l'avait accordé.

Les effets du précaire ne ressemblaient pourtant pas à ceux de la donation. Celle-ci était un acte de droit civil, et elle conférait la pleine propriété. Le précaire étant en dehors du Droit, la propriété ne pouvait en aucune façon se transmettre par lui. Le seul effet du précaire était d'accorder la jouissance et la possession[4]. La donation était faite à perpétuité; on n'aurait pas pu concevoir un précaire qui fût perpétuel.

[1] Paul, *Sentences*, V, 6, 11 : *Precario possidere videtur non tantum qui per epistolam vel quacumque alia ratione hoc sibi concedi postulavit, sed et is qui, nullo voluntatis indicio, patiente tamen domino, possidet.*
[2] Ulpien, au Digeste, XLIII, 26, 1 : *Quod genus liberalitatis ex jure gentium descendit.*
[3] Paul, au Digeste, XLIII, 26, 14 : *Magis ad donationes et beneficii causam quam ad negotii contracti spectat precarii conditio.*
[4] Ulpien, au Digeste, XLIII, 26, 6, § 4 : *Precarium possessionis rogatur, non proprietatis.*

En effet, le précaire cessait de toute nécessité à la mort de l'une ou de l'autre des deux parties. C'était la conséquence obligée du principe qui n'attribuait d'autre cause au précaire que la prière d'un homme et la faveur d'un autre. Si le concessionnaire mourait, son héritier ne pouvait penser à conserver le bien, par la raison que ce n'était pas lui qui avait adressé la prière[1]. Si c'était le concédant qui mourait, son héritier n'avait pas à continuer un bienfait dont il n'était pas l'auteur et pour lequel aucune prière ne lui avait été adressée[2].

Bien plus, le précaire était révocable à tout moment. Il n'était pas même viager. Cela résultait de son essence même. « Le précaire, dit Ulpien, est ce qui est concédé à la prière d'un homme pour qu'il en use aussi long-

---

[1] C'est la raison que donne le jurisconsulte Paul, *Sentences*, V, 6, 12 : *Nullæ enim preces ejus videntur adhibitæ*.

[2] Pomponius, au Digeste, XIX, 2, 4 : *Precarii rogatio ita facta quoad is qui eam dedisset, vellet, morte ejus tollitur.* Rapprocher de cela les mots d'Ulpien, Digeste, XLIII, 26, 1 : *Quamdiu is qui concessit patitur.* — Il y a des textes qui paraissent, à première vue, indiquer le contraire ; Digeste, XLIII, 26, 8, § 1 : *Quod a Titio precario quis rogavit, id etiam ab herede ejus precario habere videtur... etiamsi ignoret heredem* ; ibidem, 12 : *Precario rogatio et ad heredem ejus qui concessit transit* ; mais les jurisconsultes veulent dire seulement dans ces deux passages que le concessionnaire a pour propriétaire l'héritier du concédant et que c'est à lui qu'il doit s'adresser. Ils ne veulent pas dire que l'héritier soit tenu de renouveler le précaire ; seulement, s'il ne reprend pas le bien, le précaire se continuera en son nom. Comparer ce qui est dit pour le cas de vente : XLIII, 26, 8, § 2 : *Videamus si a me precario rogaveris et ego eam rem alienavero, an precarium duret re ad alium translata ; magis est ut, si ille non revocet, posse interdicere quasi ab illo precario habeas, non quasi a me ; et si passus est aliquo tempore a se precario habere, recte interdicet quasi a se precario habeas.* — Ni l'acheteur ni l'héritier ne sont tenus de continuer le précaire ; mais s'ils renouvellent, ou si au moins ils n'indiquent pas la volonté de reprendre, c'est d'eux que le précariste tiendra : voilà le sens de ce que disent les jurisconsultes. Cf. les fragments 5 et 6. — Au fond, la mort du concédant annule le précaire, et en ce point le précaire diffère de l'usufruit ; car *licet dominus proprietatis rebus humanis eximatur, jus utendi fruendi non tollitur* (*Fragmenta Vaticana*, 42).

temps que le concédant le souffrira¹. » Le jurisconsulte ajoute : « Celui qui concède en précaire ne donne qu'à condition de pouvoir reprendre le jour où il lui plaira de rompre le précaire². » Cela vient de ce que le précaire était un acte de pure bonté³. Or l'esprit romain ne concevait pas que l'homme pût être lié par sa propre bonté. S'il n'avait pas été déterminé par un autre motif que sa bonté, on ne comprenait pas qu'il fût engagé. Ni la prière de l'un ni la faveur de l'autre n'avait pu former entre ces deux hommes un lien de droit, un *vinculum juris*. Les effets de la bonté du concédant ne duraient donc qu'aussi longtemps que durait sa volonté d'être bon. Si sa volonté venait à changer⁴, la concession cessait par cela seul et l'objet concédé rentrait aussitôt dans sa main⁵ ; « car il est conforme à l'équité, dit encore Ulpien, que vous ne jouissiez de ma libéralité qu'aussi longtemps que je le voudrai, et que cette libéralité soit révoquée aussitôt que ma volonté aura changé⁶. » « L'auteur du bienfait, dit un autre jurisconsulte, est seul juge de la durée qu'il veut donner à son bienfait⁷. »

Il pouvait arriver que la lettre de concession marquât

---

¹ Ulpien, au Digeste, XLIII, 26, 1 : *Utendum tamdiu quamdiu is qui concessit patitur.*
² Ibidem : *Qui precario concedit, sic dat quasi tunc recepturus cum sibi libuerit precarium solvere.*
³ Ulpien, au Digeste, XLIII, 26, 8, § 3 : *Cum totum ex liberalitate descendat ejus qui precario concessit.*
⁴ *Mutata voluntate*, Digeste, XLIII, 26, 2, § 2.
⁵ Ulpien, XLIII, 26, 2 : *Precarium revocare volenti competit.*
⁶ Ibidem : *Est enim natura æquum tamdiu te liberalitate mea uti quamdiu ego velim, et ut possim revocare cum mutavero voluntatem.* — Pomponius, Digeste, XLIII, 26, 15 : *Et habet summam æquitatem ut eatenus quisque nostro utatur quatenus ei tribuere velimus.*
⁷ Celsus, au Digeste, L, 17, 191 : *Quem modum esse beneficii sui velit, ipsius æstimationem esse.*

d'avance un terme au précaire¹. On pouvait en fixer la durée à une année, à cinq années, ou même à un temps plus long². Mais cette clause n'était pas une garantie pour le précariste, et elle n'obligeait pas le concédant. On demandait à un jurisconsulte si le précariste pouvait s'autoriser de cette convention pour empêcher le propriétaire de reprendre son bien avant le terme indiqué. « Nullement, répond-il ; cette convention n'a aucune force ; elle ne peut pas faire que vous possédiez la chose d'autrui, dès que le propriétaire ne veut plus que vous la possédiez³ ».

Le précaire n'avait donc aucun rapport avec la donation⁴. Le concédant restait toujours le vrai et unique propriétaire du bien concédé. Sa bonté et son bienfait n'avaient ni effacé ni diminué son droit. Le sol ne cessait pas un seul moment d'être à lui. Il souffrait qu'un autre l'occupât ; mais ce renoncement volontaire à la possession laissait la propriété intacte⁵. Cela est si vrai, que le concédant conservait le droit de vendre, d'aliéner, de léguer la terre concédée⁶. Le précariste, au contraire, ne pouvait ni vendre, ni léguer, ni transmettre à aucun

---

¹ Ulpien, au Digeste, XLIII, 26, 4 : *Qui precario ad tempus rogavit.* — Pomponius, ibidem, 5 : *Si, manente adhuc precario, tu in ulterius tempus rogasti, prorogatur precarium.* — Celsus, ibidem, 12 : *Cum precario aliquid datur, si convenit ut in kalendas Julias precario possideat.*

² Ulpien, ibidem, 8, § 7 : *Nonnunquam in longum tempus precarium conceditur.*

³ Celsus, au Digeste, XLIII, 26, 12 : *Cum precario aliquid datur, si convenit ut in kalendas Julias precario possideat, numquid exceptione adjuvandus est ne ante ei possessio auferatur? Sed nulla vis est ejus conventionis ut rem alienam domino invito possidere liceat.*

⁴ Ulpien, au Digeste, XLIII, 26, 1 : *Distat a donatione eo quod qui donat sic dat ne recipiat, at qui precario concedit sic dat quasi recepturus.... Et est simile commodato.*

⁵ Ulpien, ibidem, L, 17, 119 : *Non alienat qui dumtaxat omittit possessionem.*

⁶ Ulpien, ibidem, XLIII, 26, 8, § 2.

titre. Jamais il ne pouvait dire que la terre fût à lui[1]. Il disait seulement qu'il la tenait en précaire, *habebat precario*[2].

D'autre part, le précaire différait essentiellement de la location. Il lui était supérieur par un côté : il conférait quelque chose de plus qu'un simple droit d'usage ; le précariste était investi d'une véritable possession. Les textes du droit romain ne laissent aucun doute à cet égard : on y voit clairement que dans le louage la possession n'appartenait pas au fermier[3] ; au contraire, celui qui avait obtenu le sol en précaire, en était réputé possesseur[4], et les avantages juridiques attachés à ce titre lui étaient assurés[5].

---

[1] Gaius, au Digeste, VI, 2, 13 : *Neque is qui precario rogavit eo animo nanciscitur possessionem ut credat se dominum esse.*

[2] Noter l'expression *Titius a me habet precario*, XLIII, 26, 8. — On peut remarquer que les jurisconsultes rapprochent sans cesse la possession en précaire de la possession frauduleuse ou violente. Voyez la formule du préteur : QUOD NEC VI NEC CLAM NEC PRECARIO. Ulpien, XLIII, 26, 2 : *Ait prætor : Quod precario habes, aut dolo malo fecisti ut desineres habere.* De même, Paul, *Sentences*, V, 6, 12, assimile celui qui possède en précaire à celui qui possède *clam*.

[3] Ulpien, au Digeste, XLIII, 26, 6 : *Fructuarius et colonus sunt in prædio, et tamen non possident.* — Cf. Digeste, XLI, 2, 37 et 40 ; XLI, 3, 33.

[4] Ulpien, ibidem, XLIII, 26, 4, § 1 : *Meminisse nos oportet eum qui precario habet etiam possidere.* — Gaius, ibidem, 9 : *Precaria possessio.* — Paul, *Sentences*, V, 6, 12 : *Qui precariam possessionem tenebat.* — Pomponius, Digesto, ibidem, 17 : *Qui precario fundum possidet, is interdicto Uti possidetis uti potest.* — Ibidem, 15 : *Eum qui precario rogaverit ut sibi possidere liceat, nancisci possessionem non est dubium.* — Enfin Ulpien fait observer (XLI, 2, 13, § 7) que le propriétaire, en rompant le précaire, reprend la possession, *recipit possessionem.* — Il pouvait arriver quelquefois que l'on n'eût demandé en précaire qu'un usufruit ; alors la possession n'était pas comprise : Digeste, XLIII, 26, 6 ; autre exemple, ibidem, 3.

[5] La différence entre le précariste et le fermier est bien exprimée dans ce fragment de Javolenus, XLI, 2, 21 : *Qui alienam rem precario rogavit, si eamdem a domino conduxit, possessio ad dominum revertitur.* — Ulpien, ibidem, XLI, 2, 10, montre que le fermier pouvait avoir intérêt

Le précariste était donc, d'une certaine façon, au-dessus du fermier; mais il lui était inférieur par un autre côté. La location s'opérait toujours par un véritable contrat, et par ce contrat les deux parties s'engageaient réciproquement l'une envers l'autre[1]. Il résultait de là que le fermier avait des droits, même vis-à-vis du propriétaire, et pouvait agir en justice contre lui. Dans le précaire, il n'y avait ni contrat ni engagement d'aucune sorte. Aussi le précariste n'était-il armé d'aucun droit à l'égard du concédant. Son seul titre, ainsi que le dit le jurisconsulte, était « que sa prière avait obtenu un bienfait[2] »; or ce n'était pas un titre aux yeux de la loi. Aussi le droit civil ne lui donnait-il aucune action en justice[3].

Il est bien vrai que la justice prétorienne, à défaut du droit civil, lui accordait quelque protection; elle le garantissait par ce qu'on appelait un interdit[4]; mais il faut bien entendre qu'en le protégeant contre toute personne tierce qui aurait voulu lui disputer sa possession, elle ne le protégeait jamais contre le propriétaire qui voulait reprendre son bien[5]. « L'interdit *Uti possidetis*, dit le jurisconsulte, lui est accordé contre tous, excepté

à changer son fermage en précaire, et réciproquement. Cf. Julien, ibidem, XLI, 3, 33, § 6.

[1] Ulpien, au Digeste, L, 16, 19 : *Contractum autem ultro citroque obligationem, quod Græci συνάλλαγμα vocant, veluti locationem-conductionem.*

[2] Ulpien, ibidem, XLIII, 26, 2 : *Ex hac solummodo causa quod preces adhibuit et impetravit.*

[3] Paul, au Digeste, XLIII, 26, 14 : *Nulla eo nomine [precarii] juris civilis actio.*

[4] Paul, ibidem, XLIII, 26, 14 : *Interdictum de precariis introductum est.*

[5] Gaius, IV, 154 : *Qui precario possidet impune dejici[tur].* — Paul, Sentences, V, 6, 7 : *Qui precario possidet ab adversario impune dejicitur.*

contre le concédant[1]. » En vain se serait-il présenté devant le juge; « sa possession en précaire n'a aucune valeur en justice[2] ». En vain aurait-il même exhibé une lettre de concession; cette lettre ne lui conférait aucun droit contre le propriétaire. Le juge n'avait qu'une formule à prononcer : « Ce que tu tiens de cet homme en précaire, tu dois le lui restituer[3]. »

Dans le louage, le fermier était sûr de ne pas être évincé avant un terme marqué; mourant, il transmettait son bail à son héritier. Le précariste n'avait rien à transmettre; sa possession ne lui était jamais assurée; elle était révocable « dès que la volonté du concédant avait changé ». La règle unique des relations entre les parties était donc la volonté du bienfaiteur.

Un des traits les plus remarquables du précaire romain était que la concession devait être gratuite. Ce n'est pas que les jurisconsultes énoncent formellement cette règle, qui n'était certainement dans aucune loi. Mais comme les nombreux fragments de ces jurisconsultes ne font jamais mention d'un prix, nous sommes autorisés à croire qu'aucun prix n'était jamais indiqué dans les actes de précaire et que la gratuité en était la règle invariable. La raison de cela s'aperçoit bien. Si un prix quelconque eût été fixé, cela seul aurait enlevé au précaire

---

[1] Pomponius, au Digeste. XLIII, 26, 17 : *Qui precario fundum possidet, is interdicto Uti possidetis adversus omnes,* PRÆTER EUM QUEM ROGAVIT, *uti potest.*

[2] Ulpien, au Digeste, X, 3, 7, § 4 : *Hoc judicium locum non habet, si precario possideant.... Precaria (possessio) justa quidem, sed quæ non pergat ad judicii vigorem.*

[3] Digeste, XLIII, 26, 2 : *Ait prætor : Quod precario ab illo habes, id illi restituas.* — Le précariste n'avait même pas à attendre la décision d'un juge : *Alienam possessionem precario detinentes, si non eam dominis recuperare volentibus restituerint, sed litem usque ad definitivam sententiam expectaverint... ad similitudinem invasoris alienæ possessionis.* Loi de 484, au Code Justinien, IV, 65, 33.

son caractère de pure faveur et l'aurait transformé en une sorte de contrat[1]. C'était ce qu'il fallait éviter.

Mais cette gratuité ne doit pas nous faire illusion. Elle était, en général, plus apparente que réelle. Le concédant avait toujours des moyens indirects de se faire payer son bienfait. Ne nous représentons pas le précaire comme un acte de pure générosité; c'était, le plus souvent, un véritable marché, et plus à l'avantage du propriétaire que du précariste. Le propriétaire pouvait imposer telles conditions qu'il voulait. On ne voit pas ce qui l'empêchait d'exiger, par exemple, une redevance annuelle. Il est vrai qu'il n'avait jamais d'action en justice pour la faire payer; mais le payement lui était suffisamment garanti par la faculté qu'il avait d'évincer à toute heure le précariste. S'il n'exigeait pas une redevance en argent, il pouvait exiger autre chose. En retour de son bienfait, il pouvait prétendre à une reconnaissance effective, à une déférence manifestée par des actes, à ce que la langue romaine appelait *obsequium*, c'est-à-dire à un ensemble de services réels et d'obéissance. Aucune convention formelle, du moins aucune convention reconnue en justice, n'indiquait au précariste ses obligations; mais sa concession était révocable à tout moment. Il n'en fallait pas davantage. Il était entendu que, s'il voulait conserver le bienfait, il fallait qu'il continuât à le mériter. Il devait s'appliquer de toutes ses forces et par tous les moyens « à ce que la volonté ne changeât pas ». Ses obligations n'étaient pas de même nature que si elles eussent été fixées par un contrat; elles étaient indéterminées et par conséquent sans limites. Il n'était ni lié ni protégé par des clauses précises. Il était à la

---

[1] En vertu de ce principe : *Locatio conductio intelligitur si merces constituta sit.* (Institutes, III, 24). — Cf. Gaius, III, 142.

merci de son bienfaiteur. Comme il n'avait d'autre titre à la possession que la supplique qu'il avait adressée, il restait placé vis-à-vis du propriétaire dans l'attitude perpétuelle d'un suppliant. Pour que la terre ne lui fût pas reprise, il fallait en quelque sorte que sa prière fût tacitement renouvelée chaque jour, et le bienfait chaque jour accordé. La gratuité était donc, dans la plupart des cas, toute aux dépens du précariste, qui ne savait jamais où s'arrêtaient ses devoirs, et qui se sentait toujours soumis à la volonté de celui dont il tenait la terre.

Nous aurons à nous rappeler plus tard ces caractères distinctifs du précaire romain : 1° il était un acte qui appartenait, non au Droit, mais à la pratique seulement ; 2° il se constituait, non par un contrat, mais par l'énoncé de la prière d'un homme et de la volonté bienveillante d'un autre ; 3° non seulement il n'était ni héréditaire ni aliénable, mais il n'était même pas viager, et était révocable à tout moment ; 4° il était gratuit dans la forme, mais il pouvait entraîner des obligations de toute sorte ; 5° le précariste, qui n'était soumis ni à une loi ni à un contrat ayant valeur en justice, se trouvait d'autant plus soumis à la volonté du concédant, et le précaire établissait ainsi la sujétion personnelle de l'homme à l'homme[1].

[1] Le terme *beneficium* est rarement appliqué au précaire par les jurisconsultes ; ils emploient de préférence *largitas* ou *liberalitas*. Mais Paul fait observer que le précaire se rapporte *ad beneficii causam* (Digeste, XLIII, 26, 14), et il emploie encore ailleurs les termes *beneficium et nuda voluntas* pour désigner des actes de cette sorte (ibidem, XIII, 6, 17, § 3). — Dans un autre passage, Sentences, V, 6, 10, il montre plus clairement encore l'association de l'idée de *beneficium* à celle de précaire : *Quod precario habet, restituat.... Quod ex beneficio suo unusquisque injuriam pati non debet.*

5° DES EFFETS PRODUITS PAR LE PRÉCAIRE DANS L'HISTOIRE ROMAINE. — D'UNE ANALOGIE QUI EXISTE ENTRE LA RÉPUBLIQUE ROMAINE ET LE RÉGIME FÉODAL.

La pratique du précaire a eu une influence considérable sur l'histoire de Rome. Qu'on nous permette de présenter ici quelques faits de cette histoire. Ils ne sont pas sans quelque analogie avec ceux que nous verrons se produire au moyen âge. Cette comparaison nous montrera combien les institutions sociales et politiques dépendent de la manière dont le sol est occupé.

Le précaire se rencontre depuis le commencement de Rome jusqu'à la fin de l'Empire. Il se présente sous des formes diverses, mais toujours il produit le même résultat, qui est d'assujettir le précariste au propriétaire. Il établit entre ces deux hommes un lien de sujétion que les anciens appelaient du nom de *clientèle*, et que les siècles suivants ont appelé d'autres noms.

Les historiens de Rome ont constaté l'existence du précaire dès le premier âge de cette cité. Ils ont reconnu que la propriété du sol n'appartint d'abord qu'aux chefs des *gentes* patriciennes. Ceux-ci en distribuaient les lots à leurs clients, qui n'avaient qu'une possession précaire et toujours révocable. Ces règles furent le fondement du règne du patriciat, et le lien le plus fort qui unit le client au patron[1]. C'est ce qui a fait dire à Savi-

---

[1] Savigny, *De la possession*, n° 42, traduction Béving, p. 408 : « Ces biens se donnaient toujours (aux clients) sous la clause d'une révocation à volonté ; une obligation proprement dite n'était pas nécessaire, à cause des liens qui unissaient nécessairement le client au patron. » — Mommsen, *Histoire romaine*, trad. Alexandre, t. I, p. 257-258 : « Les *patres* répartissent leurs champs entre leurs laboureurs ; ils divisent en parcelles à cultiver par des hommes de leur dépendance.... Cette possession ressem-

gny que, dès cette ancienne époque, « le *precarium* établissait entre le client et le patron un rapport analogue au lien de vassalité[1] ».

Si nous nous transportons au IIIe siècle de Rome, dans les premières années de la République, nous y retrouvons le précaire. Le mot, à la vérité, n'est pas dans Tite Live ; mais la chose apparaît dans une anecdote qu'il raconte. Il nous met sous les yeux un centurion « qui a contracté des dettes, et que ces dettes ont dépouillé du champ paternel[2] ». Qu'un lecteur attentif s'arrête sur ce mot, il sera d'abord frappé d'un doute. L'hypothèque et l'expropriation pour dettes n'existaient pas dans l'ancien droit de Rome[3]. Tite Live s'est-il donc trompé et a-t-il imaginé à plaisir un récit dramatique ? Non ; il rapporte un fait qu'il a trouvé dans de vieilles annales, et qui est probablement vrai, mais il le rapporte sans l'expliquer. C'est nous qui comprendrions mal sa phrase si nous pensions que le créancier a procédé, comme il ferait de nos jours, à la saisie des biens immeubles du débiteur. Ce centurion a été dépouillé, non par une saisie directe que le droit romain n'autorisait pas, mais par une voie détournée. Au mo-

---

blait essentiellement à l'état de droit plus tard appelé *precarium*. Le preneur ne la conservait qu'autant qu'il plaisait au propriétaire ; nul moyen légal de s'y faire maintenir à son encontre ; à tout instant il pouvait être expulsé. » — Cette théorie, que je crois juste, s'appuie, d'une part, sur deux textes de Varron, *De lingua latina*, V, 55, et Denys d'Halicarnasse, II, 7, qui disent que le sol fut partagé entre les trente curies, ce qui implique que les patriciens, seuls membres actifs des curies, en eurent seuls la propriété ; d'autre part, sur un texte de Festus, qui rappelle l'habitude qu'avaient les *patres* de répartir leurs terres entre les petites gens : *agrorum partes attribuebant tenuioribus*.

[1] Savigny, *De la possession*, n° 42.
[2] Tite Live, II, 23 : *Ait se æs alienum fecisse, id cumulatum usuris se agro paterno aviloque exuisse.*
[3] Voir Accarias, *Manuel du droit romain*, 3° édit., p. 694.

ment où il avait contracté l'emprunt, il avait vendu son champ à celui-là même dont il empruntait, et le prix de la vente avait été précisément la somme prêtée[1]. Il était pourtant resté sur son champ et avait continué à en recueillir les fruits ; mais, simple possesseur, dépouillé du *dominium*, il n'y était resté que par la permission du nouveau maître, c'est-à-dire par précaire[2]. Le jour où le maître avait vu que la dette ne lui serait pas remboursée, il avait évincé le précariste, *agro exuerat*. C'est ainsi que l'on peut expliquer le récit de Tite Live. Il nous fait entrevoir, pour ces premiers temps de la République romaine, la pratique du précaire et ses effets désastreux. Il nous fait comprendre aussi cette question des dettes qui agita si fort à ce moment l'existence de Rome. Et cela a peut-être quelque rapport obscur avec la création du tribunat de la plèbe, institué pour donner quelque protection à ceux à qui le droit civil n'en accordait aucune.

Si nous franchissons un espace de trois siècles, nous retrouvons encore le précaire régnant dans la société romaine, mais sous une forme nouvelle. On sait que, par l'effet du droit de conquête, les terres des peuples vaincus étaient devenues la propriété de l'État romain. De ces terres, l'État avait fait trois parts. La première avait été ou rendue à d'anciens propriétaires, ou vendue à des particuliers, ou assignée à des colonies,

---

[1] Nous expliquerons plus loin, p. 99, cette opération ; elle était ordinairement suivie d'un acte de fiducie, par lequel le nouvel acquéreur s'engageait à revendre la terre lorsque la dette lui serait remboursée.

[2] Le droit attique connaissait aussi cette vente de la terre au créancier ; mais le débiteur restait sur la terre comme fermier jusqu'à l'expiration de sa dette. La pratique romaine était plutôt d'employer le précaire, lequel laissait le débiteur sans aucune garantie. — Sur ce *precarium* qui se constituait à la suite d'une dette, voir Gaius, II, 60 ; Ulpien, au Digeste, XLIII, 26, 6, § 4 ; Celsus, ibidem, 11.

c'est-à-dire était devenue propriété privée et ne faisait plus partie du domaine public[1]. La seconde part était mise en location par les censeurs, qui en percevaient le fermage; les baux étaient renouvelés par contrats réguliers tous les quatre ans[2]. Restait une troisième part, qui était peut-être la plus considérable[3]; l'État en gardait la propriété, mais il ne l'affermait pas; « il faisait savoir qu'il permettait à qui voulait de la cultiver[4] ».

Cette permission d'occuper sans bail et de cultiver sans garantie, c'est le précaire. On remarquera dans de nombreux passages de Tite Live et de Cicéron que ces occupants sont ordinairement désignés par le nom de *possessores*[5]. Or il eût été contraire à la langue et au Droit de donner cette qualification à des fermiers; elle ne s'appliquait pas davantage à des usufruitiers; elle ne convenait qu'à des précaristes. Il est d'ailleurs avéré que l'État romain était le vrai propriétaire de ces terres, qu'il avait le droit de les reprendre à sa volonté, qu'il n'était pas tenu d'indemniser les occupants, qu'il ne

---

[1] Appien, *Guerres civiles*, I, 7 : Τῆς γῆς τῆς δορικτήτου τὴν μὲν τοῖς οἰκιζομένοις ἐπιδιῄρουν ἢ ἐπίπρασκον. — Cf. Siculus Flaccus, *De condicionibus agrorum*, édit. Lachmann, p. 155. Hygin, ibidem, p. 117, etc.

[2] Ibidem : Ἢ ἐξεμίσθουν. C'est l'opération qui est connue sous le nom de *censoriæ locationes*.

[3] Appien, ibidem : Ἢ καὶ μάλιστα ἐπλήθυεν.

[4] Appien, ibidem : Τὴν δὲ ἀργὸν οὖσαν ἐκ τοῦ πολέμου ἐπεκήρυττον τοῖς ἐθέλουσιν ἐκπονεῖν.

[5] Tite Live, II, 61 : *Claudio causam* POSSESSORUM *sustinenti*; IV, 51 : *Lex agraria* POSSESSO *per injuriam agro publico patres pellebat*; VI, 14 : POSSIDENDIS *publicis agris*; XLII, 1 : *Agrum publicum cujus ingentem modum* POSSIDERE *privatos constabat*; XLII, 19 : *Magna pars agri Campani, quem privati passim* POSSEDERANT *recuperata in publicum erat*. — Cicéron, *In Rullum*, III, 3 : *Quod quisque* POSSIDET; *Ad Atticum*, II, 15 : *Qui agros publicos* POSSIDENT; *In Rullum*, II, 5 : *In agris publicis qui a privatis* POSSIDEBANTUR; *De officiis*, II, 22 : *Qui agrariam rem tentant ut* POSSESSORES *suis sedibus pellantur*. [Cf. Marquardt, *Staatsverwaltung*, t. I, 2ᵉ édit., p. 99 et suiv.]

l'était même pas de les prévenir à l'avance[1]. Il n'avait qu'à retirer la permission qu'il avait donnée d'occuper; la concession était révocable à sa volonté. Ce sont bien là les traits caractéristiques du précaire[2]. Que l'État, à titre de propriétaire, exigeât que les occupants lui livrassent la dixième partie des fruits récoltés[3], cela ne constituait pas un véritable contrat de louage et ne transformait pas les occupants en fermiers[4].

Ainsi cette pratique du précaire s'étendit avec la conquête romaine, au point que la plus grande partie du sol de l'Italie et des provinces était la propriété de l'État romain et la possession d'occupants sans titre[5]. Or voici quelles furent les conséquences de cette grande extension du précaire.

Pour la terre ainsi occupée sans titre, il n'y avait ni vente, ni donation, ni hérédité légale. Il est bien vrai qu'elle se transmettait du père au fils, elle était transférée à des tiers, elle était même léguée ou donnée en dot[6]; mais c'était par pure tolérance de l'État, qui

---

[1] Exemples de terres instantanément reprises, Tite Live, XXVIII, 46; XLII, 19; Appien, *Guerre de Mithridate*, I, 22; Cicéron, *In Rullum*, II, 15.

[2] De là aussi ces expressions de Tite Live : *Possesso per injuriam agro publico* (IV, 51); *injusti possessores* (VI, 39); *injuria* et *injustus* désignent simplement l'absence de droit, le manque de titre.

[3] Appien, *Guerres civiles*, I, 7; Tite Live, IV, 36 : *Vectigali possessoribus agrorum imposito*.

[4] Il n'y a pas d'indice que le droit romain ait admis la tenure à part de fruits comme un véritable contrat. Les jurisconsultes professent qu'il n'y a pas de vraie *locatio conductio* là où il n'y a pas *certa merces*.

[5] Sur l'étendue des *agri publici*, voir Cicéron, *In Rullum*, II, 15-16, 19, 21, 28; III, 3-4.

[6] Cicéron, *De officiis*, II, 23 : *Agrum multis annis aut sæculis possessum cum ego emerim*. — Florus, II, 1 [III, 13] : *Relictas sibi a majoribus sedes, quasi jure hereditario, possidebant*. — Appien, *Guerres civiles*, I, 9 : Προὔφερον... τάφους τε πατέρων ἐν τῇ γῇ, καὶ διαιρέσεις ἐπὶ τοῖς κλήροις ὡς πατρῴοις, καὶ προῖκας γυναικῶν.

fermait les yeux sur ces actes et qui ne leur reconnaissait aucune valeur juridique. La possession de l'occupant ne pouvait même être protégée ni par le droit civil ni par le juge. Il résulta de là que les pauvres et les petites gens ne purent pas tirer parti de l'*ager publicus*. Cette grande tolérance de l'État ne profita qu'aux riches et aux puissants. Les historiens anciens nous disent que les pauvres qui essayèrent d'occuper quelques arpents de ce sol qu'on disait laissé à tous, ne tardèrent pas à être évincés par les riches[1]. La raison de cela se voit bien. Dans toute société où la propriété privée n'est pas assurée par les pouvoirs publics, le plus faible est aisément dépouillé par le plus fort. Le plus fort, à l'époque dont nous nous occupons, c'était le riche, car il avait des esclaves à ses ordres; c'était surtout le sénateur romain, car il disposait des magistratures, de l'*imperium* proconsulaire, des tribunaux, des lois. Il arriva donc, presque forcément, que ce furent les familles sénatoriales qui s'emparèrent de cet immense domaine[2]. Faute d'un droit certain, et par la négligence ou la connivence de l'État, les grands étendirent leur possession[3]; ils eurent à eux, non plus

---

[1] Appien, *Guerres civiles*, I, 7 : Οἱ πλούσιοι τὰ ἀγχοῦ σφίσιν ὅσα ἦν βραχέα πενήτων, τὰ μὲν ὠνούμενοι πειθοῖ, τὰ δὲ βίᾳ λαμβάνοντες. — Salluste, *Jugurtha*, 41 : *Ut quisque potentiori confinis erat, sedibus pellebatur.* — Cassius Hemina, dans Nonius : *Quicumque per plebitatem agro publico ejecti sunt* (Krause, *Fragmenta historicorum latinorum*, p. 165).

[2] Tite Live, IV, 48, dit que la plus grande partie de ces terres était possédée par les *nobiles* de Rome; il dit ailleurs que c'étaient les *patres* qui possédaient l'*ager publicus*, IV, 51; il ajoute (*ibidem*) que la *nobilitas* faisait effort pour se maintenir dans cette possession. Encore ailleurs, VI, 5, il dit que ce sont les *nobiles* qui envahissent « la possession de l'*ager publicus* ». — Cf. Salluste, *Jugurtha*, 41; Appien, *Guerres civiles*, I, 7-9; Plutarque, *Tibérius*, 8.

[3] *Agros continuaverunt*, Tite Live, XXXIV, 4.

des villas seulement, mais des cantons entiers[1]. Le précaire menait fatalement aux *latifundia*.

Il mena aussi la société romaine à une organisation singulière. L'histoire doit se demander ce que devinrent les anciens laboureurs dépouillés de leurs terres par la conquête romaine. Beaucoup d'entre eux étaient des hommes libres, et l'on sait que, sauf quelques exceptions, ils restèrent hommes libres. Or la majorité de cette population n'avait d'autre moyen de vivre que la culture du sol. Il est visible qu'ils s'adressèrent aux grands propriétaires pour obtenir de le cultiver. Ceux-ci ne possédaient pas assez d'esclaves pour en remplir ces immensités. D'ailleurs une loi les obligeait à employer des hommes libres dans une certaine proportion[2]. Ce n'est sans doute pas une question oiseuse que de chercher quelle pouvait être la condition de ces hommes que le puissant possesseur plaçait sur sa terre. Supposera-t-on qu'ils étaient les intendants ou les surveillants des esclaves du domaine? Mais nous savons que les Romains tenaient au contraire à faire exercer cet office par des *villici* et des *actores*, qui étaient des esclaves et non pas des hommes libres ; il eût été contraire aux habitudes et il eût paru dangereux de placer à la tête d'une *familia* d'esclaves un homme qui n'eût pas été l'esclave du même maître ou au moins son affranchi. Supposerons-nous que ces hommes libres fussent des fermiers ? Mais un bail régulier était impossible sur les terres occupées sans titre. Un contrat de louage ne pouvait être conclu que par un propriétaire ; or il n'y avait pas ici de propriétaire. Si ce contrat eût été con-

---

[1] Appien, I, 7 : Οἱ πλούσιοι πεδία μάκρα ἀντὶ χωρίων ἐγεώργουν.
[2] Idem, I, 8 : Καὶ ἐς ταῦτα αὐτοῖς ἀριθμὸν ἐλευθέρων ἔχειν ἐπέταξαν.

élu, nous ne voyons pas quelle valeur il aurait eue en justice.

Reste une seule hypothèse : c'est que ces hommes libres fussent des précaristes. Le riche Romain qui tenait des terres immenses par la tolérance de l'État, c'est-à-dire en précaire, concédait à son tour des portions de ces terres à des hommes qui les tenaient de lui dans les mêmes conditions[1].

Voici donc comment nous devons nous représenter ce vaste territoire d'occupation dans les deux derniers siècles de la République. Propriété de l'État, il était possédé par 400 ou 500 grands personnages de Rome; puis au-dessous d'eux se trouvaient plusieurs millions d'hommes libres, Italiens ou provinciaux, qui détenaient en sous-ordre. Les premiers étaient précaristes vis-à-vis de l'État; les seconds étaient précaristes vis-à-vis des premiers. C'était une échelle de tenanciers et d'arrière-tenanciers, qui relevaient les uns des autres, et qui, médiatement ou immédiatement, relevaient tous de l'État. La destinée de ces deux ordres de précaristes n'a pas été la même. Comme ceux du premier degré étaient en général des sénateurs, et que le gouvernement était dans leurs mains, leur dépendance à l'égard de l'État devint illusoire. Aussi les historiens disent-ils qu'ils s'affranchirent même de la dîme annuelle. Au contraire, la dépendance des sous-occupants à leur égard fut fort rigoureuse, parce que ces hommes étaient faibles et que, n'étant même pas citoyens romains, ils ne trouvaient aucune protection.

---

[1] Appien le fait bien entendre. Il observe qu'au moment où Tibérius Gracchus proposait de dépouiller la noblesse romaine de la possession des terres de l'État, « il se trouvait une foule d'hommes qui partageaient la possession de ces terres et qui avaient lieu de redouter la nouvelle loi », πλῆθος τῶν ἐοινωνεῖ τῆσδε τῆς γῆς, δεδιότες ὁμοίως.

Cette subordination étroite des petits précaristes à l'égard des grands est peut-être la raison du développement que prit alors la clientèle. La plupart des Italiens et des provinciaux prirent l'habitude de se placer, soit individuellement, soit par villes ou par peuples, sous le patronage d'un des grands de Rome. Nous nous tromperions beaucoup si nous pensions que ce patronage fût un vain mot ou une pure charité. A Rome, tout se payait d'une manière ou d'une autre. Quand nous voyons les familles sénatoriales traîner derrière elles une telle foule de clients, être à même d'appeler au forum pour une élection ou pour un jugement la population d'un canton entier de l'Italie, nous devinons bien que chacune de ces familles possède sur ses terres une nombreuse population; elle la possède comme les terres elles-mêmes; terres et hommes ne font qu'un, et c'est le précaire qui unit chaque homme à chaque part de terre et l'un et l'autre au grand personnage. Clientèle et précaire ont ainsi grandi ensemble, à la suite des grandes conquêtes de Rome.

Un des faits les plus surprenants de cette histoire est que, le jour où l'Italie fut admise au droit de cité, le pouvoir de l'aristocratie n'ait pas été atteint par un tel changement. Qu'un corps de citoyens fût brusquement porté au double ou au triple, il y avait là sans doute de quoi transformer un régime politique et faire tomber l'aristocratie. Il n'en fut rien. Cette singularité n'a jamais été expliquée. Il est possible que la pratique du précaire sur plus de la moitié du sol en ait été la principale cause. Les Italiens devinrent, à titre de citoyens, les égaux en droit des sénateurs; mais combien d'entre eux, à titre de détenteurs du sol en précaire, restèrent leurs clients et leurs sujets!

Rome avait alors une constitution démocratique, et pourtant l'aristocratie y régnait. C'est que, si elle était démocratique par ses lois, elle était aristocratique par le groupement des intérêts, par la condition de la plus grande partie du sol, surtout par la pratique du précaire. La République romaine était, en fait, l'association de quelques centaines de familles très riches et très puissantes, riches surtout par l'occupation de l'immense domaine de l'État, puissantes surtout par les milliers de sujets que chacune d'elles avait sur ces mêmes terres.

Un tel régime, assurément, ne saurait être assimilé au régime féodal. Il y a cependant entre les deux sociétés certaines analogies de structure qui ne doivent pas échapper à l'historien. La République romaine a été dominée par la pratique du précaire et de la clientèle, comme la monarchie du moyen âge a été dominée par la pratique du bénéfice et de la vassalité. Et c'est pourquoi les deux sociétés, l'une sous le nom de république, l'autre sous le nom de monarchie, ont été si foncièrement aristocratiques.

Les lois agraires représentent la lutte contre ce régime. Il paraît singulier, au premier abord, que les plus fortes attaques contre l'aristocratie se soient produites toujours sous la forme de lois sur la terre. Pour changer le gouvernement, il fallait changer l'état du sol. Ces lois agraires n'étaient pas hostiles à la propriété; elles visaient au contraire à constituer la propriété privée là où elle n'existait pas. Elles avaient toutes pour objet ces terres immenses que l'État avait laissé occuper sans titre. Elles retiraient ces terres à ceux qui les occupaient par tolérance, c'est-à-dire en précaire, pour les distribuer à des particuliers à qui elles donnaient un plein droit de propriété[1]. Prenons comme exemple la loi de Tibérius Gracchus; elle prononçait que chacun des anciens possesseurs garderait 500 arpents « en pleine propriété[2] », et que l'excédent serait divisé et assigné à de petits propriétaires[3]. Ainsi le véritable effet de ces lois était de remplacer le régime de l'occupation en précaire par le régime de la propriété privée[4]. Elles furent ce qu'on peut supposer qu'aurait été au xiv° siècle une loi qui aurait essayé de changer tous les fiefs en alleux. Elles furent un effort toujours renouvelé pour changer l'état du sol au profit de la propriété et de la liberté. Une série de lois pareilles se succédèrent depuis celle de Spurius Cassius jusqu'à celle de Rullus; celui-ci proposait surtout de vendre tous les *agri publici*, ce qui eût fait disparaître d'un seul coup le système de l'occupation en précaire.

Mais on sait que l'aristocratie réussit presque toujours ou à repousser les lois agraires ou à les éluder. Celles qui furent exécutées ne le furent que partiellement et ne diminuèrent que dans une faible mesure le régime de l'occupation, lequel resta jusqu'à la fin de

---

[1] C'est le sens propre de l'expression *dividere agrum*. Tite Live, II, 41 : *Dividere agrum, dimidium Latinis, dimidium plebi*; II, 48 : *Ut ager ex hostibus captus viritim divideretur*; VI, 36 : *Quum bina jugera agri plebi dividerentur*. — La forme la plus fréquente d'une loi agraire, et aussi la plus pratique, était la fondation de colonies. Tite Live, *Epitome*, 60 : *Legibus agrariis latis effecit ut complures coloniæ in Italia deducerentur*.

[2] Cela est clairement dit par Appien, I, 11 : Κτῆσιν εἰς ἀεὶ βέβαιον ἑκάστῳ πεντηκοσίων πλέθρων καὶ παισίν.

[3] Appien, *ibidem*. — Nous n'avons pas le texte de la loi Sempronia; mais on peut voir dans le recueil des *Gromatici* que l'exécution de cette loi consista précisément à fonder un grand nombre de colonies avec constitution de pleine propriété privée; voir *Gromatici veteres*, édit. Lachmann, p. 169, 209, 210, 211, 219, 232, 239, 242, 253. — Cf. Cicéron, *In Rullum*, II, 12.

[4] Voir le texte de la *Lex vulgo dicta Thoria*, dans le *Corpus inscriptionum latinarum*, I, p. 49, 71, 75; Mommsen, *Histoire romaine*, V, p. 85.

la république le fondement du gouvernement sénatorial.

Ce conflit fut l'une des principales causes qui donnèrent naissance à l'empire. Il est assez visible pour quiconque a observé le détail des faits et les textes, que ce n'est pas l'ambition d'un seul homme qui a pu produire une révolution si générale et si durable. Il est visible aussi que les théories politiques ont été absolument étrangères à cette révolution. Ce sont les intérêts matériels du plus grand nombre qui en ont été le vrai mobile. Le désir de transformer les terres publiques en terres privées, de changer la possession précaire en pleine propriété, de changer aussi la condition de client en liberté individuelle, voilà ce qui dominait alors dans l'âme de la plupart des hommes, et c'est ce qui décida de la direction des événements. L'impossibilité où l'on était de vivre plus longtemps dans ce régime de tenure universelle et de sujétion fit qu'un immense parti, dans l'Italie plus qu'à Rome, et dans les provinces plus qu'en Italie, renversa le gouvernement sénatorial et accepta l'empire.

Regardez maintenant le régime impérial durant les trois premiers siècles. Deux choses cessent et ne reparaissent plus : d'une part, l'immense richesse foncière des familles sénatoriales[1]; de l'autre, les lois agraires. La grande question rurale des siècles précédents a été résolue ; l'histoire n'a pas conservé le souvenir de toutes les mesures prises, mais le résultat général est visible. Les *agri publici* ont été, les uns vendus, les autres « assignés » à des colonies ; peut-être beaucoup ont-ils été « donnés » aux possesseurs provinciaux ; ce qui reste

---

[1] Tacite, *Annales*, III, 55 : *Dites olim familiæ nobilium*. Dion Cassius donne plusieurs exemples de la pauvreté où tombèrent subitement plusieurs familles sénatoriales.

est affermé par baux réguliers. Le précaire a disparu de ces immenses territoires. Remarquez que les jurisconsultes, qui parlent assez souvent du précaire, ne le mentionnent jamais sur des terres du domaine public. Ils n'en parlent que comme d'un arrangement entre particuliers, arrangement inoffensif, qui ne ressemble en rien à l'immense plaie qui s'était étendue sur le monde conquis. Tous ces précaristes et sous-précaristes de l'État ont disparu, et presque toutes ces terres sont devenues des propriétés privées. Il se forme ainsi une classe nombreuse de petits propriétaires fonciers. Cette première période de l'empire est le triomphe à la fois des classes moyennes, de la propriété et de la liberté individuelle.

Nous ne faisons ici qu'énoncer ces faits; nous ne pouvons nous y arrêter. Il ne s'agit que d'une comparaison qui peut éclairer de quelque lumière nos recherches ultérieures.

4° DU PRÉCAIRE A LA FIN DE L'EMPIRE, D'APRÈS SALVIEN.

[Les choses changèrent peu à peu à la fin de l'Empire. Des phénomènes analogues à ceux qui avaient précédé et provoqué la chute de la République apparurent, et insensiblement le monde romain se retrouva, à cinq siècles de distance, dans une situation semblable.]

L'usage du précaire avait duré pendant tout l'Empire. Nous l'avons vu chez les jurisconsultes du IIe siècle. C'est sur les terres des particuliers qu'il s'enracina lentement [et qu'il s'étendit de manière à redevenir bientôt un danger]. Nous allons le retrouver à la fin de l'Empire, et chez un écrivain qui le signale comme une plaie nouvelle.

Salvien écrivait en Gaule, au moment même où les invasions commençaient. Il parle du précaire, non en jurisconsulte, mais en prédicateur, et il n'en parle que sous forme de comparaison. Mais les termes dont il se sert sont assez précis pour nous faire voir la nature du précaire et les effets qu'il produisait. Tout ce curieux passage mérite d'être observé[1].

Comme l'auteur veut persuader au chrétien qu'il doit léguer ses biens aux églises, il lui rappelle que ces richesses lui ont été concédées par Dieu, et il tire de là cet argument que le riche est vis-à-vis de Dieu dans la même situation qu'un précariste vis-à-vis d'un bienfaiteur. « Nul ne doute, dit-il, que tous nos biens terrestres ne nous soient donnés par le bienfait de Dieu ; nous ne devons donc en user que pour son culte et ne les employer qu'à son service, par la raison que nous ne les tenons que de sa libéralité[2]. » Cela n'est encore qu'une allusion au précaire, et cette allusion peut sembler vague ; mais voici qui est plus clair. Salvien, pour expliquer sa pensée, cherche un terme de comparaison, et il le prend dans les choses du monde, c'est-à-dire dans une pratique connue de tous ses lecteurs[3] : « Quand un homme obtient par le bienfait d'un autre homme la jouissance de quelque bien, il n'en est pas pour cela propriétaire[4] ; et si, oubliant celui qui lui a concédé une jouissance, il essaye de lui ravir la propriété même

---

[1] *Precarii possessores* (Salvien, *Ad Ecclesiam*, édit. Hahn, p. 124 ; édit. Baluze, p. 225).

[2] Ibidem : *Nemini dubium est quod ea quæ Dei dono accepimus, ad Dei cultum referre debemus et in ejus opere consumere, quæ ejusdem sumpsimus largitate.*

[3] Ibidem : *Quod quidem humanarum rerum exempla docent.*

[4] *Si usus rerum aliquarum cuipiam homini alterius hominis beneficio ac largitate tribuatur..., fructum rerum indeptus est.*

et de se l'arroger, ne disons-nous pas qu'il est très ingrat et très infidèle¹, lui qui oublie l'homme dont il tient un bienfait, et qui prétend dépouiller du droit de propriété sur le bien celui-là même dont il a obtenu la possession de ce bien²? » C'est bien ici le précaire, et les jurisconsultes eux-mêmes ne marquaient pas avec plus d'énergie que Salvien l'effet de cet acte, qui n'était qu'un bienfait, et qui, ne conférant au concessionnaire qu'une possession, laissait la pleine propriété dans les mains du concédant.

Le prêtre de Marseille continue : « Telle est notre situation vis-à-vis de Dieu. Les biens que nous tenons de lui, nous n'en avons reçu que l'usage. Ce sont des biens prêtés. Nous n'en sommes que des possesseurs par précaire³. Nous n'en sommes que des possesseurs usufruitiers⁴. Prétendons-nous en ravir la propriété à Dieu et nous l'arroger ? Ne savons-nous pas que nous n'avons que le droit d'en user, et que nous devons en user de bonne foi⁵ ? Nous ne les tenons qu'aussi longtemps que le permet celui qui les a concédés. Du moment que les biens sortent de nos mains par la mort, la possession doit rentrer dans les mains du concédant, c'est-à-dire de Dieu⁶. »

---

¹ *Si... is immemor illius a quo fructum rerum indeptus est, avertere ab eo ipso proprietatem rei præstitæ conetur, nonne ingratissimus atque infidelissimus judicetur?...*

² *... Qui, oblitus hominis benefici atque liberalissimi, spoliare illum jure dominii sui velit qui eum ipsum usus possessione ditavit.*

³ *Et nos usum tantum earum rerum accepimus quas tenemus; commodatis enim a Deo facultatibus utimur, et quasi precarii possessores sumus.*

⁴ *Cum possessores usufructuarii simus.*

⁵ *Cur avertere a proprietate domini atque alienare tentamus? Cur non bona fide datis a Deo rebus utimur?*

⁶ *Tenuimus quoad licuit, tenuimus quoad permisit ille qui præstitit.* — Salvien ajoute que le détenteur mourant doit rendre ces biens à Dieu,

Tous les traits caractéristiques du précaire sont réunis dans cette page. Le précaire n'est qu'une possession révocable à volonté, jamais héréditaire. Les mots mêmes qu'emploie Salvien sont dignes d'attention. Nous devons y noter le *dominium* et l'*usus*; le concédant, *qui præstat*, est un bienfaiteur, *homo beneficus*, et la concession n'émane que d'un bienfait, *beneficio et largitate*. Le précariste est un simple détenteur; il tient, *tenet*. Il doit user de bonne foi, *bona fide*. Il a des obligations d'un genre particulier : il doit être reconnaissant, *memor hominis benefici*; s'il manque à son devoir, il est ingrat, *ingratissimus*, il est infidèle, *infidelissimus*. Salvien donne surtout une idée bien forte des devoirs du précariste, en disant qu'il ne doit user des biens concédés que « pour honorer celui dont il les tient », et « ne les employer qu'à son service[1] ». Tous ces mots qui venaient sous la plume de Salvien comme termes usuels et familiers à ses lecteurs, se retrouveront dans la langue de l'âge suivant.

5° OPÉRATIONS AUXQUELLES S'ASSOCIAIT LE PRÉCAIRE; DU PATRONAGE DES FONDS DE TERRE.

Les jurisconsultes d'une part, Salvien de l'autre, ne nous ont donné que la théorie du précaire. Il reste à voir ce que le précaire était en pratique.

On peut être surpris que le précaire, qui était, par

---

c'est-à-dire à l'Église, en vertu de cet argument de juriste : *Quid rectius quam ut, ubi res ab eo discedit qui usum habuit, revertatur ad eum possessio qui utendam concessit?* — On remarquera que les mots *possessio revertitur* sont les mêmes qui sont employés par les jurisconsultes. — Cf. Digeste, XLI, 2, 21.

[1] *Ea ad Dei cultum referre, in ejus opere consumere.... Agnoscere munus Dei....*

définition, un acte de pure libéralité, ait tenu une grande place dans la société romaine. C'est qu'il n'était une libéralité que par le nom et l'apparence. En réalité, il était le plus souvent un acte de spéculation. Il était l'un des modes par lesquels l'homme faisait valoir ses intérêts. Sous la forme commune d'un précaire, trois opérations diverses s'accomplissaient. Nous allons passer en revue ces trois opérations dans la société romaine, avant de les étudier dans la société franque.

1° Par la première, le précaire entrait dans le système général des emprunts et des dettes. Les Romains furent longtemps sans connaître l'hypothèque. Même quand ils l'eurent empruntée aux Grecs, ils l'employèrent peu. Ils continuèrent à user d'un procédé plus ancien, qui leur était plus familier, et que les créanciers surtout avaient des raisons de préférer. L'emprunteur, qui n'obtenait rien s'il ne donnait un gage, offrait sa terre. Il la vendait au créancier suivant toutes les formes légales. Le prix était ordinairement la somme même dont il avait besoin. Il est vrai qu'en faisant cette vente, il obtenait du créancier ce qu'on appelait une fiducie, c'est-à-dire une promesse de lui revendre la terre le jour où il aurait remboursé la somme reçue et les intérêts[1]. Ici se présentait le précaire. Ce petit cultivateur qui se trouvait dépossédé de son champ, et qui n'avait peut-être pas d'autre moyen de vivre que ce champ lui-même, s'adressait au créancier devenu propriétaire, et obtenait de lui la permission de rester sur sa terre, de la cultiver, d'en jouir. Il l'obtenait en précaire. Par là il devenait un précariste sur cette

---

[1] La fiducie se trouve déjà dans Cicéron, *Pro Flacco*, 21. — Cf. Gaius, II, 59 : *Qui rem alicui fiduciæ causa mancipio dederit....* — [Cf. plus haut, p. 84.]

même terre dont il avait eu autrefois la propriété[1].

Parfois le même résultat se produisait par une voie un peu différente. Au lieu de vendre sa terre au créancier, le débiteur la lui engageait, par l'acte que les Romains appelaient *pignus*[2]. Il n'en était pas moins dépossédé de son champ; mais, ici encore, il s'adressait au créancier et obtenait de lui la faveur de cultiver en précaire[3].

Rien n'était plus fréquent que cette constitution de précaire à la suite d'un emprunt. « Cela se voit tous les jours », dit Ulpien[4]. D'autres jurisconsultes mentionnent le même usage[5]. Un grammairien de l'époque suivante, mais qui se servait de sources anciennes, définit le précaire comme s'il n'avait lieu qu'à la suite d'emprunts : exagération évidente, mais qui prouve au moins que le cas était fréquent. « Il y a précaire, dit-il, lorsque le débiteur a adressé une prière au créancier et a obtenu la permission de rester sur sa terre et d'en cueillir les fruits[6]. »

---

[1] Gaius, II, 60 : *Cum fiducia contrahitur... cum creditore... soluta quidem pecunia competit ususreceptio; nondum vero soluta, ita demum competit si non precario rogaverit ut eam rem possidere liceret.*

[2] Le *pignus* avait pour effet de transférer au créancier la possession; il ne transférait pas la pleine propriété, en ce sens surtout que le créancier n'avait pas le droit d'aliéner. *Pignus, manente proprietate debitoris, solam possessionem transfert*; Florentinus, au Digeste, XIII, 7, 35.

[3] Ulpien, au Digeste, XLIII, 26, 6, § 4 : *Si quis rem suam pignori mihi dederit et precario rogaverit.*

[4] Ulpien, ibidem : *Cottidie enim precario rogantur creditores ab his qui pignori dederunt.*

[5] Celsus, ibidem, XLIII, 26, 11 : *Si debitor rem pigneratam precario rogaverit.* — Julianus, ibidem, XLI, 2, 36 : *Qui pignoris causa fundum creditori tradit..., si eumdem precario rogaverit.* — Florentinus, ibidem, XIII, 7, 35 : *Pignus possessionem transfert ad creditorem; potest tamen precario debitor re sua uti.* — Julianus, ibidem, XIII, 7, 29 : *Si rem mihi pignori dederis ac precario rogaveris.*

[6] Isidore de Séville, *Origines*, V, 25 : *Precarium est dum prece roga-*

Ainsi le précaire n'était pas tout à fait ce qu'il semblait être. En théorie, le concédant était un bienfaiteur généreux; en pratique, il était un créancier. En théorie, il donnait sa terre; en réalité, c'était lui qui recevait la terre du débiteur et qui lui permettait d'en jouir par une permission révocable à volonté. Il est vrai que cette situation cessait le jour où le débiteur remboursait sa dette[1]. Mais, s'il ne remboursait pas, il était précariste jusqu'à sa mort, et après lui ses fils étaient évincés, à moins que le créancier ne voulût bien renouveler pour eux le précaire[2].

2° Le précaire intervenait encore dans un acte qui était devenu fréquent à la fin de l'Empire, l'acte de patronage. C'est ici un sujet dont nous aurons à parler ailleurs; mais il faut signaler dès maintenant une espèce particulière de patronage, que les lois romaines appellent « le patronage des fonds de terre[3] ». Nous ne le connaissons d'ailleurs qu'imparfaitement; car nous ne possédons sur cet usage que huit lois des empereurs[4], qui n'en parlent que pour

---

tus creditor permittit debitorem in possessione fundi sibi obligati demorari et ex eo fructus capere; et dictum precarium quia prece aditur.

[1] Celsus, au Digeste, XLIII, 26, 11 : *Si debitor rem pigneratam precario rogaverit, soluta pecunia precarium solvitur; quippe id actum est ut usque eo precarium teneret.*

[2] Nous ne pensons pas que tous les débiteurs devinssent ainsi des précaristes. Le débiteur pouvait, au lieu d'un précaire, offrir une location par bail. Marcianus, au Digeste, XLI, 2, 37 : *Re pignoris nomine data, deinde a creditore conducta.* — Florentinus, ibidem, XIII, 7, 35 : *Potest et precario et pro conducto debitor re sua uti.* — Julianus, ibidem, XLI, 3, 33, § 6 : *Conductio idem præstat quod si apud creditorem res esset; possidet creditor; sed si utrumque intercesserit et precarii rogatio et conductio, intelligitur creditor possidere.*

[3] *Patrocinium fundorum*, Code Théodosien, XI, 24, 4; *De patrociniis vicorum*, ibidem, rubrique.

[4] Six au Code Théodosien, XI, 24; deux au Code Justinien, XI, 54 (53), édit. Krüger.

l'interdire¹, et quelques phrases de Salvien, qui songe plus à le réprouver qu'à l'expliquer¹.

En étudiant les lois impériales qui interdisent le patronage, on remarquera d'abord qu'elles visent, non des artisans des villes, mais des habitants de la campagne. Une loi de 370 défend spécialement aux *agricolæ* de se mettre en patronage d'un grand²; or ceux qui sont appelés ici *agricolæ* ne peuvent être ni des esclaves ruraux, ni des colons; il s'agit visiblement de cultivateurs libres. Une loi de 395 défend aux grands de prendre sous leur patronage des *vici*, c'est-à-dire des villages de paysans libres³; or la même loi appelle ces hommes des « propriétaires⁴ ». Une loi de 399 appelle du nom de *rustici* les petites gens qui se mettent en patronage; mais elle montre aussi que ces paysans ont des terres à eux⁵. Enfin, une autre loi de la même année énonce en termes exprès que ces hommes sont des paysans et des propriétaires⁶.

On remarquera encore, dans ces lois, que ce qui est placé en patronage, c'est moins la personne même du paysan que sa terre. Cela ressort des termes mêmes par lesquels le législateur punit le patron d'une amende de vingt ou de quarante livres d'or « par chaque fonds de terre qu'il a reçu sous son patronage⁷ ».

---

¹ Salvien, *De gubernatione Dei*, V, 8.
² Code Théodosien, XI, 24, 2 : *Abstineant patrociniis agricolæ*.
³ Ibidem, XI, 24, 3 : *Quicumque vicos in suum detecti fuerint patrocinium suscepisse, constitutas luent pœnas*.
⁴ *Possessores*. Ce terme, quand il est seul, désigne toujours des propriétaires fonciers. — [Cf. p. 67].
⁵ Code Théodosien, XI, 24, 4 : *Qui rusticis patrocinia præbere temptaverit, quadraginta librarum auri se sciat dispendium pro singulorum fundorum præbito patrocinio subiturum*.
⁶ Ibidem, XI, 24, 5 : *Si quis agricolis vel vicanis propria possidentibus patrocinium repertus fuerit ministrare*.
⁷ Ibidem, XI, 24, 2 : *Per singulos fundos viginti et quinque auri*

Ce patronage avait, en effet, pour premier résultat de mettre la terre du petit paysan dans les mains de celui qui devenait son patron. C'est ce qui est bien marqué dans une loi de 415, où nous lisons que le patron « est devenu propriétaire des propriétés placées sous son patronage[1] ». Nous devons donc admettre que le patronage, sous couleur d'établir la protection d'un grand sur des faibles, avait d'abord pour effet de faire passer la propriété du sol des mains des faibles aux mains du grand personnage.

Comment ce transfert s'opérait-il, c'est ce que les lois n'expliquent pas. L'une d'elles dit seulement qu'il se produit quelquefois « par des actes fictifs d'un caractère délictueux », *commentis audacibus*[2]. Une autre laisse voir qu'il se fait entre les deux hommes un acte ou une série d'actes, passés régulièrement devant un notaire ou tabellion, et que ces actes ont la forme « d'une donation, d'une vente, d'un contrat de louage, ou de quelque autre convention[3] ». Voici donc, à ce qu'il semble, comment les choses se passaient. Le petit paysan qui, pour quelque

---

libras dare debeant. — Ibidem, 4 : *Quadraginta librarum auri se sciat dispendium pro singulorum fundorum præbito patrocinio subiturum.*

[1] Code Théodosien, XI, 24, 6, *præfatio* : *Illis duntaxat pulsandis qui ex Cæsarii et Attici consulatu* (année 397) POSSESSIONES SUB PATROCINIO POSSIDERE *cœperunt.* — Nous avons déjà observé (p. 66) que, dans la langue des Codes, les mots *possidere* et *possessio* s'entendent de la vraie propriété. — Dans la même loi, au § 6, on peut noter qu'il est dit que les églises, par cette même opération de patronage, sont arrivées à « posséder » certaines terres, et qu'elles les possèdent pleinement, *firmiter*.

[2] Ibidem, XI, 24, 2 : *Abstineant patrociniis agricolæ, subjugandi supplicio, si talia sibimet adjumenta commentis audacibus conquisierint.*

[3] Loi de 468, au Code Justinien, XI, 54, 1 : *Si quis ad patrocinium cujuscumque confugerit, id quod hujus rei gratia geritur sub prætextu donationis vel venditionis seu conductionis aut cujuslibet alterius contractus, nullam habeat firmitatem; tabellionibus qui talia instrumenta perficere ausi fuerint, bonorum proscriptione plectendis.*

raison¹, avait besoin de la protection d'un grand, s'adressait à lui. Il lui demandait de protéger, non sa personne seulement, mais plutôt sa terre, son *fundus*. Le grand répliquait probablement qu'il ne pouvait protéger que ce qui était à lui. Alors le paysan lui transférait sa terre, soit par une donation complète, soit par une vente. C'était cette vente qu'une loi de 370 appelait une fiction ou un mensonge ; elle n'était, en effet, qu'une vente fictive, puisque le vendeur ne recevait aucun prix. Pendant tout un siècle, les empereurs ont interdit un tel marché : ils l'ont puni d'une peine sévère ; mais, en dépit de leurs efforts, les petits paysans ont sollicité le patronage d'un grand et ils ont payé ce patronage par l'abandon de leurs petites propriétés².

On peut bien penser que ce transfert du droit de propriété n'entraînait pas le départ du paysan. Tout au contraire, il n'avait sollicité le patronage que pour rester paisible sur son champ. Il continuait donc à l'occuper, et cela ressort des lois elles-mêmes qui, pour le punir de son délit, le menacent de lui enlever cette même terre³. Enfin une dernière loi nous montre que ces paysans sont restés sur leurs champs en promettant au patron, soit une redevance annuelle, soit quelque autre profit⁴.

¹ Quelquefois pour échapper à l'obligation de l'impôt : *Fraudandorum tributorum causa*, Code Théodosien, XI, 24, 4.
² Libanius, dans son discours Περὶ τῶν προστασιῶν, édit. Reiske, 1793, t. II, p. 501 et 507, fait allusion à une sorte de patronage des paysans, qui n'est pas tout à fait celui dont parlent les lois, mais qui s'en rapproche. — Zosime signale un exemple de patronage semblable et montre que l'usage existait même dans de grandes familles. Lucianus, dit-il, fils d'un haut fonctionnaire, avait pris Rufin pour patron, et il lui avait transféré la plus grande partie de ses propriétés (Zosime, V, 2, édit. Bekker, p. 247).
³ Code Théodosien, XI, 24, 5 : *His quoque agricolis terrarum suarum dispendio feriendis*. — D'autres lois (*ibidem*, 1 et 3) obligent le paysan à payer l'impôt foncier de cette terre sur laquelle il est visiblement resté.
⁴ Code Justinien, XI, 54, 2, édit. Krüger : *Quis vicanis patrocinium*

C'est ici que se présente le précaire, quoiqu'il ne soit pas nommé. Le petit paysan n'a pu rester sur son champ que par la faveur de son patron devenu propriétaire. Il a transféré le droit de propriété et n'a pu obtenir que la jouissance. De même que nous avons vu qu'un débiteur était devenu le précariste d'un créancier, de même ce petit paysan s'est fait le précariste de son protecteur.

Cette situation est assez bien marquée par Salvien. Il parle, lui aussi, d'hommes qui étaient de petits propriétaires ruraux; ils possédaient ce qu'il appelle *resculas*, de petits biens; *agellos*, de petits champs[1]. Mais, par gêne ou pour quelque autre cause[2], ils ont recherché le patronage d'un riche[3]. Celui-ci, à en croire Salvien, ne donne pas sa protection, il la vend, *patrocinium vendit*[4]. Avant de protéger, il commence par déposséder, *spoliat*[5]. Les petits paysans, qui sollicitent la protection, doivent commencer par transférer au protecteur presque tout ce qu'ils ont[6].

Salvien laisse pourtant voir que ces petits paysans n'ont pas quitté leurs terres; ce sont leurs fils seulement qui seront évincés[7]. Le père a abandonné son droit

---

polliceatur neque agricolas suscipiat redituum promissionem vel aliud lucrum pro eo accipiens.

[1] Salvien, *De gubernatione Dei*, V, 8, édit. Baluze, p. 111-112; édit. Halm, p. 62 : *Non confugiunt ad barbaros... quia transferre illuc resculas atque habitatiunculas non possunt... agellos ac tabernacula sua....*

[2] Salvien ne signale, suivant son habitude, que le désir d'échapper à l'impôt. Il y avait certainement d'autres motifs encore; Libanius, dans son discours περὶ τῶν προστασιῶν, en indique de fort différents [Cf. p. 104, n. 2].

[3] Salvien, ibidem : *Tradunt se ad tuendum protegendumque majoribus....*

[4] *Nec grave hoc arbitrarer si patrocinia ista non venderent, si quod se dicunt humiles defendere, humanitati tribuerent, non cupiditati.*

[5] *Tueri pauperes videntur ut spolient.*

[6] *Omnes hi qui defendi videntur, defensoribus suis omnem fere substantiam suam prius quam defendantur addicunt.*

[7] *Ut patres habeant defensionem, perdunt filii hereditatem.*

de propriété en obtenant de garder la jouissance. Mais cette jouissance n'est que temporaire; car l'effet de la convention est que « quelque chose soit laissé temporairement au père, mais que le tout soit perdu pour les enfants[1] ».

Ainsi, le petit paysan a transféré par donation ou par vente fictive sa terre à son protecteur. Il n'en garde qu'une jouissance viagère. Nous retrouverons cette sorte d'acte, sous le nom de précaire, durant l'époque mérovingienne.

Il faut ajouter que cette même pratique, que le prêtre de Marseille reproche si amèrement aux riches, était employée par l'Église. La loi de 415, qui interdit cette sorte de patronage, est obligée de faire une exception en faveur des églises. « Par égard pour la religion », elle ratifie les acquisitions qu'elles ont faites par ce moyen. Elle impose seulement cette condition que l'église payera l'impôt foncier des terres qui sont ainsi venues dans sa main[2].

5° Le précaire était, en principe, fort différent du louage. Le louage, *locatio conductio*, était un contrat qui liait les deux parties et donnait des droits à toutes les deux; le précaire n'était pas un contrat, et ne liait en rien le concédant. Le louage portait toujours un prix, *merces*; le précaire, en théorie, était gratuit. Le précariste, à l'inverse du fermier, était un posses-

---

[1] *Hoc enim pacto aliquid parentibus temporarie attribuitur ut in futuro totum filiis auferatur.*

[2] Code Théodosien, XI, 24, 6, § 6 : *Quidquid autem ecclesiæ venerabiles (id est Constantinopolitana et Alexandrina) possedisse deteguntur, id, pro intuitu religionis, ab his præcipimus firmiter retineri; sub ea videlicet sorte ut in futurum functiones omnes sciant subeundas.* — Voir le commentaire de Godefroi, édit. Ritter, t. IV, p. 190. La loi paraît interdire aux églises, pour l'avenir, toute acquisition nouvelle de cette sorte; en réalité, elle laisse faire.

seur, mais un possesseur révocable à volonté. Le droit classique ne faisait donc aucune confusion entre le précaire et le louage. Mais il n'en fut plus de même dans les derniers siècles de l'Empire.

Le même texte d'Ulpien qui marque la différence entre le précaire et le louage, montre aussi qu'il pouvait arriver qu'un fermier par bail renonçât à sa location pour obtenir un précaire[1]. Il arrivait aussi qu'un précariste échangeât son précaire contre un contrat de location[2]. Les deux situations, si opposées qu'elles fussent en théorie, se rapprochaient souvent et prenaient la place l'une de l'autre. Dès le temps d'Ulpien, elles pouvaient s'associer. Le même homme pouvait être fermier par contrat et précariste sur la même terre[3]. Les anciens jurisconsultes répugnaient à cette combinaison. Ulpien voudrait qu'on choisît : « Si le prix de fermage, dit-il, est si faible qu'il paraisse fictif, nous dirons qu'il n'y a que précaire. » Mais le prix pouvait être réel et assez élevé, et en ce cas le jurisconsulte n'ose plus donner de solution[4]. Il est visible que le précaire et le louage, fort différents en principe, s'unissaient et se confondaient dans la pratique.

Il n'est guère douteux que le louage n'ait souvent pris

---

[1] Ulpien, au Digeste, XLI, 2, 10 : *Si quis ante conduxit, postea precario rogavit, videbitur discessisse a conductione.*

[2] Ulpien, ibidem : *Si ante rogavit, postea conduxit, conduxisse videbitur.* — Dans ce cas, la possession retournait au propriétaire : *Qui alienam rem precario rogavit, si eamdem a domino conduxit, possessio ad dominum revertitur* (Digeste, XLI, 2, 21).

[3] Julianus, ibidem, XLI, 3, 33, § 6 : *Si utrumque intercesserit et precarii rogatio et conductio.*

[4] Ulpien, ibidem, XLI, 2, 10 : *Si quis et conduxerit et rogaverit precario uti possideret, si quidem nummo uno conduxit, nulla dubitatio est quin ei precarium solum teneat, quia conductio nulla est quae est in nummo uno; sin vero pretio, tunc distinguendum quid prius factum est.*

la forme du précaire. Il suffisait pour cela qu'aucun bail n'eût été fait par écrit. Il se pouvait même qu'un propriétaire trouvât plus avantageux de confier sa terre en précaire que de la louer par bail régulier; il en pouvait tirer autant de revenus. Cela était surtout plus avantageux à ces intendants qui géraient les grandes propriétés et qui, par le précaire, tenaient les petits tenanciers à leur discrétion. Il arriva donc fréquemment que d'anciens fermiers se transformèrent en précaristes, que d'autres cultivateurs entrèrent sur une terre à ce même titre, et que le précaire prit peu à peu dans les habitudes des hommes la place du fermage. Le colonat d'une part, le précaire de l'autre, devinrent les deux modes de tenure les plus usités, le premier étant plus rigoureux et plus sûr, le second étant plus honorable et plus libre.

Une loi du IVe siècle mentionne des précaristes qui occupent une terre depuis quarante ans[1]. Elle avertit que la règle de la prescription de quarante ans n'existe pas pour eux. Il est clair que, n'occupant le sol que par précaire, ils ne peuvent jamais s'arroger la propriété. La même loi donne à entendre que ce genre de précaire n'est plus gratuit, et que ces précaristes payent une redevance coutumière[2].

Le précaire s'est ainsi modifié. Quoiqu'il fût de nom une faveur gratuite, il est devenu pour les grands propriétaires et leurs intendants un mode de faire valoir la terre. Il s'est substitué au fermage par location, ou plutôt il est devenu lui-même une sorte de location. Nous

---

[1] Code Justinien, VII, 39, 2, loi de 365 : *Male agitur cum dominis prædiorum si tanta precario possidentibus prærogativa defertur ut eos post quadraginta annorum spatia decursa inquietare non liceat.*
[2] Ibidem : *Ita tenent ut ob hoc ipsum solitam debeant præstare mercedem.*

verrons bientôt qu'il a été employé de cette manière surtout par l'Église.

En résumé, le précaire, qui était en droit un pur bienfait, s'accommodait aux intérêts, et se mêlait aux opérations les plus diverses. Il garantissait le créancier du remboursement de l'argent prêté. Il payait la protection que le riche accordait au faible. Il servait au propriétaire à mettre ses terres en rapport. Il pénétrait ainsi dans toutes les habitudes des hommes et dans toutes les parties de la vie sociale.

Mais ce précaire romain n'avait rien de militaire. Quelque variées que pussent être les obligations qu'il entraînait, nous ne voyons à aucun indice que le précariste pût être astreint à un service de guerre pour le concédant. Aussi ne trouvons-nous trace de la pratique de ce précaire ni dans l'armée ni dans l'administration de l'Empire romain.

Ce qui formait son terrain, c'était ce qui occupait le plus les hommes; or, dans cette société impériale, la guerre tenait peu de place et l'armée n'était en tout qu'au second rang. C'était donc seulement dans les spéculations des intérêts que le précaire s'était établi et régnait en maître. La suite de nos études montrera que les applications en ont changé et qu'il s'est transporté sur un autre terrain; mais il était utile d'observer quelle avait été sa nature et quel empire il avait exercé dans les intérêts et dans les relations de la vie privée. Lorsqu'il aura quelque peu changé d'objet, il faudra nous rappeler la nature de ce précaire qui, à quelque usage qu'il s'emploie, suppose toujours un solliciteur et un bienfaiteur, sépare sur une même terre la propriété qui appartient à l'un et la possession qui appartient à l'autre, ne confère qu'une concession toujours révocable, et subordonne le concessionnaire, non à une loi ou à un contrat, mais à la volonté d'un concédant.

CHAPITRE V

Le précaire dans l'État mérovingien. — Le précaire sur les terres laïques.

Il faut maintenant chercher si le précaire, dont nous avons vu la nature, les formes et les diverses applications dans la société romaine, se continue après les invasions et conserve la même nature, les mêmes formes et les mêmes effets. Il importe d'étudier séparément la pratique du précaire chez les simples particuliers, sur ce qu'on peut appeler les terres laïques, et la pratique du précaire sur les terres d'église.

Nos documents sont les lois et les chartes.

Les codes de lois qui ont été rédigés après les invasions ne contiennent pas un ensemble de dispositions précises qui aient pour objet de régler le précaire. La raison de cela est la même qui faisait que le Code Théodosien ne contenait pas non plus ces règles. Le précaire était, chez les Romains, une pratique extra-légale, dont le législateur n'avait pas à s'occuper directement. Les législateurs de l'époque mérovingienne ne s'en occupent pas davantage, parce qu'ils restent hors du Droit, à côté du Droit.

Mais de même que le Code Théodosien le mentionnait incidemment et à l'occasion d'autres actes, de même les codes rédigés après les invasions le signalent plusieurs fois et constatent que la pratique s'en continue.

La loi romaine rédigée chez les Burgondes parle du précaire à propos de la vente. Elle laisse voir qu'il était admis qu'un homme vendît sa terre et la reprît du nouvel acquéreur à titre précaire; elle exige seulement un intervalle entre les deux actes. « Pour que la vente ait son plein effet, il faut que la tradition de la terre soit faite suivant les formes et que le nouvel acquéreur soit mis en possession; ce n'est qu'après une possession de quelques jours ou de quelques mois que la demande en précaire se produira; alors le même homme qui a vendu obtiendra la possession précaire[1]. » Nous voyons ici que le précaire était resté dans les habitudes des hommes; et c'était bien le précaire romain; avec ses deux traits essentiels, une demande ou prière, *precaria*, et une concession portant sur la possession, *possessionis*.

Les rois wisigoths, comme les rois burgondes, firent rédiger une *Lex Romana*. Elle fut promulguée par Alaric II en 506. Or les rédacteurs de ce code y ont fait entrer ce que le jurisconsulte Paul avait dit du *precarium*[2]. C'est d'abord cette règle première, à savoir que le précariste peut toujours être évincé par le propriétaire sans aucune indemnité[3]. A ce sujet, les rédacteurs du Code expliquent la phrase de l'ancien jurisconsulte par ce commentaire : « Celui-là possède en précaire qui a adressé une prière à l'effet de rester en possession

---

[1] *Lex Romana Burgundionum, vulgo Papianus*, tit. XXXV, dans Pertz, *Leges*, t. III, p. 616 : *Venditionem ex hoc maxime vim firmitatis accipere si traditione celebrata possessio fuerit subsecuta. Si vero post possessionem dierum aut mensium precaria fuerit subsecuta ut ille iterum qui vendidit rem videatur possidere, documenti professio firmitatem precariæ possessionis obtineat.*

[2] *Lex Romana Wisigothorum*, édit. Hænel, p. 422; Paul, *Sentences*, V, 7.

[3] *Lex Romana Wisigothorum*, art. 5 : *Qui vi aut clam aut precario possidet ab adversario vi impune dejicitur.*

par la permission du propriétaire[1]. » C'est la définition qu'Ulpien avait donnée trois siècles auparavant. Ils ajoutent « ou du créancier fiduciaire », ce qui nous fait voir que, comme au temps d'Ulpien, le précaire se constituait souvent à la suite d'un emprunt.

Le législateur de 506 insère ensuite l'observation que Paul avait déjà faite, à savoir que le précaire peut se constituer par une lettre, mais que cette lettre n'est pas nécessaire[2]; « le propriétaire peut ne donner aucun signe extérieur de sa volonté; possède en précaire, tout homme qui possède par la tolérance du vrai propriétaire ». Il termine en rappelant que la concession ne passe pas à l'héritier du concessionnaire, et que, si cet héritier reste sur la terre, sa possession est entachée de fraude et délictueuse[3].

Ce code, qui avait été rédigé par l'ordre d'un roi wisigoth, n'a nullement été abrogé par suite de l'expulsion des Wisigoths de l'Aquitaine. Il est resté en pleine vigueur. Il s'est même étendu à toute la Gaule. C'est par lui que la majorité de la population a été régie durant le vi°, le vii°, le viii° siècle. La population n'a donc pas cessé de voir dans ses lois les règles principales du précaire romain[4].

---

[1] *Lex Romana Wisigothorum*, INTERPRETATIO : *Possidet precario qui per precem postulat ut ei in possessione commorari liceat, permissu domini vel creditoris fiduciam.*

[2] Ibidem, art. 9 : *Precario possidere videtur non tantum qui per epistolam vel qua alia ratione postulavit hoc sibi concedi, sed et is qui nullo voluntatis indicio, patiente tamen domino, possidet.*

[3] Ibidem, art. 10 : *Heres ejus qui precariam possessionem tenebat, si in ea manserit, magis dicendum est clam possidere.* INTERPRETATIO : *Æstimandus est clam id est occulte manere; actio proprietatis domino adversus eum jure competit.* — Les mots *si in ea manserit* doivent s'entendre du cas où le fils est resté sans demander au propriétaire le renouvellement de la concession.

[4] On remarquera même que l'*Epitome Guelpherbitana* et l'*Epitome*

En fondant le royaume des Ostrogoths, le roi Théodoric fit rédiger un code à l'usage de tous ses sujets. On peut lire dans ce code la formule du préteur romain sur le précaire, *qui nec vi nec clam nec precario possidet*, la même formule que nous avions lue au Digeste et que nous avions déjà rencontrée chez Térence et chez Plaute [1].

Le Code des Wisigoths s'occupe du précaire en deux endroits. Une première fois, il interdit l'un des abus qu'on en faisait. « Un coupable, y est-il dit, que la loi punit de la peine de la confiscation, se hâte de transférer ses biens par donation soit à une église, soit à un particulier, et il redemande ses biens en précaire, en sorte que le fisc ne peut rien saisir et que le coupable ne perd rien [2]. » Ailleurs, le législateur autorise le précaire comme une sorte de location. Après avoir indiqué les différents modes de louage de la terre, il ajoute : « Si la lettre de précaire porte que la terre a été accordée pour un nombre d'années déterminé et que celui qui l'a obtenue devra la rendre au propriétaire à quelque époque que ce soit, qu'il restitue la terre sans retard suivant la convention faite [3]. » On voit ici que le précaire était quelquefois, comme il avait été sous l'Empire

---

monachi, rédigés au plus tôt au vııı° siècle, insèrent aussi ces règles. Hænel, p. 123.

[1] *Edictum Theodorici*, art. 76 : *Qui nec violenter, nec abscondite, nec precario possidet.*

[2] *Lex Wisigothorum*, II, 1, 7 : *Multi reperiuntur qui, argumento fallaci, in ecclesiis aut uxoribus aut filiis aut amicis seu in quibuscunque personis suas inveniuntur transduxisse facultates, et quæ fraudulenter in dominio alieno contulerant, jure precario reposcentes recipiant; unde nihil de suis rebus visi sunt amisisse.*

[3] Ibidem, X, 1, 12 : *De terris quæ definito annorum numero per placitum dantur. Si per precariam epistolam certus annorum numerus fuerit comprehensus, ita ut ille qui susceperit terras post quodcumque tempus domino reformaret, juxta conditionem placiti terras restituere non moretur.*

romain, une forme de la location, qu'il se formait alors par lettre, et que la lettre pouvait indiquer le terme du précaire, comme nous l'avons déjà vu chez Ulpien. Or cette Loi des Wisigoths n'est que du vii° siècle; lorsqu'elle a été écrite, il y avait deux cents ans que la domination romaine n'existait plus; l'usage du précaire s'était pourtant continué sous les rois wisigoths durant ces deux siècles, et il s'était continué conformément aux pratiques romaines[1].

Dans les exemples que nous venons de citer, le précaire est indiqué comme employé sur les terres des laïques; il n'est pas encore question de précaires d'église.

Les lois franques ne contiennent rien ni sur le précaire ni sur le bénéfice. Il ne faut pas perdre de vue que ce qui nous est parvenu sous le nom de lois franques, c'est-à-dire la Loi salique et la Loi ripuaire, n'est qu'une faible partie de la législation qui fut en vigueur, du v° au viii° siècle, chez les Francs. On n'y trouve même pas tout le droit pénal. Quant au droit privé, il faut le chercher soit dans les chartes, soit dans divers recueils de formules.

Le recueil de Bourges nous offre une formule de précaire, c'est-à-dire l'un des types de ces *epistolæ precariæ* dont le jurisconsulte Paul avait déjà parlé et qui sont rappelées dans le *Papianus* et dans la Loi des Wisigoths[2]. Un possesseur en précaire était mort; ses enfants, qui

---

[1] Aussi n'y a-t-il pas à s'étonner qu'Isidore de Séville, qui écrivait au vii° siècle, donne du *precarium* une définition si romaine : *Precarium est dum prece creditor rogatus permittit debitorem in possessione fundi demorari; et dictum precarium quod prece aditur* (Origines, V, 25).

[2] Ce recueil est certainement de l'époque mérovingienne; le manuscrit où il se trouve (Bibliothèque nationale, n° 10756 fonds latin) est de la première moitié du viii° siècle. Voir Zeumer, p. 166. Quant à la formule, elle est sans doute antérieure au manuscrit où on l'a insérée. Il est impossible de dire si elle est du viii°, du vii°, du vi° siècle.

n'héritaient pas du précaire, adressent une demande à l'effet d'obtenir pour eux le renouvellement de la concession, et voici la teneur de cette demande :

« A notre seigneur un tel et à notre dame une telle[1]. » Ce préambule, où l'on devra mettre les noms des propriétaires, indique suffisamment que nous aurons affaire ici à un précaire constitué sur la terre d'un laïque, d'un simple particulier. « Il est constant que notre père a occupé cette terre qui est à vous, et qu'il vous a fait pour cela une lettre de précaire ; nous vous en faisons une semblable et la signons, et nous vous demandons humblement que votre bonté nous permette d'occuper la même terre[2]. » Nous voyons déjà ici les deux éléments constitutifs du précaire romain, la « prière » de l'un, la « bonté » de l'autre[3]. « Mais pour que la possession que nous en aurons ne porte aucun préjudice à vous ni à vos héritiers, nous déposons dans vos mains cette lettre de précaire. S'il nous arrivait plus tard de dire que cette terre que nous possédons n'est pas votre propriété, nous devrons être traités comme envahisseurs de la terre d'autrui ; nous serons donc passibles d'amende envers vous suivant la sévérité des lois, et vous aurez le droit de nous chasser de cette terre sans qu'il soit besoin d'aucun jugement[4]. » C'est

---

[1] *Formulæ Bituricenses*, n° 2, Zeumer, p. 169 ; Rozière, n° 524 : *Dominis suis illo et illæ.*

[2] *Quia inscium non habetur quod genitor noster in re vestra manere dinoscitur et precariam vobis fecit, quam nos semiliter renovamus et signantes firmamus, et ut nos ibidem pietas vestra manere permittat humeliter postulamus.*

[3] Nous traduisons *pietas vestra* par votre bonté. C'est le sens le plus fréquent du mot *pietas* dans la langue du vi° siècle ; exemple, Grégoire de Tours, *Historia Francorum*, III, 34. On disait dans le même sens *pietas Dei*, la bonté de Dieu, ibidem, III, 28.

[4] *Sed ne possessio nostra vobis heredibusque vestris præjudicium inferat, hanc precariam vobis deposuimus, spondentes quod, si ullo unquam*

bien ici le précaire romain, lequel séparait si nettement la possession de la propriété.

En décrivant le précaire romain, nous avons dit qu'il était gratuit, par la raison qu'il devait conserver les dehors d'un pur bienfait. Il en est de même ici, en ce sens qu'aucun prix de location n'est marqué dans l'acte. Mais nous avons dit aussi que la gratuité du précaire romain n'était qu'apparente, puisque le propriétaire était toujours libre d'imposer telles conditions qu'il voulait à un homme qu'il pouvait évincer à volonté. Cette vérité est bien marquée dans notre formule. Les solliciteurs écrivent dans leur lettre : « Nous nous engageons à faire tout ce que les intendants de vos domaines nous commanderont en votre nom; et si nous n'exécutons pas vos ordres en toute obéissance, vous aurez le droit de nous chasser[1]. » Ici encore, on reconnaît le précaire romain qui, au lieu d'établir un fermage fixe, assujettit un homme à toutes les volontés d'un autre homme.

Ce recueil des formules de Bourges est certainement d'âge mérovingien. Le manuscrit qui nous l'a procuré est de la première moitié du viii° siècle[2]. La formule qui en fait partie est sans doute antérieure; on ne peut dire si elle est du vi° ou du vii° siècle. En tout cas, la présence de cette formule dans un recueil du viii° siècle montre que jusqu'à cette époque elle a été employée par

tempore hujus cartulæ condicionem obliti..., hoc quod possedemus non vestrum esse dixerimus, tamquam prævasores improbos juxta legum severitate vestris partibus componamus et nos ipsos exinde projeciendos absque ullius judicis interpellatione integrum potiamini arbitrium.

[1] *Si, in quibuslibet ambasiis aut ubi a vestris actoribus ex vestro præcepto fuerimus imperati, non procuraverimus cum omni obœdientia adimplere... vestris partibus conponamus et nos exinde projiciendos....*

[2] C'est le manuscrit 10756 de la Bibliothèque nationale, fonds latin. Voir Zeumer, p. 166.

les praticiens, et l'on peut croire qu'elle a servi de modèle à des centaines d'actes. Or on notera qu'il n'y a dans cette formule aucune ligne qui ne soit conforme à ce que Paul et Ulpien avaient enseigné, et qu'il n'y a non plus aucun mot qui n'appartienne à la pure langue latine[1]. On remarquera enfin que la formule mentionne la stipulation et allègue la *Lex Aquiliana*[2]; et l'on sera frappé de voir que les auteurs de tous les actes écrits en Gaule suivant cette formule se sont déclarés soumis aux effets de la stipulation aquilienne, c'est-à-dire d'une règle établie par le préteur Gallus Aquilius, contemporain de Cicéron[3].

Un autre recueil, celui que Marculfe composa au milieu du VII° siècle, en pleine période mérovingienne, et en plein pays franc, nous fournit un autre type de lettre de précaire[4]. Il s'agit ici d'un précariste qui, manquant à son devoir, a prétendu s'arroger la propriété de la terre concédée; il a perdu son procès; mais ensuite le propriétaire est entré en arrangement avec lui et lui a rendu la jouissance de la terre; seulement, il a dû écrire une lettre ainsi conçue : « Au seigneur illustre, à mon seigneur propre (suit le nom du propriétaire). J'ai autre-

---

[1] Le mot *ambastiis* seul n'appartient pas à la langue classique. Était-ce un mot de la langue populaire? Était-ce un terme de la langue celtique resté en usage dans la Gaule (cf. César, VI, 15)? *Ambascia* se retrouve dans la Loi salique, avec le sens de mission ou ordre.

[2] Ibidem : *Hæc stipulans stipulati sumus atque spondimus, Aquiliani legis mentione firmamus.*

[3] La formule de la *stipulatio Aquiliana* est reproduite textuellement au Digeste, XLVI, 4, 18, et dans les Institutes de Justinien, III, 20. — Sur le fréquent emploi de la *stipulatio* dans les chartes mérovingiennes, voir *Formulæ Andegavenses*, 27, 37, 56; *Arvernenses*, 5; *Turonenses*, 18; *Bituricenses*, 4, 9, 15; Marculfe, II, 1, 3, 4, 6, 7, 9, 19, 22, 23, 24, 29, 32, 36, 59; *Senonicæ*, 1, 4, 23, 42, 43, 45, 51, etc.; *Lindenbrogianæ*, 1, 6, 7, 11, 12, 13. — Cf. *Codex Fuldensis*, n°⁸ 12, 13, 14, 22, etc.

[4] Marculfe, II, 41; Rozière, n° 325.

fois, par suite de mauvais conseils et contre toute justice, essayé de vous soustraire la propriété de cette terre qui est à vous et dont vous m'aviez accordé la jouissance; mais je ne l'ai pas pu, parce que je n'en avais pas le droit. Vous l'avez reprise et m'en avez évincé[1]. Mais ensuite, sur la demande d'honorables personnes, vous me l'avez rendue à cultiver[2]. En conséquence j'adresse à votre grandeur la présente lettre de précaire, afin qu'il me soit permis d'occuper cette terre aussi longtemps que cela vous plaira sans que vos droits souffrent aucun préjudice. Je m'engage aux mêmes redevances envers vous que les autres occupants de vos terres. Si je manque à m'en acquitter ou si j'y mets du retard ou de la mauvaise volonté, je déclare par la présente lettre que je me soumettrai à la peine légale et que vous aurez le droit de me chasser de cette terre[3]. »

Ici encore nous retrouvons tous les traits du précaire romain : prière de l'impétrant, faveur et pure bonté du concédant; pour celui-ci réserve entière du droit de propriété, pour celui-là simple concession de jouissance, et concession toujours révocable qui ne dure « qu'autant que veut » le propriétaire. Il est vrai que, dans le cas présent, le précaire aboutit à une sorte de

---

[1] *Domno inlustri illo et mihi proprio domno illi (ille). Dum pro malorum hominum consilium, quod non debueram, de terra vestra quem excolere videor, revellare conavi, et ipsa terra ad proprietate sacire [volui], et non potui, quod nec ratio prestetit, et vos vel agentes vestri eam ad parte vestra revocastis vel nobis (nos) exinde ejecistis....*

[2] *Sed postea ad petitionem bonorum hominum nobis eam ad excolendum reddedistis.*

[3] *Propterea hanc precaria dominatione vestræ emittimus, ut, quamdiu vobis placuerit ut eam teneamus, absquæ ullo vestro præjudicio; quicquid reliqui accolani vestri faciunt nos reddere spondimus. Quod si non fecerimus, et ob hoc neglegentes tardi aut contumacis fueremus, publicæ pro hanc precaria condempnati, ut lex præstat tardis aut neglegentibus, et de ipsa terra nos pontificium habeatis eiciendum.*

location. La règle de gratuité y est encore observée dans la forme, puisque aucun prix en argent n'y est inscrit. Mais le concessionnaire s'engage « à remplir les mêmes obligations que les autres occupants », obligations qu'il ne désigne pas, mais que sans doute il connaît bien. Ce vague même le met à la discrétion du propriétaire. Aussi n'est-il pas surprenant qu'il appelle cet homme « son seigneur propre », *suus proprius dominus*. Ce précariste que le propriétaire peut toujours évincer, et qui doit obéir à tous ses ordres ou renoncer à la terre, est véritablement dans la situation d'un sujet vis-à-vis d'un seigneur ou d'un maître. Les effets du précaire sont déjà visibles.

Une formule wisigothique, c'est-à-dire une formule romaine qui fut en usage dans l'État des Wisigoths, est ainsi conçue : « A un tel qui sera toujours mon seigneur, moi un tel. Comme je me suis trouvé dans le besoin et que je ne trouvais aucun moyen de gagner ma vie, j'ai recouru à votre bonté et vous ai demandé de me permettre de m'établir sur telle terre qui est à vous, pour jouir des fruits ; votre puissance a accordé cela à ma prière, et a daigné me donner à titre précaire cette terre qui est de tant de mesures (de semences). En conséquence, par la présente lettre précaire je m'engage à ne jamais porter atteinte à votre droit, mais plutôt à me tenir prêt à vous servir en toutes choses[1]. »

L'opération qui est décrite dans ces formules est certainement celle que les Romains avaient appelée *precarium*. Quelques érudits modernes ont soutenu que le

---

[1] Formules wisigothiques, 36, édit. de Rozière, 1854, p. 25 [Zeumer, p. 591] : *Domino semper meo illi ille. Dum de die in diem egestatem paterer, et huc illuc percurrerem ubi mihi pro compendio laborarem et minime invenirem, tunc ad dominationis vestræ pietatem cucurri, su-*

precarium romain avait disparu, remplacé par la *precaria* qui aurait été une opération d'une autre nature. Les documents n'autorisent pas cette théorie. Si l'on observe de près l'emploi des deux termes, on ne trouvera pas entre eux la distance que les érudits ont supposée. Le mot *precarium* a continué d'être employé dans toute cette période de temps, et nous en trouvons plusieurs exemples dans les textes du vii°, du viii°, du ix° siècle[1]. Il désignait l'opération elle-même et ce qui en était l'objet. Quant au mot *precaria*, il différait de *precarium* comme un adjectif diffère d'un nom; mais l'un et l'autre se rapportaient au même acte. *Precaria*, que nous avons vu dans nos formules et qu'on rencontre cent fois ailleurs, ne désignait pas une opération nouvelle. Il était un simple adjectif. On disait *epistola precaria*[2], ou bien l'on sous-entendait le premier de ces deux mots. Du reste le qualificatif *precaria* n'était autre que le mot *precatoria*; les deux se trouvent indifféremment[3]. Le sens

gerens ut mihi jure præcario in locum vestrum, quod vocatur ill., ad excolendum terras dare juveres; quod et vestra annuens dominatio petitioni meæ effectum tribuit, et terras, ut mea fuit postulatio, ad modios tot, jure præcario dare dignavit. Proinde per hujus præcariæ meæ textum spondeo nullo tempore aliquam contrarietatem parti vestræ afferre, sed in omnibus pro utilitatibus vestris adsurgere. — Cf. de même la formule n° 37.

[1] Pour le vii° siècle on le trouve dans la Loi des Wisigoths, II, 1, 7 : *Jure precario*; dans les Formules wisigothiques 36 et 37; dans Isidore de Séville, V, 25 : *Precarium est*; dans un diplôme franc, Pardessus, n° 429 : *Instrumentum precarii*. Pour le viii° siècle, concile de Leptine, dans Sirmond, I, p. 540 : *Sub precario*. Pour le ix° siècle, synode de Verberie de 853 : *Jure precario*; Capitulaires de Benoît Lévite, V, 3 et VII, 142 : *Precario possidere* (Baluze, t. I, 411 et 524); *Traditiones Sangallenses*, n° 22 : *Pro precario volo habere*; Polyptique d'Irminon, p. 299 : *Habere in precarium.*

[2] *Epistola precatoria*, Lex Wisigothorum, X, 1, 12.

[3] *Epistula precatoria*, Fortunat, VIII, 20, titre. Marculfe, II, 5, emploie *precaria* et *precatoria* dans la même formule, pour désigner visiblement la même chose. On remarquera que dans la *Turonensis*, 7, les manuscrits por-

littéral de l'expression était « lettre de prière » ; elle désignait cette lettre dont les jurisconsultes romains avaient déjà parlé et qui précédait la concession du précaire.

La *precaria* ou lettre de prière fut très usitée dans l'époque mérovingienne. La raison de cela s'aperçoit bien. La lettre était remise au propriétaire et gardée par lui. Plus tard, s'il en était besoin, elle devait lui servir de titre authentique. Une contestation pouvait surgir ; le précariste pouvait un jour se prétendre propriétaire. Il fallait que le propriétaire légitime eût en mains la preuve de son droit. Une lettre de prière était une preuve suffisante et complète ; car, au temps des Mérovingiens comme au temps des jurisconsultes romains, le fait d'avoir obtenu une terre « par prière » suffisait à marquer que l'occupant n'avait aucun droit sur elle. Le juge romain, sur la simple constatation d'une prière faite, n'avait eu qu'une seule formule à prononcer : « Ce que tu tiens de cet homme par prière, rends-le-lui. » C'était un arrêt de même nature que rendait sans nul doute le juge mérovingien[1]. La lettre de prière lui montrait quel était, des deux contestants, le vrai propriétaire[2].

Cette lettre de prière n'avait nullement le caractère

---

tent les uns *precaria*, les autres *precatoria*. On peut faire encore une remarque curieuse dans la *Lex romana Wisigothorum* : il s'agit d'un passage de Paul qui se trouve reproduit par les divers *Epitome* postérieurs ; or Paul avait écrit *epistola* : l'*Epitome Guelferbitana* remplace *epistola* par *precatoria*, et l'*Epitome S. Galli* le remplace par *epistola rogatoria*. La synonymie de ces mots saute aux yeux.

[1] Exemple, charte dans Tardif, nos 14 et 32.

[2] Quelque chose d'analogue se retrouve chez les Lombards. Rotharis, 227 : *Si quis comparaverit terram et quinque annos inter præsentes possederit, posteaque ipse venditor heredes ejus pulsaverit, dicendo quod præstitisset, non vendidisset, ostendat libellum scriptum ubi rogatus fuisset præstandi. Et si libellum non habuerit, nihil aliud faciat emptor nisi præbeat sacramentum, et liceat eum firmiter possidere quod sibi comparavit.* — Ce *libellus ubi rogatus fuisset præstandi* paraît bien être une *precaria*, et elle sert de titre au propriétaire.

d'un acte de contrat. Elle était plutôt une preuve matérielle que le précariste fournissait à l'avance contre lui-même. La formule s'en était allongée peu à peu, parce qu'on avait trouvé commode d'y insérer, sous forme de promesse, les conditions que le précariste aurait à subir.

Telle était la vraie signification des *precariæ*. Les propriétaires avaient l'habitude de les faire renouveler de temps à autre, par exemple à intervalle de cinq ans. Cela n'était pas le renouvellement d'un bail; c'était plutôt le renouvellement d'un titre, ou plutôt encore le renouvellement d'un *aveu*. Il fallait que de temps en temps le précariste reconnût par écrit et avouât qu'il n'était pas propriétaire. Pourtant cette formalité pouvait être négligée. Dans cette prévision et par surcroît de prudence, le propriétaire obligeait le précariste à écrire dans sa lettre primitive une phrase ainsi conçue : « La présente lettre, quand même elle ne serait pas renouvelée, et quand même il se passerait trente ans et plus, conservera toujours sa pleine valeur[1]. » On devine pourquoi le chiffre de trente ans a été introduit ici; il faut bien marquer que la prescription trentenaire n'aura pas lieu. Le précariste n'aura jamais le droit d'opposer la prescription à son propriétaire; c'est la règle du Droit romain.

L'usage de pareilles lettres étonne d'abord ceux qui ne sont pas très familiers avec les habitudes de l'époque, ou qui aiment à répéter que l'Église seule écrivait. Il est hors de doute, au contraire, que les actes écrits étaient fort employés, même entre laïques. Les ventes, les dona-

---

[1] *Bituricenses*, 2 : *Et si hæc precaria denuo renovata non fuerit, absque alia, per trigenta annorum spacia seu amplius, integram obtineat firmitatem.* — Marculfe, II, 41 : *Pro hanc precaria. ac si* (comme si) *semper per quinquennium renovata fuisset.*

tions, les testaments étaient faits le plus souvent par écrit, et même lorsqu'ils n'intéressaient pas l'Église[1]. Il en était de même des constitutions de dot[2], des jugements ou des accords entre parties[3], des affranchissements d'esclaves[4]. Chaque maison riche avait ses archives où se conservaient tous les contrats et tous les titres relatifs aux intérêts de la famille[5]. Il n'y a pas d'indice qui fasse supposer que ces habitudes existassent moins chez les familles de race franque que chez celles de race romaine. Il n'y a donc pas à être surpris que l'on ait fait souvent des lettres de précaire comme on faisait des actes de vente. Ces lettres, probablement, furent innombrables, même chez les laïques, bien que nous ne les connaissions que par quelques formules et des textes isolés.

Nous trouvons une *precatoria* là où on ne s'attendrait guère à en trouver, dans les poésies de Fortunat. Il a reçu de Grégoire de Tours la concession d'un *ager*; il

---

[1] *Lex Ripuaria*, LIX : *Si quis aliquid vendiderit, testamentum conscribatur et septem testibus firmetur.* — *Lex Burgundionum*, XLIII : *Donationes et testamenta valebunt si septem testes signa aut subscriptiones adjiciant.* — Cf. LI, 1 : *Per scripturam* ; ibidem, LX : *Aut scripturis legitimis aut certe quinque ingenuorum testimonio.*

[2] *Lex Ripuaria*, XXXVII : *Si quis mulierem disponsaverit, quidquid ei per cartarum instrumenta conscripserit inconvulsum permaneat.* — Formules : *Turonenses*, 14 : *Scripturarum sollemnitate* ; *Andegavenses*, 1, 39, 53 ; *Marculfe*, II, 15 ; *Lindenbrogianæ secundum legem Salicam*, 7 ; *Salicæ Merkelianæ*, 15 ; *Salicæ Bignonianæ*, 6.

[3] *Lex Ripuaria*, LIX, 7 : *Quicumque in causa victor extiterit, semper judicium conscriptum accipiat, aut testes.* — Sur les *cartæ compositionales*, Rozière, n° 241 et suiv.

[4] Sur les affranchissements par lettre, *Lex Ripuaria*, LVIII ; *Lex Burgundionum*, LXXXVIII. — Même l'affranchissement par le denier donnait lieu à une lettre ; *Lex Ripuaria*, LVII, 1 : *Si quis secundum legem Rebuariam ingenuum dimiserit et dinarium jactaverit, et ejus rei cartam acceperit.* Voir les Formules, Marculfe, I, 22 ; Rozière, n°° 55, 56, 58, 59 (*Manumissiones per denarium*).

[5] Cet usage est constaté notamment par les formules d'*apennis* ; *Andegavenses*, 31, 32, 33 ; *Turonenses*, 27, 28 ; Marculfe, I, 33 ; I, 34.

est donc tenu d'écrire une lettre qui atteste sa prière; il intitule cette lettre *precatoria*. Il l'écrit, à la vérité, en mauvais vers; mais il est un point sur lequel il est obligé d'être précis, et il l'est:

> *Quando reposcetur, vestris redit usibus arvum,*
> *Et domino proprio restituemus agrum.*

Ces expressions sont les termes propres qui conviennent au précaire[1].

Aux environs de l'année 600, deux personnages qui semblent être de race franque, Bertramn et Gundoland, étaient propriétaires en commun de la villa Néogilum; ils la concédèrent à une femme nommée Dundana, en viager, et celle-ci leur fit un acte de précaire[2].

Le précaire n'était pas toujours l'opération toute simple par laquelle un propriétaire concédait la jouissance de son bien. Nous avons vu que dans la société romaine il intervenait comme accessoire à d'autres actes qu'il couvrait de quelque façon. Il en fut de même dans l'époque mérovingienne. Un passage de la *Lex Romana* du vi[e] siècle montre qu'il se produisait à la suite d'un emprunt. Trois formules qui nous sont parvenues nous montrent trois autres applications du précaire.

Dans l'une[3], nous voyons un homme qui a vendu sa terre à un autre et qui en a reçu le prix; il adresse alors une demande à l'acquéreur, et il reprend la terre, non par un contrat de louage, mais en vertu de la seule « volonté » du propriétaire nouveau. C'est bien ici le

---

[1] Fortunat, *Carmina*, VIII, 20, édit. Leo, p. 200.
[2] *Testamentum Bertramni*, I, p. 209-210: *Ego et vir illuster Gundolandus Dundanæ usufructu concessimus... sicut precatu jamdictæ matronæ convenit.* — Bertramn est ici simple particulier, non évêque.
[3] *Turonenses*, 6; Rozière, n° 552; Zeumer, p. 138.

précaire[1]. Mais ce qui complique l'acte, c'est qu'il n'obtient cette « faveur » qu'en donnant en retour un autre domaine, qu'il garde d'ailleurs en usufruit[2]. Les deux terres resteront donc dans sa main sa vie durant, mais elles sont dès maintenant la propriété d'un homme à qui elles reviendront toutes les deux à sa mort. C'est un acte que nous retrouverons lorsqu'il s'agira des précaires d'église; la vieille formule du recueil de Tours nous le montre pratiqué entre deux laïques[3].

Dans une autre formule, il s'agit d'un arrangement entre un père et ses fils. Ceux-ci, à la mort de leur mère, sont devenus propriétaires d'une terre qu'elle a reçue en dot de son mari; le père leur demande et obtient d'eux qu'ils la lui laissent à titre de précaire; il n'en aura que l'usage, sans aucune faculté d'aliéner, et enfin il la leur rendra « quand ils voudront[4] ». Nous

---

[1] Cela résulte des mots : *Postea mea fuit petitio et vestra decrevit voluntas.* Les deux mots *petitio* et *voluntas* marquent l'opposé d'un contrat. Le mot *postea* lui-même a quelque importance. Il est là pour bien constater qu'il y a eu quelque intervalle entre la vente et la reprise en précaire. Cela est conforme à la règle que trace le *Papianus*, XXXV. [Cf. p. 111.] S'il s'était agi d'une réserve d'usufruit, aucun intervalle n'était nécessaire (Code Justinien, VIII, 53, 28).

[2] *Et ego pro hujus meriti beneficii obligo vobis rem proprietatis meæ sitam in pago illo... ea ratione ut, quamdiu advixero, utrisque partibus sub vestro pretexto* (le manuscrit de Paris 2123, du IXe siècle, porte *beneficio*) *tenere et usurpare debeam... et post meum discessum vos heredesque vestri vel cui a vobis permissum fuerit in eorum faciant revocare potestatem.*

[3] Du moins il n'y a aucun terme, ni dans le préambule ni dans le corps de la formule qui puisse se rapporter à une église ou à un monastère. L'épithète *venerabili* qui est dans le préambule n'indique pas de toute nécessité un ecclésiastique; elle est quelquefois appliquée à des laïques, par exemple, dans cette formule, Rozière, n° 251 (*Lindenbrogianæ*, 13) : *Inter venerabilem virum illum et uxorem ipsius convenit.* Je crois que la formule est faite indifféremment pour toutes les catégories de propriétaires. Sur l'emploi du titre *venerabilis*, cf. encore *Andecavenses*, 4 [et l'index de Zeumer, p. 781].

[4] Marculfe, II, 9; Rozière, 337 : ... *Dum mea fuit petitio, ... mihi ad*

possédons enfin une formule dans laquelle le précaire n'intervient que pour dissimuler une donation de nue propriété[1] : un père, voulant faire un avantage à l'un de ses enfants, lui vend fictivement un de ses domaines, et, aussitôt après, le fils lui fait un acte par lequel il lui rend le même domaine en précaire, en spécifiant que cette concession lui est faite pour toute sa vie[2]. L'effet de cette double opération est qu'à la mort du père le fils reprendra ce domaine comme étant depuis longtemps sa propriété, sans que ses frères puissent le faire entrer dans le corps de la succession.

Enfin, nous trouvons, non pas à la vérité dans le royaume des Francs, mais dans celui des Wisigoths, deux formules où la concession en précaire n'est faite que sous condition d'un fermage. Un homme écrit dans sa lettre précaire : « Je m'engage à vous payer chaque année la dîme et les *exenia*, comme c'est la coutume de ceux qui cultivent votre terre[3]. » « Je m'engage, écrit un autre, à vous payer chaque année, *suivant l'ancienne coutume*, la dîme des récoltes en sec et en liquide, des animaux et des fruits[4]. » On dirait un con-

---

usum beneficii tenere et excolere absque ullo vestro prejudicio permisistis.... Quandocumque volueretis et vobis placuerit, absque ulla mea contrarietate aut repetitione... in vestra debeatis revocare-dominatione.

[1] Cette formule est, à la vérité, postérieure à l'époque que nous étudions ici. Elle figure dans le recueil de Rozière sous le n° 358. Elle appartient à un formulaire composé dans les dernières années du ix° siècle ou les premières du x° siècle (*Collectio Sangallensis*, 14, édit. Zeumer, p. 405).

[2] Rozière, p. 407 : *Complacuit mihi ut res quas a patre comparavi, diebus vitæ suæ per hanc precariam represtarem.* — Ici le mot *precaria* a un sens que nous observerons fréquemment à partir du viii° siècle : au lieu de désigner la lettre de prière de l'impétrant, il désigne une lettre du concédant ; il remplace le mot *prestaria*.

[3] Formules wisigothiques, 36 : *Decimas vero præstationes vel exenia, ut colonis est consuetudo, annua inlatione me promitto persolvere.*

[4] Ibidem, 37 : *Spondeo me annis singulis secundum priscam consuetu-*

trat de louage, sinon qu'il y a deux différences : l'une, que le preneur a le ton de la prière et de la supplique; l'autre, qu'aucun terme n'est marqué à la jouissance, ce qui fait qu'elle est révocable à volonté et que le preneur n'a aucune garantie.

Des divers renseignements que nous venons de tirer soit des lois, soit des formules, voici la conclusion que nous sommes en droit d'exprimer : Le précaire romain a continué d'être pratiqué après les invasions et dans tout l'Occident; il a été pratiqué par les laïques et sur les terres laïques; il a conservé les caractères essentiels qu'il avait eus dans la société romaine, c'est-à-dire qu'en principe il dérivait d'une prière et n'était qu'une faveur révocable; il se constituait ordinairement par une « lettre de prière », *precaria*, écrite par le concessionnaire et conservée par le concédant; cette lettre ne formait pas un contrat, mais était un titre pour le propriétaire contre le précariste, et elle pouvait contenir les promesses ou les engagements de celui-ci; enfin le précaire pouvait entrer dans la combinaison d'actes complexes; il pouvait s'associer au louage, à l'emprunt, à l'usufruit; il produisait, dans tous les cas, un même effet, qui était de mettre sur le sol un possesseur qui n'était pas le propriétaire, et qui, pour conserver sa possession, devait s'assujettir aux volontés de ce propriétaire.

dinem de fruges aridas et liquidas atque universa animalia vel pomaria seu in omni re....

CHAPITRE VI

Le précaire dans l'État mérovingien. — Le précaire sur terres d'église.

Nous n'avions qu'un petit nombre de documents au sujet du précaire sur les terres laïques; nous en possédons davantage relativement à la même pratique sur les terres d'église. Nous avons d'une part les décrets des conciles, d'autre part vingt-deux formules d'actes et une dizaine de diplômes[1].

On sait que l'Église possédait au vi{e} siècle des domaines considérables. On se rappelle aussi que ces domaines n'appartenaient pas en commun au corps de l'Église chrétienne; ils étaient propriété privée de chaque évêché, ou, comme on disait alors, de chaque église, et l'évêque en avait l'administration[2]. Le monastère avait aussi ses biens fonciers administrés par l'abbé.

Tous ces domaines étant cultivés par des paysans, ou serfs ou colons, l'église avait deux manières d'en tirer parti. Pour les uns, elle percevait elle-même les redevances et les fruits; c'était l'exploitation directe. Pour les autres, elle pouvait ou les louer par contrat de bail à des fermiers ou les concéder en précaire.

---

[1] Archives nationales, Tardif, n{os} 14 et 32; *Diplomata*, Pardessus, n{os} 429, 488, 489, 509, 547, 557, 558; et *additamenta*, n{os} 27, 42, 47.

[2] Concile d'Orléans, 511, c. 15 : *De his quæ parochiis (parochia* est dans le langage du temps le terme qui désigne le diocèse) *in terris, vineis, mancipiis fideles obtulerint, antiquorum canonum statuta serventur ut omnia in episcopi potestate consistant.*

L'usage de la location par contrat, qui a été conservé par les églises d'Italie, n'a pas été complètement abandonné par celles de Gaule; mais il est devenu plus rare. Ce qui a prévalu, c'est l'emploi du précaire. L'Église a usé du précaire sous quatre formes, que nous allons observer successivement.

1° PRÉCAIRE AU PROFIT DES CLERCS ET SERVITEURS D'UNE ÉGLISE.

La première opération, celle qui dut se présenter d'abord à l'esprit de l'évêque, fut de concéder quelques-uns de ces domaines aux ecclésiastiques qui lui étaient subordonnés[1]. Le concile d'Agde, tenu en 506, mentionne cette pratique et l'autorise[2]. Il est vrai qu'il ne parle d'elle qu'incidemment et dans une courte phrase; mais si nous analysons cette phrase, nous y reconnaissons le précaire. *Salvo jure ecclesiæ, in usum præstare* ne peut pas signifier autre chose. Le mot *præstare* est, à partir du v° siècle, le mot propre qui désigne la concession en précaire[3]. Les mots *in usum* marquent

---

[1] Une lettre du pape Gélase, de 494, se prononce contre les concessions de cette sorte et recommande plutôt la location des terres (voir *Decretum*, causa XII, quest. 2, § 23; *Corpus juris canonici*, édit. de 1687, p. 239); mais il n'est pas probable que l'interdiction ait été absolue, ni qu'elle ait prévalu en Gaule. D'ailleurs, huit ans plus tard, le pape Symmaque parle des mêmes concessions comme étant parfaitement licites (*Decretum*, causa XVI, quest. 1, § 64, ibidem, p. 269).

[2] Concile d'Agde, Sirmond, I, 163; Mansi, VIII, 325 : *Res ecclesiæ... clericis, salvo jure ecclesiæ, in usum præstari permittimus.* — Il est vrai que le concile réserve cette autorisation aux domaines les moins considérables, *minusculas res*.

[3] *Præstare* est synonyme de *commodare* dans une loi de 422; comparez la même loi au Code Théodosien, II, 31, 1, et au Code Justinien, IV, 26, 13; des deux textes, l'un porte *commodet*, l'autre *præstet*. — Voir aussi le passage que nous avons cité plus haut de Salvien, *Ad Ecclesiam*, I, 5, édit. Halm, p. 124; la chose concédée en précaire est appelée *res præstita* (ligne 26), et le concédant est désigné par les mots *qui præstitit* (ligne 34) [Cf. p. 97]. — Dans la Loi salique, titre LII, nous lisons : De

la mesure de la concession, laquelle ne va pas plus loin que le droit d'user. Enfin les mots *salvo jure ecclesiæ* expriment la condition essentielle du précaire, qui est de laisser intact le droit du propriétaire, et surtout d'empêcher la prescription. La suite des décrets du même concile montre que le clerc qui a obtenu une concession de cette sorte « tient la terre par la permission de l'évêque[1] », mais « ne peut ni la vendre, ni l'aliéner d'aucune façon[2] », « qu'il la possède sans jamais en être propriétaire[3] », et qu'enfin ce genre de possession ne donne jamais lieu à prescription[4]. Tous ces traits appartiennent au précaire, et n'appartiennent qu'à lui.

C'est la même pratique qui est mentionnée dans cet article du concile d'Orléans de 511 : « Si l'évêque, par pure bonté, a concédé des vignes ou des terres à des prêtres, pour les tenir temporairement, quand même cette concession se prolongerait un grand nombre d'années, les droits de son église sur ces biens ne doivent souffrir aucune atteinte, et la loi de la prescription ne peut pas lui être opposée[5]. » On notera dans ce passage

---

RE PRÆSTITA. *Si quis alteri aliquid præstiterit de rebus suis et (alter) ei noluerit reddere.... Res meas noluisti reddere quas tibi præstiteram.* — Même emploi du mot dans la Loi des Bavarois, I, 1, 1, et dans celle des Wisigoths, X, 1, 13 et 14. — Dans l'Édit de Rotharis, 227, il s'oppose à *vendere : Dicendo quod præstitisset, nam non vendidisset,* et il se dit d'une chose qu'on doit rendre à volonté ; la phrase suivante : *Ubi rogatus fuisset præstandi,* marque bien qu'il s'agit de précaire. — Cf. Liutprand, 137. — De là vient le mot *præstaria* dont nous parlerons plus loin, et de là vient aussi le sens de notre mot français « prêter ».

[1] Concile d'Agde, c. 22 : *Sicut permiserunt episcopi, teneant.*
[2] Ibidem : *Vendere autem aut donare non præsumant;* c. 49 : *Nihil commutare, vendere, donare audeant.* On retrouvera les mêmes expressions dans les lettres de précaire que nous verrons plus loin.
[3] Ibidem, c. 59 : *Possederunt... non in jus proprium.*
[4] Ibidem, c. 59.
[5] Concile d'Orléans, 511, c. 23, Sirmond, I, 182 : *Si episcopus, huma-*

que les mots « par pure bonté » ne sont pas mis là par hasard. Ils ont un sens. La « bonté » du concédant, quand elle ne serait même qu'une fiction, est le trait caractéristique auquel se reconnaît le précaire. En fait, la concession dont il s'agit rémunère un service; en théorie, il faut qu'elle soit une simple faveur [1].

La nature de cette concession est bien marquée dans un concile de 517. On suppose le cas où un ecclésiastique qui a servi d'abord une église, est promu à l'épiscopat dans une autre église. Il conservera, dans le premier diocèse, les biens qu'il a achetés, soit en propriété, soit en usufruit, par un acte régulier; mais « ce qu'il a acquis par pure faveur de l'église », « ce qu'il tient d'elle en simple don », il le rendra [2]. Le concile de Lyon de 567 parle encore de ces dons de terre qui ne confèrent qu'un droit d'usage [3]; il les appelle des

---

nitatis intuitu, vineolas vel terrulas clericis vel monachis præstiterit excolendas vel pro tempore tenendas, etiamsi longa transisse annorum spatia comprobantur, nullum præjudicium ecclesia patiatur, nec sæculari lege præscriptio quæ ecclesiæ aliquid impediat, opponatur.

[1] On remarquera aussi que ces précautions qu'on prend contre la prescription sont encore un trait qui caractérise le précaire. Il n'aurait pas été nécessaire de parler de cela s'il se fût agi du fermage ou de l'usufruit, parce que ni l'un ni l'autre ne conféraient la possession. Le précaire était le seul acte qui donnât la possession; aussi fallait-il marquer que cette possession ne donnerait pas lieu à la *præscriptio temporis*.

[2] Concile d'Epaone (Albon, en Dauphiné), année 517, c. 14, dans Sirmond, I, p. 196, ou dans les Œuvres d'Avitus, édit. Peiper, p. 169 : *Quisque clericus aliquid de munificentia ecclesiæ cui servierat adeptus et ad summum sacerdotium alterius civitatis fuerit ordinatus, quod dono accepit, reddat; quod usu vel proprietate secundum instrumenti seriem probabitur emisse, possideat.* — Les mots *munificentia ecclesiæ*, que nous retrouverons plus loin, sont comme le signe extérieur qui marque le précaire.

[3] Concile de Lyon, 567, c. 5, Sirmond, I, p. 327 : *Quascumque munificentias de rebus ecclesiæ clericis aut servientibus episcopus in usum dederit.* Cela s'oppose à ce qu'il donne en propre, *de propriis in proprietatem.*

faveurs, *munificentiæ*, terme qui exclut l'idée de contrat et est à la fois l'opposé du fermage et de la vente.

Ces concessions étaient gratuites : il n'y a pas d'indice que les détenteurs eussent à payer aucune redevance. Elles étaient temporaires. Sans nul doute l'église épiscopale reprenait la terre à la mort du concessionnaire[1]. Elle la reprenait si l'ecclésiastique quittait le diocèse[2]. On peut croire qu'elle la reprenait de même si l'ecclésiastique venait à cesser son ministère ou si l'évêque n'était pas satisfait de ses services. Rien n'empêchait le propriétaire de reprendre son bien. La concession était visiblement révocable à la volonté du concédant[3].

Ce précaire donnait lieu, le plus souvent, à une lettre. On l'appelait lettre de prière, *epistola precatoria* ou *precaria*. Elle était écrite par le concessionnaire et remise par lui à l'évêque, qui s'en servait comme d'une preuve de propriété et d'un titre contre la prescription[4].

Des concessions semblables pouvaient être faites à des laïques, serviteurs de l'église. C'est ce que marquent

---

[1] Concile d'Orléans de 511, c. 15; concile d'Orléans de 541, c. 18; concile d'Arles de 554, c. 6.

[2] Concile d'Epaone, c. 14.

[3] Le concile de Lyon de 567, c. 5, introduit un élément de fixité : il ne veut pas qu'un nouvel évêque retire les concessions faites par un prédécesseur. Mais en cela le concile vise plutôt à empêcher un excès d'arbitraire qu'à supprimer un droit.

[4] Il ne nous est parvenu aucune formule de cette catégorie de *precariæ*. L'usage en est attesté par un article du concile d'Epaone de 517, qui montre que la rédaction de la lettre n'était pas tout à fait indispensable : *Clerici quod, etiam sine precatoriis, de ecclesiæ remuneratione possident, in jus proprietarium præscriptione temporis non vocetur* (Sirmond, *Concilia*, I, p. 197; Peiper, *Aviti opera*, p. 170). Il est visible que les mots « même sans *precatoriæ* » indiquent que l'usage le plus fréquent était de faire écrire ces lettres. Le concile prend des précautions pour le cas où un évêque aurait négligé de les faire écrire. — Cf. concile

le concile d'Orléans de 541¹ et le concile de Lyon de 567². Le concile de Reims de 625 rappelle aussi que « tout homme » peut obtenir d'une église « par précaire » un bien qui ne devient pas pour cela sa propriété et sur lequel il ne peut même pas exercer la prescription³.

Tel est l'un des emplois que l'Église fit du précaire. Sous cette première forme, nous retrouvons exactement l'ancien précaire romain qui dérive d'une « prière », qui est accordé par « faveur »⁴, enfin qui est gratuit, révocable à volonté ou tout au plus viager⁵. Il s'est continué pendant tout le moyen âge.

Mais nous avons vu que chez les Romains le précaire était en beaucoup de cas un accessoire à d'autres actes non désintéressés. C'est ce que nous allons voir aussi dans la pratique de l'Église.

---

de Tolède de 638, c. 5 : *Si quis clericorum stipendium de rebus ecclesiæ episcopi largitate percepit, sub precariæ nomine debeat professionem facere.* — Quant à l'évêque concédant, il pouvait à son choix faire sa concession verbalement ou la faire par lettre. Concile d'Orléans de 541, c. 18 : *Si quis clericus aliquid de jure ecclesiastico, seu verbo seu per scripturam acceperit ad utendum.*

¹ Concile d'Orléans, 541, c. 34 : *Quisquis agellum ecclesiæ in diem vitæ suæ pro qualibet misericordia a sacerdote acceperit possidendum.* — Les mots *pro misericordia* et le mot *possidendum* caractérisent le précaire ; nous verrons plus loin qu'il y avait propension à rendre le précaire viager. Nous rappelons que *sacerdos* signifie un évêque.

² Concile de Lyon, 567, c. 5 : *Quascumque munificentias clericis AUT SERVIENTIBUS episcopus in usum dederit.*

³ Concile de Reims, Sirmond, I, p. 480 ; Mansi, X, p. 591 : *Quæ per precariam impetrantur ab ecclesia, ne diuturnitate temporis in jus proprium usurpentur.*

⁴ On notera que dans tous nos textes l'idée de faveur est exprimée par quelque mot : *humanitas* (concile de 511), *munificentia* (concile de 517), *misericordia* (concile de 541), *munificentias* (concile de 567), *per precariam impetrantur* (concile de 625), *largitas* (concile de 638).

⁵ Le précaire viager est mentionné dans le concile d'Orléans de 541. Nous ne trouvons pas ce précaire dans ce qui nous reste des jurisconsultes romains sur ce sujet ; mais nous savons par Ulpien que le précaire pouvait se constituer pour « un temps long ». Digeste, XLIII, 26, 8 [Cf. p. 77].

2° DU PRÉCAIRE SERVANT AU LOUAGE.

L'Église se servait du précaire comme d'une sorte de louage. Nous avons une formule de « lettre de prière » qui est ainsi conçue : « Au seigneur, homme vénérable, le chef de cette église, moi un tel. D'après ma demande, votre volonté a décidé de m'accorder, sous condition de simple usufruit, telle villa qui est à vous, située en tel lieu, avec tous ses revenus, appartenances et dépendances, de telle façon qu'il ne me soit permis ni de la vendre, ni de la donner, ni d'en rien distraire, mais que je puisse, sous le couvert de votre autorité, la tenir et occuper aussi longtemps que votre décision durera[1]. » Si nous nous arrêtions ici, nous reconnaîtrions le vrai et pur précaire romain. On commence par exprimer une « demande »; on fait entendre que l'acte n'a d'autre source que la « volonté » du concédant; on marque que la concession porte sur « l'usage » et non sur la propriété; le précariste se reconnaît subordonné, *sub vestro prætexto*[2], et il énonce formellement que sa concession ne durera qu'autant que durera la volonté du concédant. C'est donc bien ici le précaire des jurisconsultes du III° siècle. Mais la suite de la formule présente une innovation : « En conséquence je me suis engagé à vous payer une redevance annuelle de telle somme d'ar-

---

[1] *Formulæ Turonenses*, 7, Rozière, n° 319 : *Domino venerabile illo rectorem ecclesiæ illius ego ille. Ad meam petitionem vestra decrevit voluntas ut mihi villam vestram, sitam in pago illo, cum omni merito ad se pertinentem vel aspicientem, usufructuario ordine mihi conservare juberitis; ea ratione ut mihi non liceat alibi nec vendere nec donare nec in nullo modo distrahere, sed sub vestro pretexto, quatenus vestrum manserit decretum, hoc tenere et usurpare.*

[2] *Sub vestro pretexto*. Le manuscrit de Paris 2123, du IX° siècle, ajoute *beneficio*. Cf. *Turonenses*, 37 : *Sub pretexto ipsius basilicæ tenere.*

gent¹. » Après cette phrase, la lettre reprend : « A mon décès, la susdite villa, en son intégrité, avec toutes ses dépendances, avec tout ce que j'aurai élevé sur le sol, reviendra dans vos mains ou celles de vos agents, sans qu'il soit besoin d'en faire tradition et sans attendre aucune sentence de juge. Que nul de mes héritiers n'agisse à l'encontre de cette lettre de prière ; et que la présente lettre conserve à toujours son plein effet comme si elle était renouvelée tous les cinq ans². » Toute cette fin, qui aboutit à une stipulation³, est absolument romaine et n'est qu'un développement des vieilles formules de lettres précaires. La seule innovation de la formule actuelle consiste en ce qu'au milieu de la lettre s'est introduit l'énoncé d'une redevance annuelle. Encore faut-il remarquer la façon un peu singulière dont il est introduit. Le précariste ne dit pas : « Vous m'avez imposé un cens » ; il dit : « Je me suis imposé à moi-même un cens, *censivi me*. » Il semble que l'énoncé de la redevance se glisse timidement et qu'on craigne d'enlever à l'acte la forme d'une faveur⁴.

Le formulaire d'Anjou contient une formule qui, pour le fond des choses, ressemble à la précédente⁵.

---

¹ *Unde censivi me annis singulis ad festivitatem ipsius sancti partibus vestris reddere argentum tantum.*

² *Si aut ego ipse aut ullus de heredibus meis contra hanc precariam aliquam calumniam vel repetitionem generare præsumpserit, illud quod repetit non vindicet.... Et hæc precaria, quamvis per diversorum annorum curricula a me fuisset possessa* (le manuscrit de Paris 10756 écrit *fuisset res possessa*), *nullum præjudicium vobis non preparetur, sed ita firma res maneat quasi per quinquennium fuisset renovata.*

³ *Cum stipulatione subnixa* [Cf. p. 117, n. 3].

⁴ Dans des formules ultérieures, l'évêque ne craint plus de dire : *Censivimus te*, Rozière, n° 520 [Zeumer, p. 491].

⁵ *Andegavenses*, 7 ; Rozière, 322. Elle commence aussi par les mots *ad meam petitionem* ; l'expression *vestra voluntas* est remplacée par *pietas vestra* ; dans la langue du temps, *pietas* signifie bonté. [Cf. p. 115, n. 5].

Dans l'un des formulaires appelés Saliques[1], nous en trouvons une où les conditions du fermage sont devenues plus précises sans faire disparaitre les formes du précaire : « Au seigneur et vénérable père en Christ l'abbé de tel monastère, moi un tel, auteur de la présente supplique, je viens à vous[2]. D'après ma demande votre volonté s'est résolue à me concéder telle terre qui est vôtre, de telle sorte qu'en vertu de votre bienfait, tant que je vivrai, vous m'accordiez d'en user et de l'exploiter[3]. Je m'engage envers vous par cette lettre précaire à vous payer un cens annuel de tel nombre de deniers. S'il m'arrive d'être en retard pour le payement, je vous en ferai engagement en bonne forme et m'acquitterai, et je ne perdrai pas la terre de mon vivant[4]. Je n'aurai

---

On remarquera ensuite *fecistis beneficium de rem vestra*, expression que nous expliquerons plus loin. Les mots *quantum decretum vestrum manserit* n'y sont pas ; mais il n'est pas dit non plus que le précariste aura la terre *in diem vitæ suæ*. En réalité, aucun terme n'est fixé ; en tout cas, au décès du précariste la terre reviendra à l'église. Le prix est marqué par les mots : *Spondeo vobis annis singulis censo soledus tantus*. — L'emploi du mot *spondeo* donne à supposer que la formule est ancienne.

[1] *Formulæ Salicæ Merkelianæ*, 5 ; Zeumer, p. 242 ; Rozière, 321.

[2] Ibidem : *Domino et in Christo venerabili patri illo abbati ex monasterio illius... ego in Dei nomine ille precator ad vos accedo.* — Dans beaucoup de formules le concessionnaire se qualifie *precator* (n° 324, 329, § 2, 349 ; *Salicæ Merkelianæ*, 5, 35 ; 36) ; d'autres fois, *supplex vester* (n°* 326, *Sal.*, 33) ; ou bien il dit : *Supplicantes ad vos accedimus* (n° 329. *Sal.*, 34). Dans la *Charta Ibboleni* (*Diplomata*, n° 488), qui n'est pas authentique, mais qui a été composée sur le modèle des *precariæ* authentiques, je pense qu'il faut lire *precator ad vobis accedo*, et non pas *peccator*.

[3] *Juxta quod mea (fuit) petitio, et vestra et patrum vestrorum decrevit voluntas ut illa rem vestram in loco illo, tam terris, domibus, etc., per vestrum beneficium, dum adviaero, ad usufructuandum vel ad excolendum relaxare deberitis.* — Nous n'avons sans doute pas besoin de faire remarquer que, dans la langue de nos formules, le mot *deberitis* n'implique aucune idée d'obligation et n'a dans ces sortes de phrases que le rôle d'un verbe auxiliaire.

[4] *Et spondimus vobis in hanc precaria censo annis singulis, quod evenit festivitas illius, denarios tantos vobis vel partibus sancti illius dare studeam ; et si de ipso necglegens vel tardus apparuero, fidem*

d'ailleurs le droit ni de l'aliéner ni d'en amoindrir la valeur et pourrai seulement en user. A mon décès, vous la reprendrez dans vos mains avec toutes les améliorations et constructions que j'y aurai faites. La présente lettre précaire, sans avoir besoin d'être renouvelée tous les cinq ans, gardera son plein effet. » Tout est foncièrement latin dans cette lettre. Les formes du précaire restent soigneusement observées, et la plupart de ces phrases semblent appartenir au plus ancien précaire romain. Deux choses pourtant s'y sont intercalées, d'une part le chiffre de la redevance annuelle, d'autre part la promesse formelle que le concessionnaire ne sera pas évincé.

Voici encore une innovation. Après que le précariste a écrit sa lettre, il obtient que le concédant lui en écrive une à son tour. Pareil usage existait-il dans la société romaine? Nous n'en voyons pas d'indices clairs[1]. Il nous apparaît avec une grande netteté dans les documents d'âge mérovingien. On en vint donc à rédiger pour l'acte du précaire une double lettre. L'une était celle qui constatait la prière, *epistola precatoria* ou *precaria*; l'autre était celle qui constatait la concession, *epistola præstaria*[2]. Les deux lettres se correspondaient exactement, contenaient les mêmes conditions et le

vobis exinde faciam vel transsolvam, et ipsa rem dum advixero non perdam.

[1] Toutefois on pourrait comprendre en ce sens le passage de Gaius au Digeste, XLIII, 26, 9 : *Precaria possessio consisti (constitui) potest vel inter præsentes vel inter absentes, veluti per epistulam vel per nuntium.* Cette *epistola* dont il est parlé ici paraît être plutôt la lettre du concédant que celle du solliciteur. L'usage de lettres analogues est plusieurs fois signalé au Digeste. Ex. : XXXIX, 5, 32; XXXIX, 5, 35.

[2] Rozière, n°° 320, 323, 327, 328, § 2 [Zeumer, p. 490, n° 4; p. 263; Paris., 1 ; p. 160, *Add. ad Turonenses*, 3, p. 99; Marculfe, II, 40]. Quelquefois la lettre est appelée *commendatitia*, Rozière. n° 321. § 2; 329, § 2; 342, § 3; 349, § 2 [Zeumer, p. 243, n° 6; p. 255, n° 35; p. 236,

même chiffre de cens; les mêmes phrases s'y répétaient[1].

L'*epistola præstaria* indiquait d'ordinaire le terme de la concession; elle pouvait être de cinq, de dix, de quinze ans[2]; elle pouvait être de toute la vie du précariste. On a une *prestaire* de l'évêque de Paris qui concède une terre de huit arpents et un moulin pour la vie entière d'un mari, de sa femme et de leur premier héritier[3].

On reconnaît en tout cela qu'il y a un véritable louage de terre; mais toutes les formes du précaire entourent et encadrent ce louage. Par l'énoncé du prix, par la détermination du terme, par la double lettre, cet acte prend toute la régularité d'un contrat. On ne peut pourtant pas dire qu'il y ait là un contrat véritable; les deux parties ne traitent pas sur un pied d'égalité; nous n'affirmerions pas non plus que le concédant fût lié par sa *præstaria* ni que celle-ci fût valable devant des juges. Ce n'est pas ici précisément le louage par contrat, c'est plutôt une sorte de louage par précaire.

---

n° 22; p. 255, n° 57]. Dans les chartes du vɪɪɪᵉ siècle, les deux lettres sont également appelées *precariæ*. Cf. *Diplomata*, n° 557 : *Placuit ut duas precarias*, etc.

[1] *Has obligationes uno tenore conscriptas firmas permaneant* (Turonenses, 6; Rozière, 332). — *Unde inter nos convenit, ut duas epistolas... uno tenore conscriptas adfirmare deberimus* (Merkelianæ, 33; Rozière, 526). — *Convenit hanc epistolam prestaturia in vobis pariter conscribere* (Marculfe, II, 40; Rozière, 328, § 2). — Cf. *Charta Ibboleni*, *Diplomata*, II, p. 29) : *Hæ precariæ uno tenore*, etc.

[2] Rozière, n° 320 [Zeumer, p. 490]. L'usage d'indiquer un terme fixe s'était déjà introduit au temps de l'Empire; voir la loi de 470, Code Justinien, I, 2, 14 : *Tunc ejus temporis quod inter utrosque convenerit, sive in diem vitæ suæ ab eo qui desiderat postuletur, pacta cum eo qui hoc elegerit ineat œconomus (ecclesiæ) atque conscribat per quæ et tempus intra quod hoc præstari placuerit.*

[3] Zeumer, p. 265; Rozière, 523 [*Formulæ Parisienses*, 4].

5° LE PRÉCAIRE ASSOCIÉ A LA VENTE ET A LA DONATION.

Ailleurs, le précaire s'associait et s'ajoutait à la vente. Sur ce point l'Église ne fit que continuer des pratiques qui avaient été usitées dans toute la société romaine.

La loi romaine n'avait pas permis que la vente et le précaire fussent simultanés[1]. De même à l'époque mérovingienne les deux actes étaient distincts et successifs. Le vendeur commençait par écrire l'acte de vente : « Je certifie que je vous ai vendu, non par vente fictive, mais réellement et sans nulle contrainte, tel domaine qui m'appartenait par héritage de mes parents, et qui comprenait terres, maisons, esclaves et paysans libres; je l'ai transféré de mon droit en votre droit, de ma propriété en votre propriété, je vous en ai fait tradition et vous ai mis en possession. Pour quoi j'ai reçu de vous le prix convenu de tel nombre de sous d'or de titre et de poids; dès aujourd'hui la terre est à vous et vous pouvez en faire tout ce que vous voudrez[2]. » Puis, après quelque intervalle, le vendeur se présentait de nouveau devant l'abbé et lui remettait une lettre ainsi conçue : « Je suis venu vers vous, vous apportant une prière[3]. Vous ayant vendu cette terre, je vous ai *ensuite* adressé une supplique afin que vous me la concédiez pour en avoir l'usage autant que je vivrai; et vous avez fait cela; en conséquence je vous fais cette lettre précaire qui est signée de moi et de plusieurs hommes honorables, et je vous la remets, vous promettant de vous payer chaque

---
[1] *Papianus*, XXXV.
[2] *Bignonianæ*, 20; Zeumer, p. 235; Rozière, n° 342, § 1.
[3] *Bignonianæ*, 21; Rozière, 342, § 2 : *Precator accessi vobis....*

année tel nombre de deniers, le jour de la fête du saint[1]; si je tarde à vous payer ce prix au jour convenu, je me constituerai votre débiteur suivant la loi, et je tiendrai cette terre et en userai ma vie durant en vertu de votre concession; je ne pourrai d'ailleurs ni vendre, ni donner, ni détériorer, et je ne pourrai m'arroger la propriété de cette terre ni la comprendre dans ma succession[2]. »

Les formules ne nous disent pas quels motifs ont déterminé ce propriétaire à se transformer, pour quelque somme d'argent, en un fermier précariste[3]. Dans l'ancien droit romain l'emprunteur vendait sa terre au créancier et la reprenait en précaire. L'Église ne nous a pas laissé de formules qui retracent d'une manière précise la même opération; mais on pensera peut-être que beaucoup de ces ventes suivies de précaire étaient de sa part une sorte de prêt. Ses règles lui interdisaient l'usure; et l'opération dont nous parlons ne ressemblait à l'usure que par les résultats. D'autres faisaient donation de leurs biens à titre gratuit et les reprenaient en précaire.

On pourrait croire à première vue que cette sorte de donation était la même chose que le droit romain appelait la donation avec réserve d'usufruit. Ce serait une erreur. Les deux sortes d'actes se faisaient au VIIe siècle, et ils ne se ressemblaient pas. La donation avec réserve d'usufruit se faisait, conformément au principe accepté par le droit romain[4], par une lettre unique qui était

---

[1] *Sed postea taliter vobis supplicavimus, ut ipsam porcionem ad usu beneficio ad excolendum, quamdiu advivo, mihi prestare deberitis.*

[2] Prestaire correspondante, Rozière, 344 (*Turonenses*, 34).

[3] Voir *Diplomata, additamenta,* n° 34, t. II, p. 444, et Zeuss, *Trad. Wissemburgenses,* n° 226.

[4] Code Théodosien, VIII, 12.

conçue ainsi : « Je donne à perpétuité cette terre et la fais passer de mon droit au vôtre, de telle sorte toutefois que tant que je vivrai j'en aie l'usage et la possession[1]. » Ou bien encore : « Je fais donation de cette terre, en retenant l'usufruit, et de telle sorte qu'à ma mort le monastère en prenne possession[2]. » Le précaire était tout autre chose.

Le donateur commençait par faire un acte de donation, suivant une formule qui ne contenait ni mention d'usufruit ni réserve d'aucune sorte. Sa renonciation était complète[3]. Puis il se présentait de nouveau devant l'évêque ou l'abbé et demandait que la même terre lui fût concédée en jouissance. Il écrivait une lettre, dans laquelle il pouvait bien rappeler que c'était lui qui avait fait don de la terre, mais où il ne pouvait pas dire que ce don lui créât le moindre droit. Sa sollicitation avait les mêmes formes et la même humilité que s'il n'eût pas été donateur[4]. Il écrivait sa *precaria* ou lettre de prière en ces termes : « Il est constant que je vous ai fait cession entière de telle villa située en tel lieu. Mais, *ensuite*, je vous ai adressé une demande et votre bonté m'a accordé qu'il me soit permis de garder cette même villa de mon vivant et durant la vie de ma femme, pour

---

[1] Marculfe, II, 3 ; Rozière, 215 ; *Turonenses*, 37 ; Rozière, 214 ; *Salzburgenses*, 5 ; Rozière, 218 ; *Diplomata*, n° 585, 513 ; ibidem, t. II, p. 431, 439-440, 446 ; Grégoire de Tours, *Miracula Martini*, IV, 11, p. 288. — Cf. Marini, *Papiri diplomatici*, 1805, n° 84, année 491 ; n° 88, etc.

[2] *Miracula S. Benedicti*, III, 4, p. 133-135.

[3] Marculfe, II, 4 ; Rozière, 545, § 1.

[4] Ainsi la *præstaria*, Rozière, n° 520, est la même suivant que la terre a été donnée par un autre ou par le précariste [Zeumer, p. 490, n° 4]. Voir, par exemple, une charte d'Alsace où l'on voit que Wolfgunda a donné ses terres au monastère de Wissembourg : *Postea ibi super ipsa terra ad commanendum licentiam dedistis, propterea vobis tale epestola precaturia fieri rogaris* (*Diplomata*, t. II, p. 433).

en user et jouir des fruits[1]. En foi de quoi je vous remets cette lettre précaire pour bien établir que, si longue que puisse être notre possession, elle ne portera aucune atteinte à votre droit; nous n'aurons que l'usage; la terre avec les améliorations que nous y aurons faites, vous reviendra à notre décès, quand même la présente lettre de prière ne serait pas renouvelée tous les cinq ans[2]. »

Ainsi, même dans le cas où elle avait affaire au donateur, l'église se faisait écrire une lettre de prière, une *precatoria* ou *precaria*[3], par laquelle le donateur se mettait à sa discrétion. Elle devait s'en servir, au besoin, pour faire constater son droit. Nous avons, aux Archives nationales, deux actes de jugement où nous voyons qu'un procès a surgi entre une église et un laïque au sujet de domaines qui avaient été donnés, puis repris en précaire. L'affaire fut portée devant le tribunal du roi. L'évêque produisit la lettre précaire, et gagna son procès[4].

Souvent cette sorte de précaire était constituée pour la vie entière du donateur, et cela était dit dans l'acte. Ainsi le précaire, sans ressembler à la réserve d'usufruit, produisait les mêmes effets. On arrivait à l'usufruit par le précaire[5].

---

[1] Marculfe, II, 5; Rozière, 345, 2.

[2] Cf. *Senonicæ*, 15 et 32; Rozière, 340, 2; 339, 2; ibidem, 341 [Zeumer, p. 490, n° 3]. Dans cette dernière, il est fait mention d'un cens annuel : *Censistis me*. — Cf. *Lindenbrogianæ*, 4; Rozière, 346 : *Censistis nobis*. — *Lex Alamannorum*, II, 1 : *Si quis res suas ad ecclesiam dederit... et post hæc ad beneficium susceperit, quod spopondit persolvat censum de illa terra*. On voit qu'il arrivait souvent que cet usufruit fût payé par un cens comme l'eût été une location.

[3] Les manuscrits portent l'un et l'autre mot.

[4] Tardif, n°° 14 et 32.

[5] *Charta Adalgiseli*, dans la Patrologie, t. LXXXVII, col. 1347 : *Villa quam germana mea Ermegundis ecclesiæ Virdunensi dedit et ego sub usufructuario per precatoriam possedi*. — Il y a des exemples de dona-

Quelquefois la lettre portait que la concession s'étendrait aux fils, quelquefois même aux petits-fils du donateur[1]. Il pouvait encore arriver, mais les exemples que nous en avons ne sont que du IXe siècle, que la concession dût se continuer à perpétuité dans la famille du donateur, pourvu que ce fût en ligne directe. Un cens annuel était la condition ordinaire de cette jouissance[2].

Cette sorte d'acte où se combinent la donation et l'usufruit s'explique souvent par un sentiment de piété qui ne va pas cependant jusqu'à se dépouiller de son vivant : c'est une générosité qui n'est pas un abandon. La religion et peut-être aussi le besoin de sécurité et le désir de protection ont dû souvent porter les petits propriétaires à donner à l'Église des terres qu'ils recevaient ensuite d'elle sous condition de cens. Beaucoup de censives ont pu venir de là[3].

4° DU PRÉCAIRE CONCÉDÉ EN ÉCHANGE DE LA NUE PROPRIÉTÉ D'UNE TERRE.

Il existait encore une autre application du précaire. Nous avons affaire ici à un acte assez complexe, qui réunit les formes de la donation et du précaire, et

---

tion et de précaire par un même acte : *Traditiones Sangallenses*, n° 22 (année 758) : *Ego Richarius trado omnia ad monasterium.... Ego pro precario volo habere usque vita mea.* — Ibidem, n° 24 : *Ego Hetti trado ad monasterium quidquid.... In eam vero rationem ut per precariam de vobis hoc recipiam et annis singulis persolvam censum.*

[1] *Merkelianæ*, 36 ; Rozière, 349 ; *Diplomata*, n°[s] 513, 514.

[2] Rozière, n° 354 ; Zeumer, p. 352, n° 8.

[3] Cf. Irminon, IX, 264, p. 110 : *Donationem quam fecit Landa. Dedit mansum unum.... Solvit inde denarios quatuor.* Autre exemple, ibidem, IX, 265, p. 110. Ici la terre, ou du moins une terre équivalente (n° 266), est aux mains des héritiers du donateur. Cf. IX, 268, p. 110. Mais ce n'est pas à dire que cette opération soit d'une manière générale l'origine de la censive, comme le donne à entendre M. Buche, *Revue historique de droit*, 1884, t. I, p. 75.

qui au fond n'est qu'un marché. Il consiste en ce qu'un propriétaire obtient d'une église la jouissance d'une terre et lui abandonne en retour la nue propriété de la terre qui est à lui. Il tient alors les deux terres en précaire, et l'église est propriétaire de l'une et de l'autre. C'est une spéculation où chacune des deux parties gagne ou croit gagner quelque chose. Un propriétaire de 100 arpents jouira sa vie durant de 200 arpents; il double sa culture et son aisance; mais à son décès l'église aura doublé sa propriété.

Cette sorte d'opération se trouve déjà décrite dans une loi romaine de 470. Les empereurs, dans cette loi visiblement inspirée et dictée par l'Église elle-même, interdisent à ceux qui administrent ses biens de les vendre ou de les aliéner d'aucune façon. Ils les autorisent seulement à concéder des terres « à celui qui en sollicite la possession temporaire et l'usage en vertu de sa seule demande[1] ». Ces premiers mots désignent suffisamment le précaire. Et ils ajoutent : « Il sera fait un acte écrit qui indiquera ce que le concessionnaire donne en retour du bienfait que l'église lui accorde, et il sera bien entendu qu'à sa mort il laissera à l'église, non seulement la terre qu'il en a reçue, mais une autre terre de même étendue et de même valeur en pleine propriété, avec ses esclaves et ses colons[2]. » Cette loi n'a probablement pas été connue en Gaule; mais elle ne faisait que constater

---

[1] Code Justinien, I, 2, 14, loi des empereurs Léon et Anthémius : *Si œconomus ecclesiæ perspexerit expedire ut desideranti cuiquam certarum possessionum atque prædiorum ad jus ecclesiasticum pertinentium temporaria ususfructus possessio pro ipsius petitione præstetur.* — On remarquera combien tous ces termes sont caractéristiques du précaire.

[2] Ibidem, § 9 : *Manifestum sit quod quacumque acceperit (ecclesia) ad vicem hujus beneficii gratia.... Ita scilicet ut, sive completo spatio quod inter eos fuerit constitutum, seu mortis suæ tempore si hoc quoque*

et sanctionner une pratique déjà universelle dans l'Église. Aussi retrouvons-nous cette pratique, en Gaule, au vi⁰ et au vii⁰ siècle. Ce qui est curieux, ce n'est pas qu'un marché de cette sorte ait été fréquent, c'est qu'il se soit conclu sous la forme de précaire.

Voici l'une des formules qui étaient usitées pour cette sorte d'acte : « Au seigneur, homme apostolique, l'évêque un tel, moi un tel, et ma femme. D'après notre demande, votre bonté a eu pour agréable de nous permettre de jouir de cette terre notre vie durant. Et nous, en retour de cette jouissance et aussi pour le salut de notre âme, nous vous faisons donation, à vous et à vos successeurs, pour le temps qui suivra notre mort, de tel domaine situé en tel lieu[1]. Tant que nous vivrons, nous aurons la possession en usufruit de l'une et de l'autre terre, et après notre décès, sans nulle contestation de nos héritiers, vous et vos agents reprendrez en votre pouvoir les deux terres. Il ne sera pas nécessaire de renouveler, suivant l'usage, la lettre précaire; la présente lettre suffira et elle aura son plein effet pour toujours[2]. » Quelquefois un

convenerit, is qui possessionem ecclesiasticam susceperit, non minus quam alterius tantæ quantitatis quantæ acceperat reditus, cum ipso prædiorum dominio... colonis et mancipiis ecclesiæ relinquat. (Voir aussi Novelles, 7 et 120.)

[1] Rozière, 328 ; Marculfe, II, 39 : Quatenus ad nostram petitione vestra habuit pietas ut locello aliquo ecclesiæ vestræ nobis ad beneficium excolere permisistis, et nos pariter alio locello vobis visi fuimus condonasse.

[2] Ibidem : Post nostrum discessum præfata loca, absque ulla alia renovata precaria, vos in vestra faciatis revocare dominacione. — Autre formule, Rozière, 326 ; Merkelianæ, 33 : Ego ille supplex vester. Dum juxta quod mea fuit petitio et vestra decrevit voluntas, ut illam rem vestram in loco illo per vestrum beneficium dum advixero mihi ad excolendum vel usufructuandum relaxare deberitis... et ego pro ipso usu de ipsa re vestra dedi vobis alteram rem meam nuncupantem illam, sitam in pago illo quæ hereditate mihi obvenit; in ea rotione ut quamdiu advixero in utraque parte loca mihi liceat tenere et usufructuare. Et pro hac re precaria vobis emitto et censo spondo annis singulis tantum quantum inter nos convenit dare studeam, etc.

cens annuel était la condition de cette double tenure[1].

A cette lettre du précariste correspondait une lettre de concession écrite par l'évêque[2] : « D'après votre demande, nous vous avons permis de cultiver cette terre, et vous en retour vous avez donné à l'église tel domaine de votre propriété, pour le temps qui suivra votre mort. En conséquence nous vous écrivons cette lettre prestaire afin que vous conserviez votre vie durant les deux terres, sans préjudice des droits de l'église, et qu'après votre mort, suivant ce que contient votre lettre en forme de précaire, les deux terres reviennent à nous ou à nos successeurs. » Il est clair qu'en ce cas le concédant s'engageait d'une manière formelle à ne pas reprendre la terre avant le terme fixé[3].

On reconnaît combien cette opération s'éloigne du vrai *precarium* romain. C'est en réalité un pacte par lequel l'Église concède un usufruit pour avoir en retour une nue propriété. Pourtant cela continue à s'appeler un précaire[4], et l'acte se constitue, non par un contrat véritable, mais par une lettre de précaire qu'accompagne, il est vrai, une lettre de concession.

Il n'est pas douteux que le plus grand profit de cette convention ne fût pour celle des deux parties qui ne mourait pas. L'Église acquit ainsi beaucoup de biens fon-

---

[1] Rozière, 329; *Merkelianæ*, 35, 354, § 2 (*Salicæ Lindenbrogianæ*, 3; d'âge postérieur). Cf. la fin de la note 2 de la page précédente.

[2] Rozière, 327 (Zeumer, p. 160); ibidem, 329, 2 (*Salicæ Merkelianæ*, 35).

[3] Il écrit, par exemple : *Ideo convenit hanc epistolam vobis pariter conscribere ut, dum advixeritis, nec nos nec successores nostri ipsa locella de vestra potestate pontificium auferendi non habeamus* (Marculfe, II, 40).

[4] *Hartwig presbyter tradidit ad ipsum monasterium medietatem de ecclesia, et mansos serviles, et e contra recepit ecclesiam et mansos serviles sex... in ea ratione ut id ipsum quod tradidit diebus vitæ suæ habeat in precarium.* Appendice au Polyptique d'Irminon, p. 299.

ciers¹. On comprend qu'un hagiographe ait dit de l'église de Verdun qu'elle augmenta considérablement ses domaines « par l'usage du précaire² ». [L'auteur de la Vie de Didier de Cahors est tout aussi expressif lorsqu'il nous dit que le saint évêque acquit beaucoup de terres pour son église, « sans dépouiller personne, mais grâce à ses bienfaits et à ses achats ». C'est du précaire qu'il s'agit³. Le précaire a donc été, de l'aveu même des écrivains, une des causes principales de l'enrichissement croissant des églises. N'oublions pas que l'usage n'en cessera jamais sur les terres d'église.] Nous en avons vu les règles dans une loi de 470; nous les retrouverons dans un capitulaire de Charles le Chauve, dans des diplômes de la fin du IXᵉ siècle⁴.

Tels sont les divers emplois que l'Église a faits du précaire sur ses domaines. En premier lieu, elle a concédé des terres en précaire à des membres du clergé, à des serviteurs, à des laïques qu'elle voulait s'attacher; ce fut la continuation du pur précaire romain, c'est-à-dire du précaire gratuit et révocable à volonté. En second lieu, elle s'en est servie comme d'une sorte de louage de terre, et il a suffi d'introduire dans l'ancienne formule

---

¹ Ce genre de précaire est celui dont nous avons le plus de formules nᵒˢ 326, 327, 328, 329, 330.

² Patrologie latine, t. CXXXII, col. 514.

³ Ibidem, t. LXXXVII, col. 234 : *Non ulli tollendo, sed benefaciendo et coemendo.*

⁴ Baluze, II, 32. Dans un diplôme de 894, nous voyons un homme et une femme donner leur propriété et recevoir en précaire ce même domaine avec quelques autres terres d'église *jure usufructuario*, Bouquet, IX, p. 463-464. Cf. Polyptyque d'Irminon, XII, 1-3, p. 122-123 : Une femme nommée Ada a fait donation de deux manses formant cinquante bonniers, avec quelques serfs : *Pro qua donatione deprecata est* deux lots de terre situés dans le voisinage et comprenant quatre-vingts bonniers : *Solvit inde solidos tres.* Autres exemples, ibidem, XII, nᵒˢ 15, 18, 35, 59; Prolégomènes, p. 241, n. 1. Voir encore Regino, liv. I, c. 363, 365.

de lettre précaire une ligne indiquant le chiffre de la redevance annuelle. Puis l'Église s'est encore servie du précaire, ainsi qu'on faisait au temps des Romains, pour en faire l'accessoire d'une vente : ce que nous appellerions une acquisition de nue propriété s'est fait sous forme de précaire. Elle a fait de même pour la donation, et il est arrivé ainsi que l'ancienne donation romaine avec réserve d'usufruit a été remplacée peu à peu par une pleine donation suivie de précaire. En dernier lieu l'Église a combiné le précaire d'une terre à elle avec la donation de nue propriété d'une autre terre et a doublé ainsi son domaine.

Les applications du précaire se sont donc multipliées et diversifiées avec le temps. Mais il ne faut pas perdre de vue que c'est toujours le même précaire. Il a conservé toutes ses formes anciennes. Toujours nous y trouvons, quel que soit l'objet auquel on le fait servir, la « prière » ou la « demande » de l'une des deux parties, la pure « volonté » ou la « bonté » ou le « bienfait » de l'autre. La distinction reste toujours aussi nettement marquée entre la « propriété » qui reste entière au concédant, et la « possession », « l'usage », « l'usufruit », « l'exploitation[1] » qui est accordée au concessionnaire. Cette possession reste toujours temporaire ; elle n'est plus dans tous les cas révocable à volonté ; le terme en est déterminé. Elle dure le plus souvent autant que la vie du concessionnaire ; elle peut se prolonger durant deux et même trois générations ; mais elle aura toujours une fin, et le domaine ne peut manquer de rentrer dans les mains de son propriétaire[2]. Cette possession n'est pas seulement temporaire, elle est aussi

[1] *Excolere.*
[2] Même dans le cas d'ailleurs fort rare où la concession est dite perpétuelle ; ce n'est toujours qu'en ligne directe et sous conditions.

conditionnelle, et le plus souvent un cens annuel y est marqué. [Le précariste a pu améliorer la terre qui lui a été confiée, y faire des constructions nouvelles : il n'a droit à aucune indemnité.]

Le précaire n'a pu prendre un tel développement, devenir une pratique si fréquente, se mêler à tant d'actes divers, qu'en se consolidant et s'entourant de garanties plus sûres. Le vague de l'ancien *precarium* ne convenait plus aux nouveaux développements du précaire. L'usage de la double lettre s'est ainsi établi. Ce n'est pas que le précaire soit devenu un contrat. Le terme de contrat ne lui est jamais appliqué ; on continue à l'appeler une faveur. La double lettre elle-même n'a pas la forme exacte d'un contrat. Mais, avec les habitudes d'ordre de l'Église, il n'est pas étonnant que le précaire ait reçu d'elle des règles de plus en plus claires et précises. Avec elle, il prend les allures d'un quasi-contrat. Le concessionaire, qui est souvent un fermier, souvent un vendeur, souvent même un donateur, consent bien à faire l'acte de précaire suivant les formes humbles qui sont établies pour cet acte ; mais encore veut-il savoir exactement jusqu'où il s'engage ; il marque cette limite dans sa lettre, et l'Église elle-même, dans la lettre qu'elle lui donne en retour, prend quelques engagements envers lui. Le précaire devient ainsi, en beaucoup de cas, sinon un véritable contrat, du moins une convention très régulière et soumise à des règles précises[1].

Ces modifications que le temps, la pratique, l'esprit d'ordre ont introduites dans le précaire, ne devaient pas

---

[1] On l'appelle *pactum* (loi de 470), ou encore *placitum* (Formules). L'expression *inter nos convenit* se rencontre quelquefois. Mais les mots *convenit* et *conventio* étaient déjà dans Celse, Digeste, XLIII, 26, 12.

être négligées. Mais il reste digne d'attention que les formes essentielles de l'acte n'ont pas changé. C'est le même précaire romain. Il s'est continué après l'Empire dans toute l'époque mérovingienne, en se modifiant comme toute pratique peut se modifier avec le temps. Il a été appliqué sur les terres des laïques, et peut-être encore plus sur les terres de l'Église[1]. Il s'est étendu à toutes choses. La rémunération des serviteurs s'est faite par le précaire; le louage, l'usufruit, l'acquisition de nue propriété se sont faits par le précaire. Ainsi le précaire s'est associé aux actes les plus divers, et a pénétré de mille façons dans les habitudes des hommes. Or il

[1] L'origine romaine du précaire ecclésiastique est reconnue par Laboulaye, *Droit de propriété*, p. 296; Guérard, *Prolégomènes*, p. 567; Pépin Lehalleur, p. 176; Demante, *Revue historique du droit français*, 1860. — Mais, suivant Roth, *Feudalitæt*, p. 168, et M. Löning, *Geschichte des deutschen Kirchenrechts*, II, p. 710, la *precaria* ecclésiastique différerait essentiellement du *precarium* romain. Roth va jusqu'à dire que la précaire du IXe siècle n'a rien de commun avec le *precarium* romain. Son erreur vient de ce qu'il considère le *precarium* romain à l'état pur, tel que le définissent les jurisconsultes. S'il l'avait observé dans la pratique, s'il avait remarqué que déjà dans la société romaine le *precarium* s'associait au louage, à la vente, etc., et qu'il n'était gratuit qu'en apparence, la distance entre le précaire romain et la précaire du moyen âge lui aurait paru moins grande. Nous croyons, pour notre part, qu'elle ne diffère du *precarium* que par ses applications; non pas même par toutes ses applications, mais seulement par quelques-unes. Les différences entre l'un et l'autre sont de la nature de celles que le temps et la pratique peuvent introduire dans toute sorte d'actes; ce ne sont pas des différences d'essence. D'ailleurs la différence qui frappe entre le *precarium* du IIIe siècle et celui du VIIe, pourrait bien tenir en grande partie à ce que nous ne connaissons le premier que par les jurisconsultes, tandis que nous connaissons le second par les actes de la pratique. Si nous n'avions sur le précaire du VIIe siècle que ce qu'en disent les lois, nous n'aurions qu'une idée très incomplète de ce qu'il était. Et en retour, si nous possédions, du IIIe siècle, une trentaine de formules sur les actes divers où le précaire intervient, nous nous ferions peut-être une idée tout autre du *precarium* romain. Il est donc possible que l'extrême différence que nous croyons voir entre le précaire des deux époques tienne pour beaucoup à la différence de nos sources d'information. — J'ajoute que ceux qui mettent en parallèle la *precaria* ecclésiastique et le *precarium* romain, donnent

n'est pas bien certain que les modifications qui y ont été admises en aient beaucoup altéré l'esprit, c'est-à-dire aient changé les idées que les hommes y attachaient. Il est vraisemblable que le généreux donateur à qui l'on avait fait écrire une humble lettre de prière, se considérait comme un pur précariste et se croyait obligé à tous les devoirs et à toute la soumission que les termes de la lettre impliquaient. Le précaire, malgré ses modifications, a continué à produire les mêmes effets. Il a assujetti ou au moins subordonné le précariste au concédant. Il a surtout multiplié à l'infini les terres soumises à un domaine éminent, et les hommes sujets d'un propriétaire.

au mot *precaria* un sens qu'il n'avait pas. Au VII° siècle comme au III°, l'acte lui-même s'appelait *precarium*; *precaria* n'était qu'un adjectif se rapportant à la lettre de prière. Le *precarium* se constituait par une ou par deux lettres, lesquelles s'appelaient *precaria* et *præstaria*. La vraie différence entre le *precarium* et la *precaria* était celle qu'il y a entre un acte et l'instrument écrit de cet acte. Le sens de ce mot *precaria* est bien déterminé : 1° par les textes où nous lisons *epistola precaria*; 2° par ceux où le mot est écrit *precatoria*; 3° par les phrases où le précariste écrit : *Precarium vobis emitto* (Rozière, 326; *Merkelianæ*, 35), ou *emittimus* (Rozière, 345, § 2; Zeumer, p. 349, n° 3); 4° par nombre de formules où l'on voit que la *precaria* sera renouvelée; 5° de ce que dans des actes de jugement nous voyons que l'un des plaideurs produit et fait lire une *precaria* (Tardif, 14,32; *Diplomata*, n° 509). — Il est vrai qu'avec le temps le sens du mot *precaria* s'est altéré, et qu'on a confondu la lettre précaire avec l'objet même du précaire. Déjà le mot a deux sens dans la *Turonensis*, 7. On a dit, par un abus de mot, *tenere precariam* (Irminon, IX, 269, p. 110), *habere in precaria* (ibidem, XIV, § 3, p. 164, et XIX, 58, p. 205), ou encore *filius meus succedat in ipsam precariam* (Rozière, 349, § 1; *Merkelianæ*, 36), de même qu'on dit *habere in præstariam* (Saint-Remi, IX, 8). — Plus tard encore, nouvelle altération du sens et confusion des idées; on lit, dans des formules, que l'évêque déclare concéder une terre *per suam precariam*; il appelle *precaria* la lettre qu'il écrit lui-même, au lieu de l'appeler *præstaria*. On trouvera des exemples de cela dans Rozière, n°° 329, § 2; 330, § 2; 333, 334, 335, 347, 348, § 2; *Merkelianæ*, 35; *Sangallenses*, 15; *Augienses*, A, 18, 19, 20; B, 2, 3, 4, 5); mais on remarquera que ces formules ne sont que du IX° siècle et qu'elles ont été rédigées dans des provinces excentriques de l'État franc, surtout en Alémannie.

On devra toutefois remarquer qu'aucune des formules de précaire qui nous sont parvenues ne mentionne que le concessionnaire fût astreint à des services personnels, ni surtout à un service militaire.

CHAPITRE VII

Le bénéfice de l'époque mérovingienne.

1° DE QUELQUES OPINIONS ERRONÉES AU SUJET DU BÉNÉFICE.

Le *beneficium* est une des choses que l'on rencontre le plus fréquemment dans les textes du vi^e, du viie, du viiie siècle. Il désigne une institution ou une pratique de grand usage et de grande importance. Pour nous en faire une idée nette, il faut écarter certaines questions qui se présentent d'abord à l'esprit. On est porté à penser : 1° que les bénéfices étaient une catégorie de terres distinctes des alleux et sur lesquelles ne s'exerçait pas le plein droit de propriété ; 2° que ces bénéfices étaient réservés à la race conquérante, et particulièrement aux guerriers ; 3° que la possession de ce sol était soumise à la condition du service militaire. Ces trois affirmations ont régné longtemps dans l'histoire[1] ; il les faut examiner l'une après l'autre.

1° Qu'il ait été créé, à l'époque de l'établissement des Francs, une catégorie spéciale de terres, mises à part en vue de certains usages, c'est ce qu'on ne trouve dans aucun document. Un fait d'une telle gravité aurait

---

[1] On doit à Roth de les avoir le premier combattues.

laissé sans doute quelque souvenir chez les hommes du siècle suivant. Ni Grégoire de Tours, ni aucun chroniqueur n'en parle, même par voie d'allusion. Rien de pareil ni chez les Burgondes ni chez les Wisigoths[1].

Cette hypothèse est même en contradiction avec les textes qu'on a. Nous avons beaucoup de chartes ou de formules de chartes dans lesquelles nous voyons nettement le régime des terres. Toutes les terres sont susceptibles de vente, de donation, de succession héréditaire, de legs; nous ne trouvons jamais l'indication d'une classe particulière de terres qui ne puissent ni se vendre ni se léguer. Parmi tant de documents, on n'aperçoit jamais que le sol soit divisé en deux groupes : le groupe des alleux et le groupe des bénéfices.

L'alleu, d'ailleurs, n'est pas une terre; il est le droit d'hérédité sur la terre ou sur tout autre objet. Le mot n'a pas d'autre signification au vi^e, au viie siècle. Vous ne lisez jamais : « Les alleux; » mais vous lisez à tout moment : « Je possède par alleu cette terre, cet esclave, ce trésor. » Vous lisez : « Je possède cette terre par alleu paternel ou par alleu maternel », c'est-à-dire je l'ai d'héritage de mon père ou d'héritage de ma mère. La Loi Salique ne parle pas de terres-alleux, mais elle a un titre « Des successions », *De alodibus*.

Il en est de même du mot *beneficium*; il n'en est guère qui soit plus fréquent dans les textes. Jamais il ne se dit d'une terre. Vous ne verrez jamais, au vi^e et au viie siècle, qu'une terre « soit un bénéfice ». Ce qu'on voit, c'est qu'un homme « tient par bénéfice » une terre ou tout autre objet. *Habere beneficio, tenere per beneficium*, voilà les expressions toujours employées.

[1] [Cf. notre chapitre III.]

Loin que l'alleu et le bénéfice soient deux terres différentes, il est visible que l'alleu et le bénéfice peuvent s'exercer sur la même terre et en même temps. Abbon écrit dans son testament que « le domaine du Bourget lui appartient par alleu et qu'Austroald l'a en bénéfice[1] ». Semblables exemples sont innombrables dans les chartes. Toute terre appartient en alleu à un homme et peut se trouver en même temps dans les mains d'un autre homme par bénéfice.

C'est ainsi que, dans le droit romain, la terre appartient en propre à un *dominus* et peut se trouver en même temps dans les mains d'un *possessor*[2].

2° Le bénéfice n'était pas réservé aux guerriers. Nous le voyons aux mains des prêtres. Dans une charte de 713, Erlémund se déclare propriétaire d'un domaine « que le prêtre Berthaire tient de lui par bénéfice[3] ». Une autre charte de la même année nous montre l'évêque Béraire concédant un monastère à un abbé « en bénéfice[4] ». L'usage persiste au siècle suivant et les polyptyques nous montrent encore des prêtres qui tiennent « en bénéfice » une petite terre[5].

Le bénéfice se voit aussi aux mains des femmes. Dans une lettre qui est de la première moitié du vii° siècle, un évêque d'Auxerre écrit que son église pos-

---

[1] *Testamentum Abbonis*, dans les *Diplomata*, t. II, p. 371 : *Dono... quicquid in Bregis de alode parentum nostrorum quem Austrualdus in beneficio habet.* — De même dans beaucoup d'autres chartes, l'auteur de l'acte déclare faire donation ou legs d'une terre qu'un autre « a en bénéfice ».

[2] [Cf., ici, p. 66.]

[3] *Diplomata*, n° 484, t. II, p. 292 : *Quem Bertocarius sacerdos usque nunc per nostrum beneficium tenuit.*

[4] Ibidem, n° 489, p. 298.

[5] Polyptyque de Saint-Remi, p. 7 : *Herluinus presbyter tenet mansum in beneficio.* — Ibidem, p. 78 : *Presbyter ipsius ecclesiæ habet in beneficio mansum.*

sède plusieurs domaines dans le diocèse de Cahors, et il signale que l'un de ces domaines a été concédé « en bénéfice » à une femme nommée Chomatia[1]. Dans une charte de 676, Ansbert lègue une terre qui lui appartient en propre, et il stipule que sa sœur Sigolina la « tiendra en bénéfice[2] ». Dans une autre charte de 677, un certain Hunald et sa femme Déodata déclarent tenir une villa « en bénéfice » conjointement et jusqu'au décès du dernier survivant[3].

L'observation des textes donne lieu à une autre remarque. Le bénéfice ne porte pas toujours sur un grand domaine, comme serait celui qu'on donnerait à un chef de guerriers, à un fidèle, à un leude du roi. Le bénéfice peut s'appliquer aussi bien à une terre très petite, même à une simple tenure. Sur la terre d'un grand propriétaire, un manse peut être donné par ce propriétaire en bénéfice. Cette pratique est mentionnée dans le registre terrier de Saint-Germain des Prés[4]. Celui de Saint-Remi montre que de simples manses serviles pouvaient être tenus en bénéfice[5].

Aussi le bénéfice n'était-il pas réservé à des hommes de la haute classe. Nous voyons une terre tenue en béné-

---

[1] *Epistolæ ad Desiderium Caturcensem episcopum*, dans dom Bouquet, IV, 38.

[2] *Diplomata*, n° 457, t. II, p. 238 : *Germana mea sub usu et beneficio hoc debeat tenere.* — Nous expliquerons plus loin cette expression.

[3] *Ibidem*, n° 384 : *De villa Gaviriaco nobis beneficium fecistis....* [La charte n'est peut-être pas authentique.] Il y a aux Archives nationales, Tardif, n° 32, un autre exemple d'une femme qui possède *per beneficium*.

[4] *Polyptyque d'Irminon*, I, 39, p. 5 : *Ratgis habet in beneficio mansos ingenuiles tres.* I, 40 : *Habet Teodradus in beneficio mansos ingenuiles duo.*

[5] *Polyptyque de Saint-Remi*, p. 13 : *Mansum servilem tenet Erchanfridus in beneficium.* — *Ibidem*, p. 78 : *Habet in beneficio mansum servilem.*

fice par un forgeron[1], une autre par un cuisinier[2]. Sur les domaines royaux, les serviteurs qui avaient le soin des chevaux tenaient souvent en bénéfice[3]. Il est visible, dans le Polyptyque de Saint-Germain, que plusieurs hommes qui sont inscrits comme tenant un ou deux manses en bénéfice sont de petits paysans, des colons. Nous trouvons le bénéfice dans les mains de simples affranchis; or ces esclaves de la veille n'étaient ni des hommes libres ni des guerriers. Abbon lègue « des lots de colon que son affranchi Sigwald a en bénéfice », et « d'autres tenures de colon que son affranchi Baronta a également en bénéfice[4] ». Il n'était même pas impossible que le bénéfice fût concédé à un esclave; nous voyons un exemple de cela dans une charte de 728[5].

Quant à la distinction des races, elle n'est jamais signalée. Il n'y a pas une phrase, ni chez les écrivains, ni dans les chartes, qui laisse voir que le bénéfice fût propre aux hommes de race franque.

En réalité, toute personne pouvait tenir en bénéfice, homme ou femme, laïque ou prêtre, guerrier ou paysan, Franc ou Romain. Le privilège des guerriers ne s'aperçoit nulle part, et l'on remarquera même que, parmi tant d'hommes qui sont nommés comme tenant en bénéfice, la qualification de guerrier ne se rencontre pas une seule fois.

3° Beaucoup d'historiens modernes ont supposé que,

---

[1] *Polyptyque de Saint-Remi*, p. 13.
[2] *Ibidem*, p. 7.
[3] Capitulaire *De villis*, c. 50, Boretius, p. 88 : *Poledrarii qui liberi sunt et in ipso ministerio beneficia habuerint, de illorum vivant beneficiis.*
[4] *Testamentum Abbonis*, t. II, p. 372 et 373 : *Colonicas quem Sigualdus libertus noster in benefitio habet.... Colonicas quem Baronta libertus noster in beneficium habet.*
[5] *Diplomata*, t. II, p. 357.

le bénéfice étant une concession conditionnelle, la première condition était le service militaire. Il y a encore ici une illusion. Rien de pareil ne se lit dans les textes de l'époque mérovingienne. Les documents sur cette période sont nombreux. Ils sont surtout très riches en ce qui concerne le régime des terres. Sur un très grand nombre de textes qui visent la concession en bénéfice, nous ne trouvons pas une seule fois que l'obligation du service militaire y soit attachée. Plusieurs fois, au contraire, on trouve des conditions qui sont fort différentes et qui sont même incompatibles avec celles-là. On voit que des bénéficiers doivent un fermage annuel, soit en argent, soit en nature, ou qu'ils doivent même des corvées[1]. Ce sont là des services de paysans, non des services de guerriers.

Il faut donc écarter de notre esprit ces trois choses : 1° que les bénéfices fussent des terres d'une classe spéciale opposée aux alleux; 2° qu'ils fussent réservés aux Francs et aux guerriers; 3° que leur possession fût soumise à la condition du service militaire.

2° DU « BENEFICIUM » DANS L'ÉPOQUE MÉROVINGIENNE. — ANALYSE DES DOCUMENTS ET DÉFINITION DES TERMES.

C'est par l'analyse des documents que nous pourrons voir ce qu'était la pratique bénéficiaire dans la société mérovingienne.

---

[1] Ainsi Téodrad, qui tient deux manses et demi en bénéfice, doit un cens annuel de trois deniers d'argent et de quinze mesures de grains (Irminon, I, 40, p. 5). Nodelbert, qui tient un manse en bénéfice, en doit la même redevance que son voisin Teuthagius, c'est-à-dire vingt-quatre jours de corvée par an, plusieurs charrois, trois voitures de bois, et le labour de 400 perches (Saint-Remi, VI, 2 et 4, p. 7). Erchanfrid, qui tient un bénéfice, doit aussi les mêmes redevances que les colons ses voisins.

Nos documents sont les écrivains, les lois, les chartes.

Les écrivains ne fournissent rien sur l'objet qui nous occupe. Grégoire de Tours ne dit pas un mot du bénéfice. Il parle des dons des rois, mais nous avons vu qu'il s'agit de dons en propre, lesquels n'étaient sujets à confiscation que dans des cas déterminés. Quant aux concessions bénéficiaires, il ne les signale jamais. Le nom même du bénéfice, *beneficium*, n'est pas dans Grégoire de Tours. Vous ne le trouvez non plus ni chez Frédégaire ni chez les autres annalistes.

Les lois ne nous éclairent pas plus. Le bénéfice n'est mentionné ni dans la Loi Salique ni dans la Loi Ripuaire. Le mot n'y est pas, ni aucun mot germanique qui en ait le sens[1]. La Loi des Burgondes parle des dons faits par les rois; elle ne dit pas un mot des concessions en bénéfice. Les Codes des Bavarois, des Alamans, des Wisigoths et des Lombards ne contiennent chacun qu'une seule ligne sur le bénéfice.

Dans les chartes, au contraire, et surtout dans les formules de chartes, le bénéfice est très souvent mentionné et très clairement décrit. Ajoutons que ce n'est pas dans les chartes des rois qu'il le faut chercher; il n'y est mentionné que rarement et incidemment. C'est dans les actes privés que nous trouvons le bénéfice, et c'est par eux que nous le connaissons.

Le nom du bénéfice est latin, *beneficium*. Il faut même noter que les Germains, qui ont introduit plusieurs mots de leur langue dans la langue mérovingienne, n'en ont pas introduit un pour le bénéfice. Nous ne trouvons aucun mot germanique, à cette époque, qui

---

[1] [Cf. plus haut, p. 46.]
[2] C'est seulement dans un *Additamentum Legi Ripuariæ* de 803 que le bénéfice est mentionné (Sohm, p. 109).

corresponde à *beneficium*, aucun qui en soit la traduction ou qui ait quelque analogie de sens avec lui. On peut supposer qu'un pareil mot a existé ; mais il ne se trouve dans aucun de nos textes depuis le v° jusqu'au x° siècle. Il est visible dans les chartes que les Francs et les Gaulois également se servaient du mot *beneficium*.

Beneficium dans le latin classique signifiait un bienfait, une faveur. Si l'on presse le sens du mot à l'aide des nombreux exemples qu'on en a, on voit que les Romains entendaient par *beneficium* le bien qu'on fait sans y être forcé ni par la loi ni par un devoir quelconque. Le jurisconsulte Paul l'emploie comme synonyme de *nuda voluntas*, la pure volonté qu'aucun motif étranger ne détermine[1]. L'idée qui était contenue dans *beneficium* était l'absence d'obligation chez celui qui faisait le bienfait, l'absence de droit et même de mérite chez celui qui le recevait[2]. Dans les conventions entre les hommes, *beneficium* était l'opposé d'un contrat[3].

Ce terme passa du latin classique dans le latin que la Gaule continuait de parler sous les rois francs; et il garda son ancienne signification. On disait : *beneficia Dei*, les bienfaits de Dieu[4]; *beneficia regis*, les présents

---

[1] Paul, au Digeste, XIII, 6, 17, § 3 : *Quod principio beneficii ac nudæ voluntatis fuerat converti in....*

[2] C'est ainsi que Hirtius peut dire au sujet de personnages qui ont obtenu des grades par faveur plus que par mérite : *Ordines in exercitu beneficio non virtute consecuti sunt* (Hirtius, *De bello Africano*, 54). C'est ainsi encore que le biographe d'Alexandre Sévère dit : *Præsides, proconsules et legatos nunquam fecit ad beneficium sed ad judicium vel suum vel senatus* (Lampride, *Alexander*, 46). Dans le même sens, Cicéron, *Ad Atticum*, VIII, 1 : *Pompeius me movet, beneficio, non auctoritate*. [Cf. plus haut, p. 10.]

[3] C'est ainsi que Paul, dans le passage cité plus haut, oppose le *beneficium* et la *nuda voluntas* au *negotium*, aux *mutuæ præstationes*, aux *civiles actiones*, et encore, idem, Digeste, XLIII, 26, 14 : *Magis ad beneficii causam quam ad negotii contracti spectat.*

[4] Rozière, n° 146, Zeumer, p. 305, n° 26 : *Si de beneficiis a Deo*

du roi¹. Pareils exemples sont innombrables. Le mot n'a jamais cessé de contenir l'idée de bienfait, de faveur, de concession toute spontanée.

La première remarque que suggère la lecture des chartes est que le mot *beneficium* n'y désigne jamais une terre ni un objet quelconque. Vous ne trouvez jamais l'expression *habere beneficium, possidere beneficium*. Personne ne possède un bénéfice. Voici les diverses formes dans lesquelles le mot se trouve employé : *Fecistis mihi beneficium de terra vestra*, littéralement : « Vous m'avez fait bienfait de votre terre² ». *Aliquid ad beneficium accipere*, recevoir quelque chose à bienfait, à titre de bienfait³, ou *aliquid ad beneficium præstare*, concéder à titre de bienfait⁴. Un concessionnaire dira : « Vous me laissez cette terre par votre bienfait », *terram mihi per vestrum beneficium relaxatis*⁵, ou bien : « J'aurai cette terre par votre bienfait », *rem per vestrum beneficium habebo*⁶. Le concédant dira : « J'ai mis telle chose dans ta main à titre de bienfait », *aliquid ad*

---

nobis collatis locis Deo dicatis aliquid conferimus. — Le sens de bienfait est encore visible dans des expressions comme celles-ci : *Quociens inter ingenuis personis lex beneficium edocet...* (Arvernenses, 6 ; Rozière, n° 163) ; *si oportuna beneficia ad loca sanctorum vel sacerdotibus prestare non desinemus* (Rozière, 52 ; Zeumer, p. 111, n° 3) ; *hoc nostræ concessionis beneficium* (Diplomata, n° 340).

¹ *Vie d'Eusicius* (Bouquet, III, p. 429) : *Plura de his beneficiis quæ a rege impetraverat Eusicio donavit*, phrase où l'on voit que ces *beneficia* ne sont pas des concessions bénéficiaires, mais de pleines donations. De même encore dans le diplôme n° 586 : *Merito beneficia qui possident*, etc. De même, concile d'Orléans de 511, c. 7 : *Pro petendis beneficiis*, pour demander aux rois diverses faveurs.

² *Formulæ Andegavenses*, 7 ; Rozière, 322 : *Fecistis mihi beneficium de rem vestra hoc est locello in pago illo....*

³ *Turonenses*, 44 ; Rozière, 378.

⁴ Marculfe, II, 25 ; Rozière, 368.

⁵ *Formulæ Salicæ Merkelianæ*, 5 ; Rozière, 321, § 1.

⁶ *Merkelianæ*, 22 ; Rozière, 336. — On trouve aussi assez fréquemment l'expression *sub usu beneficii vestri*, Turonenses, 1, etc. (Rozière,

*beneficium in manu tua tibi præstiti*¹, ou bien encore : « Nous t'accordons cette terre par notre bienfait », *hanc rem per nostrum beneficium tibi concedimus*². Si l'on ne trouve jamais *possidere beneficium*, on trouve *aliquid possidere per beneficium alicujus*³, ce qui ne peut signifier autre chose que posséder par bienfait de quelqu'un. Cette signification ressort d'exemples nombreux. Lonégisile écrit : « Vous m'avez permis de tenir cette terre par votre bienfait », *per vestrum beneficium tenere permisistis*⁴. Hadoind lègue sa villa Martiniacus qu'un certain Lupus « a tenue par son bienfait », *per meum beneficium tenuit*⁵. Hunald dit à des moines : « Vous m'avez fait bienfait de la villa Gaviriacus », *de villa Gaviriaco nobis beneficium fecistis*⁶. Un autre dit : « Nous faisons donation de notre villa Lucaniacus qu'Erpoald a tenue par notre bienfait », *per nostrum beneficium habuit*⁷. Un testateur lègue une terre qu'Austroald a en bienfait, *in beneficio habet*⁸. Il est

---

212); *Traditiones Laureshamenses*, n° 14, t. I, p. 52; et aussi *sub usu beneficio*.

¹ *Senonicæ*, 24; Rozière, 380.

² *Merkelianæ*, 6; Rozière, 321, § 2.

³ Archives nationales, K, 3, 6; Tardif, n° 32 : *Per beneficium ipsius abbatis hoc possidebat*.

⁴ *Diplomata*, n° 238.

⁵ *Ibidem*, n° 300.

⁶ *Ibidem*, n° 384.

⁷ *Ibidem*, n° 438. De même n° 484, charte de 713 : *Villa Proliaco quem Bertocarius sacerdos usque nunc per nostrum beneficium tenuit*. — De même dans les *Traditiones Wissemburgenses*, n°ˢ 195, 257, 267 : *Quod tenetur per nostrum beneficium*. — On dit aussi : *In meo beneficio*; charte de 794 dans Lacomblet, n° 4 : *Agrum quem Hildigerus in meo beneficio habuit*.

⁸ *Diplomata*, n° 559, t. II, p. 371 : *Quem Austrualdus in beneficio habet*; p. 372 : *Quem Sigualdus in beneficio habet*; p. 374 : *Quem Marabertus in beneficio habet*; p. 377 : *In Matanalis quem de alode parentum meorum habeo quem Beroleos in beneficio habuit*. — Voir encore la charte de Chrodegang, de 745, n° 586 : *Donamus... quod Teudonius per bene-*

visible que le *beneficium* n'est pas l'objet qu'on possède; c'est le bienfait par lequel on possède une chose. Le *beneficium* est toujours le bienfait de quelqu'un[1]. Le mot désigne, non des terres concédées, mais un certain mode de concession[2]. Quand les historiens modernes disent « les bénéfices », ils s'expriment autrement que les textes, car ceux-ci n'emploient jamais le mot au pluriel; pour se rapprocher des textes, on doit dire « le bénéfice », ou « le bienfait », ou « la concession bénéficiaire[3] ».

On ne sera d'ailleurs pas surpris, pour peu qu'on ait observé les habitudes du langage humain, que le même terme qui signifiait bienfait ait bien vite été employé pour désigner la terre, objet du bienfait. Mais on doit observer que les exemples de cette application du mot sont rares au VIIe siècle et ne deviennent fréquents qu'au VIII[e][4]. Les érudits modernes ont traduit *beneficium* par bénéfice en donnant à ce mot une signification spéciale. Les hommes du moyen âge le traduisaient en leur langue par bienfait[5].

ficium S. Stephani tenuit. Donamus etiam quod Candidianus cancellarius per beneficium tenuit.

[1] On peut noter que dans les formules et les chartes d'âge mérovingien le mot *beneficium* n'est jamais employé comme régime direct; il n'est pas non plus employé au pluriel; un homme peut avoir plusieurs *villæ per beneficium*, il n'a pas plusieurs *beneficia*.

[2] L'expression *per vestrum beneficium* est quelquefois remplacée par *per vestram beneficentiam*, *Traditiones Fuldenses*, n°° 33 et 63.

[3] L'emploi du mot est le même dans les diplômes du pays des Alamans. On dit: *Per beneficium tenere, per beneficium concedere ou relaxare.* Voir *Traditiones Frisingenses*, n°° 63, 121, 251, 269, 281, 313, 323, 412; *Salzburger Formelbuch*, n° 3; *Traditiones Lunælacenses*, n°° 71, 110 *b*, 133. — *Traditiones Passavenses*, n° 28 (Pertz, III, 376).

[4] Exemple, Pardessus, t. II, p. 417: *Beneficia quæ in beneficio habeamus.*

[5] Acte de 1262 (cité par Godefroi, v° *Bienfait*): « Ce que le devant dit tenait pour son bienfet. » — Coutume de Bretagne, art. 241, édit. de 1745, t. II, p. 34 : « Si les terres étaient chargées de douaire, ou en bienfaict, elles devraient être baillées à mi-prix »; sur quoi le commentaire

Quelle est la nature de ce « bienfait »? Quelle portée a-t-il? Pourquoi met-on tant de soin à le signaler dans les actes et quelle idée les hommes y attachaient-ils? Pour nous rendre compte de cela, il faut observer quelle place il occupe dans les différentes natures d'actes

1° Si l'on commence par les actes de donation, on remarque avec quelque surprise que le mot *beneficium* ne s'y trouve pas. On sait que la donation, dans l'État franc comme dans l'Empire romain, conférait la propriété pleine et perpétuelle[1]. Il semble que ce serait là surtout qu'on devrait rencontrer le *beneficium*; car s'il y a vrai bienfait et pleine générosité, c'est bien quand on donne pour toujours, et quand on donne sans retenir. Nous possédons vingt-trois formules de donation à des églises[2], dix-neuf de donations à des laïques[3], neuf de donations royales[4]. Dans aucune d'elles le mot *beneficium* n'est employé[5]. Cette phrase, « Je vous fais bienfait de ma terre », que nous rencontrerons ailleurs, ce n'est jamais un donateur qui la dit. Nous avons la formule par laquelle un grand donne une terre à son

---

de d'Argentré ajoute : « Bienfait était (ici) le viage ou l'usufruit donné par l'aîné au juveigneur; mais cela se doit entendre régulièrement de tout usufruit. » — Voir Coutumier général, II, 80 ; II, 729.

[1] [Cf. p. 31 et s.].

[2] Rozière, nos 194, 195, 196, 197, 198, 199, 200, 201, 202, 203, 204, 205, 207, 208, 212, 213, 214, 215, 217. [Pour les correspondances, voir l'édit. Zeumer, p. XI.]

[3] Idem, nos 159, 160, 161, 162, 163, 169, 170, 171, 172, 173, 174, 216, 245, 246, 248, 249, 251, 252, 253, 258. — Ajoutez les *libelli dotis*, nos 219 à 240.

[4] Idem, nos 142 à 152.

[5] Nous ne parlons pas d'un ou deux exemples où il se trouve employé dans une phrase vague de début, par exemple au n° 163 (*Arvernenses*, 6) [cf. p. 50, n. 3], ou encore de quelques formules générales, telles que : *Si oportuna beneficia ad loca sanctorum presta... on desinimus* (Rozière, 32, etc.); mais il n'est jamais employé dans les phrases constatant la donation.

gasindus[1]; nous avons celle par laquelle il donne une terre à son *fidelis*[2]; dans toutes les deux il s'agit de donation en propre et à perpétuité[3]; dans aucune des deux le mot *beneficium* n'est écrit. Nous possédons la formule usitée par les rois quand ils donnent une terre à leurs serviteurs et à leurs fidèles[4]; il s'agit d'une donation en propriété perpétuelle[5], et nous n'y lisons pas le mot *beneficium*. Il nous reste un assez bon nombre de diplômes royaux conférant une donation perpétuelle; le mot *beneficium* n'y est pas écrit[6].

Voilà donc un premier point acquis. Les rois et les particuliers n'ont jamais cessé de faire des donations en propre et à perpétuité[7]; mais ce n'est pas à ces dona-

---

[1] Rozière, n° 161; Marculfe, II, 36.

[2] Rozière, n° 160; de même, n° 163 (*Turonenses*, 4; *Arvernenses*, 6).

[3] *Ita ut quicquid exinde facere volueris, jure proprietario liberam habeas potestatem* (n° 160). *Jure proprietario... tu aut hæredes tui debeatis possidere* (n° 161). *Cedimus tibi in perpetuum, hoc est de nostro jure in tua tradimus dominatione* (n° 163).

[4] Marculfe, I, 14; Rozière, n° 147.

[5] Idem : *Perpetualiter... jure proprietario tenent atque possedeat et suis posteris aut cui voluerit ad possedendum relinquat.*

[6] Les termes employés sont *donum* ou *munus*. On n'est pas sans rencontrer quelquefois dans un acte le mot *beneficium*, mais il est employé dans un sens général et vague. Ex. : *De nostre largitatis beneficio* (*Diplomata*, n° 280, diplôme d'ailleurs regardé comme faux); *hoc nostre concessionis beneficium firmum esse volumus* (n° 340, diplôme que l'on n'a que par une copie du xiiie siècle); *maximum nobis permanere præmium ad æternæ retributionis beatitudinem confidimus si ad loca sanctorum opportuna beneficia concedimus* (diplôme de Childebert Ier, n° 162; K. Pertz, n° 3); *pro adipiscenda vita æterna, hunc beneficium ad locum sanctum visi fuimus prestitisse* (diplôme de Clovis II, n° 322; Tardif, n° 11); ce qui est appelé ici *beneficium* n'est pas une donation; le diplôme est simplement une confirmation des privilèges et des biens de l'abbaye de Saint-Denis. — Le mot *beneficia* a aussi le sens vague de faveur dans cette phrase : *Merito beneficia quæ possident amittere videntur qui largitoribus ipsorum beneficiorum ingrati exsistunt* (diplôme de Thierry III, n° 386; K. Pertz, n° 46). [Cf. plus haut, p. 53.] — Ce n'est jamais dans les phrases constitutives de la donation que se trouve le mot *beneficium*.

[7] [Cf. ch. iii].

tions que s'appliquait le terme de « bienfait »; il faut le chercher dans d'autres actes.

2° Prenons parmi les recueils de formules celui qui est regardé comme le plus ancien, celui des formules d'Anjou. Il a été composé, comme recueil, au vi° siècle; mais chacune des formules qui y ont été insérées était vraisemblablement plus ancienne. Nous y voyons six formules dans lesquelles l'acte est qualifié *beneficium*. Sur les six, cinq sont relatives à un prêt d'argent[1]. Un emprunteur écrit : « Je certifie par le présent écrit[2] que j'ai reçu de vous à titre de bienfait en argent tel nombre de sous. Et je vous remets en gage, pour ce bienfait, ma vigne qui est située en tel lieu; vous en cueillerez les fruits aussi longtemps que j'aurai votre argent; quand tel nombre d'années sera révolu, je vous rendrai ce que je vous dois et je reprendrai le présent billet[3]. » Un autre, qui « a reçu à titre de bienfait tel nombre d'onces d'argent », s'engage à servir le créancier tant de jours par semaine jusqu'au remboursement[4]. Ailleurs un créancier charge un mandataire de

---

[1] *Formulæ Andegavenses*, édit. Zeumer, n°s 18, 22, 38, 43, 60; Rozière, n°s 381, 375, 371, 395, 369.

[2] Ibidem, 22; Rozière, 375 : *Per anc caucione*. On appelait *cautio*, en droit romain, la lettre qu'un emprunteur remettait au créancier; voir Paul, *Sentences*, II, 51, 32; III, 6, 59; V, 25, 5; Code Théodosien, I, 27, 1; on trouvera une formule de *cautio* au Digeste, XII, 1, 40.

[3] Ibidem, 22 : *Constat me accepisse per anc caucione* AD PRESTETUM BENEFICIUM... *in argento soledus tantos. Et in pignore tibi condicionis demitto tibi* PRO IPSO BENEFICIUM *inter annus tantus vinia medio jucto... in villa illa... ut interim res vestras micum abuero, illa blada quem ibidem Deus dederit in tua revoces potestatem. Et si ipsi annis tantus compliti fuerunt, rem vestram redere debiam et caucionem meam recipere facias....* — De même, le n° 60 (Rozière, 369) : *Accipi ad prestetum beneficium argento uncias tantas*; ici le débiteur s'engage, au cas où il ne rembourserait pas au jour dit, à payer le double.

[4] Ibidem, 58; Rozière, 371.

poursuivre en justice un débiteur « à qui il a fait bienfait de tant d'onces d'argent[1] ».

Une formule, bien ancienne aussi, du Recueil de Tours, contient les mêmes expressions : « Sur ma demande, votre bonté a consenti à me faire bienfait, pour tel nombre d'années, de telles choses qui sont à vous ; et moi, en retour de ce bienfait, je vous engage telle terre qui m'appartient pour que vous jouissiez des récoltes jusqu'au jour où je vous aurai remboursé ; et si je ne vous paye pas au jour convenu, je devrai vous payer le double[2]. » Le créancier, de son côté, dit : « Tu as reçu mon argent à bienfait et tu m'as remboursé, je t'en fais quittance[3]. »

Il en est encore de même dans le Recueil de Marculfe écrit au VIIe siècle. Voici la lettre de l'emprunteur : « D'après ma demande, votre bonté venant au secours de mes besoins, vous m'avez concédé à bienfait une livre d'argent ; je m'engage par le présent écrit à vous rembourser aux calendes de tel mois ; autrement, j'aurai à vous payer le double[4]. » Enfin le Recueil de Sens contient une formule analogue ; un créancier donne

---

[1] *Andegavenses*, 48 ; Rozière, 395 : *Beneficium ei feci argento uncias tantas.* — De même, n° 18 ; Rozière, 381 : *Ei beneficium fecit argento uncias tantas.*

[2] Ibidem, 13 ; Rozière, 376 : *Ad meam petitionem vestra decrevit voluntas ut mihi beneficium de rebus vestris illis inter annos tantos facere deberitis. Et ego pro hujus meriti beneficii obpignoro vobis locello....*

[3] *Turonenses*, 44 ; Rozière, 378 : *Solidos nostros numero tantum ad beneficium accepisti... (et reddidisti)..., ideo hanc epistolam evacuaturiam fecimus.*

[4] Marculfe, II, 25 ; Rozière, 368 : *Dum ad meas petitiones, necessitate supplendo vestra bonitas habuit ut libere de argento de rebus vestris nobis ad beneficium præstetistis, ideo per hunc vinculum cautionis spondio me kalendas illas ipso argento vestris partibus esse redditurum. Quod si non fecero, et dies placitus transierit, pro duplum me aut heredis meos teneatis obnoxium.*

quittance à son débiteur « de tel nombre de pièces d'or qu'il a mises dans sa main à titre de bienfait », et que le débiteur a remboursées [1].

Ainsi le *beneficium* s'applique au prêt d'argent. Prêter ou « faire bienfait » c'est tout un [2]. La Loi Salique ne parle pas de ce que les modernes appellent les bénéfices ; mais elle a un article sur le prêt ; il a pour rubrique, dans presque tous les manuscrits, *De re præstita* [3] ; mais un manuscrit remplace ces mots par *beneficium alterius* [4] ; « chose prêtée », « bienfait d'un autre », étaient donc deux expressions synonymes. Les évêques du troisième concile d'Orléans, dans leur langue toute latine, écrivaient *præstita beneficia* pour signifier des sommes prêtées [5].

3° Cette sorte de *beneficium* pouvait avoir aussi la terre pour objet. Voici la septième formule du Recueil d'Anjou : « Au seigneur et homme vénérable l'abbé un tel, ainsi qu'à la congrégation de tel saint, moi un tel. Sur ma demande et par l'effet de votre bonté,

---

[1] *Senonicæ*, 24 ; Rozière, 380. — Cf. ibidem, 3 ; Rozière, 372.

[2] Tous les prêts étaient-ils des « bienfaits », je ne saurais le dire. Je remarque que dans nos formules les intérêts ne sont pas marqués ; ils existent, mais par un détour, puisque le créancier perçoit, en attendant, les récoltes de la terre engagée, ou les journées de service du débiteur ; mais l'intérêt, l'*usura*, n'est pas écrit dans l'acte. Le troisième concile d'Orléans, c. 9, autorise les *præstita beneficia*, c'est-à-dire les prêts, pourvu qu'on n'y ajoute pas les *usuræ*, c'est-à-dire les intérêts. Il est possible que ce soit cette sorte de prêt sans intérêts, ou avec intérêts dissimulés, qui se serait appelée spécialement « bienfait ».

[3] *Lex Salica*, LII ; c'est l'article qui commence ainsi : *Si quis alteri aliquid præstiterit de rebus suis, et (alter) ei noluerit reddere.*

[4] C'est le manuscrit de Varsovie, Hubé ; la rubrique est : *Si quis beneficium alterius reddere noluerit*. La suite de l'article montre bien qu'il ne s'agit pas de ce qu'on a appelé plus tard une terre bénéficiale.

[5] Troisième concile d'Orléans de 538, c. 27 ; Sirmond, p. 255 : *Ut clericus pecuniam non commodet ad usuras, nec de præstitis beneficiis quidquam amplius quam datur speret.* Cf. note 2.

vous m'avez fait bienfait d'une terre qui est vôtre, *fecistis mihi beneficium de re vestra*, qui comprend maison, champs, prairies, colons, esclaves, pour que je la tienne et possède sans préjudice de vos droits et de ceux du saint; je m'engage à vous payer chaque année un fermage de tel nombre de pièces d'or, et à mon décès cette terre reviendra dans vos mains avec toutes les améliorations que j'y aurai faites[1]. » On voit qu'il s'agit encore ici d'une sorte de prêt, mais d'un prêt de terre. Cela ressemble fort à la location, puisqu'il y a un fermage annuel. Ce n'est pas tout à fait la location romaine, parce que le bail n'est pas fait pour un nombre déterminé d'années. Le terme indiqué est la durée de la vie du preneur. C'est une sorte de louage viager, et cela s'appelle un « bienfait[2] ».

Je retrouve cette même signification du mot *beneficium* dans la Loi des Wisigoths. Au titre où elle s'occupe du louage des terres, nous lisons : « Celui à qui des terres auront été données sous convention de fermage, devra payer chaque année le fermage au propriétaire; le décès même de celui-ci ne rompt pas la

---

[1] *Andegavenses*, 7; Rozière, 528 : *Domino venerabile et in Christo patri illo abbate vel omnis congregccio nostra et domni illius, ego illi. Quia ad peticionem meam habuit pietas vestra, fecistis mihi beneficium de rem vestra et domni illius (id est sancti) hoc est locello... tam casis, campis, terris, mancipiis, accolabus, pratis, pascuis... [absque] vestrum prejudicium et domni illius tenere et possedire [debeam], et spondio vobis annis singulis cinso soledus tantus, et post meum discessum jure vestro cum rem meliorata revertatur.*

[2] Cette formule n'est pas sans analogie avec la septième *Turonensis* [cf. plus haut, p. 134]; mais celle-ci est une *precaria*, tandis que notre formule angevine n'a pas les marques de précaire. Dans un acte de 719, un comte reçoit d'un abbé une terre « en bienfait » et il en payera annuellement une livre d'argent et deux corvées. *Traditiones Wissemburgenses*, 267 : ... *Mihi in beneficium præstitistis ut dum advixero... in ea ratione ut annis singulis argenti libra una... vobis reddere debeam.*

convention ; s'il néglige de payer, le propriétaire reprend la terre, et le preneur, par suite de sa faute, perd le bienfait qu'il avait obtenu », *beneficium quod fuerat consecutus amittat*[1].

4° Le *beneficium* se rencontre encore dans les actes de constitution d'usufruit. « Vous m'avez permis, dit un usufruitier, de tenir cette terre à titre de bienfait, ma vie durant[2]. » Voici, dans le Recueil de Tours, une formule de donation avec réserve d'usufruit, ce qui est un acte conforme au droit romain : « Je donne à perpétuité par la présente lettre à la basilique de Saint-Martin un domaine qui est ma propriété, situé en tel lieu, comprenant terres, constructions, vignes, prés, bois, colons et esclaves ; je le fais passer de mon droit au droit de Saint-Martin en pleine propriété ; à cette condition que, tant que je vivrai, je le tiendrai et occuperai à titre de bienfait de vous », *sub usu beneficii vestri*[3]. Cette expression est remplacée dans des formules analogues par les mots *sub usu beneficio*, qui forment au

---

[1] *Lex Wisigothorum*, X, 1, 11 : *Terras quæ ad placitum canonis datæ sunt, quicunque suscepit ipse possideat, et canonem domino singulis annis qui fuerit defunctus exsolvat, quia placitum non oportet irrumpi. Si canonem constitutum singulis annis implere neglexerit, terras dominus pro suo jure defendat, quia sua culpa beneficium quod fuerat consecutus amittat qui placitum non implesse convincitur.* — Le canon était, dans la société romaine, le fermage de la terre. Voir Asconius, sur la troisième Verrine. Cf. Lampride, *Heliogabalus*, 29 ; Vopiscus, *Firmus*, 5 ; Novelles de Théodose II, 26, 1 ; Hænel, p. 113.

[2] Marculfe, II, 59 ; Rozière, 328 : *Nobis ad beneficium dum advivimus excolere permisistis.*

[3] *Turonenses*, 1 ; Rozière, 212 : *Per hanc epistolam donationis dono donatumque in perpetuo esse volo ad basilicam sancti Martini... villa juris mei... cum terris, ædificiis, accolabus, mancipiis, libertis, vineis, silvis, pratis... totum et ad integrum de jure meo in vestra vel sancti Martini jure proprietario trado atque transfundo; ea vero ratione ut, quamdiu advixero, sub usu beneficii vestri prædictas res tenere et usurpare debeam.*

vii° siècle une expression courante pour désigner l'usufruit[1].

Deux époux se font l'un à l'autre une donation d'usufruit. Le mari écrit d'abord : « Tous mes biens, tant que tu vivras, tu les posséderas en usufruit », *usufructuario ordine*. La femme écrit ensuite : « De même, tous mes biens, tant que tu vivras, tu les posséderas à l'usage de bienfait », *sub usu beneficio*[2]. Les deux expressions sont visiblement synonymes.

Des fils ont eu un procès avec leur père au sujet de quelques terres faisant partie de la succession de leur mère. Ils ont obtenu gain de cause, et ont été mis en possession « de l'alleu maternel »; mais ensuite ils ont accordé à leur père la jouissance viagère de ces mêmes biens. Le père écrit un acte où il met : « Vous m'avez permis de tenir ces terres à titre de bienfait », *ad usum beneficii*[3]. Un testateur lègue une terre à l'Église avec réserve d'usufruit pour sa sœur, et il écrit : « Que ma sœur tienne la terre à titre de bienfait[4]. » Il se forma même un verbe *beneficiare* qui signifia concéder en bienfait, c'est-à-dire concéder en simple usufruit[5]. Nous avons une formule de l'acte par lequel un parti-

---

[1] Marculfe, II, 6; Rozière, 213 : *Sub usu benefitio tantum.* — Ibidem, II, 3; Rozière, 213 : *Sub uso benefitio tantummodo.* — Ibidem, II, 8 : *Sub usu beneficio.*

[2] Ibidem, II, 8; Rozière, 249.

[3] Ibidem, II, 9; Rozière, 337 : *Vos omni alode genetrice vestræ, in presentia bonorum hominum aut reges altercantes, contra nos evindicastis et in vestra potestate omne alode recepistis, sed dum mea adfuit petitio, ipsas villas mihi ad usum beneficii tenere et exedere absque ullo vestro prejudicio permisistis.*

[4] *Charta Anseberti, Diplomata*, n° 437 : *Germana mea sub usu et beneficio teneat, et post discessum....*

[5] Formules de Sirmond, 38; Zeumer, p. 160; Rozière, n° 327 : *Curas quas tibi usufructuario ordine beneficiavimus.* — *Traditiones Laureshamenses*, I, p. 35 : *Sub usufructuario beneficiare.* — *Diplomata*, t. II, p. 357 : *Maurowiler quod Amalo in beneficiatum habuimus.*

culier transfère à un autre la nue propriété de ses biens. L'acte est passé devant le roi, comme cela a lieu pour des actes de toute nature, mais ici le détour est curieux à observer. Le donateur commence par faire un plein abandon de ses biens entre les mains du roi, à condition que le roi lui accorde de les garder sa vie durant « à titre de bienfait », c'est-à-dire « en usufruit »; puis le roi décrète à l'avance qu'au décès de cet usufruitier les terres passeront à l'homme qui lui a été désigné par le donateur; ils lui appartiendront en propre ainsi qu'à ses héritiers à perpétuité[1]. Il est visible qu'il ne s'agit pas ici de ce que les modernes appellent les bénéfices mérovingiens. C'est simplement, sous la garantie du roi, un transfert de propriété privée avec réserve d'usufruit. Cet usufruit est marqué par les mots *usus beneficium*.

5° De tous les actes, celui auquel le terme *beneficium* est le plus souvent appliqué, est l'acte de précaire; et dans tous les genres de précaire nous le trouvons. Le précaire gratuit, par exemple la terre concédée par précaire à un ecclésiastique par l'église qu'il sert, est appelé un *beneficium*[2]. Il en est de même du précaire qui dissimule un fermage. Le concessionnaire écrit :

[1] Marculfe, I, 13; Rozière, 216: PRECEPTUM DE LESEUVERPO PER MANU REGIS. *Veniens ille fidelis noster in palatio nostro villas illas sua spontanea voluntate nobis per fistuca visus est leseuverpisse vel condonasse, in ea ratione ut, dum vixerit, eas* SUB USU BENEFICIO *debeat possidere, et post suum discessum nos ipsas villas fideli nostro illo visi fuimus concessisse. Quapropter decernimus ut ipsas villas, dum advixerit, usufructuario ordine debeat possidere, et post ejus discessum memoratus ille hoc habeat, teneat et possedeat et suis posteris aut cui voluerit ad possedendum relinquat.*

[2] Concile de Tolède de 638, c. 5, dans le *Corpus juris canonici*, p. 244 : *Qui* BENEFICIUM *ab ecclesia acceperit, ejus professionem nomine precariæ faciat... ut si quis clericorum stipendium de rebus ecclesiæ cujusquam episcopi percepit largitate....*

« Je vous ai demandé et, par l'effet de votre seule volonté, vous m'avez concédé par votre bienfait cette terre ; de mon côté je m'engage par la présente lettre de précaire à vous payer un cens annuel de tel nombre de deniers[1]. » Puis vient la lettre prestaire correspondante : « Tu m'as demandé et, par l'effet de notre volonté, nous te concédons cette terre par notre bienfait[2]. » Ou bien encore : « D'après ta demande et supplique, notre volonté a consenti à te faire bienfait de telle terre qui est à nous, pour que tu la tiennes et possèdes et cultives pendant cinq ans, pendant dix ans, ou pendant quinze ans ; et nous t'avons imposé tel cens annuel[3]. » Voici un précaire qui vient après une vente : « Je viens à vous en suppliant, afin que cette terre que je vous ai vendue et dont j'ai reçu le prix, vous me la concédiez par votre bienfait[4]. » Et le concédant répond dans la prestaire : « Comme vous êtes venu en suppliant, nous vous concédons cette terre par notre bienfait[5]. »

Il en est ainsi même après la donation. Quand le

---

[1] *Merkelianæ*, 5; Rozière, 321, § 1 : *Mea [fuit] petitio et vestra decrevit voluntas ut illa rem vestram, in loco illo, per vestrum beneficium, dum advixero, mihi relaxare deberitis.... Et spondimus vobis in hunc precaria censo annis singulis denarios tantos vobis dare studeam....*

[2] *Ibidem*, 6; Rozière, 321, § 2 : *Tua fuit petitio et nostra decrevit voluntas ut illa rem per nostrum beneficium tibi concedere deberimus.* — Le mot *debere* est, dans ces formules, une sorte de verbe auxiliaire auquel ne s'attache nullement l'idée d'obligation.

[3] Rozière, n° 320 : *Dum tua fuit petitio et nostra non denegavit voluntas ut prestitum beneficium de res nostras tibi facere debemus, quod sunt in pago illo... ut quamdiu advixeris, [aut] annos quinque, [aut] decem, [aut] quindecim ipsas res abere vel posidere debeas.... Et censivimus te annis singulis....*

[4] *Merkelianæ*, 36; Rozière, 349 : *Precator ad vos accedo... ut illa rem vestra loco nuncupante illo, quam nos ante hos dies accepta vestra pecunia per vendicionis titulum visus sum vendidisse..., dum advixero,* PER VESTRUM BENEFICIUM *mihi concedere deberetis.*

[5] *Ibidem*, 37; Rozière, 349, § 2 : *Qualiter vos precatores ad nos accessistis ut... jam dicta rem tam terris, domibus,* PER NOSTRUM BENE-

précariste n'est autre que le donateur lui-même, la concession viagère qu'on lui fait n'en est pas moins qualifiée bienfait. Dans le Recueil de Marculfe, nous voyons un personnage faire donation pleine et entière d'un domaine ; il obtient ensuite que ce domaine lui soit rendu en précaire, et il écrit : « Votre bonté me permet de tenir cette terre à titre de bienfait[1]. » Ainsi le « bienfait » s'associe toujours au précaire et se confond avec lui[2].

Les chartes qui nous sont parvenues sont d'accord avec les formules. Lonégisile, qui a reçu un bien en usufruit, écrit : « Vous m'avez permis de tenir ce bien par votre bienfait[3]. » Ailleurs il est parlé d'un domaine « que l'abbé Sigrann a reçu par précaire en bienfait[4] » ; et il a écrit une lettre précaire pour reconnaître « qu'il a demandé » ce domaine, et qu'il l'a reçu « aux conditions ordinaires du bienfait[5] ». Ailleurs, c'est une

---

ricum tibi concedere deberimus. — De même, les formules n°ˢ 342, 343 (Bignonianæ, 20, 22; Merkelianæ, 7, 8). — Dans le n° 332 (Turonenses, 6), ce genre de concession est appelé beneficium.

[1] Marculfe, II, 5; Rozière, 345 : Vestra benevolentia habuit ut ipsa villa nobis ad beneficium usufructuario ordine excolendum tenere permisistis. — Cet acte est dit epistola precaria, et il a en effet toutes les formes caractéristiques du précaire. — De même, Senonicæ, 16 et 32; Rozière, 340 et 339, où on lit : Ad beneficium prestare, sub uso beneficio vestro tenere.

[2] Comparez la formule de Marculfe, II, 40 (Rozière, 328, § 2) à la formule Merkelianæ, 35 (329, § 2) : les expressions per nostram precariam et per nostrum beneficium y sont employées comme présentant exactement la même idée. Possidere per precatoriam est synonyme de possidere per beneficium (Beyer, Urkundenbuch der Mittelrheinischen Territorien, I, p. 7, année 636). Du Cange cite une charte où on lit : In beneficio tenere et precario more (t. I, p. 650, col. 3). Cf. encore : In beneficio seu precaria, dans un diplôme de 713 (Bouquet, t. IV, p. 687).

[3] Diplomata, n° 237 : Per vestrum beneficium mihi tenere permisistis.

[4] Ibidem, n° 288 : Quod Sigrannus abbas in beneficium per precariam adeptum habet.

[5] Ibidem : Quod eam rem petisset atque beneficiario jure diebus vitæ suæ percepisset.

terre donnée à l'Église, et le donateur qui la reçoit en précaire écrit : « Vous m'avez fait bienfait de la villa Gaviriacus pour le temps de ma vie[1]. »

Il y a eu procès au sujet d'une terre devant le roi ; l'une des parties a exhibé la lettre précaire qui constatait qu'Angantrude ne possédait que « par bienfait de l'abbé » ; sur le vu de cette lettre, le tribunal royal a jugé qu'Angantrude n'était pas propriétaire et il a condamné ses héritiers à restituer[2]. De même dans un acte de jugement de 719, l'évêque Rabangaire a présenté une lettre précaire portant que Ratgis tient la villa contestée « par bienfait du monastère », et le tribunal condamne aussitôt Ratgis et ses héritiers à restituer[3]. — Cette même année, le comte Adalhard écrit une *epistola precatoria* à l'abbé Ratfrid, où il dit : « Ces terres, ces prés, ces forêts, vous me les avez concédés *en bienfait* pour que je les aie ma vie durant, en vous payant annuellement un cens d'une livre d'argent et deux journées de charroi[4]. » Il me semble qu'on voit ici sur le vif ce que c'est que la concession en bienfait. Le « bienfait » comme le précaire s'applique à toute concession temporaire et conditionnelle. Il est la forme que revêtent le prêt, l'usufruit, et même le louage.

---

[1] *Diplomata*, n° 384 : *De villa Gaviriaco nobis tempore vitæ nostræ beneficium fecistis.*

[2] Archives nationales, K, 3, 6 ; Tardif, n° 52 : *Ipsum instrumentum seu precariam ostendit relegendum per quod ipsa Angantrudis per beneficium ipsius abbatis hoc possidebat.*

[3] *Diplomata*, n° 509 : *Rabangarius cartam precariam ostendit relegendam qualiter ipsas villas ipse Ratgisus pro beneficio ab ipso monasterio tenuisset, ubi habebat insertum ut ipsas villas usufructuario ordine dum advivebat, tenere debuisset.*

[4] Zeuss, *Traditiones Wissemburgenses*, n° 267, p. 256 : *Ego comes et precator.... Mihi in beneficium prestitistis... in ea ratione ut annis singulis vobis reddere debeam argenti libram unam, angarias duo.... Si quis vero contra hanc precatoriam....*

Il n'exclut ni le cens en argent ni même la redevance en nature.

Nous avons, pour ainsi dire, l'histoire d'un bénéfice d'Alsace en trois diplômes. En 718, Chrodoin, propriétaire de la villa Chaganbach et de la villa Portionella, en fait donation pleine et entière au monastère de Wissembourg; nous avons la charte de donation, et elle ne renferme pas le mot *beneficium*[1]. Mais, trois mois plus tard, il obtient les mêmes domaines en précaire, et il écrit : « Votre bonté vous a déterminé à m'accorder ces mêmes terres en bienfait, ma vie durant[2]. » Il meurt six ans plus tard. Son fils Gibart n'hérite nullement de ces biens. Pour en avoir la jouissance, il doit s'adresser au monastère et obtenir le renouvellement du « bienfait ». Il écrit donc une nouvelle *precatoria* où il dit : « Votre bonté vous a déterminé à m'accorder ces terres en bienfait[3]. » Quelques années plus tard, un autre habitant de l'Alsace, nommé Hildrad, adresse cette lettre de précaire à l'abbé de Morbach : « Moi, Hildrad, je prie et supplie votre bonté qu'elle m'accorde à usage de bienfait une terre appartenant à votre église; et je m'engage à vous en payer un cens annuel[4]. » Un autre reçoit du monastère de Saint-Gall, « par bienfait et en

---

[1] *Diplomata, Additamenta*, n° 40, t. II, p. 448.
[2] Ibidem, n° 41, t. II, p. 449 : *Vos pietas tetigit ut ipsas res mihi in beneficium præstaretis sub usu fructuario dum vixero.*
[3] Ibidem, n° 47, t. II, p. 453.
[4] Ibidem, n° 557 : *Ego Hildradus preco et suplico gracie vestre ut michi in usum beneficii rem ecclesie vestre in Mathinhaim et Annegisvilla concedere deberetis.... Et censuimus nos ad vos pro hac re, annis singulis, cera libras quinque reddere debeam. Et si de ipso censu negligens apparuero.... Unde placuit ut duas precarias absque quinquennii renovatione facte fuissent....* — Acte semblable, n° 558, *Diplomata*, t. II, p. 369. Voir encore, ibidem, p. 474, une charte relative à un domaine en Flandre; le propriétaire en fait donation au monastère et le reçoit ensuite à titre de bienfait du monastère, *pro beneficio monasterii*.

vertu d'une lettre précaire », une terre pour laquelle il devra payer une redevance annuelle en bière et en pain[1].

6° Si l'on cherche le *beneficium* dans les lois qui ont été écrites durant la période mérovingienne, il y est à peine signalé. Ni la Loi Salique, ni la Loi Ripuaire, ni la Loi des Burgondes, ni les Capitulaires des rois mérovingiens ne contiennent ce mot, ni aucune expression équivalente. La Loi des Bavarois, qui a été rédigée au vii° siècle par l'ordre et sous l'inspiration des rois francs, ne parle du *beneficium* qu'une seule fois, et c'est de la manière suivante : « Celui qui aura fait donation d'une terre à une église ne pourra reprendre cette terre, ni ses héritiers, à moins que l'évêque de cette église ne consente à la lui rendre par bienfait[2]. »

La Loi des Alamans ne connaît pas non plus d'autre *beneficium* que celui qu'accorde l'Église : « Si quelqu'un a donné ses biens à une église et qu'ensuite il ait obtenu de l'évêque ces mêmes biens à titre de bienfait pour sa subsistance, sa vie durant, qu'il s'engage à payer et qu'il paye à cette église le cens annuel de cette terre, et qu'il fasse de cela un acte écrit afin que l'évêque reprenne la terre à son décès, sans que ses fils en puissent hériter[3]. » — La loi des Wisigoths ne mentionne le *beneficium* qu'une fois et c'est pour désigner le fermage de la

---

[1] *Traditiones Sangallenses*, n° 32, p. 35 ; c'est une *præstaria* : *Res illas quas nobis Waramannus tradidit in villa Parauva, ei* PER BENEFICIUM *per cartulam istam* PRECARIAM *repræstare deberemus... et ille nobis censum exinde solvat, id est per singulos annos viginti siglas de cervisa,* etc.

[2] *Lex Baiuwariorum*, I, 1, 1 : *Nisi defensor ecclesiæ ipsius per beneficium præstare voluerit ei.*

[3] *Lex Alamannorum*, II, 1 : *Si quis liber res suas ad ecclesiam dederit, et post hæc a pastore ecclesiæ* PER BENEFICIUM *susceperit ad victualem necessitatem conquirendam diebus vitæ suæ, et quod spondit persolvat ad ecclesiam censum de illa terra, et hoc per epistolam fiat....*

terre à prix convenu¹. — La Loi des Ostrogoths ne le mentionne pas. La Loi des Lombards ne renferme le mot qu'une fois, et c'est pour l'appliquer au simple prêt².

Telle est l'analyse des documents, et telles sont les seules formes sous lesquelles le *beneficium* se présente à nous durant l'époque mérovingienne. Il fallait nous mettre ces textes sous les yeux pour voir avec exactitude quelle signification les hommes attachaient à ce terme. Soit que nous le traduisions par bienfait, soit que nous préférions le traduire par bénéfice, le sens en est visible : il marque que la concession n'est qu'une faveur. L'association d'idées qu'il suggérait à ceux qui l'employaient était que le concédant n'avait eu aucun autre motif de détermination que sa volonté de « bien faire », que par conséquent le concessionnaire n'avait eu par lui-même aucun droit à la concession, et qu'enfin une telle concession, ne découlant que d'une volonté bienfaisante, ne pouvait conférer un titre au concessionnaire contre le concédant³.

S'agissait-il d'une donation perpétuelle, on se gardait

---

¹ *Lex Wisigothorum*, X, 1, 11 : *Qui terras ad placitum canonis suscepit... beneficium amittat.* — Le mot *beneficia* se trouve ailleurs dans ce Code, mais avec un autre sens ; par exemple, IV, 5, 5, il est parlé de ceux qui obtiennent quelque chose *patronorum beneficiis* ; mais il s'agit là de présents, de dons en propre, et la preuve c'est que la ligne suivante ajoute que le donataire peut vendre. Rien de commun ici avec le bénéfice. De même un peu plus loin, l'expression *regiis beneficiis* désigne des dons royaux de toute nature, non pas des terres données *in beneficio*.

² *Lex Langobardorum*, Rotharis, 327 : De caballo præstito. *Si quis præstitum aut conductum caballum aut bovem aut canem habuerit, et dum in ipso beneficio aut conductura est, damnum fecerit, non requiratur proprio domino, sed ille qui præstitum post se habuit, ipse damnum componat.* Les mots *in ipso beneficio* désignent le temps pendant lequel le cheval a été *præstitus*.

³ Cette définition du *beneficium* est encore celle que donnera le *Livre des fiefs* : *Beneficium nihil aliud est quam benevola actio tribuens*

de faire mention du « bienfait », parce qu'il fallait au contraire bien marquer que le donateur renonçait à tous ses droits sur la terre sans nulle réserve. On présentait alors comme motif de l'acte « le salut de son âme », ou bien « les préceptes de la loi religieuse », ou bien encore, s'il s'agissait d'un laïque, « les services qu'il avait rendus ». Si le donateur eût parlé de son « bienfait » et n'eût parlé que de cela, il eût introduit dans l'acte un élément qui eût affaibli sa donation[1]. S'agissait-il, au contraire, de concessions temporaires et conditionnelles, il ne manquait guère d'écrire qu'il ne s'était déterminé que « par bienfait », et de le faire reconnaître par le concessionnaire, même quand son bienfait n'était qu'apparent. L'expression « par bienfait » ou « en bienfait » avait, au su de tous, un sens restrictif. Elle marquait la mesure et la limite de la concession. Elle formait à elle seule un titre juridique entre les mains du concédant. Elle attestait qu'il n'avait pas renoncé à son droit. Elle l'autorisait à l'avance à reprendre son bien.

L'ancien préteur romain avait dit : « Ce que tu possèdes par précaire, restitue-le. » De même il était entendu de tous que ce qu'on possédait sans autre titre qu'un bienfait, il fallait le restituer. Dire qu'on possédait par

---

gaudium capientibus.... Hujus autem generis species quædam est beneficium illud quod ex benevolentia datur alicui ut proprietas quidem rei immobilis beneficiatæ penes dantem remaneat.... (De feudis, lit, 1.)

[1] Nous ne voulons pas dire que le mot *beneficia* n'ait jamais été écrit dans le long libellé d'un acte de donation. On lit, par exemple, dans un diplôme de Childebert Iᵉʳ (Pertz, n° 3), du moins dans le préambule de ce diplôme : *Maximum nobis generare præmium ad æternæ retributionis beatitudinem confidimus si ad loca sanctorum opportuna beneficia concedimus.* On lit dans le préambule d'un diplôme de Thierry III (Pertz, n° 58) : *Merita beneficia quæ possident amittere videntur qui largitoribus ingrati existunt.* Mais ce mot *beneficium* n'est jamais dans le corps de l'acte ; surtout il n'est pas dans la phrase constitutive de la donation. [Cf. plus haut, p. 50 et p. 164, n. 6.]

bienfait, c'était dire qu'on n'était pas propriétaire. Les mots *précaire* et *bienfait* avaient ainsi la même portée. Le même acte était précaire et bienfait : précaire du côté de l'homme qui avait sollicité, bienfait du côté de l'homme qui avait accordé[1].

La seule différence appréciable entre le *precarium* romain et le *beneficium* mérovingien est que celui-ci devient ordinairement viager. Il ne semble pas qu'il soit révocable à volonté. On dit rarement qu'il sera rompu par « le changement de volonté ». Il est devenu une pratique si fréquente, qu'il a bien fallu lui donner quelque stabilité. Le concédant paraît s'engager, du moins quand l'objet prêté est une terre, à ne la reprendre qu'à la mort du concessionnaire. Encore devons-nous

---

[1] On peut se demander si cette acception du mot *beneficium* existait déjà dans la langue de l'Empire romain. Il est difficile de répondre négativement, car nous ne possédons, de cette époque, aucune charte, aucun diplôme, aucun monument de la pratique, qui soit de même nature que les chartes et formules mérovingiennes qui marquent le sens du *beneficium*. — L'affirmative n'est pas plus aisée et ne serait pas prudente. Je ferai seulement cette remarque : les donations en pleine propriété, dont il est souvent question dans les Codes (Code Théodosien, X, 8 ; X, 9, 2 ; X, 10, 5-6 ; XI, 20, 1 ; Code Justinien, XI, 62), ne sont jamais appelées des *beneficia*, et le mot *beneficium* n'y est pas employé. Est-ce à dire qu'il fût réservé aux concessions en viager ? — Hygin, édit. Lachmann, p. 202, 203, 295, nous fait entrevoir l'application du mot *beneficium* à des terres qui étaient concédées à des villes ou à des particuliers, sans être un objet de pleine propriété. Le passage de la p. 295, surtout, marque bien que ces terres ne devenaient pas la propriété de ceux à qui il était permis de les occuper. Il faut observer aussi que ces *beneficia* étaient inscrits sur un registre spécial, qui n'était pas celui des donations en propre, et qu'on appelait *liber beneficiorum* [Cf. p. 10, n. 2]. Un bureau du palais, appelé *scrinium beneficiorum*, avait une sorte de surveillance de ces terres. Pouvaient-elles être reprises ? Nous l'ignorons. Une inscription relative à une ville de Corse, Orelli, 4031, marque que la concession de ces *beneficia* avait besoin d'être renouvelée par chaque nouvel empereur, et que c'était par une suite de concessions ainsi renouvelées que cette ville avait conservé ses *beneficia* depuis Auguste jusqu'à Vespasien [Cf. Mommsen, *Staatsrecht*, t. II, 2ᵉ édit., p. 1071, n. 2]. — Il y a eu des pratiques qui nous échappent et sur lesquelles nous ne pouvons rien affirmer.

observer que nous ne connaissons ce *beneficium* que par des formules d'actes; nous ne sommes pas bien sûrs que dans la réalité la possession viagère fût assurée.

Ce bénéfice ou bienfait était un acte de la vie privée. Il était permis à tous; les ecclésiastiques comme les laïques pouvaient faire bienfait de leurs terres. Il s'appliquait aussi à toute chose. On faisait bienfait d'une somme d'argent, d'un cheval ou d'un bœuf, aussi bien que d'un domaine. Le concédant pouvait mettre toutes conditions qu'il voulait à son bienfait. Il pouvait exiger un fermage en argent, des redevances en nature, même des corvées, comme il pouvait aussi faire son bienfait gratuit. Parmi les conditions qui sont indiquées dans nos documents, nous ne rencontrons pas une fois le service militaire.

5° LE « BÉNÉFICE » DES ROIS[1].

Dans les chartes, les formules, les lois que nous venons de citer, on a pu remarquer que l'acte de *beneficium* est toujours constitué par des particuliers ou par des églises. Aucune loi ne fait mention du *beneficium* pratiqué par les rois. Aucune charte, aucune formule ne s'y rapporte. Aucun écrivain du temps ne nomme les bénéfices royaux. C'est une chose bien étrange que nous ayons des actes si nombreux et si clairs sur le bénéfice concédé par les églises, et que nous n'en ayons aucun sur le bénéfice concédé par les rois.

Les diplômes royaux et les formules concernant des concessions de terres fiscales sont nombreux; mais ils sont relatifs à des donations en propre. Le style des actes ne laisse aucun doute sur ce point : « Nous don-

---

[1] [C. plus loin, le chapitre sur l'*Immunité*.]

nons, écrit le roi, tel domaine qui est de notre fisc; nous le donnons à perpétuité, intégralement et sans réserve; celui à qui nous le donnons y exercera le plein droit de propriété; il en aura la pleine puissance; il en fera ce qu'il voudra; il le laissera à ses descendants ou à ceux qu'il choisira pour héritiers[1]. » C'est la pleine donation, la donation en propriété, ce n'est pas le bénéfice. Aussi le mot *beneficium* n'y est-il point écrit[2].

On ne peut pourtant pas supposer que les rois francs n'aient pas pratiqué le *beneficium* sur leurs domaines. Ils étaient propriétaires de leurs terres comme les églises et les particuliers l'étaient des leurs. Leur droit de propriété était de même nature. Ils en faisaient donation, vente, échange; il n'y a pas de raison pour qu'ils n'en aient pas aussi « fait bienfait », c'est-à-dire pour qu'ils n'en aient pas fait des concessions temporaires. Le *beneficium* était dans les habitudes de leur époque, aussi bien chez les Francs que chez les Romains et les ecclésiastiques; il n'est pas admissible qu'ils ne l'aient pas connu et ne l'aient pas employé.

A défaut de preuves directes, nous trouvons du moins quelques indices. Grégoire de Tours, qui ne nomme pas le *beneficium*, semble bien y faire allusion dans quatre passages de son Histoire des Francs.

Lorsqu'il rapporte que le Franc Ébérulf, réputé coupable du meurtre de Chilpéric, eut ses biens confisqués, l'historien paraît distinguer ces biens en deux catégories: d'une part sa fortune particulière, de l'autre ce qu'il avait en simple jouissance, *commendatum*[3]. Plusieurs

---

[1] Marculfe, I, 14; Rozière, 185 : *Ex nostra largitate aut cui voluerit ad possedendum relinquat vel quicquid exinde facire voluerit, ex nostro permisso liberam in omnibus habeat potestatem.* [Cf. p. 33 et s.]

[2] Voir aussi Marculfe, I, 17.

[3] Grégoire de Tours, VII, 22 : *Res Eberulfi diversis conceduntur....*

érudits modernes expliquent ce mot comme étant un équivalent de *beneficium*, et cette explication est plausible[1].

Ailleurs l'historien rapporte la mort de Wandelin et dit que « tout ce qu'il avait obtenu du fisc retourna au fisc[2] ». A moins de penser que Wandelin n'eût pas d'héritiers légitimes, il faut admettre qu'il n'avait obtenu ces « biens du fisc » qu'en viager. Bodégisile mourut à la même époque; mais, fait observer Grégoire de Tours, « aucune partie de sa fortune ne fut retirée à ses fils[3] ». Il semble bien que Grégoire de Tours ait voulu dire ici

Quod vero commendatum habuit, publicatum est [Cf. plus haut, p. 52, n. 3]. — Pas de doute sur le sens de *publicatum est*, qui signifie « entra au trésor public ». Quant à *commendare*, il s'était confondu avec *commodare* et signifiait prêter. Exemples: Loi des Ripuaires, LXXIV; Loi des Wisigoths, V, 5, 3-8; Loi des Bavarois, XIV. Quant à l'expression *terram suam alteri commendare*, que l'on croit voir dans la Loi Salique, elle n'est que dans le texte de Hérold et on ne la trouve dans aucun manuscrit connu (voir Hessels, 420; Behrend, p. 119). Mais on trouve *epistola commendatilia*, comme synonyme de *præstaria*, dans les *Formulæ Merkelianæ*, n°° 6, 8 et 35 (Rozière, n°° 321, 2; 343, 2; 329, 2), et dans les *Bignonianæ*, 22 (Rozière, 342); or cet emploi du mot implique que l'idée de *beneficium* s'attacha au mot *commendare*, du moins à partir du vii° siècle.

[1] Telle est du moins l'explication de Guérard, *Prolégomènes*, p. 528, et de Waitz, t. II, p. 315 de la 3° édition. Elle me laisse quelque doute. Tout repose sur les mots *quod commendatum habuit*. Or je ferai observer que, dans la langue du temps, *habuit* est un verbe auxiliaire et que *commendatum habuit* est simplement une forme de temps passé analogue à *commendavit*. Il serait conforme aux habitudes de langage de Grégoire de Tours que ces mots voulussent dire : « ce qu'Éberulf a mis en dépôt ». Il s'agirait alors de tout autre chose que de terres reçues par lui du roi. — Je fais observer encore que, dans Grégoire de Tours lui-même, *commendare* est plusieurs fois employé et qu'il n'a pas le sens de « donner en bénéfice », mais celui de « mettre en dépôt », ou « confier »: V, 19 : *Uno seni per juramentum audita commendavit*; V, 18 : *Reperit res Brunichildæ reginæ apud Prætextatum commendatas*. Dans le passage que nous étudions le *quod commendatum habuit* pourrait bien signifier « ce qu'Éberulf avait confié à l'église où il avait cherché un asile ».

[2] Grégoire de Tours, VIII, 22 : *Wandelinus, nutritor Childeberti regis, obiit.... Quæcumque de fisco meruit, fisci juribus sunt relata*. [Cf. p. 60, n. 1.]

[3] Idem : *Obiit Bodygisilus dux, sed nihil de facultate ejus filiis minuatum est*. [Cf. plus haut, p. 60, n. 1.]

que le roi aurait pu reprendre les biens que possédait Bodégisile, et qu'il voulut bien les laisser à ses fils. Si telle est la pensée de l'écrivain, il fait allusion à une possession viagère qui ne peut être que le bénéfice.

Dans un autre passage, il raconte l'assassinat de Waddo, et il ajoute que « son fils alla vers le roi et obtint ses biens[1] ». Si Waddo avait eu des biens en propre, comme nous en voyons si souvent chez les Francs, son fils n'aurait pas eu besoin d'aller les demander au roi; il en aurait hérité de plein droit, conformément à la Loi Salique. S'il eut besoin de les « obtenir » du roi, c'est que Waddo ne les avait qu'en vertu d'une concession viagère, c'est-à-dire en bénéfice. — De même Sunnégisile et Gallomagnus avaient été condamnés pour crime de lèse-majesté à la confiscation de tous leurs biens; le roi leur fit grâce, mais il ne leur laissa « que les biens qu'ils possédaient en propre[2] ». Ce langage de l'historien [pourrait faire croire] que ces deux personnages avaient d'autres biens en bénéfice, et que ceux-là furent repris par le roi.

Tels sont les seuls indices, et bien vagues, du *beneficium* royal au vi[e] siècle. De la fin du viie, nous avons un diplôme où Thierry III rappelle que le domaine de Lagny avait été occupé successivement par les maires du palais Ébroin, Waraton et Ghislemar, et qu'après la mort de Waraton il avait été « ramené au fisc[3] ». Il est

---

[1] Grégoire de Tours, IX, 35, *in fine*: *Filius ejus ad regem abiit resque ejus obtenuit*. [Cf. p. 60. n. 1.]

[2] Idem, IX, 38: *Quibus nihil aliud est relictum, nisi quod habere proprium videbantur*. [Cf. p. 51].

[3] Archives nationales, Tardif, n° 25; Pardessus, n° 410 : *Villa Latiniaco... qui fuit industribus viris Ebroino, Vuarattune et Ghislemaro et post discessum ipsius Vuarattune in fisco nostro fuerat revocata.* — Waraton est mort en 686; Frédégaire, Chronicon, 99.

assez vraisemblable que Waraton ne possédait Lagny qu'en bénéfice du roi et que c'est pour cette raison que le roi reprit Lagny à sa mort[1]. Nous savons, par un autre diplôme de 695, que la terre de Nançay, après avoir appartenu à l'église de Lyon, devint domaine fiscal par voie d'échange vers 690, qu'elle fut alors « concédée » par le roi à Pannichius, et que, ce personnage étant mort, elle fut « ramenée au fisc[2] ». Ici encore il est très vraisemblable, quoique le terme précis de *beneficium* ne se lise pas, que nous avons affaire au bénéfice.

Mais il y a, sur tous ces exemples, une remarque à faire. Il se trouve que tous les personnages dont nous venons de voir les noms sont des serviteurs ou des fonctionnaires du roi. On observe même que tous, au moment où nous les voyons posséder ces terres fiscales, exerçaient réellement une fonction. Ébérulf était cubiculaire du roi[3]; Wandelin était gouverneur de l'enfant Childebert; Bodégisile était duc, c'est-à-dire un des fonctionnaires les plus élevés de la hiérarchie administrative; Waddo, après avoir été comte de la cité de Saintes et chef de la maison de la reine Rigonthe, était au service personnel de la reine Brunehaut[4]; Sunnégisile était comte de l'écurie; Gallomagnus était référendaire[5]. Waraton était maire du palais; nous ne savons pas quelle était la fonction de Pannichius, mais son titre d'*illuster vir* indique qu'il en exerçait une. Il est frappant que tous les hommes qui, à notre connaissance, détien-

---

[1] Il semble bien que Waraton n'ait pas laissé de fils; son fils Ghislemar était mort avant lui, Frédégaire, *Chronicon*, 98 et 99.

[2] Archives nationales, Tardif, n° 34; Pardessus, n° 433: *De fisco inluslri viro Pannichio fuit concessum, et post discessum predicto Pannichio ad parti fisci nostri fuit revocatum.*

[3] Grégoire de Tours, VII, 21.

[4] Idem, VI, 45 et VII, 43.

[5] Idem, IX, 38.

nent des terres royales à titre viager, soient des hommes en activité de service. Cela conduit à penser que les rois usaient surtout du *beneficium* pour rémunérer leurs fonctionnaires. Le traitement en argent n'existant pas, la jouissance d'un ou de plusieurs domaines en tenait lieu. Les rois usaient simultanément de la donation en propre pour enrichir leurs amis ou récompenser les services passés, et de la concession en bénéfice pour payer les services présents. On peut admettre même que cette jouissance de certaines terres était attachée à la fonction plutôt qu'à l'homme. Elle se transmettait à tous ceux qui se succédaient dans la même fonction. C'est ainsi, par exemple, que le domaine de Lagny avait été possédé successivement par Ébroin, Waraton et Ghislemar, qui furent successivement maires du palais, et qu'il revint encore à Waraton, quand ce personnage reprit possession de la mairie[1]. Tel est le caractère particulier du *beneficium* royal, si l'on s'en tient aux seuls documents où l'on puisse le saisir.

La condition du service militaire y était-elle attachée? Rien ne l'indique. Il est clair que, le *beneficium* rémunérant un service, il fallait que ce service se continuât. Si le bénéficier était un comte ou un référendaire, il fallait qu'il remplît ses fonctions de comte ou de référendaire; s'il était plutôt un soldat, il devait plutôt le service de soldat. C'est en ce sens que l'obligation militaire a pu être attachée à la jouissance de certaines terres du fisc. Encore ne doit-on pas penser que ce fût une obligation spéciale. Sous les Mérovingiens, tous les hommes libres devaient le service de guerre, les Gaulois comme les Francs, les pauvres comme les riches, les

---

[1] Voir d'une part la Chronique de Frédégaire, c. 98 et 99, et d'autre part le diplôme, Tardif, n° 25, cité plus haut [p. 183, n. 3].

hommes qui n'avaient pas de bénéfice aussi bien que ceux qui en avaient.

Les historiens modernes se sont demandé si « les bénéfices royaux » étaient révocables à volonté, viagers, ou héréditaires. Cette question ne s'est pas posée aux yeux des hommes du VIe ou du VIIe siècle. Du moins n'en trouve-t-on aucun indice chez les écrivains de ce temps-là. On a dit que, par le traité d'Andelot de 587, les leudes avaient obtenu que les bénéfices ne fussent plus révocables à volonté. Le traité d'Andelot, dont nous avons le texte, ne contient rien de pareil[1]. Le nom même du bénéfice ne s'y trouve pas[2]. Il y est parlé incidemment d'anciennes donations des rois précédents que les guerres civiles avaient fait annuler; il n'y est pas fait la moindre allusion à une concession bénéficiaire des rois actuellement vivants. Il faut songer d'ailleurs que ce traité d'Andelot n'est pas conclu entre la royauté et les leudes; c'est un simple pacte entre deux rois.

On chercherait en vain dans les chroniques une seule phrase qui indiquât qu'une classe d'hommes ou un parti ait fait effort pour rendre le bénéfice perpétuel. Cette pensée n'a pu venir qu'aux hommes de nos jours, et à la suite de l'idée fausse qu'ils se faisaient des « bénéfices ». Le *beneficium* étant, par définition, un mode de concession temporaire, il ne venait à l'esprit de personne de changer le sens de l'expression. Un homme qui occupait une terre *per beneficium* pouvait

---

[1] [Voir plus haut, ch. 3, p. 57 et s.]

[2] Le mot *beneficia* s'y lit, dans l'une des dernières phrases, mais avec un tout autre sens. La phrase est : « Si l'un des deux contractants, c'est-à-dire l'un des deux rois, viole la présente convention, il perdra tous les avantages, *beneficia*, que cette convention lui confère ou lui promet. » On voit assez que *beneficia* est pris ici dans le sens général qu'il avait en latin, et n'a aucun rapport avec la concession *per beneficium*.

bien demander que cette même terre lui fût donnée en propre, et l'obtenir; en ce cas une donation régulière succédait au *beneficium*. Mais que les hommes aient demandé la transformation générale des concessions bénéficiaires en donations, c'est ce qu'on ne voit à aucun signe[1].

Le *beneficium* ne fut pas autre chose chez les rois que ce qu'il était chez les particuliers. Les rois l'avaient emprunté aux particuliers et aux églises; ils le pratiquèrent comme eux. Ils le concédaient à l'homme qui les servait; ils le reprenaient naturellement quand cet homme mourait, ou quand cet homme cessait de servir, ou encore quand il servait mal. Le bénéfice était révocable comme le fonctionnaire était destituable, et dans la même mesure. Le diplôme relatif à la terre de Lagny montre que Waraton la perdit en perdant la mairie, et la recouvra quand il recouvra cette dignité.

4° LES CONSÉQUENCES DE L'USAGE DU BÉNÉFICE.

L'analyse des documents réduit le bénéfice mérovingien aux proportions d'un acte de pur droit privé. C'est une simple convention de la nature de toutes celles qu'un propriétaire peut faire au sujet de son bien. Rien de politique en lui, rien de précisément féodal. Venu de la société romaine, il s'accommodait au régime ancien, et les générations d'hommes qui l'employaient n'y voyaient sans doute pas les éléments d'un régime nouveau qui dût changer la face de l'Europe. Il est arrivé pourtant que la pratique toujours croissante de ce

---

[1] Il est clair que les rois pouvaient faire passer le bénéfice du père aux fils, comme Grégoire de Tours le fait entendre pour les fils de Bodégisile et de Waddo; mais c'est qu'alors les rois renouvelaient la concession.

bénéfice a produit trois conséquences considérables.

1° La première a été de faire disparaître beaucoup de petites propriétés. Il est bien vrai que les formules étaient rédigées de telle sorte qu'elles présentaient le bénéfice ou bienfait comme un acte de pure générosité. Si l'on s'en tenait à cette rédaction, le bénéfice aurait été toujours une concession faite par un riche à un pauvre. Mais on a bien reconnu que ces formules n'étaient qu'une pure apparence. Elles dissimulaient, la plupart du temps, un acte tout opposé à celui qu'elles énonçaient.

Tantôt le *beneficium* était une façon de fermage, où le propriétaire ne donnait rien. Tantôt il s'associait à la vente, et équivalait pour le propriétaire à une acquisition de nue propriété. Tantôt il venait après une donation ou une vente fictive, et en ce cas le propriétaire, loin de rien donner, recevait tout.

Quelquefois c'était un emprunteur qui pour quelque argent engageait sa terre et ne l'occupait plus que « par bienfait ». D'autres fois c'était un petit propriétaire qui, pour améliorer son existence, cédait sa propriété pour obtenir l'usufruit d'une terre équivalente. Souvent enfin il arrivait qu'un petit propriétaire eût besoin de protection ; ne pouvant par ses seules forces défendre sa terre contre l'usurpation d'un fort, il mettait cette terre sous le patronage d'une église ou d'un grand ; il livrait sa propriété ; de propriétaire, il se faisait bénéficier ; son ancien alleu n'était plus pour lui qu'un bénéfice. Beaucoup de nos formules, qui semblent des donations de la piété, ne sont que les abandons de la peur ou du besoin. Et les milliers de chartes qui constituèrent le même acte entre laïques ne sont pas venues jusqu'à nous.

Rarement le bénéfice était la terre d'un riche concédée à un pauvre. Souvent il était la terre livrée par un pauvre à un riche. C'est surtout d'en bas que le système bénéficial s'est formé. Le *beneficium* a été le détour par lequel la petite propriété s'est perdue dans la grande.

2° La seconde conséquence a été que, sur une très grande partie du sol, la possession et la propriété se sont trouvées disjointes. La distinction de la *possessio* et du *dominium* avait existé en droit romain; mais elle avait été, dans la pratique, une exception. Avec la grande extension du bénéfice au vi° et au vii° siècle, elle devint peu à peu un fait ordinaire et normal. Or il était déjà arrivé que, par l'effet de l'esclavage et du colonat, la culture était, presque partout, séparée de la propriété. Désormais il y eut sur la plupart des terres trois hommes superposés l'un à l'autre, le cultivateur, le possesseur bénéficier, le propriétaire.

3° La troisième conséquence de la pratique du bénéfice fut de mettre un lien de dépendance entre les hommes libres. Les documents nous ont montré que le bénéfice ou bienfait, en dépit de son nom, n'était pas une faveur gratuite. Bien rarement il était accordé sans condition. Celui qui le recevait devait le payer de quelque manière.

Quelquefois il le payait par un cens annuel. Cette condition était peut-être la plus douce, parce qu'elle était marquée en termes clairs; le bénéficier connaissait au moins l'étendue exacte de ses obligations. Mais nous devons observer que les actes de bénéfice laïque ne contenaient guère cette clause précise. Les conditions de la concession étaient marquées en termes vagues. « Je vous rendrai, disait le concessionnaire, ce que vous rendent les autres occupants de vos domaines[1]. » Ou encore :

---

[1] Marculfe, II, 41; Rozière, 325.

« J'obéirai à tous les ordres que vous me donnerez par vos agents[1]. » D'autres fois cela n'était pas écrit; mais il était entendu que la concession serait révocable à volonté.

Il faut se garder d'une illusion. Nous voyons une lettre précaire et une lettre prestaire qui se correspondent, et nous sommes tentés de croire que ces deux lettres forment un contrat. Mais, en premier lieu, nous ignorons dans quelle mesure la lettre prestaire était fréquente, et nous pouvons supposer que le petit bénéficier ne l'obtenait pas aisément du grand personnage[2]. Si d'ailleurs on observe la teneur de cette lettre, on y remarquera qu'elle ne constitue pas un engagement pour le concédant. Il dit : « Tu m'as demandé que je te concède cette terre, et je te la concède par mon bienfait. » Il ajoute souvent : « Je te la concède pour les jours de ta vie. » Mais cet énoncé du « bienfait » ne constituait pas un engagement précis, formel, ayant valeur légale. Le terme sacramentel *spondemus*, et la *stipulatio* sont dans la précaire, mais ils ne sont pas dans la prestaire. Le concessionnaire s'est lié, le concédant ne s'est pas lié.

On peut se demander si le propriétaire qui avait concédé son bienfait « pour la vie », pouvait le reprendre avant le décès du concessionnaire. Les documents ne répondent pas très nettement à cette question. Encore avons-nous un acte de jugement du viie siècle qui nous montre un procès au sujet d'une terre tenue en bénéfice. Angantrude a donné un domaine à l'abbaye de

---

[1] *Bituricenses*, 2; Rozière, 524.
[2] On remarquera que le plus grand nombre de nos *præstariæ* concernent de grands domaines et sont accordées à ceux-là mêmes qui en sont les donateurs.

Saint-Denis et a obtenu le même domaine « par précaire et bienfait [1] ». Dans les cas semblables, l'Église se faisait écrire une précaire et donnait une prestaire en retour, et cette prestaire marquait toujours que le bienfait était accordé en viager, *diebus vitæ tuæ*. Les deux parties en conflit se présentèrent au tribunal du roi. L'abbé montra la lettre précaire qu'Angantrude lui avait écrite; sur cette seule lecture, sans s'arrêter à aucune autre considération, sans tenir compte de la promesse qui devait se trouver dans la prestaire correspondante, sans songer que la bénéficiaire était en réalité la donatrice, le tribunal ordonna que le domaine rentrât dans les mains de l'abbé.

C'est une chose bien digne d'attention que les Codes qui ont été rédigés dans tous les pays de l'Occident pendant la période mérovingienne, ne contiennent aucune disposition relative au bénéfice. Quelques-uns d'entre eux le nomment incidemment; mais aucun d'eux n'énonce une règle qui le concerne; aucun d'eux ne lui accorde la moindre garantie. Il semble que la législation ne connaisse pas le bénéfice. Elle ne s'occupe pas des relations que la concession bénéficiaire peut établir entre deux hommes. Ces mêmes législations qui sont attentives à garantir la propriété et à en régler la transmission, n'ont aucune protection pour le bénéfice. Il résulte de là une grande inégalité entre les deux hommes : le concédant, qui est propriétaire, a la loi pour lui; le bénéficier, qui n'est pas propriétaire, n'est soutenu par aucune loi. S'il voulait aller en justice, on ne voit ni quelle procédure il pourrait suivre, ni quelle loi il pourrait alléguer.

[1] Tardif, n° 52.

Ainsi le bénéficier était dans la dépendance du concédant, et à sa merci. Les relations entre eux n'étaient réglées ni par un contrat ni par la loi, mais par la volonté de l'un d'eux. Le bénéficier avait, à la vérité, un moyen de ressaisir son indépendance; il lui suffisait pour cela de rendre la terre. Mais, tant qu'il la conservait, il était assujetti. Le bienfait le liait personnellement au bienfaiteur. Il n'était à son égard ni un esclave, ni un colon, ni un fermier; mais, par cela seul qu'il « tenait de lui en bienfait », il se trouvait attaché à lui par tous les sentiments et par tous les intérêts. En introduisant un mode nouveau de possession, le bénéfice a modifié la condition de la terre, et par suite la condition de beaucoup de personnes humaines. C'est peut-être, de tous les modes de tenure, le plus aristocratique : à un contrat, qui mettrait les deux hommes sur un pied d'égalité et les subordonnerait à une loi commune, il substitue une convention qui les subordonne l'un à l'autre.

CHAPITRE VIII

Le patronat chez les Gaulois et les Germains.

Il faut porter maintenant notre étude sur une autre pratique qui n'a pas été sans analogie avec celle du *beneficium* et qui s'est associée à elle. Nous voulons parler de l'ensemble d'usages que la langue a désignés par les noms de patronage, clientèle, protection, défense, sauvement, recommandation, foi, mundebour, truste, vasselage. Sous ces dénominations diverses, il s'agit d'une même institution qui se transmet d'âge en âge en se modifiant. Cette institution consiste essentiellement en ce qu'un homme se met sous la dépendance d'un autre homme.

Cette sorte de dépendance ne doit se confondre ni avec celle de l'esclave à l'égard de son maître, ni avec celle de l'affranchi à l'égard de son patron. Il s'agit ici d'une subordination d'homme libre, d'une subordination volontaire.

Les anciennes sociétés avaient connu l'obéissance du citoyen à l'État, ou celle du sujet à un souverain qui lui-même représentait l'État. L'obéissance dont nous allons parler est celle qu'un homme donne volontairement à la personne d'un autre homme. C'est une sujétion individuelle et personnelle.

Le fait originel qui lui donne naissance est que l'homme faible ou pauvre a besoin de l'homme fort ou riche. Il lui demande donc sa protection, et pour l'obtenir il se soumet à lui. Un engagement se contracte entre les deux hommes : l'un devra protéger, l'autre devra obéir.

Ce patronage a d'abord appartenu à l'ordre privé avant de s'introduire dans l'ordre politique. Il a été pratiqué longtemps par les particuliers avant d'être une institution de l'État. Avant de constituer le régime féodal, il a germé et grandi dans la vie privée des hommes.

Il répugne tellement aux idées modernes, que nous avons quelque peine à le comprendre. Pourtant il a été l'une des pratiques les plus fréquentes que l'histoire signale; apparemment il est l'une des plus conformes à la nature humaine. Il est rare que les sociétés soient assez régulièrement régies pour que tous les êtres humains soient efficacement protégés par les lois générales et les pouvoirs publics. Il arrive alors, presque nécessairement, que, de deux hommes, le plus faible se met sous la protection du plus fort; du même coup il se place sous son autorité. Le patronage se développe surtout dans les sociétés troublées et mal assises. Sa vigueur est en proportion inverse de celle de l'autorité publique. Tantôt celle-ci refoule le patronage et le fait disparaître, tantôt c'est le patronage qui refoule et rejette dans l'ombre l'autorité publique.

Même dans des sociétés bien constituées et bien régies, le patronage peut se produire. L'inégalité de richesse, le grand écart entre l'opulence et la misère, un certain système économique, un certain mode de nomination aux fonctions publiques, pour l'un l'amour du gain, pour l'autre l'ambition, voilà autant de causes qui peuvent déterminer l'homme à rechercher le patronage d'un plus riche ou d'un plus puissant. De là vient que le patronage et la clientèle, sous des formes assez diverses et à des degrés inégaux, peuvent se rencontrer dans des sociétés d'ailleurs fort différentes les unes des autres.

Nous allons observer successivement les trois peuples qui, par le mélange de leur sang ou par le mélange de leurs institutions, ont concouru à former la société française. Chez tous les trois nous trouverons le patronage.

1° LES GAULOIS.

Avant les invasions germaniques, et même avant la conquête romaine, les Gaulois connaissaient le patronat et la clientèle. César, à son arrivée dans le pays, trouva ces pratiques en vigueur. Il montre un Helvète, Orgétorix, à la fois noble et riche[1], qui réunit autour de lui, outre un immense personnel d'esclaves, un grand nombre de clients. Ceux-ci sont des hommes libres, puisque César ne les confond pas avec les esclaves[2].

Quel était le principe de cette clientèle? César ne s'arrête pas à le chercher; il indique toutefois que beaucoup de ces hommes étaient des endettés, *obærati*. Il est difficile de croire qu'il s'agisse ici de dettes d'argent; mais Orgétorix avait pu leur prêter ou du bétail ou de la terre. Ces hommes, sous le nom de débiteurs, étaient peut-être des colons[3]. Cette sorte de clientèle n'avait pas un caractère militaire. C'était une clientèle de serviteurs et de travailleurs. Peut-être a-t-elle tenu une grande place dans les anciennes sociétés gauloises; on la retrouve dans les vieilles lois de l'Irlande.

César dit encore ailleurs que les grands ont à la fois des esclaves et des clients[4]. Il y a chez ces peuples un corps de noblesse, dont César traduit le nom gaulois par le terme de « chevaliers[5] ». Chaque membre de ce corps a autour de sa personne un groupe « de clients et d'ambacts[6] ». Ces deux mots, l'un latin, l'autre gaulois, se

---

[1] César, *De bello Gallico*, I, 2 : *Apud Helvetios nobilissimus fuit et ditissimus Orgetorix*.

[2] Ibidem, I, 4 : *Omnem suam familiam ad hominum millia decem undique coegit, et omnes clientes obæratosque suos, quorum magnum numerum habebat, eodem conduxit*. Il y a dans cette phrase deux éléments à distinguer : d'une part, la *familia*, c'est-à-dire les esclaves, qui sont jusqu'à dix mille ; d'autre part, les clients, qui sont aussi fort nombreux, mais dont le nombre n'est pas indiqué.

[3] Noter que dans la langue latine du temps de César le mot *obærati* s'appliquait à de petits tenanciers. Varron, *De re rustica*, I, 17.

[4] César, VI, 19 : *Servi et clientes*. Diodore de Sicile signale aussi chez les Gaulois les serviteurs libres, V, 29 : Θεράποντας ἐλευθέρους ἐκ τῶν πενήτων καταλέγοντες.

[5] Idem, VI, 15 : *Equitum genus*.

[6] Idem : *Eorum ut quisque est genere copiisque amplissimus, ita circum se plurimos ambactos clientesque habet*.

correspondent et se traduisent[1]. César ajoute que le crédit et la puissance d'un personnage se mesurent au nombre de ses clients et de son cortège.

L'Éburon Ambiorix avait des clients. On notera que César les désigne par les mots *comites* et *familiares*, termes que nous retrouverons à Rome pour désigner aussi des clients. Ceux d'Ambiorix vivaient dans la maison du chef; ils se trouvèrent un jour assez nombreux pour défendre leur chef contre un corps de cavalerie romaine[2]. L'Arverne Vercingétorix, tout jeune encore et fort loin de sa haute fortune, avait déjà assez de clients pour s'en faire une petite armée[3].

Le principe de cette clientèle était que les faibles avaient besoin d'une protection. Chez les Gaulois, l'État, que César appelle *civitas*, était imparfaitement constitué. Rarement il avait la force de se faire obéir des grands et de protéger les petits[4]. Il arrivait donc que le faible, ne

---

[1] Suivant M. d'Arbois de Jubainville, *ambact* est un mot d'origine celtique, employé d'abord par les Gaulois, emprunté ensuite à eux par les Germains. Voir *Origines gauloises*, dans la *Revue historique*, janvier 1886, p. 22. Telle est aussi à peu près l'opinion de Zeuss, *Grammatica celtica*, p. 761. Le principal argument est un texte de Festus : *Ambactus apud Ennium Gallica lingua servus appellatur.* Toutefois nous devons faire observer que ce texte n'est pas dans Festus, mais dans Paul Diacre (édit. Müller, p. 4), et l'on souhaiterait d'avoir le vers d'Ennius pour savoir s'il s'est réellement servi de ce mot et s'il l'appliquait à des Gaulois. — M. Mommsen, *Histoire romaine*, trad. Alexandre, t. VII, p. 21, note, se réfère aussi au texte qu'il attribue à Festus, et il admet qu'Ennius connaissait un mot gaulois 189 ans avant notre ère. Il penche d'ailleurs, comme beaucoup de ses compatriotes, à faire venir le mot *ambact* de la langue germanique ; les Gaulois l'auraient emprunté aux Germains. La conjecture est hardie. — Pour nous, il nous semble qu'il n'y a rien de bien sûr dans cette question, sinon que César désigne par *ambact* une catégorie de clients gaulois.

[2] César, VI, 30 : *Comites familiaresque ejus angusto in loco paulisper equitum nostrorum vim sustinuerunt.*

[3] Idem, VII, 4 : *Convocatis suis clientibus, facile incendit....*

[4] Idem, VI, 13 : *Plerique... injuria potentiorum premuntur.*

se sentant pas soutenu par la puissance publique, cherchait l'appui d'un homme. Il s'adressait à l'un des grands et lui demandait de le défendre contre les autres. Il était juste que cette protection se payât. Le prix en fut la dépendance. Le protégé se mit sous l'autorité du protecteur. C'est ce que César dit clairement : « Dans chaque état, même dans chaque canton, vous trouvez des groupes d'associés[1] ; chacun de ces groupes a un chef[2] ; ce chef décide de toutes choses, exerce une autorité souveraine et dirige toutes les entreprises[3]. » « Cette coutume, ajoute César, est ancienne. Elle vient de ce que tout homme du peuple tient à avoir un protecteur qui le défendra contre un homme qui serait plus fort que lui[4]. Le chef défend les siens contre les abus de la violence ou de la fraude[5]. S'il négligeait de les défendre, il perdrait toute autorité[6]. » C'était bien là le patronage. Les hommes s'y jetaient pour trouver la sécurité. En y entrant ils renonçaient à leur indépendance. « Celui qui les défend, dit César, a sur eux autant de droits qu'un maître en a sur ses esclaves[7]. »

A côté de cette clientèle qui se contractait en vue de la paix, il en existait une autre d'un caractère tout mi-

---

[1] César, VI, 11 : *In Gallia, non solum in omnibus civitatibus atque in omnibus pagis partibusque... factiones sunt.* — Sur le sens du mot *factio*, voir Festus, édit. Müller, p. 86.

[2] Idem : *Earum factionum principes sunt qui summam auctoritatem eorum judicio habere existimantur.* — Ces mots marquent que le chef est choisi par le groupe, ou plutôt que chaque homme s'est groupé librement autour d'un chef.

[3] Idem : *Principes... quorum ad arbitrium judiciumque summa omnium rerum consiliorumque redeat.*

[4] Idem : *Ejus rei causa antiquitus institutum videtur ne quis ex plebe contra potentiorem auxilii egeret.*

[5] Idem : *Suos quisque opprimi et circumveniri non patitur.*

[6] Idem : *Neque, aliter si faciat, ullam inter suos habet auctoritatem.*

[7] Idem, VI, 15 : *In hos eadem sunt jura quæ dominis in servos.*

litaire. César la décrit en deux endroits : dans l'un, il se sert du mot *clientes*; dans l'autre, il emploie le terme celtique ou aquitain de *soldur*[1]. Ce qui caractérise cette sorte de clientèle, c'est qu'elle se contractait par un engagement religieux et une sorte de serment. L'homme se faisait le « dévoué » de son chef[2]. Or ce terme n'avait pas dans la langue de César le sens purement métaphorique qu'il a dans la nôtre; il impliquait réellement « le vœu », c'est-à-dire le don que l'homme faisait par avance de sa personne à un chef pour le jour où celui-ci aurait besoin du sacrifice de sa vie[3]. Un autre écrivain latin, parlant de la même classe d'hommes, dit « qu'ils avaient à l'avance dévoué leur vie pour le salut du chef [4] ». Dès lors, lui appartenant tout entiers, ils devaient partager sa bonne et sa mauvaise fortune. S'il mourait, ils devaient mourir comme lui. C'était la conséquence de l'obligation religieuse qu'ils avaient contractée à son égard[5].

On a supposé qu'un sentiment moral d'une exquise délicatesse, une sorte de point d'honneur chevaleresque, inspirait ces dévouements. C'est se tromper sur la nature humaine. Le désintéressement et le sacrifice étaient choses aussi exceptionnelles dans les anciennes

---

[1] César, VII, 40, et III, 22. Les deux passages, nous le verrons bientôt, se rapportent à la même institution.

[2] Idem, III, 22 : *Cum sexcentis* DEVOTIS *quos illi soldurios vocant*. [Cf. plus haut, p. 27.]

[3] César n'emploie pas par hasard le mot *devoti*; il le répète quelques lignes plus bas : *Cujus se amicitiæ* DEVOVISSET. — Sur le sens des mots *devovere* et *devotio*, voir Cicéron, *De officiis*, III, 25; *De natura Deorum*, III, 6; Tacite, *Annales*, II, 69; Suétone, *Caligula*, 5; Tite Live, VIII, 9; Macrobe, III, 9.

[4] Valère Maxime, II, 6, 11, [édit. Kempf] : *Celtiberi nefas esse ducebant prælio superesse cum is occidisset pro cujus salute* SPIRITUM DEVOVERANT.

[5] Cette obligation religieuse ressort, d'abord de l'expression *se devovere* qui est employée trois fois par César et par Valère Maxime, ensuite du terme *nefas* que ces deux écrivains emploient également en parlant des mêmes hommes (Valère Maxime, II, 6, 11; César, VII, 40).

sociétés que dans les nôtres. La fidélité et le dévouement dont il s'agit ici n'étaient que la conséquence du pacte intervenu entre les deux hommes. Ils avaient eu besoin l'un de l'autre. A l'un il fallait la nourriture, le vêtement, la terre, ou la protection. A l'autre, il fallait des serviteurs et des soldats. C'est pour cela que l'un était entré dans le patronage de l'autre. Ces « dévoués » étaient de véritables clients. Aussi est-ce par le nom de clients que César les désigne dans un autre passage[1].

Les Gaulois connaissaient donc la clientèle sous ses deux formes, la clientèle de service et de travail, et la clientèle guerrière[2]. Les érudits qui, de nos jours, commencent à entrevoir les anciennes institutions de l'Irlande, y signalent la pratique du patronat et de la clientèle. Ces populations ont eu, dès les premiers siècles du moyen âge, une sorte de féodalité, sans qu'il y ait eu introduction chez elles d'aucun élément germanique. La féodalité n'est venue chez elles ni d'une conquête, ni de la supériorité d'une race sur une autre. Elle est née spontanément des habitudes du patronat. Les érudits mettent en lumière ce trait particulier, que le principe du patronat irlandais a été moins la force guerrière que la richesse. Le client, le futur vassal, a été le plus souvent un pauvre auquel le riche avait donné quelque petite part de sa richesse en bétail ou en argent, pour l'enchaîner à soi par une sorte de dette et faire de lui un sujet[3]. Ces pratiques, on peut l'ad-

---

[1] César, VII, 40 : *Litavicus cum suis* CLIENTIBUS *quibus more Gallorum nefas est etiam in extrema fortuna deserere* PATRONOS.

[2] Le même lien de patronat et de clientèle se formait entre les divers états gaulois. Par exemple, les Éburons étaient « clients » des Trévires (César, IV, 6); les Éduens avaient sous eux beaucoup de peuples clients (idem, VI, 12).

[3] Nous ne pouvons qu'énoncer ces faits d'après les érudits qui les expo-

mettre, avaient été communes à toutes les anciennes populations gauloises.

2° LES GERMAINS.

Tacite, dans son traité particulier de la Germanie, ne décrit pas le patronat. Ni ce mot, ni celui de clientèle, ne se rencontrent dans ce petit livre. Mais dans ses autres ouvrages, l'historien a été amené plusieurs fois, à l'occasion des faits qu'il racontait, à mentionner, sinon à décrire, la clientèle germanique.

Lorsque Ségeste le Chérusque se rend au camp romain, il est accompagné « d'une nombreuse troupe de clients[1] »; et ces clients sont visiblement des hommes libres, et même des guerriers pour la plupart, car l'historien remarque que beaucoup d'entre eux portaient encore les dépouilles enlevées jadis à l'armée de Varus et qui leur étaient échues dans le partage du butin[2]. Lorsque Inguiomère se sépare d'Arminius pour aller se joindre aux alliés de Rome, il est entouré d'une troupe de clients[3]. Un roi germain nommé Vannius, vaincu par d'autres Germains, s'enfuit, et ses clients le suivent[4].

Si l'on regarde d'ailleurs avec attention le passage où Tacite parle du *comitatus* germanique, on reconnaîtra

---

sent; notre ignorance des langues celtiques nous empêche d'en vérifier l'exactitude et d'en étudier le détail. On consultera avec fruit Sumner Maine, *Institutions primitives*, pages 163 et suivantes de la traduction Durieu de Leyritz, et d'Arbois de Jubainville, *Etudes sur le Droit celtique*, 1881, p. 59-68.

[1] Tacite, *Annales*, I, 57 : *Magna cum propinquorum et clientium manu.*
[2] Idem : *Ferebantur et spolia Varianæ cladis, plerisque eorum qui tum in dedicationem veniebant prædæ data.*
[3] Idem, *Annales*, II, 45 : *Cum manu clientium.*
[4] Idem, ibidem, XII, 30 : *Secuti clientes.*

que, sans prononcer le nom de la clientèle, il la décrit[1]. Les hommes qui s'attachent à un chef sont appelés par lui des « compagnons », *comites*; mais nous nous tromperions en voyant en eux des égaux, car le mot latin *comites* n'a pas ce sens; et d'ailleurs, une ligne plus loin, Tacite les appelle des « suivants », *qui sectantur*. Il remarque que chez eux « il n'y a rien de déshonorant à figurer parmi les *comites* », remarque qui n'aurait aucun sens si le mot *comites* n'impliquait pas ici une véritable infériorité. Cela est confirmé par les traits qui suivent. « Parmi ces *comites* il y a des inégalités et des rangs; ces rangs sont assignés par le chef[2]. » Un serment attache le *comes* au chef, au point que la vie, la volonté, l'honneur même du premier appartiennent au second[3]. Ce groupe[4], qui se forme surtout en vue de la guerre, subsiste pourtant en temps de paix; il est permanent[5]. L'homme est nourri et rémunéré par le chef. Il combat pour lui, non pour la patrie. C'est de lui, non de l'État, qu'il reçoit la framée et le cheval de bataille. Il peut d'ailleurs quitter son chef pour passer à un autre[6]. Mais tant qu'il obéit à un chef, il doit exécuter tous ses ordres, sacrifier sa vie

---

[1] Tacite, *Germanie*, 13. — [Cf. notre chapitre 2.]

[2] *Gradus quinetiam comitatus habet, judicio illius quem sectantur.*

[3] Tacite, 14 : *Illum defendere, tueri, sua quoque fortia facta gloriæ ejus adsignare præcipuum sacramentum est; principes pro victoria pugnant, comites pro principe.*

[4] Idem, 13 : *Juvenum globus.*

[5] Cela résulte des mots *in pace decus*, du chap. 13.

[6] Cela résulte des mots : *Magna principum æmulatio cui plurimi comites.* Et plus loin : *Magnum comitatum non nisi bello tueare.* Mais nous ne saurions dire si ce changement de chef n'était pas soumis à certaines conditions qui le rendissent assez difficile et assez rare. Le mot *juvenum* du chapitre 13 permet de croire que les hommes ne restaient pas toute leur vie dans ces liens, et qu'ils en sortaient à un certain âge pour rentrer dans la vie régulière de la *civitas*.

pour le sauver ou mourir avec lui. En tout cela, nous reconnaissons la sujétion de l'homme, non à l'État, non à la loi, non à un roi, mais à la personne d'un autre homme : et cette sujétion, de quelque nom qu'on l'appelle, c'est la clientèle ou le patronat.

Ce qui autorise à croire que Tacite a réellement voulu dans ce passage décrire des clients et une clientèle, c'est que, dans la langue courante de son temps, ainsi que nous le verrons plus loin, le mot *comites* se disait des clients, et le mot *comitatus* du groupe formé par la clientèle.

Ces habitudes durèrent chez les Germains après l'époque de Tacite. Deux cent cinquante ans plus tard, Ammien Marcellin raconte qu'un roi alaman, nommé Chonodomar, vaincu, se livre aux Romains; il se rend « seul » dans leur camp; mais, bientôt après, deux cents guerriers courent se livrer à leur tour au vainqueur. L'historien remarque que ces hommes ne sont pas de la masse de l'armée ni de la foule des sujets. Ce n'est pas non plus comme simples sujets du roi qu'ils agissent. Ammien dit qu'ils sont ses « compagnons[1] ». Et il ajoute que rien ne les obligeait à se livrer aux Romains, sinon qu'il y aurait eu infamie pour eux à vivre si leur chef était mort, ou à rester libres s'il était captif. Ces hommes étaient donc liés personnellement au chef[2]. Il y avait aussi des rangs parmi eux; car Ammien remarque qu'il y en avait deux cents qui étaient de simples *comites*, tandis que trois étaient des *amici*[3]. Il semble bien que par ces deux termes, dont nous verrons tout à l'heure la

[1] Ammien, XVI, 12, 60 : *Comitesque ejus ducenti numero.* — [Cf. plus haut, p. 20.]

[2] Ammien parle encore des *comites* dans un autre passage, XVII, 10, 8, où il dit que Julien retient en otage quatre *comites* d'un roi alaman, *quorum ope et fide maxime nitebatur.*

[3] XVI, 12, 60 : Comites et tres amici *junctissimi.*

distinction très nette dans la langue des Romains, l'historien ait voulu traduire deux termes également distincts de la langue des Germains.

Un siècle et demi plus tard, Jordanès rapporte que le jeune Théodoric, voulant faire une guerre contre les Sarmates sans y être autorisé par le roi son père, réunit autour de lui « des clients et des amis » au nombre de six mille et s'en fit une armée[1].

Ces *comites*, ces *clientes*, ces *amici*, voilà à la fois le *comitatus* et la clientèle : c'est la clientèle guerrière. Existait-il d'autres formes de clientèle chez les Germains? Cela est possible, vraisemblable même; mais nos documents n'en signalent pas.

Beaucoup d'érudits modernes ont pensé que lorsque ces Germains avaient envahi l'Empire, ils étaient organisés en petits groupes de compagnons. Ils ont représenté le peuple wisigoth, le peuple burgonde ou le peuple franc, divisé en un nombre de petites bandes qui auraient eu chacune leur chef propre. Dans ce système, le principe de groupement dans la foule envahissante aurait été la clientèle militaire. Plusieurs petites bandes de clients ou vassaux se seraient groupées entre elles hiérarchiquement. L'ensemble aurait été une échelle de chefs, de sous-chefs, de guerriers, assez semblable à ce que fut plus tard l'échelle féodale.

Les documents n'autorisent pas cette hypothèse. Dans ce que les contemporains nous disent sur les Burgondes, les Wisigoths ou les Francs, il n'y a pas une ligne qui l'appuie. Leurs descriptions n'ont pas un seul trait qui puisse se rapporter à un tel tableau. Rien n'autorise à dire que les nouveaux venus fussent généralement unis entre eux par la chaîne du patronat. Ce

---

[1] Jordanès, *Getarum*, *Rebarum*. c. 55.

n'est pas par des organismes féodaux que les invasions se sont faites.

Mais, en rejetant cette opinion excessive, il faut admettre que les Germains avaient eu dans leurs vieux âges et avaient encore des habitudes de patronat et de clientèle. Ils ne les pratiquaient pas comme institution générale; ils n'en avaient pas fait chez eux le principe de l'organisation politique; leurs états, au contraire, tels que les décrit Tacite, étaient constitués d'après de tout autres règles. Mais ils connaissaient le patronat comme une pratique volontaire et individuelle, que les hommes adoptaient librement suivant leur caprice, leur intérêt ou leur besoin. Lorsqu'ils entrèrent en Gaule, ils apportaient avec eux le patronat parmi les conceptions de leur esprit et parmi leurs habitudes.

Mais il faut faire une remarque. Cette pratique du patronat, c'est-à-dire de la sujétion personnelle de l'homme à l'homme, qui appartenait aussi bien aux Germains qu'aux Gaulois, n'était ni chez les uns ni chez les autres un élément de l'organisation politique. César, qui décrit les états gaulois, ne confond jamais l'autorité publique exercée par les magistrats avec l'autorité toute personnelle que le patron exerçait sur ses clients. Tacite, qui décrit les états germains, qu'il appelle *civitates*, trace le tableau d'un organisme dans lequel le *comitatus* n'entrait pas. Ainsi, chez les Gaulois et chez les Germains, les institutions de patronage ne faisaient pas partie essentielle des institutions politiques. C'est là la grande différence entre ces vieilles sociétés et celles du moyen âge. Une sorte de vassalité existait déjà, mais en dehors de l'État. Ni chez les Gaulois ni chez les Germains cette vassalité n'engendra l'état féodal.

CHAPITRE IX

Le patronat et la « commendatio » dans la société romaine.

La domination de Rome n'était pas pour faire perdre aux populations gauloises leurs habitudes de clientèle et de patronat; car ces habitudes existaient aussi dans la société latine.

La clientèle dont nous allons parler ici ne doit pas être confondue avec la clientèle des temps primitifs, qui avait été une sorte de lien religieux et domestique. Elle ne se confond pas non plus avec une autre clientèle qui se formait par l'affranchissement. La clientèle antique avait été héréditaire; la clientèle de l'affranchi était obligatoire. Celle dont nous allons parler est volontaire. Il s'agit d'un lien de patronat, de protection, de sujétion, qui est contracté par la volonté libre des deux parties.

Nous avons vu ce patronat en Germanie et en Gaule; nous allons étudier la même institution, et plus longuement, dans la société romaine. De ce que nous nous y étendrons davantage, on ne devra pas conclure qu'elle tînt plus de place dans la société romaine qu'en Germanie et en Gaule; car cela ne pourrait pas être affirmé. Nous nous y étendrons davantage par le seul motif que nos documents sont plus nombreux. A Rome, mieux qu'en Gaule ou en Germanie, nous pourrons étudier le patronat en détail et en voir le principe et la nature.

Cette étude n'est pas étrangère à l'histoire du moyen âge. Il ne sera pas inutile de porter notre attention sur des pratiques qui ont pu se transmettre, sur des mots mêmes qui se sont transmis. Il sera bon d'observer la nature du patronat avant l'époque où ce patronat a engendré le régime féodal. Il y aura à discerner les différences ou les ressemblances qu'il a eues avec le patronat des âges suivants. Ce qui fait le fond de la science historique, c'est l'observation de la continuité des choses et de leurs lentes modifications.

1° LA CLIENTÈLE VOLONTAIRE DANS LES DEUX DERNIERS SIÈCLES DE LA RÉPUBLIQUE.

Plaute parle déjà de cette clientèle[1]. Un de ses personnages se plaint des ennuis qu'elle lui cause : « La sotte et déplaisante coutume ! C'est celle des plus grands et des meilleurs d'entre nous. C'est à qui aura le plus de clients. Ils prennent tous ceux qui se présentent, sans s'inquiéter de la qualité[2]. » Il est visible que les clients dont il s'agit ici sont des hommes libres; petites gens qui recherchent un patron, et que, tout autant, le patron recherche. Comme en Germanie et en Gaule, le crédit et l'autorité d'un grand de Rome se mesurent au nombre de ses clients. Chaque client a besoin du patron pour être protégé, pour être soutenu dans ses procès, pour être au besoin nourri. Le patron a besoin de tous ses clients pour avoir un cortège tous les jours et pour avoir des votes aux jours d'élections.

---

[1] On sait que Plaute traduit des pièces grecques, mais on sait aussi que les mœurs et les habitudes qu'il décrit sont toutes romaines.
[2] Plaute, *Ménechmes*, IV, 2 :

> Ut hoc utimur maxime more moro
> Molestoque multum ! Atque uti quique sunt
> Optumi maxumi, morem habent hunc :
> Clientes sibi omnes volunt esse multos;
> Bonine an mali sint, id haud quæritant.

Cette même sorte de clientèle est signalée par Térence. Non que Térence veuille précisément parler d'elle; il traduit une pièce de Ménandre, lequel ne connaissait pas cette clientèle à Athènes. Mais, ayant à traduire des vers où le poète grec parlait de simple protection, Térence est amené par les habitudes de sa langue à employer les termes qui étaient ceux du patronage romain. Un de ses personnages dit : « Je me recommande et confie à ta foi et te prends pour patron sur moi[1]. » Et plus loin : « Thaïs s'est recommandée à mon père en clientèle et foi ; elle s'est donnée à nous, elle nous est toute[2]. » Ces expressions, qui appartenaient à la langue courante des Romains, étaient celles qui caractérisaient la clientèle volontaire. Ce n'étaient pas des termes vagues. C'étaient les termes sacramentels, c'était presque la formule de l'acte par lequel l'homme se donnait à un patron.

Ces mêmes termes, *se commendare, se dare, clientela, fides, patronus,* continueront d'être employés, pour désigner le même acte, à travers tout l'Empire romain, dans la période mérovingienne, et dans la période carlovingienne.

Cicéron parle aussi de la clientèle, et l'expression par laquelle il la désigne est significative. Être client, c'est « être dans la foi d'un autre et dans sa clientèle[3] ». Il a encore une phrase qui montre le caractère essentiel de ce patronage; non seulement il est volontaire, mais encore le client peut quitter celui qu'il a d'abord choisi et se transporter à un autre patron. « Ces hommes, dit-il,

---

[1] Térence, *Eunuchus*, V, 2, 70 : *Me tuæ commendo et committo fidei, te mihi patronam capio* (ou *cupio*?).

[2] Ibidem, V, 9 : *Thais patri se commendavit in clientelam et fidem, nobis dedit se. — Fratris igitur Thais tota est.*

[3] Cicéron, *Pro Roscio Amerino*, 33 : *Quære in cujus fide sint et clientela.*

ont cessé d'adresser leur respect et leur obéissance à Roscius et ils se sont transportés dans la foi et clientèle de Chrysogonus¹. »

L'expression « être dans la foi d'un autre » était sans doute l'expression courante, peut-être même l'expression consacrée, car on la trouve dans un texte de loi de l'an 122 avant notre ère, qu'un marbre nous a conservé². La *Lex Acilia de repetundis*, qui autorise tout étranger à accuser un magistrat romain pour concussion, et qui oblige le préteur à donner à cet étranger un patron pour le soutenir en justice³, contient cette disposition singulière : « Le préteur aura soin de ne pas assigner pour patron à l'étranger un homme dont le magistrat accusé soit le client, ou dont les ancêtres aient eu pour clients les ancêtres de l'accusé⁴. » Ces mots jettent un grand jour sur la clientèle. Ils montrent d'abord que cette clientèle pouvait être héréditaire. Ils montrent aussi qu'elle créait un lien tel, que celui qui se trouvait être déjà le patron d'un accusé, ne semblait pas pouvoir intervenir en faveur de l'accusateur. Ils montrent surtout que l'usage du patronat était fort répandu, et que des magistrats même pouvaient se trouver dans la situation de clients. Les clients n'étaient donc pas uniquement cette tourbe de gens sans aveu qui venaient chaque matin à la porte d'un riche mendier la sportule. Il existait des clients d'un ordre plus relevé.

---

[1] Cicéron, *Pro Roscio Amerino*, 37 : *Omnes eum colere atque observare destiterunt ac se in Chrysogoni fidem et clientelam contulerunt.*

[2] *Lex Acilia*, dans le *Corpus inscriptionum latinarum*, t. I, n° 98, § 10, p. 58 : *Cujus in fide is erit.* La même expression est répétée au § 33, p. 60.

[3] Le *patronus* dont il s'agit ici est un simple patron judiciaire ; son patronage se borne à présenter l'étranger en justice.

[4] *Lex Acilia* : *Cujus in fide is erit majoresve in majorum fide fuerint.*

On pouvait être un magistrat, un chevalier, un sénateur, et être encore le client d'un plus grand. Il y avait des clients dans toutes les classes de la société.

Cette loi prouve encore que la clientèle n'était pas un état déshonorant, puisqu'on parle d'elle ici comme d'un fait régulier et reconnu.

Comme il y avait plusieurs classes de clients, on leur donnait aussi plusieurs noms. Le terme de client qui s'appliquait à tous avait pris une signification un peu humiliante. A ceux d'un ordre plus relevé on appliqua la qualification plus haute de *comites*. Encore devons-nous faire attention que dans la langue latine le mot *comes* n'avait pas exactement le sens que nous donnons au mot compagnon. Dans notre langue, un compagnon est ordinairement un égal; chez les Romains un *comes* était surtout un « suivant », un homme qui faisait cortège, un « homme de la suite d'un autre[1] ». *Comitem vocamus*, dit Ulpien, *qui sequatur*[2]. Ce terme contenait donc, non l'idée d'égalité, mais l'idée d'infériorité. C'est ainsi que Cicéron appelle *comites* les gens attachés à sa personne, hommes libres et fort supérieurs aux affranchis, mais qui obéissent à ses ordres et qu'il charge de toutes ses commissions[3].

Aux clients, du moins aux plus élevés d'entre eux, s'appliquait aussi le titre d'*amicus*. C'était un terme de

---

[1] *Comes* s'oppose à *dux*; *dux* est celui qui précède, *comes* celui qui vient derrière. Voir cette opposition bien marquée dans Cicéron, *De amicitia*, 11 : *Nec se comitem illius furoris sed ducem præbuit*; idem, *Pro Marcello*, 4 : *Hujus rei tu idem et dux es et comes*. Cf. Virgile, VI, 778 : *Addere se comitem alicui*; Pline, *Hist. nat.*, *Præfatio*, 22 : *Profiteri se comitem Platonis*.

[2] Ulpien, au Digeste, XLVII, 10, 15, § 16.

[3] Cicéron, *Ad Atticum*, VIII, 1 : *Misi hominem certum de comitibus meis*. — Le mot *comitatus* a toujours signifié le cortège ou la suite de quelqu'un.

convention. La politesse voulait que le patron appelât ainsi ceux de ses gens qui avaient droit à quelques égards. Cette qualification paraît avoir été en usage dès le temps de Scipion Émilien. Appien traduit visiblement le mot *amici* lorsqu'il dit que Scipion, partant de Rome pour prendre le commandement de l'armée d'Espagne, « emmena cinq cents amis et en forma une cohorte, qu'il appela la cohorte des amis[1] ». C'est la première fois qu'on voit apparaître ce terme d'*amici* appliqué à l'entourage immédiat d'un chef ou d'un grand[2]. Il gardera cette signification durant tout l'Empire romain et au delà.

Chaque grand personnage de Rome eut dès lors son groupe « d'amis », c'est-à-dire de clients. Ces amis étaient si nombreux, qu'il ne pouvait pas bien savoir leurs noms : il lui fallait un nomenclateur pour les lui nommer; encore ce nomenclateur ne pouvait-il pas se fier toujours à sa mémoire : il avait un registre où les noms étaient écrits[3]. Ces hommes devaient venir chaque jour pour « saluer » le maître[4]. Ils arrivaient « en un gros bataillon », et « frappaient à la porte[5] ». Elle ne s'ouvrait pas toujours. De temps à autre elle s'entr'ouvrait pour en laisser passer quelques-uns[6]. On distinguait « les amis de la première audience » et ceux qui

---

[1] Appien, *Guerre d'Espagne*, c. 84: Φίλους πεντακοσίους, οὓς εἰς ἴλην καταλέξας, ἐκάλει φίλων ἴλην.

[2] Un terme analogue était usité en Grèce, en Macédoine, en Égypte.

[3] *Quos vix nomenclatorum complectitur aut memoria aut manus*, Sénèque, *De beneficiis*, VI, 34. L'auteur parle en philosophe et, jouant sur les deux applications diverses que la langue faisait du mot *amicus*, il oppose au véritable ami, qu'il appelle *res rara*, les *amici* de la société romaine.

[4] Idem : *Quorum disponitur salutatio*.

[5] Idem : *Isti amici qui agmine magno januam pulsant*.

[6] Idem : *Amicum vocas, qui per fores maligne apertas non intrat, sed illabitur*.

n'étaient introduits qu'à la seconde, s'il y en avait une[1]. En attendant, ils se rangeaient à la porte du logis, plus ou moins près de cette porte, suivant leur place dans « l'amitié » du maître[2].

On attribuait à Caius Gracchus et à Livius Drusus d'avoir les premiers réparti les *amici* en plusieurs rangs. Ces deux hommes, que l'histoire représente comme deux démocrates, avaient un tel nombre d'*amici*, sans compter la foule des clients vulgaires, qu'ils crurent devoir établir « dans cette cohue d'amis » une classification régulière[3]. Ils eurent les amis de premier rang, de second rang, de troisième rang[4]. On reconnaissait les premiers à ce qu'ils obtenaient, de temps à autre, une audience et pouvaient voir le maître seul à seul; les seconds n'étaient introduits près de lui que par groupes; quant aux amis du troisième degré, ils n'abordaient le patron que tous ensemble et par masse[5].

Il serait trop long d'observer toutes les faces diverses que prenait cette clientèle. Prenons du moins un exemple. Trébatius Testa, qui était un assez riche propriétaire[6], et qui avait de l'ambition[7], se plaça tout jeune dans la clientèle de Cicéron, et figura parmi ses *amici*[8].

---

[1] Sénèque, *De beneficiis* : *Qui in primas et secundas admissiones digeruntur*.

[2] Idem : *Est proprium superbiæ magno æstimare introitum ac tactum sui liminis, et pro honore dare ut ostio suo propius assideas, ut gradum prior intra domum ponas.*

[3] Idem : *Primi omnium Caius Gracchus et Livius Drusus instituerunt segregare turbam suam.*

[4] Idem : *Habuerunt itaque amicos primos, habuerunt secundos.*

[5] Idem : *Alios in secretum recipere, alios cum pluribus, alios universos.*

[6] Cicéron, *Ad familiares*, VII, 20.

[7] Il devint plus tard tribun de la plèbe, édile curule; c'est surtout comme jurisconsulte qu'il acquit de la réputation.

[8] Cicéron, *Ad familiares*, VII, 17 : *Quam te ex adolescentia tua in*

A ce titre, nous voyons qu'il devait à Cicéron « conseil et services[1] ». Cicéron lui devait en retour la protection, *tueri*, et travaillait à le pousser dans la carrière[2]. Un jour, Cicéron imagina, dans l'intérêt sans doute de Trébatius, de le faire passer de sa clientèle dans celle de César. Cela était dans les habitudes romaines. Il lui écrit dans une lettre « qu'il l'a remis et donné » à César[3], et dans la lettre qu'il écrit à César il lui dit : « Je t'envoie Trébatius et te le donne tout entier, le faisant passer de ma main dans la tienne[4]. » Il garde d'ailleurs dans les lettres qu'il continue d'écrire au jeune homme le ton d'un patron et d'un directeur, et l'on peut voir dans ces lettres avec quel mélange de politesse et d'autorité un patron parlait à cette catégorie de clients[5].

Il n'est pas bien sûr que Cicéron, qui avait de tels clients, n'ait pas été lui-même, au moins au début de sa carrière, client de Pompée. Cela expliquerait à la fois sa fortune politique inespérée et beaucoup d'actes de sa vie ; cela ferait peut-être l'unité de cette vie en apparence inconstante.

---

amicitiam fidemque meam contulisses. — Les mots *amicitia* et *fides* sont caractéristiques de la clientèle, comme nous le verrons plus loin.

[1] Cicéron, *Ad familiares*, VII, 17 : *Non mediocri afficiebar utilitate ex consilio atque opera tua.*

[2] Ibidem : *Semper te non modo tuendum, sed etiam augendum atque ornandum putavi.*

[3] Ibidem, VII, 17 : *Ei te commendavi et tradidi.*

[4] Ibidem, VII, 5 : *Totum hominem tibi trado de manu in manum tuam.* Ces termes, que Cicéron applique ici à la clientèle, sont ceux qui s'appliquaient d'ordinaire au transfert de la propriété. — Je pourrais citer, comme autre exemple de cette façon de se passer un client, un certain Clodius que Scipion donna à César, *tradidit et commendavit*, César, *De bello civili*, III, 57. Ces mots étaient apparemment les termes consacrés pour cette sorte de transfert de clientèle.

[5] Cicéron, *Ad familiares*, VII, 6, 7, 8, 10, 12, 13, 14. Ces lettres sont de l'an 700 de Rome ; une lettre de 704 (IV, 1) montre que Trébatius était encore le *familiaris* de Cicéron.

La clientèle romaine, comme elle comprenait plusieurs espèces et mille nuances, donnait lieu aussi à des appellations diverses. Nous avons vu les noms de *cliens*, de *comes*, d'*amicus*. On désignait aussi un client par le terme de *familiaris*[1]; il faisait en effet partie de la grande *familia* du patron, c'est-à-dire de sa maison. Le terme *necessarius* marquait le lien étroit qui unissait les deux hommes[2]. Il semble, d'après deux passages d'Horace et une lettre d'Auguste, qu'on donnait encore au client la qualification de *conviva* ou *convictor*; cela indiquait qu'il partageait la vie du patron, quelquefois sa table[3].

Horace a naturellement connu toutes les formes de clientèle usitées de son temps, et il en a décrit quelques-unes. Voyez l'histoire qu'il raconte de Vultéius Ména. « Longtemps Vultéius avait voulu se soustraire aux attraits de la clientèle; pauvre, il gagnait sa vie; il avait un chez-soi, *larem certum*; il n'appartenait à personne. Mais le riche Philippus s'est mis en tête de faire de lui un client; il lui fait des avances; il l'attire dans sa maison, et voilà Vultéius qui devient *cliens* et *conviva*[4]. Il est même un jour *comes*, c'est-à-dire qu'on lui fait l'honneur de le faire marcher à la suite du maître un jour qu'il se rend à sa maison des

---

[1] Cicéron, *Ad familiares*, IV, 1 : *Trebatius, familiaris meus.* — *Pro Roscio Amerino*, 7 : *Glaucia cliens et familiaris istius Roscii.*

[2] César, *De bello civili*, III, 57 : *Cæsar Clodium in suorum necessariorum numero habere instituerat; huic dat litteras mandataque....* — Cicéron, *Ad familiares*, XII, 2; *Ad Brutum*, 6. — On trouve une fois le mot *peculiaris* dans une inscription de 378, Henzen, 6418.

[3] Horace, *Épîtres*, I, 7, 75 : *Mane cliens et jam certus conviva.* — Idem, *Satires*, I, 6, 47 : *Sum tibi, Mæcenas, convictor.* — Lettre d'Auguste, citée par Suétone, *Vita Horatii* : *Tanquam si convictor mihi fueris.* — Rapprochez de cela un passage de Cicéron où il est parlé des *domesticæ convictiones*, c'est-à-dire de l'ensemble des gens de la maison (*Lettre à Quintus*, I. 1, édit. Le Clerc, t. XXI, p. 256).

[4] Horace, *Épîtres*, I, 7.

champs¹. » Encore est-il un trop mince personnage pour qu'on le gratifie du titre d'*amicus*. Son patron lui donne de l'argent, lui en prête, lui fait acheter une terre et le transforme en un paysan. Mais Vultéius regrette le marché et finit par supplier son patron de lui rendre sa liberté.

Horace lui-même est un client, mais de rang plus élevé ; Mécène l'a fait inscrire « sur la liste des amis² ». Ce terme d'ami ne doit pas faire illusion. Entre le tout-puissant Mécène et le jeune Horace qui n'avait encore presque rien produit et qui n'était alors qu'un petit commis de la questure, il ne se pouvait agir de ce que nous appelons l'amitié. Mécène n'avait encore parlé à Horace qu'une fois, et pour lui demander qui il était³. L'admettre « au nombre des amis », ou, comme dit ailleurs Horace, « au nombre de ses gens⁴ », c'était l'admettre dans son groupe, dans son cortège, dans sa maison, sous son patronage, et dans les rangs supérieurs de la clientèle. Mécène l'emmène parfois en voyage ; un jour il le fait asseoir à ses côtés au théâtre, et toute la ville s'extasie devant une telle distinction⁵ ; mais peut-être ne lui confierait-il pas un secret⁶. Je ne doute guère qu'un sentiment affectueux n'ait uni Horace et Mécène ; mais dans le passage où Horace écrit qu'il est l'*ami* de Mécène, il veut dire qu'il est son client⁷.

¹ Horace, *Épîtres*, I, 7, vers 75 :
*Jubetur
Rura suburbana indictis comes ire Latinis.
Impositus mannis....*

² Idem, *Satires*, I, 6, v. 62 : *Jubesque esse in amicorum numero.*
³ Ibidem, v. 56-60.
⁴ Idem, *Satires*, II, 6, v. 41 : *Suorum in numero.*
⁵ Ibidem, II, 6, v. 42 et suivants.
⁶ Ibidem.
⁷ Ce vers se rapporte en effet à la seconde fois qu'Horace avait été présenté à Mécène ; un intervalle de neuf mois s'était écoulé entre les deux

Ainsi l'on peut tenir pour certain que le patronat volontaire, sous les noms de *clientela*, de *comitatus*, d'*amicitia*, existait dans la société romaine.

2° RELATIONS ENTRE CLIENTS ET PATRONS.

Nous voudrions dire avec exactitude comment le lien de protection se contractait, quelle était la nature de ce lien et quelle sorte de relations il établissait entre les deux parties. Cela est fort difficile, à cause de l'insuffisance et du vague de nos documents. Les écrivains, qui nous parlent si souvent de ce patronat, n'en disent jamais la nature ni les conséquences. Comme ils n'écrivaient pas pour nous, mais pour leurs contemporains, ils n'ont pas pris la peine de définir ce que tout le monde savait. Nous n'avons pas non plus la ressource des lois et des textes juridiques. Les lois et les textes juridiques nous éclairent sur le patronage des affranchis; ils ne nous apprennent rien sur le patronage volontaire des hommes libres [2].

présentations. — Suétone dit qu'il existait de son temps une lettre en prose d'Horace *commendantis se Mæcenati*, mais qu'il croit cette lettre fausse, parce qu'elle est d'un style obscur. On souhaiterait que cette lettre, fût-elle même fausse, se retrouvât. — Suivant Suétone, Auguste aurait reproché à Horace d'avoir méprisé son amitié : *Amicitiam nostram sprevisti*. C'est sans doute une allusion à ce qu'Horace aurait refusé de quitter la maison de Mécène pour celle d'Auguste (Suétone, édit. Hase, t. II, p. 454). — Un autre *amicus* de Mécène était C. Melissus, dont on ne savait pas s'il était libre ou esclave; il avait été donné comme esclave *grammaticus* à Mécène...., *cum se gratum et acceptum in modum amici videret*, Suétone, *Grammatici*, 21. — Cette acception du mot *amici* est bien marquée dans Cicéron, *Pro Murena*, 34; il parle de la *tenuiorum amicorum assiduitas*, qui consiste à faire cortège aux grands lorsqu'ils se rendent au forum. D'après Salluste, *Catilina*, 26, Cicéron, pendant la conjuration de Catilina, *circum se præsidia amicorum atque clientium occulte habebat*. [Cf. Marquardt, *Privatleben*, p. 200 et s.]

[2] Du moins avant le IVe siècle. Il y a un passage de Cicéron où l'on serait d'abord tenté de voir une règle de droit relative à ce patronage. C'est ce qu'il dit du *jus applicationis*, au *De oratore*, 1, 39. Mais en

Il est vrai que, de ce silence même des lois, nous pouvons dégager l'un des caractères du patronage. Si les lois ne s'occupent pas de lui, c'est apparemment qu'il est une pratique extra-légale. Il est en dehors de la constitution politique, en dehors aussi du Droit privé. On remarquera que les jurisconsultes du Digeste, lesquels nous présentent toutes les difficultés juridiques et en donnent la solution, ne nous donnent aucune solution, aucune opinion, aucune explication, au sujet de ce patronat[1]. Nous pouvons conclure de là que ce patronat ne donnait lieu à aucune question juridique. Il n'était pas matière à procès, et certainement les écrivains ne font jamais mention d'un seul conflit en justice auquel il ait donné lieu. C'est qu'étant étranger au Droit, aucune action judiciaire ne s'exerçait à cause de lui. Voilà un premier point acquis, et il est important.

D'autres traits essentiels du patronat ressortiront de l'observation des mots qui y étaient employés.

Le terme qui paraît avoir été le plus usuel pour désigner l'acte de se faire client était *se commendare*[2]. Or ce mot n'avait pas le sens vague du français « recomman-

regardant de près on voit qu'il s'agit d'une sorte de patronage spécial aux étrangers : *Qui Romam in exilium venisset, cui Romæ exsulare jus esset, sese ad aliquem quasi patronum applicuisset.* Dans le cas où cet étranger mourait sans tester, quelques jurisconsultes croyaient que le patron héritait de ses biens. C'est que, l'exil ayant brisé ses liens de famille, on ne lui voyait d'héritier possible que son patron. On appliquait ici la règle des affranchis. Mais il ne faut pas conclure de cette clientèle toute spéciale à la clientèle des citoyens romains.

[1] C'est à peine s'ils mentionnent deux ou trois fois le client, incidemment. Exemple, Paul, au Digeste, XLVII, 2, 90 : *Si libertus patrono, vel cliens, vel mercenarius....*

[2] Térence, *Eunuchus*, V, 2, 70 : *Me tuæ commendo fidei, patronam capio.* — Ibidem, V, 9 : *Patri se commendavit in clientelam et fidem.* — Cicéron, *Ad familiares*, VII, 17 : *Commendavi et tradidi.* — César, *De bello civili*, III, 57 : *Traditum sibi et commendatum.* — Suétone, *Vita Horatii* : *Epistula Horatii commendantis se Mæcenati.*

der ». Il signifiait « mettre dans les mains d'un autre ». C'est ainsi qu'il se disait d'un dépôt qu'on confiait à quelqu'un pour qu'il en eût la garde, *commendare nihil aliud est quam deponere*, dit Ulpien[1]. Quand le client disait *me commendo*, il voulait dire qu'il mettait sa personne aux mains du patron. Pour exprimer cela avec plus d'énergie encore, il ajoutait *me trado*[2]; il se livrait réellement. Il disait même qu'il se livrait tout entier, *totum trado*[3]. On employait encore l'expression très forte *se dedere*[4]; le client faisait abandon de soi. L'idée qui dominait dans l'acte de clientèle était qu'on renonçait à sa personnalité pour la remettre entière dans les mains du patron[5].

Plusieurs termes exprimaient le rapport qui s'établissait entre les deux hommes : c'était *clientela*, *patrocinium*, *tutela*, *amicitia*; c'était surtout *fides*. Ce dernier mot est celui qu'on employait le plus. Remarquez que, si l'on se servait de deux mots, on employait l'un des quatre premiers indifféremment, et toujours le dernier[6].

[1] Ulpien, au Digeste, L, 16, 186. — Cf. Digeste, XVI, 5, 24 et 26.
[2] Cicéron, *Ad familiares*, VII, 17; César, *De bello civili*, III, 57.
[3] Ibidem, VII, 5 : *Totum tibi trado*. Ailleurs, dans un sens métaphorique, Cicéron emploie la même expression; ibidem, II, 6 : *Me totum tibi commendo et trado*.
[4] Aulu-Gelle, V, 13 : *Qui se in fidem patrociniumque dediderunt*. Cf. Térence, *Eunuchus*, V, 9 : *Nobis dedit se*.
[5] Il est à peine besoin de dire que les Latins employaient aussi le mot *commendare* métaphoriquement, et qu'en ce cas il se rapproche beaucoup de notre mot recommander. Exemples, au Digeste, XVII, 1, 12, § 12; XXXIV, 1, 5; XLI, 1, 65; XLVII, 2, 67 (66), et plusieurs fois dans les Lettres de Cicéron et de Pline. Mais à côté des mots *patrocinium*, *clientela*, *fides*, il est toujours pris au sens propre.
[6] *In fidem patrociniumque*, Aulu-Gelle, V, 13; *in clientelam et fidem*, Térence, *Eunuchus*, V, 9; *in fidem clientelamque*, Orelli, 3053; *Corpus inscriptionum latinarum*, II, 1343 et 3695; Wilmanns, 2850, 2851, 2859; *in fidem clientelamque*, *Corpus inscriptionum latinarum*, II, 3695; *in fidem et amicitiam*, Cicéron, *Ad familiares*, VII, 17; *in fidem et tutelam*, Tite Live, XXXVIII, 31, etc., etc.

Si l'on n'employait qu'un mot, c'était *fides*[1]. Il semble que l'expression officielle et légale pour désigner cette sorte de clientèle était *esse in fide*; c'est cette formule que l'on trouve dans la *Lex Acilia*[2]. Tous les autres termes sont simplement explicatifs, *fides* paraît avoir été le terme caractéristique. *Clientela* et *patrocinium* s'appliquaient à d'autres sortes de patronage; *fides* ne s'appliquait qu'au patronage que nous étudions ici.

Pour nous faire une idée exacte du lien de patronage, il faudrait savoir le sens du mot *fides*, c'est-à-dire l'idée que l'esprit y attachait. Or, parmi les applications très diverses de ce mot, nous reconnaissons une signification primordiale et constante : c'est celle d'engagement[3]. Mais il s'agit ici d'un engagement d'une nature particulière. Pour nous rendre compte de cela, prenons le plus ancien texte où le terme se rencontre; c'est le sénatus-consulte sur les Bacchanales, de l'an 185 avant notre ère. Le Sénat, voulant dire qu'il interdit aux hommes toute espèce d'association, leur défend *inter se conjurare, neve convovere, neve conspondere, neve fidem inter se dare*[4]. Les quatre expressions expriment les quatre sortes d'engagement par lesquels les hommes

---

[1] Térence : *Me tuae commendo et committo fidei* [Cf. p. 207 et s., notes]; Cicéron, *Pro Roscio*, 37 : *Se in fidem Chrysogoni contulerunt*; Aulu-Gelle, XX, 1, 40 : *Clientem in fidem acceptum*.

[2] *Cujus in fide is erit majoresve in majorum fide fuerint*. La formule est répétée deux fois dans la loi. — De même Cicéron, *Pro Roscio Amerino*, 33 : *Quaere in cujus fide sint*; *Pro Plancio*, 41 : *Municipia quae in fide mea sunt*; César, VI, 4 : *Quorum erat in fide*.

[3] Cela est frappant dans les expressions *obligare fidem suam* (Cicéron, *Philippiques*, V, 18), *fidem suam exsolvere* (Tite Live XXVII, 5), *fidem suam liberare* (Cicéron, *Ad familiares*, XII, 7; *Pro Flacco*, 20), *fidem violare* (idem, *Pro Rabirio*, 10), *fidem dare* (idem, *De finibus*, II, 20), *fidem fallere* (idem, *De officiis*, I, 13), *in fide stare* (idem, *Pro Rabirio*, 10), *fides persoluta* (*Corpus inscriptionum latinarum*, II, 5042). Cicéron, *De finibus*, II, 20 : *Regulus propter fidem quam dederat hosti*.

[4] *Corpus inscriptionum latinarum*, I, n° 196, p. 43.

pourraient s'unir. *Conjurare* est l'engagement par le serment religieux, *juramentum*; *convovere* est l'engagement par la promesse aux dieux qu'on appelait *votum*; *conspondere* est l'engagement juridique par la *sponsio*. *Fidem dare* désigne donc un engagement qui n'est ni religieux ni juridique et qui est purement moral. Aussi remarque-t-on que le mot *fides*, si fréquent en latin, n'est jamais appliqué ni aux obligations religieuses ni aux obligations de droit strict[1]. Ce qui fait l'essence de cette sorte d'engagement est de n'être imposé ni par les lois divines ni par le droit civil, c'est-à-dire d'être volontaire et de dériver de la seule volonté de ceux qui le contractent[2].

Telle est donc la nature de ce lien : il est librement formé, et il engage la conscience. Or le mot *fides*, qui est appliqué quelquefois au client[3], l'est plus souvent encore au patron. Le patron reçoit le client « en sa foi[4] ». Le client « se remet dans la foi » du patron[5]. « Il est

---

[1] *Bona fides* s'oppose à *strictum jus* (Institutes, IV, 6, 28). A cela se rattachent les expressions *emptor bonæ fidei*, Digeste, VI, 2, 7; XI, 7, 14 : *Qui bona fide adeptus sit possessionem*, Digeste, LXI, 3, 24. — Cf. *Corpus inscriptionum latinarum*, II, 5042 : *Quod spopondit fideve sua esse jussit*. — *Bona fide*, en bonne conscience, Plaute, *Aululaire*, IV, 10, 42. — Ce devoir de conscience est marqué encore dans l'expression officielle fréquente : *Uti eis a republica fideve sua esse videbitur*, Lex Agraria, *Corpus inscriptionum latinarum*, t. I, n° 200, § 35; ibidem, n° 203. Cf. sénatus-consulte cité par Suétone, *De rhetoribus*, 1.

[2] Par suite, *fides* désigne l'exactitude à remplir les devoirs résultant de cet engagement de la conscience : *Fides, id est dictorum conventorumque constantia*, Cicéron, *De officiis*, I, 7; *Partitiones*, 22. — Par une nouvelle dérivation, *fides* signifie la confiance qu'un homme inspire par suite de son exactitude à remplir cette sorte de devoirs; et de là vient encore le sens de crédit entre commerçants : *Cum fides esset angustior*, César, *De bello civili*, III, 1 ; *fidem concidisse*, Cicéron, *De Lege Manilia*, 7.

[3] *Cluentum fides*, Plaute, *Ménechmes*, IV, 2, 6 [Ritschl]. *Potest hujus tibi patere fides?* Sénèque, *De beneficiis*, VI, 34.

[4] Aulu-Gelle, XX, 1, 40: *Clientem in fidem acceptum*. Wilmanns, 2850; Orelli, 3693 : *In fidem suam recepit*.

[5] Térence : *Me commendo tuæ fidei*. Cicéron, *Pro Roscio*, 37 : *Se in*

dans sa foi. » Ainsi la foi du patron est plus souvent mentionnée dans nos textes que la foi du client. Ce qui prouve tout au moins que le premier était aussi engagé que le second. Le lien de *fides* enchaînait également les deux parties[1].

Aussi ne se contractait-il que par l'expression des deux volontés. Nul ne pouvait être client malgré soi. Nul ne pouvait contraindre un homme à être son patron. Pour établir la clientèle, il fallait donc deux actes : un acte du client qui se remettait dans la foi du patron, un acte du patron qui acceptait et recevait le client dans sa foi. Ces deux actes se faisaient-ils par écrit? Rien ne l'indique. Les deux paroles suffisaient; mais il était nécessaire que les deux paroles fussent prononcées.

Nous possédons un grand nombre d'inscriptions qui nous montrent comment la clientèle se constituait entre une ville et un patron. Car cette sorte de patronage existait également pour les cités, pour les provinces, pour les *collegia* et corporations. Ce patronage collectif ne ressemblait pas de tout point au patronage des particuliers, mais il avait avec lui les analogies les plus étroites, et il n'est guère douteux qu'il en ait emprunté les formes. Or ce patronage se formait toujours par la réunion de deux actes distincts. La cité commençait par choisir un personnage à qui elle demandait d'être son patron. Puis ce personnage répondait qu'il recevait la cité dans sa clientèle et sa foi[2].

---

fidem Chrysogoni contulerunt. — *Corpus inscriptionum latinarum*, I, 532 : *In ejus fidem convenimus.* — Aulu-Gelle, V, 13 : *Clientes qui in fidem nostram se dediderunt.* — *Lex Acilia: In cujus fide erit.* — Cicéron : *Pro Roscio*, 53 : *In cujus fide sint; Pro Plancio*, 41 : *Municipia quæ in fide mea sunt.*

[1] Suétone, *César*, 71 : *Studium et fides erga clientes.*

[2] Inscription de l'an 12 avant notre ère, dans Orelli, 3693 : *Senatus*

Le lien une fois contracté par la double déclaration, les deux parties avaient des devoirs l'une envers l'autre. Ces devoirs n'étaient pas fixés par la loi. Le Droit pouvait bien régler le patronage d'affranchi; mais ce patronage libre n'était pas de son domaine. Aussi ces obligations réciproques ne nous sont-elles connues que par quelques indications des écrivains.

Le patron devait défendre le client dans tous ses procès. Un personnage d'une comédie de Plaute se plaint de tout ce que ce devoir lui coûte d'ennuis et de vilaines démarches : « Il faut toujours s'occuper d'eux; quand on cite en justice les clients, c'est aussi le patron qu'on cite; il doit parler pour eux, si mauvaise que soit leur cause; il faut qu'il se présente à toutes les juridictions, devant le peuple, devant le préteur, devant le *judex*[1]. » Il fallait défendre le client contre toute

populusque civitatium stipendiariarum pago Gurzenses hospitium fecerunt quom L. Domitio Cn. f. Ahenoburbo eumque et postereis ejus sibi posterisque sueis patronum cooptaverunt. Isque eos posterosque eorum in fidem clientelamque suam recepit. — Inscription de 158 de notre ère, dans Henzen, 6413 : *Colonia Julia Augusta Usellis hospitium fecit cum M. Aristio Albino Atiniano eumque cum liberis posterisque suis patronum cooptaverunt. M. Aristius Albinus Atinianus hospitium fecit cum populo coloniæ Juliæ Augustæ Usellis, liberos posterosque eorum in fidem clientelamque suam suorumque recepit.* — De même dans Wilmanns, nᵒˢ 2850, 2851, 2849; dans Orelli, nᵒˢ 3056, 3057, 3058; Henzen, nᵒˢ 6415, 6416, 6418, etc. — Dans ces exemples, les deux actes sont réunis dans la même inscription; quelquefois ils étaient gravés sur deux pierres différentes. Nous avons alors, d'une part, une inscription où la cité inscrit le décret par lequel elle demande que tel personnage « daigne la recevoir dans sa clientèle » (Orelli, 4036; Wilmanns, 2853, 2835, 2849, 2855), et de l'autre une inscription par laquelle le patron marque son acceptation (Wilmanns, 2852). — Pour le patronage des *collegia*, voir Wilmanns, nᵒˢ 1880, 2114, 2130, 2230, 2253, 2855, 2861; Orelli, nᵒˢ 194, 1079, 2404, 4112, etc, etc.

[1] Plaute, *Ménechmes*, IV, 2 :

> *Juris ubi dicitur dies, simul*
> *Patronis dicitur, quippe qui pro illis*
> *Loquantur, male quæ fecerint; aut ad*
> *Populum, aut in jure, aut ad judicem res est.*

violence et même contre tout procès¹. Il fallait assurer sa sécurité². Il fallait prendre ses intérêts comme un tuteur prend les intérêts d'un pupille³.

Les autres obligations du patron variaient suivant la situation sociale de son client. Si celui-ci, appartenant aux classes supérieures, visait aux magistratures, le patron devait lui prêter aide et concours et travailler à sa fortune politique. S'il était un homme des classes inférieures, il devait ou lui procurer quelque emploi, ou lui prêter de l'argent, ou lui donner un coin de terre. S'il était un client des dernières catégories, il le nourrissait à ne rien faire.

En retour, le client avait des devoirs. La protection n'allait pas sans la sujétion. Ces deux idées étaient associées dans l'esprit au point de se confondre. Être « dans la foi » d'un autre, c'était être dans sa dépendance, sous son autorité, presque à sa discrétion⁴. Les obligations du client, qui n'étaient sans doute pas celles de l'esclave, s'exprimaient par les mots *colere* et

---

De même, Horace; *Odes*, III, 5, 53-54; *Épîtres*, II, 1, 104 : *Clienti promere jura.* Ovide, *Ars amatoria*, III, 552 : *Facundus causam sæpe clientis agat.* Suétone, *Auguste*, 56 : *Affuit et clientibus.*

¹ Cicéron, *De divinatione*, 21 : *A clientibus suis injurias propulsare eorumque fortunas defendere.*

² *Tutos defensosque præstet*, Wilmanns, 2856. — *Patrocinio tuendos*, ibidem, 2852; *patrocinio fulciendos*, ibidem, 2860. — Aulu-Gelle, XX, 1, 40 : *Clientem tuendum esse contra cognatos.*

³ Aulu-Gelle, V, 13, place les clients à côté des pupilles avant les *cognati* et les *affines*. Il ajoute cette phrase [qu'il emprunte à un discours de César, grand pontife] : *Neque clientes sine magna infamia deseri possunt.* — Je ne cite pas la Loi des Douze Tables : *Patronus si clienti fraudem fecerit, sacer esto* (citée par Servius, VI, 609). La clientèle dont parle ici la Loi des Douze Tables était probablement l'ancienne clientèle religieuse et familiale. La clientèle dont nous nous occupons ne paraît pas avoir jamais été l'objet d'une disposition si sévère.

⁴ De là l'expression : *In fidem ditionemque*, Tite Live, XXXVIII, 31. Cf. Juvénal, IX, 71 : *Deditus devotusque cliens.*

*observare*¹; des deux, le premier marquait surtout le respect et la déférence, la second marquait l'obéissance, c'est-à-dire la conformité avec les volontés du maître². La limite de ces obligations n'était pas exactement marquée. On savait seulement que, si le patron était candidat, le client était tenu de voter pour lui et de travailler sans réserve ni vergogne à son élection³. Si le patron avait un procès, le client devait lui faire cortège au tribunal. Même en temps ordinaire, il l'accompagnait dans les rues de la ville pour marquer son rang et rehausser son prestige. Il venait le saluer chaque matin et prendre ses ordres.

Le client n'avait aucune obligation militaire à l'égard de son patron. On voit, à la vérité, cinq cents « amis » de Scipion se faire ses gardes du corps. Il n'est guère douteux non plus que tout général d'armée n'eût quelques clients ou quelques amis autour de sa personne. Mais cela ne constituait pas une obligation générale de service militaire. Le client romain était, au moins en principe, soldat de la cité, non pas soldat du patron.

Ce lien de clientèle était-il héréditaire? Les inscriptions relatives au patronage des villes mentionnent toujours l'hérédité⁴. Mais il serait téméraire de conclure du patronage des cités à celui des particuliers. La Loi Acilia montre que les ancêtres d'un homme ont été dans la foi des ancêtres d'un autre homme, sans que

---

¹ Cicéron, *Pro Roscio Amerino*, 37. — La même expression est répétée, *Pro Murena*, 34 : *A quibus diligenter observari videmur et coli.*

² Cf. *observare leges*, Cicéron, *De officiis*, II, 11.

³ Cicéron, *Pro Murena*, 34.

⁴ *Eum liberos posterosque ejus sibi liberis posterisque suis patronum cooptaverunt.* Orelli, nᵒˢ 3056, 3057, 3058, 3693; Henzen, 6413; Wilmanns, nᵒ 1883 : *Ab avo et majoribus patrono civitatis.*

ces deux hommes soient personnellement dans la foi l'un de l'autre. Ce langage de la loi donne à entendre que ce patronage était souvent héréditaire, mais ne l'était pas forcément. De même, Cicéron parle de gens dont les ancêtres ont été « dans la foi » des Roscius, et qui ont eux-mêmes quitté cette famille pour se transporter dans la clientèle de Chrysogonus. L'auteur présente ce changement de patron, non comme une chose louable en soi, mais comme une chose permise. En fait, il était naturel que la clientèle du père se transmît au fils; mais cela n'était pas obligatoire. Le contrat étant essentiellement volontaire, la volonté du père ne pouvait contraindre le fils. Quelques inscriptions indiquent que les cités clientes, bien que le décret eût été fait à perpétuité, renouvelaient l'acte de clientèle à la mort de chacun des patrons[1]. Cela permet de supposer qu'un usage analogue existait entre particuliers, et que, si la clientèle était héréditaire, encore fallait-il que l'expression de la volonté fût renouvelée à chaque génération[2].

Telle fut, autant que les documents nous permettent d'en juger, la nature de la clientèle romaine au temps de la République. Elle groupait les petits autour des grands, et les grands eux-mêmes entre eux hiérarchiquement. Car un homme pouvait avoir des clients et être lui-même client d'un plus puissant que lui.

Cette pratique du patronage a été pour beaucoup dans la structure sociale de la République romaine. Elle explique qu'au milieu de lois d'égalité, les grandes

[1] Orelli, n°ˢ 156 et 4036; Henzen, 6415.
[2] Il n'est même pas prouvé que le lien de clientèle engageât l'homme pour toute sa vie. Notez que le mot *commendare* impliquait une remise temporaire, avec faculté de reprendre.

familles aient toujours gardé le pouvoir. Le droit de suffrage appartenait à tous, mais c'étaient les clientèles qui votaient. La loi ouvrait les magistratures aux plus petits et aux plus pauvres, mais c'étaient les clientèles qui les donnaient. A Rome, comme chez les Germains et les Gaulois, la puissance d'un personnage se mesurait au nombre de ses clients[1]. Rome était la réunion de deux ou trois cents familles, autour de chacune desquelles des milliers d'hommes se groupaient. Cette démocratie apparente était une échelle de patrons et de clients. La clientèle n'était pas dans les lois; elle ne touchait pas à la constitution politique; mais elle régnait dans la société. Ne touchant pas à la constitution politique, elle n'engendra pas un régime féodal; elle fit seulement de cette société républicaine la société la plus aristocratique qui fût jamais.

3° LE PATRONAT SE CONTINUE DANS LES TROIS PREMIERS SIÈCLES DE L'EMPIRE.

La substitution de l'Empire à la République n'a pas été cette révolution complète et radicale que plusieurs historiens modernes se sont figurée. Le pouvoir a été seulement déplacé; les lois ont été fort peu modifiées, et les mœurs ne l'ont pas été.

Les habitudes de patronage et de clientèle se sont continuées. Il est vrai que la suppression des comices a diminué l'importance des clientèles; mais elles ont persisté, au moins comme cortège des grands et des riches. C'est sous Néron que Sénèque décrit la foule des *amici* qui viennent chaque matin saluer le maître à sa

---

[1] Horace, *Odes*, III, 1, 13 : *Illi turba lientium sit major.*

porte[1]. Tacite mentionne, à l'occasion, un certain Egnatius qu'il appelle à la fois le client et l'ami de Soranus, et qui le trahit[2]. Le même historien nous dit ailleurs qu'une grande partie du peuple, et la meilleure, était liée aux grandes maisons, soit à titre de clients, soit à titre d'affranchis[3]. Juvénal fait un long tableau de la clientèle, et le trait qu'il y faut surtout noter, c'est que parmi ces clients il se trouvait des personnages de grande famille, même des hommes ayant exercé quelques magistratures[4]. La clientèle n'était donc pas particulière aux plus basses classes. Plus tard, une lettre de Marc Aurèle à Fronton marque que la maison d'un grand, sa *familia*, se composait d'esclaves, d'affranchis, de *clientes*, d'*amici*[5]. Ulpien aussi signale autour d'un riche un groupe qu'il distingue en affranchis, en clients et en amis[6]. Plusieurs inscriptions mentionnent aussi ce patronage; elles attestent l'habitude

---

[1] Sénèque, *De beneficiis*, VI, 34. [Cf. p. 210.]

[2] Tacite, *Annales*, XVI, 32 : *Egnatius, cliens Sorani, et tunc emptus ad opprimendum amicum.*

[3] Idem, *Histoires*, I, 4 : *Pars populi magnis domibus annexa, clientes libertique.* A cette *pars populi* qu'il qualifie de *integra*, il oppose la tourbe, *plebs sordida*; ainsi, dans sa pensée, la clientèle n'est pas le partage des derniers rangs du peuple, mais au contraire de ce qu'il y a de plus honnête dans le peuple.

[4] Juvénal, *Satires*, I, 99 et suivants :

Jubet a præcone vocari
Ipsos Trojugenas; nam vexant limen et ipsi
Nobiscum. Da prætori, da deinde tribuno;
Sed libertinus prior est.

[5] Fronton, *Epistolæ*, I, 9 : *De funere mandamus; sciat familia quemadmodum lugeat; aliter plangit servus manumissus, aliter cliens..., aliter amicus.*

[6] Ulpien, au Digeste, IX, 3, 5, § 1 : *Si quis gratuitas habitationes dederit libertis et clientibus.... Si quis amicis suis modica hospitiola distribuerit.* Paul mentionne aussi le client, Digeste, XLVII, 2, 90 (89) : *Si libertus, vel cliens, vel mercenarius.*

qu'avaient les clients d'honorer la mémoire du patron mort par des monuments et quelquefois par des statues. Nous y voyons les noms d'individus qui se qualifient clients. D'autres fois, un homme élève un monument à un personnage qu'il appelle « son patron excellent »; on pourrait croire d'abord que cet homme est affranchi; mais comme il ne porte pas le nom du patron, il est un homme né libre et il s'est fait volontairement client [1].

Il n'est donc pas douteux que la subordination personnelle de l'homme à l'homme ne se soit continuée sous l'Empire romain. Les hommes se groupaient autour des grands ou des riches sous les noms de *clientes*, de *comites*, d'*amici*, qui étaient à peu près synonymes.

1° LA CLIENTÈLE IMPÉRIALE.

La maison qui avait le plus nombreux cortège de clients était la maison impériale. C'était elle qui pouvait le mieux récompenser l'assiduité et les services. Aussi y trouvons-nous les clients sous les mêmes noms de *comites* et d'*amici*. Le Palatium impérial était rempli de trois sortes d'hommes : esclaves, qui s'acquittaient ordinairement des services domestiques; affran-

---

[1] Orelli, n° 3064 : *L. Junius L. f. Tarquitianus fecit monumentum A. Acilio Carito patrono optumo, bene de se merenti.* Junius n'est pas un affranchi d'Acilius, car il ne porte pas son nom; il est un client. — Henzen, 7085 : *C. Manlio C. f. censori perpetuo* (dans la ville de Cære) *clientes patrono.* — Orelli, 1175 : *A. Lelio Apelliti clienti karissimo.* — Cagnat, *Impôts indirects chez les Romains*, p. 60 : *Genio C. Aurelii Materni, præfecti stationis Quadragesimæ civitatis Mediomatricorum, Cathirigius Delficus cliens.* — Pline parle de cette habitude d'élever des monuments aux patrons, *Hist. nat.*, XXXIV, 4 (9), 17 : *Mox in domibus privatis atque in atriis honos clientium instituit sic (statuis) colere patronos.*

chis, qui le plus souvent étaient employés dans les bureaux; hommes libres, hommes de famille équestre et quelquefois même sénatoriale, qui, sous le nom d'amis, formaient la suite du prince, son cortège, sa cour.

Aucun historien n'a pris la peine de nous décrire cet entourage du prince; mais plusieurs le mentionnent incidemment. C'est ainsi que Tacite parle d'un certain Sextus Vistilius, homme de rang élevé, ancien préteur, qui, après avoir fait partie des « amis » de Drusus, fut admis dans la *cohors amicorum* de Tibère[1]. Suétone nous dit que Tibère partageait ses *comites* en trois catégories, suivant la situation de chacun; les deux premières seules avaient le titre d'ami; la troisième n'avait que la qualification moins haute de *grati*[2]. Les « amis » du premier degré étaient les seuls qui fussent admis avec quelque liberté aux audiences du prince; on les appelait *amici liberæ admissionis*; leur rang se reconnaissait à un signe extérieur : ils avaient le droit de porter un anneau d'or où était gravée l'image du prince[3]. C'était comme une décoration qui marquait le rang dans la clientèle impériale. Caligula, Claude, Néron eurent ainsi « leur cohorte d'amis[4]. » Le poète

---

[1] Tacite, *Annales*, VI, 9 (15) : *Tiberius Sextum Vistilium prætorium, quem Druso fratri percarum, in cohortem suam transtulerat*, etc. [Cf. l'article de M. Mommsen, dans le tome IV de l'*Hermes*, p. 127 et suiv.]

[2] Suétone, *Tibère*, 46 : *Tiberius comites... nunquam salario, cibariis tantum sustentavit; una modo liberalitate... quum, tribus classibus factis pro dignitate cujusque, primæ sexcenta sestertia, secundæ quadringenta distribuit, ducenta tertiæ, quam non amicorum, sed gratorum appellabat.*

[3] Pline, *Hist. nat.*, XXXIII, 3 (12), 41 : *Quibus admissiones liberæ jus dedissent imaginem principis ex auro in annulo gerendi.* — Cet usage, introduit par Claude, fut aboli par Vespasien; mais la distinction des *amici* en trois classes ne fut pas abolie.

[4] Suétone, *Caligula*, 19 • *Comitante cohorte amicorum.* — *Galba*, 7:

Lucain fut admis dans celle de Néron. Il avait mérité cet honneur par quelques vers à la louange du prince[1].

Cette situation d'ami de l'empereur s'appelait le *contubernium principis*[2]. Elle s'appelait aussi *convictus principis*, parce que c'était une sorte de vie commune, et que ce client était de quelque façon « convive » du prince[3]. Elle s'appelait encore du nom de *comitatus*, compagnonnage, cortège[4]. On entrait dans ce groupe par la faveur du prince; on en était exclu par sa disgrâce[5].

Être « ami du prince » fut naturellement un honneur vis-à-vis des autres hommes. Il arriva donc que ce qui n'avait été d'abord que l'expression d'une clientèle domestique devint un titre Les inscriptions ne manquent pas de relater que tel personnage a été « ami » de l'empereur[6]. En cela les inscriptions ne font guère que constater un usage. Il est visible que dans la vie ordinaire, dans la conversation, dans les correspondances, l'homme se parait volontiers de ce titre honorifique.

Gratissimus Claudio receptusque in cohortem amicorum. — Dans une inscription du temps de Claude un personnage est qualifié *ex cohorte amicorum* (*Corpus inscriptionum latinarum*, V, 7165).

[1] Suétone, *Vita Lucani* : *Cohorti amicorum additus.*

[2] Spartien, *Hadrianus*, 8 : *Optimos quosque de senatu in contubernium imperatoriæ majestatis adscirit.* — Cf. Suétone, *Vespasien*, 4 : *Prohibitus contubernio et salutatione* ; *Tibère*, 56.

[3] Tacite, *Annales*, VI, 9 (15) : *Convictu principis.* Suétone, *Tibère*, 56 : *Convictores.*

[4] Idem, *Histoires*, II, 65 : *Cluvius comitatui principis adjectus.*

[5] Suétone, *Vespasien*, 4 : *Prohibitus contubernio.* Idem, *Néron*, 5 : *Dimissus e cohorte amicorum.* Tacite, *Annales*, VI, 9 (15) : *Convictu principis prohibitus.* Suétone, *Tibère*, 56 : *A contubernio removit.*

[6] *Corpus inscriptionum latinarum*, V, 5050 ; Claude écrit : *Misi Julium Planlam amicum et comitem meum qui cum adhibitis procuratoribus meis...* — X, 8038 ; Vespasien écrit : *Amicus et procurator*

Les « amis » d'un prince n'étaient pas nécessairement ceux de son successeur. Toutefois l'usage s'établit peu à peu que le groupe passât d'un empereur à l'autre. Un historien remarque que les amis de Titus restèrent les amis des princes suivants[1]. Un autre remarque comme un fait anormal que Commode ait renvoyé plusieurs de ceux de son père[2]. Maximin, avant d'être empereur, fut parmi les « amis » de Caracalla et d'Héliogabale. Son biographe raconte qu'ayant été offensé un jour par une plaisanterie de ce dernier, il se retira du palais et du service; mais il ajoute que l'empereur ne le raya pas de la liste des amis[3]. Cela donne à penser que la qualification d'ami du prince tendait à devenir une sorte de titre permanent et presque inamovible. Encore au temps d'Alexandre Sévère on continuait à distinguer ces amis en trois catégories[4].

Les Actes des martyrs et les Vies de saints sont des documents précieux en ce qu'ils marquent les coutumes et les pensées de l'époque. Nous y voyons assez souvent qu'un proconsul, essayant de ramener un chrétien au culte officiel, lui promet les richesses et les honneurs. Parmi ces honneurs, celui qu'il fait luire

meus. — V, 5811 : *Amico et comiti Augusti nostri.* — Code Justinien, I, 18, 4, année 290 : *Apud correctorem virum clarissimum amicum nostrum.* — Ulpien, au Digeste, XXXVII, 14, 17; rescrit de Marc-Aurèle : *Volusius Mæcianus amicus noster.... Aliis amicis nostris juris peritis.... Salvi Juliani amici nostri hanc sententiam fuisse.*

[1] Suétone, *Titus*, 7 : *Amicos elegit quibus etiam post eum principes, ut et sibi et reipublicæ necessariis, acquieverunt præcipueque sunt usi.*

[2] Lampride, *Commode*, 3 : *Patris ministeria seniora summovit, amicos senes abjecit.*

[3] Julius Capitolinus, *Maximini*, 4-5 : *A militia discessit, et tamen retentus est per amicos Heliogabali.* — Cela ne veut pas dire qu'il resta l'ami d'Héliogabale, car l'historien ajoute qu'il ne voulut plus le voir et qu'il alla vivre dans la retraite.

[4] Lampride, *Alexandre*, 20 : *Amicos primi loci, secundi loci, et etiam inferiores.*

au-dessus de tous les autres, c'est le titre d'*amicus*. Si tu sacrifies aux dieux, dit-il au martyr, tu obtiendras tout, tu seras même « ami du prince¹ ». Il ne connaît pas d'argument plus puissant ; il ne voit pas d'honneur plus haut².

Il en fut de même des *comites*. Ces « suivants » devinrent bien vite des dignitaires. On se para du titre de *comes principis* ou *comes Augusti*. Cette marque de la clientèle impériale devint une décoration. Dans les inscriptions honorifiques où chaque personnage est revêtu de tous les titres qu'il a obtenus dans sa carrière, on a grand soin de ne pas omettre celui de *comes* impérial³. Ce qui marque bien que cela est devenu une dignité de cour, c'est que, lorsque deux empereurs règnent conjointement, le personnage est qualifié *comes Augustorum*⁴.

Les « comtes » comme les « amis » sont distribués en trois classes. On est *comes* de premier rang, de

---

[1] *Vita S. Ignatii*, Acta Sanctorum, IV, p. 25 : *Si vis referri in numerum meorum amicorum* (c'est Trajan qui parle). Ibidem, p. 50 : *Si vis inter meos amicos annumerari*. — *Vita S. Marii*, ibidem, janvier, II, p. 582 : *Eris amicus imperatoris*; ibidem, p. 583 : *Sitis amici principum*. — *Vita S. Sebastiani*, 33, ibidem, janvier II, p. 634 : *Cum sit amicus imperatorum*. — *Vita S. Julianæ*, ibidem, février, II, p. 875 : *Erat quidam senator, in civitate Nicomedia, amicus imperatoris*.

[2] Sur la persistance de ce titre au ivᵉ siècle, voir Julien, *Panégyrique de Constance*, c. 39; saint Grégoire de Nazianze, *Oratio VII, In laudem Cæsarii*; il raconte que Césarius, son père, arrive à Constantinople, qu'il est nommé sénateur, qu'il devient premier médecin du palais et qu'alors il est mis au nombre des amis, καὶ τοῖς φίλοις τοῦ βασιλέως ἀριθμούμενος τὰς μεγίστας καρποῦται τιμάς (Patrologie grecque, t. XXXV, col. 703-768).

[3] *Corpus inscriptionum latinarum*, III, 1457 : *Frontoni consuli... comiti divi Veri principis*. — II, 4121 : *Comes Severi et Antonini*. — X, 408 : *Comes Antonini et Commodi*. — VI, 1704 : *C. Saturnino comiti domini nostri Constantini*. — X, 3752 : *Comes domini nostri Constantini Augusti*.

[4] Ibidem, X, 5061 : *Comes Augustorum nostrorum*. Le titre de *comes*

second rang, de troisième rang[1]. Un personnage a été d'abord comte de second ordre, puis, à mesure qu'il avançait dans la carrière, il est devenu comte de premier ordre; l'un et l'autre titre sont relatés dans l'inscription[2].

La situation de *comes* s'appelle *comitiva*; elle est reconnue par les lois et compte parmi les dignités officielles de l'Empire[3]. Elle est acquise, presque de plein droit, par l'exercice de certaines fonctions[4]. Elle donne le droit d'approcher du prince et de le saluer aux jours de cérémonie.

L'entourage de l'empereur s'appelle aussi *comitatus*. Ce mot prend peu à peu la signification de ce que le langage moderne appelle la cour. Une série d'exemples, jusqu'au ve siècle, marque que dans la langue courante on disait *comitatus* pour désigner à la fois l'empereur et son entourage[5].

Cette grande clientèle impériale n'a pas tardé à

---

est passé en grec; des inscriptions signalent des κόμιτες πρώτου τάγματος ou δευτέρου τάγματος.

[1] *Comes ordinis primi*, *Corpus inscriptionum latinarum*, X, 1695, 1696, 1700, 3846; Orelli, 3161, 3191; Henzen, 6473, 6916; *Comes ordinis secundi*, Orelli, 5185; *Comes ordinis tertii*, idem, 1187, etc.

[2] Orelli, 3184, 5672.

[3] Code Théodosien, XIII, 3, 17 : *Cum comitivæ dignitate*. [Voir du reste pour toute cette question les excellents commentaires de Godefroi.]

[4] Code Théodosien, XIII, 3, 17-19; VI, 13, 1; XII, 1, 75, etc. Lydus, *De magistratibus*, p. 106. Code Justinien, II, 7, 20.

[5] Tacite, *Histoires*, II, 65 : *Comitatui principis*. — Macer, au Digeste. XLIX, 16, 13, § 3 : *Neque Romæ neque in sacro comitatu agere potest*. — Lampride, *Alexandre*, 15 : *Purgavit palatium suum comitatumque, abjectis ex aulico ministerio cunctis infamibus*. — Ammien, XVI, 6, 1 : *In comitatu Augusti*. — Sulpice Sévère, *Vita S. Martini*, II, 6 : *Quo tempore episcopatus Martino datus est, fuit ei necessitas adire comitatum*. — Ausone, *Lettres*, 17, Ad Symmachum : *Dum in comitatu degimus ambo*. — Concile de Sardique, année 347, c. 8, Mansi, III, 25 : *Ne episcopi ad comitatum accedant nisi imperatoris litteris evocati fuerint*. — Lettre de Théodoric, dans Cassiodore, *Variarum*, I, 8 : *A*

s'emparer de toutes les fonctions publiques. Pendant que les affranchis du prince remplissaient les bureaux, qui contrôlaient ou dirigeaient tous les administrateurs, les *amici* étaient chargés de missions de confiance, de fonctions ou de commandements[1]. Ceux qui restaient dans le palais formèrent d'abord le conseil judiciaire qui entourait le prince rendant la justice[2]. Bientôt ils formèrent un Conseil d'État. Antonin le Pieux, dit son historien, ne prenait aucune décision sans en avoir délibéré avec les *amici*, et c'est sur leur avis qu'il rédigeait ses édits[3].

Marc Aurèle fit une grande réforme : d'une part, il écarta les *amici* de la société constante du prince, de ses amusements, de sa table[4]; d'autre part, il en forma un conseil permanent qu'il consulta sur toutes choses et dont il se fit une loi de suivre les avis[5] Par là les

---

nostrum venire properet comitatum. — Cf. encore saint Augustin, lettre 88 (Migne, t. II, col. 504) : *Ad comitatum meum mittas*. Ibidem, col. 506 : *Legatos ad comitatum miserunt*. Ibidem, col. 508 : *Valentinum qui tunc in comitatu erat*.

[1] Exemple, ce Julius Planta que Claude envoie pour régler une difficulté en province, *Corpus inscriptionum latinarum*, V, 5050. Voir aussi Tacite, *Annales*, XI, 31 : *Claudius potissimum quemque amicorum vocat*. L'un des *amici*, Turranius, était *præfectus rei frumentariæ*. Un autre, Lusius Géta, était préfet du prétoire. Un *amicus* de Vespasien est en même temps procurateur, *Corpus inscriptionum latinarum*, X, 8038.

[2] Cela ressort du passage de Spartien, *Hadrianus*, 18 : *Hadrianus, cum judicaret, in consilio habuit, non amicos suos et comites solum, sed jurisconsultos*. L'innovation que Spartien attribue à Hadrien est d'avoir appelé des jurisconsultes ; donc les prédécesseurs avaient plutôt dans leur *consilium* les *amici* et les *comites*.

[3] Julius Capitolinus, *Pius*, 6 : *Neque de provinciis neque de ullis actibus quicquam constituit nisi quod prius ad amicos retulit, atque ex eorum sententia formas composuit*.

[4] C'est ce que dit Jules Capitolin sous forme de reproche : *Dederunt etiam crimini quod aulicam arrogantiam confirmaverit, summovendo amicos a societate communi et a conviviis* (Julius Capitolinus, *Marcus*, 29).

[5] Julius Capitolinus, *Marcus*, 22 : *Semper cum optimatibus non solum bellicas res sed etiam civiles, priusquam faceret aliquid, contulit. Denique*

amici cessèrent d'être de simples courtisans et devinrent un Conseil d'État.

De même, les *comites principis* devinrent des fonctionnaires publics. Le chef de l'administration financière, par exemple, fut un *comes* du prince, chargé des largesses sacrées. A la tête des bureaux de l'administration centrale furent des *comites* du prince chargés des *scrinia*. D'autres *comites* du prince gouvernèrent les provinces, et l'usage s'établit de dire comte d'Orient, comte d'Égypte, comte d'Espagne, comte de Marseille[1]. D'autres encore furent qualifiés comtes des soldats. Ces expressions signifiaient, au sens littéral, compagnons du prince chargés du gouvernement d'une province ou d'un commandement militaire.

Notre titre de comte vient de là. On voit la filiation. Le *comes* est primitivement le client d'un grand ou d'un riche. Il est ensuite le client, le suivant, le courtisan du prince. Puis il devient un fonctionnaire de l'ordre le plus élevé. Après les invasions, il restera fonctionnaire du roi mérovingien ou carolingien et continuera à administrer une province. Plus tard enfin, souverain de cette province, il deviendra un comte féodal.

Cela ne signifie pas que la féodalité vienne du *comitatus* romain, surtout qu'elle en vienne directement. Bien d'autres faits devront s'associer à celui-là, bien des modifications devront se produire, avant que le régime féodal surgisse au grand jour. Le *comitatus*

---

sententia illius præcipua semper hæc fuit : Æquius est ut ego tot talium amicorum consilium sequar quam ut tot tales amici meam unius voluntatem sequantur. — Remarquez dans cette phrase la synonymie des deux mots *optimates* et *amici* désignant les mêmes hommes.

[1] [Voir la *Notitia dignitatum* et la *Monarchie franque*.]

impérial a sans doute quelques points communs avec la vassalité des rois francs ; mais il s'en distingue au moins en ce qu'il ne s'est jamais séparé de la royauté et a toujours travaillé pour elle.

5° LE PATRONAGE ROMAIN AU IV° SIÈCLE.

L'habitude de la clientèle, de la *commendatio*, du patronage, s'était transmise de la République à l'Empire. Elle n'avait jamais été interrompue. Au IV° siècle, elle prit un grand développement et un caractère particulier.

La société de cette époque était à la fois très monarchique et très aristocratique. On peut se rappeler ce que nous avons dit plus haut de la prédominance de la grande propriété. Les historiens du temps qui, comme Ammien, entrent assez dans le détail des mœurs pour nous donner une idée nette de cette société, nous montrent qu'elle était riche, mais que la richesse et la terre s'accumulaient dans un assez petit nombre de mains. Ammien nous dit, par exemple, que les hommes de familles sénatoriales avaient autour d'eux un personnel incalculable de serviteurs, et qu'ils ne se montraient pas en public sans un cortège qui ressemblait à une armée[1]. Un autre historien dit qu'il y avait beaucoup de familles romaines à qui leurs propriétés fon-

---

[1] Ammien, XXVIII, 4, 6 et suivants : *Praegresso exercitu arma cogentes, manipulatim concitato fragore sequitur multitudo servorum.... Comitantibus singulos quinquaginta ministris.... Adulatoribus offerunt genua suavianda vel manus.... Horum domus otiosi garruli frequentant, variis adsentandi figmentis plaudentes.... Notarii triginta adsistunt....* — De même, Sidoine, *Epistulæ*, I, 6, parle de deux sénateurs qui ne sortaient jamais de leur maison sans qu'une foule de clients se pressât derrière eux : *arctabat clientium praevia, pedisequa circumfusa populositas.*

cières rapportaient annuellement, par les seules redevances en argent, 4000 livres pesant d'or. A cela s'ajoutaient les redevances en nature, blé, huile, vin, et tous les autres profits que ces mêmes hommes tiraient de l'exercice des fonctions publiques[1]. C'était, en langage actuel, quatre ou cinq millions de francs de revenu.

A ces immenses fortunes s'attachaient d'innombrables clientèles. Chacun de ces grands personnages avait des clients, non seulement dans l'entourage immédiat de sa personne, mais autour de chacun de ses grands domaines. Ammien va nous en présenter un exemple. Il parle de Pétronius Probus ; c'est un homme d'une famille clarissime ; il est fils et petit-fils de consuls et de préfets du prétoire ; il est puissant ; par son opulence il est connu de tout le monde romain, car dans presque toutes les provinces il possède des domaines[2]. Le personnel de ses serviteurs est immense. L'historien y distingue deux éléments, des esclaves et des clients[3]. Comme patron, il est tenu d'intervenir dans les procès d'une immense clientèle ; c'est même pour la mieux défendre, au dire d'Ammien, qu'il reste dans les fonctions administratives, et qu'après avoir été proconsul d'Afrique, il exerce quatre fois la préfecture du prétoire. Il préférerait le repos, mais cette interminable clientèle condamne son maître à rester

---

[1] Olympiodore, *Fragments*, 44, édit. Didot, p. 67 : Πολλοὶ οἶκοι Ῥωμαίων προσόδους κατ' ἐνιαυτὸν ἐδέχοντο ἀπὸ τῶν κτημάτων ἀνὰ τεσσαράκοντα χρυσοῦ κεντηνάρια, χωρὶς τοῦ σίτου καὶ τοῦ οἴνου καὶ τῶν ἄλλων ἁπάντων εἰδῶν.

[2] Ammien, XXVII, 11, 1 : *Probus... claritudine generis et potentia et opum amplitudine cognitus orbi romano, per quem universum pæne patrimonia sparsa possedit.* — Cf. Ausone, *Gratiarum actio*, VIII, 36 : *Patrimonia sparsa sub regnis.*

[3] Ammien, XXVII, 11, 4 : *Clienti vel servo.*

dans la vie publique ; elle a besoin qu'il soit puissant[1]. Il nous est parvenu une inscription relative à ce même personnage[2]. Nous y voyons que les habitants de l'Istrie et de la Vénétie lui érigent un monument, de son vivant, pour le remercier d'une faveur qu'ils en avaient reçue ; et nous y remarquons que ces hommes l'appellent « leur patron » et se disent « ses hommes à lui[3] ». Nous ignorons si Pétronius Probus avait des monuments pareils dans d'autres provinces ; mais on devine assez que les hommes dont il était le patron étaient innombrables.

Ammien signale une autre fois la pratique de la clientèle. A l'occasion d'une accusation d'empoisonnement, il dit que plusieurs « nobles » furent faussement dénoncés comme ayant employé « leurs clients » à des pratiques criminelles[4].

[Nous voyons encore, par un sermon de saint Augustin, que] la coutume de la clientèle était populaire[5] : « Vous savez bien, dit-il à ses auditeurs, que chacun s'appuie sur son patron. Un homme

---

[1] Ammien, ibidem, 3 : *Ille marcebat absque præfecturis, quas [ob] jurgia familiarum ingentium capessere cogebatur... dominum suum mergentium in rem publicam.* — Sur l'histoire de ce personnage, voir encore Ammien, XXVIII, 1, 31 ; XXIX, 6, 9 ; XXX, 3, 1 ; XXX, 5, 4. Cf. Tillemont, *Histoire des empereurs*, t. V, p. 42. Une lettre d'Ausone lui est adressée.

[2] Henzen, 6418 ; Wilmanns, 1234 : *Nobilitatis culmini, litterarum et eloquentiæ lumini, auctoritatis exemplo, provisionum ac dispositionum magistro, humanitatis auctori, moderationis patrono, devotionis antistiti Petronio Probo, v. c., proconsuli Africæ, præfecto prætorio per Illyricum, Italiam et Africam, consuli ordinario, ob insignia erga se remediorum genera, Veneti adque Histri peculiares ejus patrono præstantissimo.* L'inscription est de 378.

[3] *Peculiares ejus patrono.* — *Peculiares* est un des termes que l'on employait à cette époque à la place du mot *clientes* qui ne semblait plus assez énergique.

[4] Ammien, XXVIII, 1, 10.

[5] *Sermones*, 130, Migne, t. V, col. 728.

vous menace-t-il, vous êtes client d'un grand, et vous dites à votre adversaire : « Tant que mon seigneur vivra, « tu ne me feras rien. Ainsi nous, nous avons pour « patron le Christ, et sous ce patron nous n'avons rien « à craindre. Ceux qui se prévalent d'un patron sont ses « clients ; et nous, c'est le Christ qui est notre patron. » Saint Augustin parle à des gens qui savent tous que le patronage d'un grand est l'ambition, la sûreté, l'orgueil même des petits.

Il n'est pas inutile d'observer que le mot *cliens* tomba en désuétude à cette même époque où la clientèle se développait. Le grammairien Servius, dans son commentaire sur Virgile, arrivé au mot *clientes*, croit nécessaire de l'expliquer et de le traduire. « Les *clientes*, dit-il, sont ceux que nous appelons aujourd'hui *suscepti*[1]. » Le sens de ce dernier terme est bien visible ; on avait toujours employé les mots *recipere* ou *suscipere* pour désigner l'acte par lequel le patron acceptait et recevait le client en sa foi. Le verbe *suscipere* est employé fréquemment avec cette signification dans les lois du IV° siècle[2]. *Susceptus* est par conséquent un client. Désormais le mot *cliens* ne se rencontre que rarement, et chez quelques écrivains qui se piquent d'écrire la vieille langue[3]. Il est remplacé presque partout par *susceptus*. C'est ce dernier terme qu'emploient Symmaque, saint Augustin, Césaire d'Arles, Paulin de Nole, Salvien, Ennodius, Jor-

---

[1] Servius, *Énéide*, VI, 609 : *Clientes quos nunc susceptos vocamus.*
[2] Code Théodosien, XI, 24, 1 : *In defensionem suam suscepisse.* — XI, 24, 3 : *Suscepisse in suum patrocinium.* — XI, 24, 4 : *Clientelam suscipere rusticorum.*
[3] Comme Sidoine Apollinaire, qui l'emploie quatre fois, *Epistulæ*, III, 4 ; I, 9 ; IV, 24 ; VII, 2. Il est aussi dans saint Augustin, *Sermo*, 130, édit. de la Patrologie, V, 728.

danès¹. De là vient que dans les textes mérovingiens nous ne trouverons plus le mot *cliens*; mais nous trouverons le mot *susceptus*.

Cette clientèle fait des progrès au IVᵉ siècle; elle s'étend à toutes les classes de la société, et prend les formes les plus diverses.

Dans les classes élevées on se fait client par ambition. L'homme riche et de grande famille veut arriver aux honneurs publics, aux fonctions de l'administration ou du palais; il cherche l'appui d'un homme déjà arrivé, et pour avoir son patronage il se donne à lui comme client. L'historien Zosime nous présente un exemple de cela. Lucianus est fils d'un préfet du prétoire; il est fort riche : il peut aspirer à tout; mais il est jeune : il lui faut un appui pour s'élever plus vite; il prend Rufin « pour patron² », Rufin qui est alors le ministre dirigeant de l'Empire. N'allons pas croire qu'il s'agisse ici d'un vague patronage comme on l'imaginerait de nos jours. C'est le patronage au sens propre du mot et avec toutes ses conséquences. Ce patronage n'est pas non plus gratuit. Car Lucianus pour l'obtenir doit faire ce que font tous les clients : il transfère à son patron la propriété de ses terres³. En retour, Rufin fait son office de patron : il obtient de l'empereur pour son client la haute dignité de comte d'Orient, c'est-à-

---

¹ Symmaque, *Lettres*, V, 41 ; saint Augustin, *Lettres*, 54 ; Paulin, *Epistola ad Alethium* ; Césaire d'Arles, 5ᵉ sermon ; Salvien, *De gubernatione Dei*, V, 8, § 40, édit. Halm, p. 62 ; Jordanès, *De rebus Geticis*, 60 ; Ennodius, *Epistulæ*, 3, 4, p. 75 de l'édit. Hartel ; 3, 20, etc.

² Zosime, V, 2 : Ἐχρῆτο προστάτῃ Ῥουφίνῳ.

³ Idem : Τὰ τιμιώτατα τῶν ὄντων αὐτῷ κτημάτων εἰς ἐκεῖνον μετενεγκών. — Je suis frappé de ce mot μετενεγκών; l'historien n'emploie ni le mot qui signifie *donner*, ni celui qui signifie *vendre*. S'agit-il d'un mode particulier de transfert? d'un mode spécialement usité par le propriétaire qui transfère son titre à un patron en gardant la jouissance?

dire l'administration supérieure des provinces asiatiques[1].

Voilà une des formes du patronage; en voici d'autres. Nous savons que dans l'Empire romain la justice n'était pas rendue par un corps spécial de juges, analogue à ce que nous appelons aujourd'hui la magistrature; la décision du procès comme le jugement des délits appartenait aux fonctionnaires publics, c'est-à-dire aux gouverneurs de provinces et aux préfets du prétoire. Or la hiérarchie des fonctionnaires était occupée, à cette époque, par la classe opulente, par ces mêmes hommes qui possédaient de vastes domaines dans toutes les parties de l'Empire. L'ordre des grands propriétaires était en même temps l'ordre des fonctionnaires publics, et par conséquent l'ordre judiciaire. Cela eut des conséquences que l'on peut apercevoir dans la jurisprudence et même dans la législation. Cela en eut aussi dans la manière dont les procès furent jugés. Mille traits épars dans les écrivains du temps laissent voir qu'il s'était établi entre ces hommes de telles habitudes de solidarité et de recommandation mutuelle, qu'il était à peu près impossible qu'un homme de la classe inférieure obtînt gain de cause contre l'un d'eux. De là vint la nécessité pour les faibles de prendre l'un d'eux pour patron. Les empereurs l'interdirent, mais en vain. Le pli était pris, et par suite de causes générales et persistantes. Les Lois de Claude II et de Dioclétien[2] n'empêchèrent pas l'usage de se continuer et de s'étendre. Pour prendre un exemple, Ammien nous dit

---

[1] Zosime: Κόμητα τῆς ἕῳας πεποίηκε· αὔτη ἡ ἀρχὴ... ἐφεστάναι πᾶσι τοῖς τὰς τῆς ἕῳας ἐπαρχίας ἰθύνουσι.

[2] Loi de 293 au Code Justinien, II, 13, 1 : *Constituit divus Claudius parens noster ut jactura causæ afficerentur ii qui sibi potentiorum patrocinium advocassent.*

que ce même Pétronius Probus défendait en justice tous ses clients, coupables ou non ; il les soutenait, qu'ils eussent tort ou raison, dans tous leurs procès[1]. Nous devinons sans peine que beaucoup de plaideurs, pour gagner leurs procès, se faisaient tout exprès clients de Pétronius Probus. Probus ne conservait pas seulement ses clients par son zèle à les défendre; il en acquérait sans cesse de nouveaux, parce qu'on savait qu'avec lui on gagnerait sa cause. Quelques lois, qui sont restées au Code Théodosien, laissent apercevoir les arrangements qui se formaient entre ce client et ce patron. Le procès portait-il sur une valeur mobilière, l'une des deux parties réclamait la somme contestée ou la dette prétendue comme appartenant à son patron; il la « transférait à son nom[2] ». Le procès portait-il sur un immeuble, l'une des deux parties mettait la terre contestée sous le nom d'un patron[3]. Le résultat de ces fraudes était que le client gagnait son procès; mais il était aussi que le patron devenait propriétaire légitime de l'objet contesté, quitte à s'arranger ensuite avec le client. On ne saurait calculer combien de milliers et de millions d'hommes tombèrent ainsi, eux et leurs biens, dans une clientèle dont ils ne pouvaient plus se dégager.

Un contemporain de Théodose le Grand, dans un discours malheureusement écrit du style vague et fausse-

[1] Ammien, XXVII, 11, 3 et 4 : *Ob jurgia familiarum... nunquam innocentium per cupiditates immensas, ut multa perpetrarent impune... Si eorum quempiam crimen ullum compererat admisisse, vel ipsa repugnante justitia, sine respectu boni honestique defendebat.*

[2] Loi de 422 au Code Théodosien, II, 13 : *Si cujuscunque modi cautiones ad potentum fuerint delatæ personas, debiti creditores jactura mulctentur.* INTERPRETATIO: *Qui cautiones exigendas potentibus dederint, omne debitum perdant.*

[3] Loi de 400, au Code Théodosien, II, 14, 1. Voir l'*Interpretatio*.

ment élégant des rhéteurs de cette époque, Libanius, décrit cette propension des paysans à se donner des patrons. « Les uns le font pour avoir un défenseur contre la violence. Les autres le font, dit-il, pour commettre eux-mêmes des violences impunément [1]. » Il semble qu'en justice le puissant personnage ait toujours raison, et que le faible n'ait jamais gain de cause que par l'intermédiaire de celui dont il se fait le client. La clientèle devient le prix dont toute chose se paye.

Ce qui est le plus curieux ici, c'est que ce ne sont pas les pauvres seuls qui subissent le patronage. Libanius laisse voir que beaucoup de ces hommes étaient des propriétaires [2]. Il s'en fallait beaucoup que la petite propriété eût encore disparu. Mais, soit qu'elle manquât de sécurité, soit qu'elle donnât trop peu de bénéfices, les petits paysans se laissaient attirer par le patronage. Plusieurs lois du Code Théodosien constatent cet entraînement, qu'elles essayent d'enrayer. « Nous interdisons aux agriculteurs, dit le prince, de se mettre en patronage des grands [3]. » Or les agriculteurs dont il parle sont des propriétaires, car il ajoute qu'il confisquera

---

[1] Libanius, Περὶ τῶν προστασιῶν, édit. Reiske, t. II, p. 501 et suivantes : Εἰσὶ κῶμαι μεγάλαι, πολλῶν ἑκάστη δεσποτῶν αὗται καταφεύγουσιν ἐπὶ τοὺς ἱδρυμένους στρατιώτας, οὐχ ἵνα μὴ πάθωσι κακῶς, ἀλλ' ἵνα ἔχωσι ποιεῖν. Libanius, qui parle dans un procès particulier, ne mentionne que le patronage de soldats ; il va sans dire que les fonctionnaires civils faisaient la même chose que les chefs militaires ; cela ressort, au besoin, du Code Théodosien, XI, 24, 4 : *Qui patrocinia præbere tentaverit, cujuslibet fuerit dignitatis, sive magistri utriusque militiæ sive comitis sive ex proconsulibus vel ricariis vel augustalibus vel tribunis sive ex ordine curiali vel cujuslibet alterius dignitatis.* Libanius ajoute que cette clientèle se payait par une part des produits du sol.

[2] Il ajoute, d'autre part, que beaucoup de colons se donnaient à un protecteur pour se dispenser de payer les redevances à leur propriétaire. Ibidem, pages 507-523.

[3] Loi de 370, au Code Théodosien, XI, 24, 2 : *Abstineant patrociniis agricolæ....* [Cf. ici, p. 102 et s.]

leurs fonds de terre¹. Il les menace des peines capitales, et il frappe le patron lui-même d'une amende de 25 livres d'or « par chaque fonds de terre qu'il aura pris en patronage² ». Cette dernière disposition nous révèle la nature de l'engagement qui s'est formé entre les deux hommes : on y voit que le client n'a pas seulement livré sa personne, il a aussi livré sa terre³.

Le désir de se soustraire au payement de l'impôt produisait les mêmes effets. Nous ne voulons pas tomber dans les déclamations ordinaires sur le poids des impôts de l'Empire romain. Mais il faut songer que la contribution foncière formait à cette époque la plus grande partie de la charge totale des contribuables, les impôts indirects étant relativement fort légers. Ce qui n'est pas, dans la France actuelle, la dixième partie des impôts, en était alors la moitié ou les deux tiers. Le petit paysan avait donc bien plus encore qu'aujourd'hui la propension à vouloir échapper à la contribution foncière. Un moyen s'offrait à lui, c'était de mettre sa terre sous le nom d'un grand. Dans les mains de celui-ci la terre ne devenait pas exempte des impôts ; mais elle les payait autrement et suivant un autre mode de perception. De cette différence il résultait pour le champ livré au grand propriétaire un tel dégrèvement de charges, que les deux hommes pouvaient trouver quelque profit, l'un à

¹ Loi de 370, au Code Théodosien, XI, 24, 2 : *Non quantum patroni suscipere consuerant, sed dimidium fiscus assumat.* — Ibidem, loi 5 : *Si quis agricolis propria possidentibus patrocinium repertus fuerit ministrare, propriis facultatibus exuatur; his quoque agricolis terrarum suarum dispendio feriendis qui ad patrocinia confugerint.*

² Ibidem, loi 2 : *Per singulos fundos.* — Ibidem, loi 4 : *Quadraginta librarum auri se sciat dispendium pro singulorum fundorum præbito patrocinio subiturum.*

³ A cet ordre de faits se rattache probablement ce que la loi dit des curiales : *Ad potentium domus confugiunt,* loi de 362 au Code Théodosien, XII, 1, 50.

céder sa terre, l'autre à la prendre¹. C'est par le patronage que ce transport s'opérait. Le petit paysan demandait au riche sénateur de recevoir lui et sa terre en sa clientèle. Dès ce jour, en restant homme libre, il devenait client; en continuant à jouir de sa terre, il n'en avait plus la pleine propriété.

Voilà le trait caractéristique de la clientèle du IV° siècle. Du haut en bas de l'échelle sociale, que le client soit un riche ambitieux comme ce Lucianus dont nous avons parlé, qu'il soit un propriétaire en procès, qu'il soit un petit paysan besogneux, toujours la clientèle entraîne, en même temps que la sujétion de la personne, la sujétion de la terre.

Salvien explique assez clairement cette conséquence de la clientèle. « Les petits, dit-il, se donnent aux grands, *ad tuendum*, pour avoir leur protection²; » c'est bien là le patronage. « Ils se font les sujets des riches, *dedititios divitum*, et se placent sous leur autorité et sous leur pouvoir, *in jus ditionemque eorum*; » c'est bien là l'assujettissement de la personne. « Pour être protégés, ils commencent par transférer à leurs protecteurs presque tout ce qu'ils possèdent, et leurs fils sont dépouillés de l'héritage³; » c'est bien ici l'assujettissement de la terre, c'est-à-dire l'abandon du plein droit de propriété sur elle.

---

¹ Loi de 395 au Code Théodosien, XI, 24, 3 : *Quoscunque vicos defensionis potentia publicis muneribus constiterit obviare.* — Loi de 399, ibidem, 4 : *Eos qui fraudandorum tributorum causa ad patrocinia confugerint.* — Cf. Libanius, Περὶ τῶν προστασιῶν, page 504. Il est fait allusion aux mêmes pratiques dans une novelle de Majorien, VII, édit. Hænel, p. 315.

² Salvien, *De gubernatione Dei*, V, 8, § 38, Halm, p. 62.

³ Ibidem, § 39 : *Omnes hi qui defendi videntur, defensoribus omnem fere substantiam suam priusquam defendantur addicunt, ac sic, ut patres habeant defensionem, perdunt filii hereditatem... possessio ab his recessit.*

A tous ces motifs qui poussaient les hommes vers le patronage, ajoutons encore celui qu'indique saint Augustin, parlant des plus pauvres : « Ils se mettent dans la sujétion des riches, afin d'être nourris par eux[1]. »

Pour toutes ces raisons la clientèle s'étendait et peu à peu s'emparait de la plupart des hommes. La maison d'un riche comptait, outre la foule des esclaves et des colons, un nombreux personnel de clients. Voyez les lettres de Symmaque, contemporain de Théodose et d'Honorius. Comme il est fort riche et qu'il remplit les plus hautes fonctions de l'État, il a aussi une vaste clientèle. Beaucoup d'hommes, assurément libres de naissance, et quelques-uns de haute naissance, sont attachés à sa maison et en font partie[2]. Rarement il les appelle du nom de clients[3]; plus souvent il les désigne par les termes de *familiares mei*[4], *domestici mei*[5], « hommes de la maison », quelquefois *amici*[6]. Et, parmi eux, il en est qui sont d'un rang élevé[7]. Les expressions

---

[1] Saint Augustin, *Cité de Dieu*, II, 20 : *Obsequuntur divitibus pauperes causa saturitatis*.

[2] Symmaque, *Epistolæ*, IX, 11 : *Ursum domui nostræ cum familia sua obnoxium*.

[3] Idem, III, 76 : *Paregorius cliens noster*.

[4] Idem, II, 70 ; V, 82 : *Familiares nostri* ; VII, 45 : *Familiaribus meis* ; VII, 48 ; IX, 18 : *Familiares nostros in Hispaniam misimus, quibus equorum mandavimus coemptionem*.

[5] Idem, II, 71 : *Cyriaco domestico meo* ; V, 56 : *Domesticos meos* ; IX, 57 : *Asellus, domesticus noster*. Quelquefois il dit : *Homines mei*, V, 96 ; VI, 12 ; VI, 46 ; V, 87 ; V, 56.

[6] Idem, IV, 38 : *Gaudentius amicus meus in gremium patrocinii tui confugit*. — V, 83 : *Amicis nostris negotium dedimus ut in Hispania equos emerent*. — IX, 12 : *Quos equos amici mei in rem missi justa pretii definitione mercentur*. Une fois il les appelle fidèles : *Ad Hispaniam fidelissimos misi*, IX, 20. — Quelquefois il désigne les mêmes hommes par le mot *cultores*, IX, 37 : *Dignus est qui domus tuæ cultoribus inseratur* ; V, 50 : *Relatum in cultores tuos Aurelium esse gaudeo* ; V, 81 : *Acrio, honestissimo viro, cultori tuo*.

[7] Par exemple, Gaudentius, qui est *generis senatorii*, VII, 45 ; Asellus, qui *in urbanis castris militiæ stipendia confecit*, IX, 57 ; un autre qui

propres au patronage reviennent sans cesse sous sa plume, parce que la réalité en est dans ses habitudes[1]. Sidoine Apollinaire atteste pour la Gaule les mêmes pratiques de clientèle. Il montre, d'une part, des clients de bas étage qui entourent le maître et qui le servent[2]; il montre, d'autre part, des hommes d'assez grande famille qui se font clients d'un plus grand[3].

Ces usages et ces mœurs ne doivent pas échapper à l'historien. Les écrivains du temps en parlent peu, parce que ce qui est le plus dans les habitudes est ce dont les écrivains parlent le moins. Les lois ne les mentionnent que pour essayer de les combattre. Ils ont eu pourtant une action considérable sur la société de cette époque. Ce sont eux qui lui ont donné sa structure intime. En apparence, cette société de l'Empire romain était toute monarchique. Par le régime de la grande propriété et par la pratique du patronage, elle était tout aristocratique. L'homme libre avait pris insensiblement l'habitude de se faire sujet, non de l'État, non du prince, mais d'un autre homme. Partout on trouvait le patron,

---

fungitur militia in scriniis litterarum, VII, 124; et *Diarius* qui est un professeur de médecine et qui pourtant demande *patrocinio tradi*, III, 37.

[1] Voir par exemple cette lettre de *commendatio* par laquelle il veut faire passer Zénodore de sa maison danscelle de Vincentius; *Lettres*, IX, 9 : *Probo homines ad clientelam tuam pertinere cupientes. Ideo amici mei Zenodori laudabilem voluntatem commendatione non differo, eumque in domus tuæ sacrarium tanquam mystagogus induco.* — IX, 57 : *Asellus admissus in clientelam tuam.* — I, 93 : *Zenonem commendare non debeo quem scio ad clientelam tuam et amicitias pertinere.* — II, 74 : *Patrocinio culminis tui per me traditus atque commissus.* — III, 37 : *Diarius tuo patrocinio tradi optavit; fac igitur ut commendatum tuearis auxilio.* — Quand même plusieurs de ces expressions seraient employées au sens métaphorique, elles n'en indiquent pas moins un ensemble d'habitudes.

[2] Sidoine, *Lettres*, IV, 24 : *Pueri clientesque.*

[3] Voir, par exemple, Amantius qui se fait client du comte de Marseille, *Lettres*, VII, 2. — Cf. III, 4 et IV, 8 : *Gozolas, cliens culminis tui.* — Cf. *Vita S. Fulgentii a discipulo scripta*, c. 3, *Acta Sanctorum*, janvier, I, 35 : *In possessione propria, nescientibus clientibus, orabat.*

le seigneur; partout aussi le client. La clientèle, sous des formes diverses, embrassait toutes les classes. Elle formait une sorte d'échelle où les hommes se groupaient hiérarchiquement.

L'imagination peut se figurer que l'autorité impériale eût été détruite par un autre événement que l'invasion des Germains. Le jour où elle aurait disparu, l'institution qui serait restée la plus forte pour gouverner les hommes aurait été le patronage. Ce patronage ou cette clientèle aurait donc été le lien social, de même que, plusieurs siècles plus tard, quand l'autorité des rois s'effaça, il ne se trouva que le lien féodal pour régir la société. Le nouveau régime aurait donc eu quelque analogie avec ce que fut plus tard la féodalité. La plus grande différence aurait été que cette aristocratie n'aurait pas eu un caractère militaire. Car ce qui distingue le plus le patronage romain de celui que nous verrons dans la suite, c'est qu'il n'est pas un patronage guerrier. Le patron ressemble au seigneur et le client au vassal par plus d'un point; mais ce client n'est pas le soldat du patron. L'autorité impériale a réservé pour soi toute la force militaire. La noblesse qu'elle a laissée se former auprès d'elle est une noblesse pacifique. Le *patrocinium*, la *clientela*, la *commendatio* n'ont jusqu'ici rien de guerrier.

CHAPITRE X

Le patronage et la recommandation dans l'État franc

Les habitudes de patronage ou de subordination personnelle existaient donc également chez les Gaulois, chez les Germains, chez les Romains. Elles se continuèrent dans la société mérovingienne. Elles furent même en progrès. Le désordre du temps et l'affaiblissement de l'autorité publique leur étaient favorables.

Il y avait alors deux races sur le sol de la Gaule; toutes les deux pratiquaient également le patronage. Il y avait deux langues; toutes les deux possédaient une série de termes pour l'exprimer.

Dans la langue latine que les populations continuèrent de parler, tous les termes qui avaient été appliqués au patronage, au temps de l'Empire, subsistèrent. Cette sorte de subordination personnelle conserva le nom de *patrocinium*, terme qui, en latin, réunissait les deux idées de protection et d'autorité. On l'appela aussi *tuitio* ou *defensio*, mots anciens que la société romaine avait appliqués aux relations du patron et du client.

Le terme *clientes* devint très rare; il l'était déjà au IVe siècle. Le terme *suscepti*, qui l'avait déjà remplacé, continua d'être employé. La qualification d'*amici* resta encore quelque temps en usage.

L'acte par lequel l'homme se mettait dans la sujétion d'un autre, continua de s'appeler du vieux mot latin *commendatio*. L'expression *se commendare*, qui avait été usitée pendant six siècles dans la société romaine, est également fréquente chez les Mérovingiens. L'homme en sujétion est souvent appelé un *commendatus*. Le lien moral qui unit les deux hommes continua de s'appeler *fides*; si ce terme apparaît moins souvent qu'au temps de l'Empire, l'adjectif *fidelis* devient de plus en plus fréquent.

La langue germanique, sans être aussi riche sur ce sujet, ne manquait pourtant pas d'expressions pour désigner des habitudes qui étaient aussi germaines que romaines. Chez elle, cette sorte de sujétion paraît s'être appelée *mund* : nous le trouvons, dans les textes mérovingiens, sous la forme de *mundium* ou *mundeburdis*. Ce n'est pas que ce terme eût le sens précis et distinct de patronage. Il s'appliquait également à l'autorité du père, à celle du tuteur, à celle du maître sur l'esclave. Il s'est étendu naturellement à celle du protecteur sur le protégé. Comme le mot latin *patrocinium*, il réunissait en lui les deux idées de protection et d'autorité.

Le lien moral, qui en langue latine s'appelait *fides*, s'appela en langue germanique *trust*. *Esse in truste alterius* fut une expression analogue à l'ancienne expression *esse in fide alterius*. On forma de là le mot « antrustion ».

Protection entraînait toujours subordination. L'homme qui s'était placé dans ce lien, s'appelait l'homme de l'autre, *homo alterius*, et le terme *homo* présenta de plus en plus à l'esprit l'idée de sujétion. Le terme germanique correspondant fut *leude*. On dit indifféremment « être l'homme d'un autre » ou « être le leude d'un autre ». Le chef put dire également « mes hommes » ou « mes leudes[*] ». Un terme synonyme, et qui paraît

---

[*] Les hagiographes, qui se piquent d'écrire en latin classique, traduisent *leudes* par *clientes* : *Pippinus dixit clientibus qui sibi assistebant*

être germanique, fut celui de *gasindi*. Le mot *vassus* commence à être usité; mais il a d'abord une autre signification.

De ce que nous trouvons à la fois des termes latins et des termes germaniques, nous ne devons pas conclure que les uns fussent la traduction des autres. Nous ne dirons pas que les hommes de race gauloise aient imaginé, après les invasions, les mots *patrocinium*, *tuitio*, *fides*, pour rendre le germanique *mund* ou *trust*; ils avaient ces termes dans leur langue depuis plusieurs siècles, et ils les appliquaient au même objet. Nous n'irons pas supposer non plus que les Germains, au contact des populations gauloises, aient imaginé de donner à leurs mots *mund* et *trust* une signification nouvelle, pour traduire les expressions latines du patronage. L'une et l'autre conjecture sont également inadmissibles. Il faut nous tenir à ceci : Gaulois et Germains, connaissant également ces pratiques, avaient également des termes pour les exprimer.

Patronage, mainbour, commendation, fidélité, truste, de quelque mot que nous nous servions, nous avons sous les yeux un même ensemble d'usages. Il s'agit d'un mode de subordination que les hommes connaissaient depuis longtemps, mais qu'ils ont surtout pratiqué du vi^e au viiie siècle de notre ère, et qui les a conduits à la féodalité.

Nous nous proposons d'étudier ce régime durant ces trois siècles, d'une manière aussi complète que l'état des documents le permettra. La première vérité qui s'est dégagée pour nous de l'étude des textes est que ce régime n'a pas eu cette unité synthétique que l'on se figure

(*Vita S. Rigoberti*, c. 7); *in palatii domesticis ac clientibus* (*Vita S. Aldrici*. c. 5).

d'ordinaire; il n'a pas eu non plus dès les débuts du royaume franc le plein caractère et les règles fixes qu'on lui verra dans la suite. Se le figurer complet et tout formé dès le premier jour serait une grande erreur. Il faut donc renoncer à le définir par une formule générale. Pour le comprendre, il faut procéder par l'analyse, c'est-à-dire en étudier les faces diverses, en observer les variétés, en suivre les modifications.

Le mode d'analyse auquel nous avions songé d'abord est celui qui partagerait le sujet suivant les races. Il consisterait à observer d'une part comment ce régime du patronage ou de la mainbour a été pratiqué par les hommes de naissance franque, et d'autre part comment il a été pratiqué par les Gallo-Romains. Mais ce procédé d'analyse, si naturel qu'il paraisse, est impraticable. C'est que, si nous avons quelques textes où l'on peut discerner à quelle race les personnages appartiennent, dans le plus grand nombre des textes cette distinction est impossible. La langue n'est pas un indice de l'une ou de l'autre race. Nos documents n'ont qu'une langue. Il n'y avait aussi qu'une seule langue officielle, qu'une seule langue écrite, pour les deux races, et c'était le latin. L'emploi de quelques mots d'origine germanique ne fournit aucune lumière sur ce point particulier. Il serait commode de pouvoir dire, suivant qu'on trouve dans un acte le mot *mainbour* ou le mot *tuitio*, que l'acte appartient à des hommes de naissance franque ou à des hommes de race romaine. Mais une observation un peu attentive montre que le Romain emploie le terme *mundeburdis* et que le Germain peut employer le terme *tuitio*. Ce qui est plus fréquent encore, c'est que le même homme, quelle que soit sa race, emploie les deux termes à la fois. Ainsi, les recherches pour décomposer le régime du patronage suivant les races ne peuvent pas aboutir. Y persister serait faire fausse route.

Un meilleur procédé d'analyse consiste à diviser le sujet suivant les classes d'hommes. C'est du moins le seul que l'état des documents rende possible. Trois sortes d'hommes ont exercé le patronage et ont groupé autour d'eux des « recommandés » ou des « fidèles ». Ces trois sortes d'hommes sont : les ecclésiastiques, les simples particuliers, et les rois. Nous étudierons successivement comment le patronage a été constitué, compris, exercé par les uns ou par les autres. Il importera de chercher si le régime a été exactement le même dans les trois cas. Les points communs et les différences seront également dignes d'attention.

CHAPITRE XI

De la « commendatio » à l'Église.

L'Église exerçait-elle le patronage, ou, en d'autres termes, la subordination personnelle se portait-elle vers des ecclésiastiques?

Une formule, qui appartient au recueil de Sens, nous montre que des hommes libres pouvaient se placer « sous la mainbour ou défense des églises ». On sait que le mot « église » ainsi employé désignait une église diocésaine ou l'évêque qui en était le chef [1].

Dans un diplôme qui est l'un des plus anciens qui

[1] *Formulæ Senonicæ*, 6; Zeumer, p. 187-188; Rozière, n° 105: *Defensione vel mundeburde æcclesiarum, aut bonorum hominum, ubicumque se eligere voluerit, licentiam habeat ad conquirendum.*

nous soient parvenus des rois francs[1], nous rencontrons cette ligne significative : « Ce monastère avec tous ses biens, tous ses *homines*, ses *gasindi*, ses *amici*, ses *suscepti*[2] ». De ces quatre termes, le premier désigne, non pas les moines, qui jamais ne seraient qualifiés *homines*, mais tous les hommes en dépendance du monastère. Le mot *gasindi* est le terme, d'origine probablement germanique, par lequel on désignait au vi[e] siècle les serviteurs libres. *Amici* est l'ancien nom romain des hommes qui formaient le cortège d'un grand. *Suscepti* est le mot qui depuis un siècle avait remplacé dans la langue celui de *clientes*[3]. Ces termes étaient fort clairs par eux-mêmes, mais comme cette langue des actes se plaît aux redondances, l'auteur du diplôme ajoute encore, pour mieux appuyer sa pensée : « Et tous ceux qui espèrent en ce monastère et qui sont dans sa protection[4]. » Toute cette série d'expressions marque que le monastère a des sujets. Et ce n'est pas de serfs qu'il s'agit. Ces expressions, qui ne se rapportent jamais aux serfs, sont celles qui s'appliquent tout spécialement à la sujétion libre et volontaire qui se contracte par le patronage. Le monastère d'Anisola a donc des sujets de cette sorte, et toute cette phrase implique que ces sujets font corps avec lui. Le roi qui parle reconnaît que le monastère et ses clients ou sujets composent un groupe indivisible.

---

[1] Diplôme de Childebert Ier, année 546, en faveur du monastère d'Anisola, dans le diocèse du Mans. — Nous ne possédons pas l'original de ce diplôme ; nous ne le connaissons que par une copie qui en avait été faite dans le cartulaire du couvent ; mais Bréquigny, Pardessus et K. Pertz sont d'accord pour le ranger parmi les diplômes vrais. Bréquigny, n° 26 ; Pardessus, n° 144 ; Pertz, n° 4. [Cf. plus loin, les notes du chapitre sur *l'immunité*.]

[2] *Abbatem et ipsum monasterium una cum omnibus rebus vel hominibus suis, gasindis, amicis, susceptis.*

[3] [Cf. plus haut, p. 258.]

[4] *Vel qui per ipsum monasterium sperare videntur, vel unde legitimo redebit mitio.*

Deux formules du recueil de Marculfe s'accordent avec ce diplôme. Or ces formules devaient servir à un grand nombre d'actes particuliers. Le fait marqué dans le diplôme d'Anisola n'est donc pas un fait isolé. L'une de ces formules est à l'usage des évêques[1]; l'autre est à l'usage commun des monastères et des évêques[2]. Toutes les deux montrent que l'évêque ou l'abbé a autour de lui un groupe « de *gasindi* et d'*amici*, qui n'espèrent qu'en lui et vivent dans sa dépendance ».

Nous avons à chercher d'où il venait qu'un couvent ou une église eût ainsi des sujets. Nous n'avons pas à parler des esclaves. Il ne s'agit pas non plus ici des affranchis sur lesquels pesait un patronat obligatoire. Ces sujets sont des hommes qui ont contracté le lien de patronage et qui par là se sont attachés personnellement à un abbé ou à un évêque.

Le premier cas qui se présentait était celui où un homme recevait la concession par bienfait d'une terre d'église[3]. Cette possession, toujours révocable, entraînait la subordination. C'est ce qu'explique bien le troisième concile d'Orléans, de 538; en même temps qu'il recommande au nouvel évêque de ne pas révoquer en bloc les concessions faites par son prédécesseur, il rappelle

---

[1] Marculfe, I, 23; Rozière, 455 : *Apostolicom virom illom... pro nostris utilitatibus ibi ambulare precipimus; ideo jubemus ut omnes causas suas suisque amicis aut gasindis seu undecunque ipse legitimo redebit mitio... omnes causas ejus aut amicorum in suspenso resedant.*

[2] Marculfe, I, 24; Rozière, 9 : *Nos apostolico aut venerabile* (ces deux qualificatifs désignent toujours, l'un un évêque, l'autre un abbé) *cum omnibus rebus vel hominebus suis aut gasindis vel amicis seu undecunque ipse legitimo reddebit mittio* (nous expliquerons plus loin cette expression).... *Et si aliquas causas adversus eum vel suo mitthio surrexerint....*

[3] Concile d'Orléans, 541, c. 34 : *Quisquis agellum ecclesiæ in diem vitæ suæ pro aliqua misericordia ab episcopo acceperit ad possidendum.* — Concile de Lyon, 567, c. 5 : *Quascunque munificentias clericis aut servientibus episcopus in usum dederit.* [Cf. p. 132 et s.]

que les détenteurs lui devront « l'obéissance et l'attachement[1] »; et il ajoute que « s'il y a de leur part quelque désobéissance ou quelque mauvais vouloir, l'évêque est libre de reprendre la terre[2] ».

Nous ne connaissons pas le détail de l'administration des biens d'église à cette époque. Faute de documents, nous ignorons s'il y avait une formalité pour marquer extérieurement cette entrée « en obéissance ». Nous ne savons pas si l'acte de *commendatio* était nécessaire pour obtenir ces terres d'église. Cette règle ne se trouve mentionnée, à notre connaissance, que dans la Loi des Wisigoths. Ce code, qui a été rédigé sous l'influence de l'Église, signale des hommes qui se sont *commendés*, ou que leurs parents ont *commendés* à une église, afin qu'ils possèdent une terre de cette église. Le même article de loi marque que ces hommes doivent « le service à l'église dont ils tiennent la terre », et que si leur service cesse, la terre leur est aussitôt enlevée[3]. Il y avait assez d'accord et d'unité dans les pratiques de l'Église pour qu'on puisse admettre que cet usage de la *commendatio*, en vigueur dans l'Église d'Espagne, n'était pas inconnu dans l'Église de Gaule. Il arrivait sans doute assez souvent que, sous une forme quelconque, un homme se « commendât » à l'évêque, c'est-à-dire se mît en sa main et en son patronage, pour obtenir la jouissance d'une terre[4].

[1] Concile d'Orléans, 538, c. 17 : *Ut obedientiam et affectum episcopo præbeant.*
[2] Ibidem : *Si inobedientia vel contumacia accipientis in aliquo exstiterit, culpa agnita, in arbitrio sit (episcopi) utrum vel qualiter debeat revocari.* Sirmond, *Concilia*, I, 253.
[3] *Lex Wisigothorum*, V, 1, 4 : *Qui filios suos in obsequium ecclesiæ commendaverint et terras ecclesiæ possederint.... Si de servitio ecclesiæ, cujus terram possident, discesserint, statim terram amittant.*
[4] La trace de cet usage me paraît s'être conservée dans l'expression

L'acte inverse a été peut-être plus fréquent. C'était un propriétaire qui, en vue de quelque intérêt, « commendait » sa terre à une église. Nous avons déjà rencontré cette pratique sous l'Empire romain. Un paragraphe d'une loi de 415 laisse voir que beaucoup de terres arrivaient de cette façon aux mains de l'Église[1]. Ce que le gouvernement impérial interdisait encore aux laïques, il ne pouvait plus l'interdire aux évêques.

On ne voit pas pourquoi cette pratique aurait disparu à la chute de l'Empire romain. Les invasions ne pouvaient que la fortifier. L'auteur de la Vie de saint Benoît rapporte qu'un petit paysan, assailli par un Goth qui voulait le dépouiller de ses biens, lui dit pour l'arrêter qu'il avait « commendé » ses biens à Benoît, abbé du mont Cassin[2]. Or l'anecdote est racontée de telle façon qu'elle implique que le Goth comprit ce que lui disait l'Italien, que le fait ne lui parut ni étrange ni anormal, qu'il respecta les biens ainsi « commendés » à un monastère, et que le petit paysan italien avait trouvé le meilleur moyen de vivre en paix sur ses champs. Le patronage d'église, qui avait été sous l'Empire un moyen d'échapper à l'impôt, devint dans les invasions un refuge contre la violence.

---

epistola commendatitia, par laquelle une terre d'église était concédée en précaire [Cf. p. 137, n. 2]. Il me semble que cette expression ne serait pas entrée dans la langue courante si l'usage de la *commendatio* n'avait pas été assez général; *Bignonianæ*, 22; *Merkelianæ*, 6, 8, 35, 37.

[1] Code Théodosien, XI, 24, 6. Cf. le commentaire de Godefroi, édit. Ritter, t. IV, p. 190. [Cf. plus haut, p. 101.]

[2] *Vita S. Benedicti a Gregorio Magno scripta*, dans les *Acta Sanctorum ordinis Benedicti*, I, 23, c. 31 : *Gothorum quidam, Totilæ regis temporibus... in rapinam rerum inhians, dum quemdam rusticum tormentis affligeret... rusticus sese res suas Benedicto commendasse professus est.... Hoc a torquente creditur, suspensa interim crudelitate.... Cessavit rusticum tormentis affligere... ut quis esset Benedictus, qui ejus res susceperat, demonstraret..... Rusticus duxit ad monasterium.*

Regardez dans les lettres de Grégoire le Grand les habitudes de cette époque. Grégoire est un Romain et est un chef d'église. Chez lui, tout est romain ou est ecclésiastique. — Or il mentionne très fréquemment la *commendatio* à l'Église et le patronage ou *tuitio* qui en est la conséquence. Il rapporte, par exemple, qu'un certain Donatus, se disant en butte à des violences de plusieurs sortes, a adressé une demande pour obtenir « la protection » de son église, et il enjoint à son agent en Campanie de le prendre « en défense[1] ». Remarquons que Grégoire le Grand n'agit pas ici comme autorité publique. Il n'est en aucune façon un souverain. Mais son église est riche, influente, puissante; un homme lui demande sa protection et l'obtient; c'est de patronage privé qu'il s'agit. Ailleurs il parle d'une veuve qui « s'est commendée » à l'Église; cela signifie, au sens propre du mot *commendare*, qu'elle s'est mise aux mains de l'Église, pour avoir « sa protection[2] ». Il mentionne un certain Luminosus qui « affirme qu'il s'est fait le serviteur de l'église de Sainte-Marie » et qui a droit en conséquence à être soutenu « par la protection ecclésiastique[3] ». Ici c'est le marchand Libératus qui « s'est commendé à l'église de Rome »; c'est pour cela apparemment qu'il vit sur un domaine de cette église, et qu'il reçoit d'elle une petite pension alimentaire[4].

---

[1] Grégoire le Grand, *Lettres*, IX, 19 : *Donatus, diversis oppressionibus se gravari commemorans, ecclesiastica tuitione petiit fulciri.... Ideo mandamus ut eum defendas.*

[2] Ibidem, XII, 15 : *Se tuitioni ecclesiasticæ commendavit.* — Cf. 13 : *Nostræ tuitioni se commisit.*

[3] Ibidem, XII, 42 : *Quia servum Sanctæ Mariæ se esse asserit, necesse est ut ecclesiastica tuitione valletur.*

[4] Ibidem, I, 44 : *Liberato negotiatori qui se ecclesiæ commendavit, qui habitat in massa Cinciana, annuam continentiam a te volumus fieri, cujus continentiæ summam ipse æstima.*

Ailleurs, c'est un riche propriétaire, nommé Romanus, qui « a commendé ses propriétés et ses hommes à l'Église », et le pape écrit à l'un de ses agents de « prendre en sa protection » ces terres et ces hommes et de les défendre avec zèle dans tous les procès qui surgissent ou pourront surgir[1]. Ce dernier exemple nous montre que les plus grands personnages, aussi bien que les plus petits, pouvaient faire l'acte de *commendatio* et se placer en protection d'une église[2].

Ces usages ne sont pas propres à l'Église romaine. Grégoire écrit qu'une veuve a demandé la protection de l'église de Ravenne et « s'est commendée » à elle[3]. Un riche propriétaire a de même « commendé » à un évêque « ses terres et ses hommes », et le pape engage l'évêque à prendre « terres et hommes » sous sa protection et à les préserver de toute injure[4]. Nous voudrions savoir si cette *commendatio* avait des formes arrêtées et si les obligations qu'elle entraînait étaient bien nettement définies. On en peut douter. Grégoire écrit à des hommes qui le comprennent; il ne leur donne pas les explications que nous souhaiterions d'avoir[5].

---

[1] Grégoire le Grand, *Lettres*, XII, 37 : *Filius noster Romanus possessiones suas et homines qui in illis sunt partibus* (c'est-à-dire en Campanie) *vestræ voluit experientiæ commendari. Hac vobis præceptione mandamus ut possessiones hominesque ipsius servata æquitate tueri non desinatis, atque ita in omnibus causis utilitatibusque ipsius concurrere studeatis quatenus ille se hac adjutum commendatione cognoscat.*

[2] Ce Romanus est un haut fonctionnaire de l'Empire; ancien préteur, il a le titre de *gloriosus*.

[3] Grégoire le Grand, *Lettres*, VIII, 20 : *Mulier vobis petiit commendari, vos hortamur ut ei tuitionem impendatis.*

[4] Ibidem, X, 58 : *Homines suos et possessiones episcopo voluit commendari.... Vos adhortamur ut possessiones ejus hominesque tueri debeatis nec eos a quibuslibet vexari patiamini.*

[5] Il faut, d'autre part, faire attention que les mots *commendare, patrocinium, tueri*, et expressions semblables, sont souvent employés au sens

Pour les églises de la Gaule, les documents sont plus vagues encore. Une chronique dit, à la vérité, que lorsque fut fondé le monastère de Saint-Bénigne de Dijon, au VIe siècle, « les hommes libres des environs se remirent, eux et leurs biens, au patronage du saint[1] ». Mais cette chronique n'a été écrite qu'au XIe siècle, et tout ce que l'on peut dire, c'est que l'usage qu'elle signale ici se rapporte plutôt au VIe ou au VIIe siècle qu'au temps où elle a été écrite. Elle ajoute que ces hommes s'engagèrent à payer un cens annuel sur l'autel du saint, et que ce cens avait été volontairement établi par eux[2]. Ainsi la protection ecclésiastique avait assez de valeur pour être achetée.

Une trace de ces usages se trouve peut-être dans les formules d'Anjou et de Tours. Un acte de vente est ainsi rédigé : « Je déclare avoir vendu tel champ, de telle étendue, et qui est situé sur le territoire de tel saint, dans telle villa, tenant par les côtés à tel et à tel ; je l'ai vendu pour tel prix convenu avec l'acquéreur ; et à partir d'aujourd'hui l'acquéreur pourra faire de ce champ tout ce qu'il voudra, sans préjudice des droits du saint, à qui est la terre. Aucun de mes héritiers, ni aucune autre personne, ne pourra agir contre le présent acte de vente, sous peine d'avoir à payer comme amende, moitié à l'acquéreur, moitié à l'agent du saint, le double du prix ci-dessus énoncé. Que cette vente et

---

figuré, ils ne désignent alors qu'une simple recommandation au sens moderne ; parfois même ils ne sont que des termes de politesse.

[1] *Chronicon S. Benigni*, Bouquet, III, p. 469 ; édit. Jos. Garnier, p. 32 : *Liberi homines ibidem commanentes se et sua commiserunt patrocinio Sancti Benigni.*

[2] Ibidem : *Annis singulis persolvebant ad ejus altare censum a semet constitutum.*

l'expression de ma volonté aient un plein effet à toujours[1]. »

Ce qui est particulièrement digne d'attention ici, c'est d'abord que le champ vendu soit déclaré « situé sur le territoire du saint[2] » ; c'est ensuite et surtout qu'il soit dit « que cette terre est au saint, et qu'on ne portera aucune atteinte à son droit[3] ». On voit tout de suite que par l'expression « le saint » il faut entendre le monastère ou l'église à laquelle le saint préside. Mais la difficulté est d'expliquer comment il se peut qu'un particulier vende une terre dont la propriété appartiendrait à une église ou à un couvent.

Cette circonstance n'est pas un fait isolé ; on la retrouve dans le formulaire de Tours. Ici encore, un homme, qui parle comme un véritable propriétaire, vend une vigne ou un champ qu'il déclare être sa propriété, *juris mei*; il en reçoit un prix convenu entre l'acquéreur et lui ; il transporte à l'acquéreur « son plein droit de disposer de la chose » ; et cependant il ajoute ces mots : « Réserve faite des droits du saint », *salvo jure sancti*[4].

La même réserve se rencontre encore dans le formulaire d'Anjou, dans un acte de donation entre vifs[5], dans un acte d'échange de terres[6], dans une constitution de dot[7], dans une donation à un fils[8]. On la reconnaît encore, bien qu'en traits moins nets, dans un acte d'engagement[9] et dans un acte de servitude volon-

[1] *Andegavenses*, 21 ; Rozière, 280.
[2] *Et est super terratorio sancti illius.*
[3] *Absque prejudicium sancti illius, cujus terre esse videtur.*
[4] *Turonenses*, 8 ; Rozière, 279.
[5] *Andegavenses*, 1 c : *Salvi jure sancti illius, cujus terre esse videtur.*
[6] *Ibidem*, 8 : *Absque prejudicium sancti illius.*
[7] *Ibidem*, 40 ; Rozière, 227.
[8] *Ibidem*, 58 ; idem, 358.
[9] *Ibidem*, 22 ; idem, 375.

taire¹. Enfin on en reconnaît l'analogue dans deux autres actes des formulaires d'Anjou et de Tours, avec cette différence que la même réserve, au lieu de s'appliquer à un saint, s'applique à un laïque².

L'explication de cela est difficile³. La seule qui ait été sérieusement tentée est celle de M. Brunner. Ce savant pense qu'il s'agit ici de terres louées par bail perpétuel; l'Église en serait le vrai propriétaire; mais le fermier aurait la faculté de transmettre sa ferme par vente ou donation⁴. J'éprouve bien des scrupules à admettre cette théorie. Aucune des dix formules que nous venons de voir ne contient un seul mot qui fasse allusion à une location, ni qui mentionne le payement d'un cens. Que l'on compare ces actes à tous les autres actes par lesquels des hommes, évidemment propriétaires, vendent, donnent ou échangent leur terre, on remarquera que le style est exactement le même, que ce sont les mêmes termes, que tous ces actes impliquent mêmes effets, que le plein droit de propriété y est exprimé avec la même énergie. Il n'y a aucune apparence que l'homme qui parle dans ces formules soit un simple fermier. Il a le ton d'un propriétaire, et son acte est un vrai transport de propriété⁵.

---

[1] *Andegavenses*, 25; Rozière, 46.

[2] Ibidem, 37; idem, 171 : *Super terraturio vir inluster illo*; *Turonenses*, 42 : *Salvo jure ipsius terræ*.

[3] Cf. Waitz, II, 1, p. 291, 3ᵉ édit.

[4] H. Brunner, *Die Erbacht der Formelsammlungen von Angers*, dans la *Zeitschrift der Savigny Stiftung*, 1884. — Voir aussi Löning. *Geschichte des Kirchenrechts*, t. II, p. 710. Cf. Esmein, dans la *Revue historique de Droit*, mars 1885.

[5] Je ne pense pas qu'il y ait beaucoup de fond à faire sur la rubrique du n° 4 des *Andegavenses* : *Hoc est vindicio de terra conducta*. On sait que les rubriques n'ont pas d'authenticité; Waitz et Zeumer pensent que le mot *conducta* est une faute du copiste. — M. Brunner présente aussi, sur la manière dont les *fundi perpetuarii* seraient passés des cités aux églises, une théorie bien conjecturale.

Si l'on observe ces formules avec attention, et sans y rien ajouter, on y reconnaît deux propriétaires, l'homme qui vend la terre et le saint à qui il est dit qu'elle appartient. On y remarque aussi que, des deux, c'est bien le vendeur qui fait le plus complètement acte de propriétaire; il vend, en effet, sa terre, sans que l'église ou le couvent intervienne. Il n'a pas demandé une autorisation de vendre; une telle autorisation n'est payée par aucun *laudemium*; on ne voit même pas que l'évêque ou l'abbé ait été consulté. Leur présence n'est pas signalée; ils ne ratifient pas la vente; ils n'ont pas eu à l'approuver. Le vendeur et l'acquéreur ont agi seuls, spontanément, librement; le prix n'a été débattu qu'entre eux, et de leur accord sort un plein et perpétuel effet. Seulement, le vendeur insère dans le libellé de l'acte quelques mots par lesquels il marque qu'il existe au-dessus de lui un autre propriétaire qui est le saint. Par-dessus son droit, il place un domaine éminent, qui d'ailleurs ne le gêne nullement dans ses transactions.

Ces remarques nous induisent à penser que ces terres ont été seulement « commendées » à l'église et placées sous sa protection. Une affirmation absolue serait téméraire en présence de documents qui se réduisent à trois ou quatre mots. Mais cette explication nous paraît celle qui se concilie le mieux avec l'ensemble des textes. Elle rend compte de l'apparente contradiction entre cet homme qui déclare que sa terre appartient à l'église, et ce même homme qui dispose d'elle comme ferait un vrai propriétaire. Il l'avait été complètement et il n'a pas renoncé à l'être le jour où il s'est mis sous la protection du saint, lui et sa terre, pour éviter quelque violence; il a placé sa terre sous le nom du saint, ou, suivant l'expression romaine, il a écrit le nom du saint sur sa terre; mais il n'a cédé ainsi que le domaine éminent et il a conservé le droit de disposer de son bien. L'église a-t-elle mis un prix à sa protection? Se contente-t-elle de la reconnaissance de son droit à chaque mutation? On le croirait d'après nos formules. Mais il se peut bien que des conditions, telles qu'un léger don annuel, aient été sous-entendues. Ce qui ressort surtout de l'une de ces formules, c'est que l'église exercerait un certain droit de justice sur les biens dont elle est déclarée propriétaire. On remarque qu'en cas de contestation au sujet de ces terres, la partie de l'amende qui d'ordinaire est payée au fisc est payée ici à l'église[1]. Il y a donc pour cette terre et pour cet homme une certaine sorte de sujétion, de laquelle nous ne pouvons pas dire si elle fut très douce ou rigoureuse.

Quelques autres documents laissent voir que l'usage romain de la *commendatio* se continua au profit des églises. Le propriétaire d'un domaine situé dans le diocèse de Cahors écrit à l'évêque de ce diocèse : « Je vous prie de prendre en votre défense ce domaine et les hommes qui y habitent; daignez les avoir comme reçus et *commendés*; traitez-les comme vous appartenant en propre[2]. » Un autre personnage écrit au même évêque :

---

[1] *Andegavenses*, 21 : *Si fuerit ego ipsi aut aliquis de heredibus meis vel qualibet extranea persona, qui contra hanc vindicione agere conaverit, inferit inter tibi et agente sancti illius, duplet....* — Dans les autres formules analogues, on écrivait : *Inferat inter tibi et fisco* (*Andegavenses*, 2, 3, 19, 27; Marculfe, II, 11; *Bituricenses*, 15; *Senonicæ*, 5, 6, 11, 14, 23, 25; *Merkelianæ*, 9, 10). — Dans une autre formule d'Anjou, n° 50, un jugement sur une question de propriété foncière est rendu par l'abbé.

[2] *Epistola ad Desiderium*, dans Bouquet, IV, 44 : *Ut villam Curticellam et homines ibi consistentes sub vestra defensione tanquam pro-*

« Je vous *commende* ces biens et veux que les hommes qui y habitent soient *commendés* en vos mains[1]. »

Ce qui est fréquent aussi chez les hagiographes du temps, c'est qu'un jeune homme, destiné à la carrière de l'Église, soit remis aux mains d'un évêque par un acte que la langue appelle *commendatio*[2]. Sans doute il s'agit ici d'un patronage d'une nature particulière; le patron a surtout le devoir d'instruire et de préparer au sacerdoce; le protégé est surtout un disciple.

Voici ailleurs un patronage d'une autre sorte. Gontran Boson est poursuivi par deux rois francs comme coupable de meurtre; l'évêque de Verdun le prend sous sa protection. Or ce qu'il y a ici de plus digne de remarque, ce n'est pas le fait lui-même, ce sont les expressions dont se sert Grégoire de Tours; il dit que « l'évêque reçoit l'homme en sa foi[3] », ce qui veut dire aussi qu'il « l'a en sa main et puissance[4] »; comme patron, il doit surtout le soustraire à la violence; il devrait même le défendre au tribunal du roi[5].

priam familiam dignetis habere receptos et commendatos. — Est-ce bien ici une véritable *commendatio* dans le sens rigoureux de l'acte? On en peut douter, parce que c'est un évêque, Rauracus de Nevers, qui parle à un autre évêque. Mais, quand même il ne parlerait qu'au figuré, il reste toujours qu'il emploie des expressions courantes, et ces expressions révèlent un usage.

[1] *Epistola ad Desiderium*, IV, 48 : *Hæc vobis commendamus ut omnes qui ibi manent sint vobis commendati.*

[2] Exemple : Bouquet, *Vita S. Attalæ*, c. 1, Patrologie, t. LXXXVII, col. 1055 : *Arigio pontifici a genitore commendatus est.* La suite du récit marque qu'il y avait un groupe de jeunes gens, *sodales*, ainsi commendés à l'évêque. — *Vita S. Lantberti*, 3; *Acta Sanctorum ordinis Benedicti*, III, 1 : *Pater ejus commendavit eum supradicto antistiti divinis dogmatibus erudiendum.*

[3] Grégoire de Tours, *Historia Francorum*, IX, 10 : *Eum sua in fide susciperat.* C'est l'ancienne expression romaine; peut-être aussi traduit-elle une expression franque.

[4] Rapprochez le chapitre 8, où il écrit que le roi *posuit eum in manu episcopi*, en disant : *Sit penes te, sacerdos.*

[5] Cela ressort de cette observation de Grégoire de Tours : *Pontifex*

Dans un autre récit, Grégoire de Tours montre que l'évêque de Rouen, Prætextatus, avait autour de lui un groupe de « fidèles ». Ce qui frappe ici, c'est que ces fidèles sont très nettement distingués des clercs. « L'évêque, ayant été frappé d'un coup mortel, appela à son secours les clercs qui l'entouraient; mais aucun d'eux n'osa s'approcher de lui; ce fut par les mains de ses fidèles qu'il fut ramené à sa maison[1]. » L'évêque du Mans, Bertramn, avait aussi autour de lui quelques hommes qu'il appelle ses « amis » ou ses « fidèles[2] ». Il les « nourrit », c'est-à-dire pourvoit à tous leurs besoins; eux, le « servent » et servent aussi son église.

Tous ces traits, épars dans les documents, ne nous donnent pas une idée aussi nette que nous le souhaiterions du patronage d'Église. Nous ne saisissons clairement ni les conditions suivant lesquelles il se contractait, ni les obligations qu'il entraînait pour les

non adfuit, quia convenerat (regibus) ut absque ullius defensione regi præsentaretur ut non excusaretur a sacerdote.

[1] Grégoire de Tours, VIII, 31 : *Ille vero vocem emittens ut clerici qui aderant adjurarent, nullius ope de tantis adstantibus est adjutus.... In cubiculo suo inter manus fidelium deportatus et in suo lectulo collocatus est.* — Rapprochez de cela l'expression *creditos suos*, que je n'ai trouvée employée qu'une fois, et dont le sens n'est pas tout à fait net, mais qui paraît impliquer la même idée que le mot *fideles*. Un personnage dit à un évêque : *Transmitte obbates et creditus tuos*; idem, IX, 10. Littéralement, ce sont les hommes en qui l'on a confiance; VII, 40 [*In gloria martyrum*, 71]; *Vita Eligii*, II, 74 : *Misit solidos per creditam personam*. [Dans le *Liber in gloria confessorum*, 62, le mot *creditus* semble bien correspondre à *fidelis* : *Per hominem creditum diregit eclæsiæ.*]

[2] *Testamentum Bertramni*, Pardessus, n° 230, p. 210-212 : *Fidelissimis meis Warnehario et Walconi, quia mihi fideliter ab adolescentia eorum vel sanctæ cum integra fide deservisse noscuntur.* — *Quidquid fideli nostro Cherulfo dedimus.* — *Fidelissimo amico meo Chadeleno.* — *Fideli meo Bertoleno.* — *Rogo atque jubeo ut quanticunque amici mei vel fideles servientes fuerint, semper memores sint nutriturae meae.* — *Adjuro Cabimoaldum episcopum ut semper memor sit nutriturae meae vel patrocinii Sancti Petri.*

deux parties. Peut-être n'y avait-il pas de règles, ou ces règles variaient-elles suivant la volonté ou la situation sociale des personnes. Rien d'arrêté ni de constant en des matières dont ne s'occupait ni la loi civile, ni la législation ecclésiastique. Tout ce qu'on peut dire, c'est que la *commendatio*, le *patrocinium*, la *tuitio*, déjà usités sous l'Empire, se continuèrent au profit de l'Église. Il s'en faut de tout que l'Église ait réprouvé cette pratique.

Nous ne devons pas non plus perdre de vue que ce n'est pas l'Église chrétienne prise en corps qui reçoit la *commendatio* et donne son patronage ou sa mainbour. L'unité de l'Église, au point de vue des actes matériels, des intérêts, même du patronage, n'existe pas. L'homme se commende personnellement à un évêque, ou, pour employer le langage du temps, « à une église ». Un autre se commende « à un saint », c'est-à-dire à l'abbé d'un monastère. Le patronage, même le patronage ecclésiastique, est essentiellement personnel.

CHAPITRE XII

La « commendatio » et la mainbour des particuliers[1].

1º DE CEUX QUI « SE COMMENDENT » PARCE QU'ILS N'ONT PAS « DE QUOI SE NOURRIR ET SE VÊTIR ».

Nous avons étudié plus haut la *commendatio* dans la société romaine. Elle se continue dans la société mérovingienne. Il y a même cette particularité : en étudiant cette pratique au temps de l'Empire, nous nous sommes demandé si la *commendatio* se constituait par un acte écrit, et nous n'avons trouvé aucun indice de cela; l'acte écrit et la formule se trouvent, au contraire, sous les Mérovingiens. On écrivait beaucoup à cette époque. L'usage des actes écrits est attesté par la Loi des Francs Ripuaires et par celle des Bavarois; il l'est mieux encore par les centaines de formules qui sont venues jusqu'à nous. Il y avait des formules pour tous les actes de la vie privée; il y en a eu une pour la *commendatio*, c'est-à-dire pour l'acte de se mettre en mainbour ou patronage d'un homme.

Elle est dans le formulaire de Tours[2]. Nous allons la citer textuellement; il s'en dégagera plusieurs vérités importantes; le style et les mots même en sont dignes d'attention. Elle porte pour rubrique : « Celui qui se *commende* en puissance d'un autre ». On voit, dès ces

[1] Roth, *Beneficialwesen*, p. 167; *Feudalität*, p. 314; Waitz, t. II; Ehrenberg, *Commendation und Huldigung nach frankische Recht*, 1877; Meyer, dans la *Zeitschrift der Savigny Stiftung*, 1882.
[2] *Formulæ Turonenses*, nº 43; Zeumer, p. 158; *Sirmondicæ*, 44; Rozièn., 43.

premiers mots, que « se commender » c'est se mettre en mains et « en puissance » d'un autre homme[1].

L'acte est fait sous forme de lettre, et c'est naturellement l'inférieur qui l'écrit : « Au seigneur un tel, homme magnifique, moi un tel[2]. » Ceci est simplement la façon mérovingienne d'écrire les deux noms ; l'usage veut qu'on appelle seigneur l'homme à qui l'on s'adresse. Tout homme a d'ailleurs, à moins qu'il ne soit d'une classe tout à fait inférieure, un qualificatif honorifique : il est *illuster*, ou *magnificus*, ou *laudabilis*, ou pour le moins *honestus*, et la politesse du temps exige qu'en lui écrivant on lui donne le titre auquel il a droit.

« Il est constant que je n'ai pas de quoi me nourrir et me vêtir ; en conséquence, je me suis adressé à votre bonté[3], et je me suis résolu, par ma volonté, à me livrer et *commender* à votre mainbour[4]. » Pour désigner l'acte qu'il accomplit, l'homme emploie les trois termes précis *mundeburdum, tradere, commendare*. Des trois, l'un est germanique, les deux autres sont latins et étaient appliqués à cette sorte d'acte depuis plusieurs siècles[5]. L'expression germanique et l'expression romaine sont ainsi associées dans la même phrase. Le même homme

---

[1] *Qui se in alterius potestate commendat.*

[2] *Domino magnifico illo, ego ille.*

[3] C'est le sens du mot *pietati vestrae* à l'époque mérovingienne : *pietas regis*, la bonté du roi ; *pietas divina*, la bonté de Dieu. [Cf. p. 115.]

[4] *Dum omnibus habetur percognitum qualiter ego minime habeo unde me pascere vel vestire debeam, ideo petii pietati vestrae ut mihi decrevit voluntas ut me in vestrum mundoburdum tradere vel commendare deberem ; quod ita et feci.* — Les expressions *omnibus habetur percognitum ; decrevit voluntas ; quod ita et feci*, sont de style usuel dans toutes les formules du temps. — Le verbe *debere*, qui est aussi d'un usage ordinaire, n'a pas le sens précis d'obligation ; c'est une sorte de verbe auxiliaire ; exemples : *Turonenses*, 14 : *Mihi placuit ut... deberem*; 24 : *Convenit nobis ut... deberimus* ; Marculfe, II, 23, etc.

[5] [Cf. p. 207 et suivantes.]

les emploie ensemble et les confond, parce qu'elles sont entrées dans la langue courante.

« M'étant livré et remis en votre mainbour, vous devrez m'aider et me soutenir, tant de la nourriture que du vêtement, autant que, de mon côté, je pourrai vous servir et bien mériter de vous[1]. » Voilà les obligations réciproques qui résultent du lien qu'on contracte. Voici qui marque mieux encore la subordination de l'inférieur : « Et tant que je vivrai, je devrai vous rendre le service d'homme libre et l'obéissance[2]. » La sujétion est exprimée par les deux mots tout latins, *servitium* et *obsequium*. L'autorité du supérieur est exprimée, à la ligne suivante, par les trois mots *potestas*, *mundeburdum* et *defensio*[3]; protection, mainbour et puissance sont en effet trois termes synonymes. Déjà le caractère de la mainbour ressort assez nettement.

Avant de traduire la seconde moitié de la formule, il y a quelques remarques à faire. L'homme qui se « commende », c'est-à-dire qui se met dans les mains d'un autre, commence par déclarer qu'il n'a pas de quoi se nourrir et se vêtir. On se tromperait si l'on prenait cette expression dans son sens littéral et matériel. C'est, visiblement, une formule; ce sont des termes solennels et obligatoires. Il faut que l'inférieur les écrive, afin

[1] *Eo videlicet modo ut me tam de victu quam et de vestimento, juxta quod vobis servire et promereri potuero, adjuvare vel consolare debeas.* Sur le sens du mot *consolare*, *solatium*, il faut se rappeler que *solatium* a sans cesse le sens de *auxilium*. Cf. Grégoire de Tours, II, 32 : *Solatium præbere*; idem, IV, 10; III, 6 : *In solatium vocare*; etc.; Grégoire le Grand, *Lettres*, I, 13; X, 25; *Decretum Childeberti*, 4.

[2] *Et dum ego in caput advixero, ingenuili ordine tibi servicium vel obsequium impendere debeam.* — Nous n'avons pas besoin de rappeler que *vel* dans la langue du temps n'est pas un disjonctif, mais a au contraire le sens de *et*.

[3] *De vestra potestate vel mundoburdo... sub vestra potestate vel defensione.*

que son infériorité soit bien constatée. Que cela soit vrai ou non, il faut qu'il se déclare absolument pauvre, et cela veut dire qu'il devra tout à celui qu'il prend pour patron et pour chef[1].

Il a soin d'écrire aussi que c'est « par une résolution de sa volonté » qu'il se met en mainbour. Il constate qu'il agit librement, qu'il ne cède à aucune contrainte. Il est nécessaire, en effet, que l'acte de *commendatio* soit spontané ou le paraisse. Il ne peut s'opérer que par la volonté libre de deux hommes.

Enfin, l'homme qui écrit cette lettre et qui s'engage à « servir » fait pourtant cette réserve qu'il ne servira que « comme libre ». Il ne s'agit pas de la servitude. Nous possédons d'autres formules par lesquelles l'homme se met en esclavage; elles sont conçues en d'autres termes que celle-ci; on n'y trouve ni le terme *commendare*, ni le mot *mainbour*[2]. La commendation laisse à l'homme sa qualité d'homme libre, et cette règle restera celle de la vassalité.

Voici la seconde partie de la formule : « Je n'aurai pas la faculté de me retirer de votre puissance et mainbour; je resterai tous les jours de ma vie sous votre pouvoir et en votre défense[3]. Et il a été convenu entre nous que, si l'un de nous manque à la présente con-

---

[1] Joignez à cela que la règle était qu'en quittant le patron, le vassal lui abandonnât tout ce qu'il avait gagné à son service; on pouvait donc avoir intérêt à lui faire écrire qu'au moment où il entrait dans son service il ne possédait rien.

[2] Voir, par exemple, dans le même recueil des *Turonenses*, le n° 10. — Nous ne savons pourquoi M. Zeumer, p. 152 de son édition, insinue que notre n° 43 fait double emploi avec le n° 10; ces deux formules n'ont rien de commun.

[3] *De vestra potestate vel mundoburdo tempore vitæ meæ potestatem non habeam subtrahendi, nisi sub vestra potestate vel defensione diebus vitæ meæ debeam permanere.*

vention, il payera à l'autre contractant tel nombre de sous, et cette convention restera ferme à toujours. Il a été encore convenu qu'il serait fait et signé deux lettres identiques du présent acte. »

Cette seconde partie présente des traits de caractère qui n'étaient pas dans la première. La première avait le caractère d'une demande, *petii*. La seconde a plutôt le caractère d'un contrat, *convenit*. C'est même un contrat synallagmatique, et il se conclut par deux lettres « de même teneur » qui sont remises aux deux parties. Les deux hommes sont déclarés égaux entre eux, *pares*. Ils sont autant engagés l'un que l'autre; en cas de manque de parole, tous les deux sont sujets à une clause pénale de dédit, et la somme est la même pour tous les deux. Enfin le contrat est fait à perpétuité. Ni l'une ni l'autre des deux parties n'aura le droit de le rompre. La mort seule pourra le dissoudre, et du moins il n'est ni héréditaire, ni transmissible.

Mais on se tromperait beaucoup si l'on jugeait que toute *commendatio* dût ressembler à celle dont nous avons ici la formule. Une première illusion serait de croire que cette convention se formât toujours par un acte écrit. Il est bon d'observer que la formule que nous venons de traduire est unique. On ne la trouve que dans un seul des neuf formulaires mérovingiens; et dans celui-là même, sur quatre manuscrits, il n'en est qu'un seul qui la contienne. Cela permet de supposer qu'elle n'a pas été d'un usage très fréquent. Elle fait voir que la *commendatio* pouvait se faire par lettre, et même par double lettre; mais elle ne doit pas faire croire que la rédaction d'une lettre fût obligatoire. La perpétuité du contrat et l'interdiction pour l'une comme pour l'autre partie de le rompre ne doivent pas non plus être prises pour des règles générales. Enfin, la clause de dédit ou la stipulation pénale qui frappe celui des deux hommes qui manquera à son engagement, est un trait que nous ne retrouverons dans aucun autre exemple.

Il est visible que nous avons devant les yeux l'une des variétés de la *commendatio*, non pas la *commendatio* en général.

On peut du moins discerner dans cette formule quelques traits qui sont communs à tous les genres de *commendatio* et qui se retrouveront dans la vassalité. On y peut voir que l'homme qui « se commende » est un homme qui se met « en puissance » d'un autre. On y peut voir que mainbour, pouvoir et protection sont une même chose. On y constate encore le principe du contrat volontaire, et la réciprocité des obligations. On y aperçoit enfin que l'égalité morale subsiste entre l'inférieur et le supérieur : quoique l'un d'eux « serve » l'autre et en quelque façon lui appartienne, ils s'appellent pourtant *pares* entre eux.

Nous poserons-nous, à propos de cette formule, la question de race? Chercherons-nous si les deux hommes sont des Francs ou des Romains? Celui à qui la lettre est adressée est seulement désigné par son titre de *vir magnificus*; nombre d'exemples prouvent que ce titre, comme celui de *vir illuster* ou de *vir laudabilis*, était porté indifféremment par des hommes de naissance franque et par des hommes de naissance romaine. Il n'y a pas dans tout le corps de la formule un seul mot qui fasse présumer la race de celui qui devient seigneur. Quant à l'homme qui se place en mainbour et se commende, il ne dit pas non plus, dans sa lettre assez longue, à quelle race il appartient. La langue dont il se sert est le latin. Il s'y trouve, à la vérité, un mot d'origine germanique, *mundeburdum*; mais la même chose est exprimée par d'autres mots latins. Le mot *mundeburdum* ne prouve pas plus que l'homme soit un Germain que les mots *commendare*, *potestas* et *defensio* ne prouvent qu'il soit un Romain[1]. Si d'ailleurs on fait abstraction de ce mot unique, tout le reste des quinze lignes est du plus pur latin, non pas du latin classique et littéraire, mais du latin qui était usité dans la pratique au IIIe et au IVe siècle de notre ère[2]. Tous les mots ont le sens précis qu'ils avaient eu sous l'Empire. Les tours de phrase et les constructions appartiennent bien à la langue latine. Il n'y a pas à supposer que cette formule ait été rédigée par des barbares s'exprimant dans une langue étrangère. Il n'y a pas non plus d'indice qu'elle soit la traduction d'une formule germanique. Elle appartient d'ailleurs au recueil de Tours, où tout est romain, la langue et le Droit, et où ce sont les lois romaines, et non la Loi Salique, qui sont toujours citées. Encore n'est-on pas en droit de conclure de là que l'acte dont il s'agit soit fait par un Romain. Nous savons, en effet, que beaucoup de formules romaines ont été employées par des Francs, pour leurs ventes, pour leurs donations, pour leurs testaments. En résumé,

---

[1] On observera que le mot *mundeburdis* était employé aussi bien par l'Église que par les laïques. Concile [dit] de Bordeaux de 662, dans Pardessus, *Diplomata*, t. II, p. 130; *Formulæ Senonicæ*, 6 : *Defensione vel mundeburde æcclesiarum*. Voir un grand nombre de diplômes royaux, dont la formule est visiblement dictée par les évêques ou par les moines, et où se trouve le mot *mundeburdis*.

[2] Appartiennent au vrai latin courant du IIIe et du IVe siècle, les mots *me pascere*, *vestire*, *pietas* dans le sens de bonté, *decrevit voluntas*, *tradere vel commendare*, *servire et promereri*, *adjuvare vel consolare*, *obsequium*, *convenit ut*, *convenientiis*, *duas epistolas uno tenore conscriptas*, etc. L'expression *solidos componat* n'est peut-être que du Ve ou du VIe siècle.

il est impossible de dire si les actes visés par notre formule appartiennent plutôt aux Romains ou aux Francs. Le plus sage est de croire qu'ils appartiennent sans distinction aux deux races.

[On fera encore une autre remarque à propos de l'acte conclu par ces hommes. Il ne renferme] rien de militaire. L'homme qui entre en mainbour ne se présente pas comme un guerrier. Il s'engage bien à « servir » son chef; il ne s'engage pas à combattre pour lui. Le chef promet « de le nourrir et de le vêtir »; il ne lui promet ni la framée ni le cheval de bataille. [Il n'est question, dans tout cela, ni d'armes, ni de soldats, ni de service militaire.]

3° DE CEUX QUI « SE COMMENDENT » POUR OBTENIR DES HONNEURS ET DES PLACES.

Voici une autre sorte de *commendatio*. Nous avons vu que, sous l'Empire romain, des hommes riches et de grande famille se plaçaient sous le patronage d'un grand de la cour impériale pour se pousser dans la carrière des honneurs. Les mêmes habitudes se continuèrent dans l'époque mérovingienne. Elles se continuèrent comme le pouvoir monarchique se continuait, et comme se continuait la vie de cour, la hiérachie des emplois, la carrière des honneurs.

Il est naturel que les lois ne mentionnent pas ce genre de *commendatio* et que nous n'en trouvions pas la formule; mais les écrivains, ceux surtout qui décrivent les mœurs du temps, ont plus d'une fois l'occasion de la signaler, et ils nous en présentent ainsi des exemples concrets.

Voici, par exemple, un personnage nommé Désidérius,

qui devint plus tard un évêque et même un saint, mais qui commença par être un homme de cour. Son biographe commence par nous montrer qu'il est de naissance romaine. « Il appartenait, dit-il, à une famille des plus honorables et des plus nobles parmi les familles gauloises[1]. » Il reçut aussi une éducation toute romaine; il « apprit les belles-lettres, l'éloquence gauloise, et les lois romaines[2] ». Avec cette instruction, il entra dans le Palais et de bonne heure il fut élevé à la charge de trésorier du roi[3]. Dès lors son patronage fut recherché. Le biographe dit que « beaucoup d'évêques, de ducs, de fonctionnaires de la cour, vivaient sous l'aile de sa protection », *sub ala tuitionis ejus degebant*[4]. Par ces mots, le biographe traduit-il le mot germanique mainbour? Cela est possible, mais non certain. *Tuitio* était l'un des termes dont on désignait le patronage romain. En tout cas, voilà un personnage qui n'est pas un Franc, qui n'est pas non plus un guerrier, et qui, parce qu'il est fonctionnaire influent, voit des hommes se

---

[1] *Vita S. Desiderii Cadurcencis*, Bouquet, III, 527 ; Patrologie, t. LXXXVII; Labbe, *Bibliotheca manuscriptorum*, t. I, p. 711 : *Parentibus honestissimis et apud Gallicanas familias præ ceteris generositate ornatis.* — Désidérius était né dans le pays d'Albi, où les Francs n'avaient guère pénétré. Son père s'appelait Salvius. Sa mère porte un nom germain, Erchenefrida, et peut-être est-elle une Germaine ; ces unions étaient fréquentes, et celle-ci se comprend d'autant mieux que Salvius avait vécu à la cour des rois francs. En tout cas on avait conservé des lettres de cette Erchenefrida, lettres écrites à son fils, et qui sont en bon latin. — Les frères et les sœurs de Désidérius s'appelaient Rusticus, Siagrius, Avita et Selena ; tous ces noms appartiennent à la race gauloise.

[2] Ibidem : *Litterarum studiis eruditus est... Gallicanamque eloquentiam... ac deinde legum Romanarum indagationi studuit.*

[3] *Sub adolescentiæ adhuc annos, thesaurarius regis... inter proceres gerebat.... Opulentissimos thesauros hujus arbitrio rex commisit.*

[4] Ibidem, c. 3 : *Multi quoque episcoporum, ducum ac domesticorum sub ala tuitionis ejus degebant; multi nobilium sibi eum gratificare gaudebant.*

grouper autour de lui et « vivre sous son patronage[1] ».

Grégoire de Tours raconte l'histoire d'un certain Patrocle. Nous ne savons pas s'il était Romain ou Franc; il était né dans le pays de Bourges sous le règne de Clovis; fils d'Ætherius, frère d'Antonius, il portait un de ces noms grecs qui étaient alors [comme autrefois] en vogue chez les Gaulois. Enfant, il fréquenta l'école, dit Grégoire de Tours; il s'agit vraisemblablement d'une école de village, où il apprit « les éléments[2] ». Devenu jeune homme, il fut « commendé à l'un des grands du roi nommé Nunnio[3] ». Le même historien parle ailleurs d'un homme que nous pouvons supposer être un Franc, et qui « commenda » son fils à l'un des plus grands personnages de la cour de Childebert II, nommé Gogon[4]. On voit par ces deux exemples que l'acte de *commendatio* n'était pas nécessairement fait par celui-là même qui entrait en patronage; s'il était un enfant ou un jeune homme, l'acte pouvait être fait par son père; mais l'enfant ne se trouvait pas engagé pour sa vie[5].

---

[1] On a des lettres écrites à Désidérius pendant cette période de sa vie. Voir, par exemple, une lettre de Vérus, un Romain aussi, qui était peut-être déjà évêque de Rodez (il le fut en 625; Didier ne fut évêque de Cahors qu'en 630); il écrit: *Domino illustri et a nobis peculiarius suscipiendo domno Desiderio optimati... cum nos vestro patrocinio potiamur.... Dum patrocinia vestra elegimus, et hactenus nos defensio protectionis vestræ insigniter munivit* (Bouquet, IV, 48).

[2] Grégoire de Tours, *Vitæ Patrum*, IX, 1: *Scolas puerorum expetivit, traditisque elementis ac deinceps quæ studio puerili necessaria erant.*

[3] Ibidem: *Dehinc Nunnioni qui quondam cum Childebertho Parisiorum rege magnus habebatur, ad exercendum commendatus est.*

[4] Idem, *Historia Francorum*, V, 46: *Transobadus filium suum cum Gogone, qui tunc regis erat nutricius, commendaverat.* Ce Transobadus était un prêtre, et Grégoire de Tours insinue qu'il avait placé son fils dans la mainbour d'un grand pour obtenir un appui en vue d'arriver à l'épiscopat.

[5] C'est ce que prouve l'histoire de Patroclus, qui, à la mort de son père, quitta son patron et revint dans son pays.

Un autre trait rapporté par Grégoire de Tours nous montre qu'un ancien esclave, tout nouvellement affranchi, pouvait « se commender au patronage » d'un duc[1].

Nous avons peu de renseignements à tirer du poète Fortunat, qui n'écrit ni ne pense avec précision. Il a pourtant un vers où il lui échappe de mettre un des termes propres qui s'appliquaient à la mainbour. S'adressant au duc Chrodinus, il dit : « D'autres te reconnaissent pour leur protecteur et nourricier », *tutorem nutritoremque*[2]. Pour comprendre le sens de ce dernier mot, il faut rappeler que Grégoire de Tours a dit que Patroclus « commendé » à Nunnio était « nourri » par lui[3]; qu'un évêque écrivant à Désidérius, et lui rappelant le temps où il était dans la truste royale, exprime cela par les mots : « Quand vous étiez nourri dans le Palais[4]. » Nous voyons dans le testament de Bertramn que l'un des noms du patronage était *nutritura*; il fait ses adieux à ses « fidèles » en leur disant : souvenez-vous toujours que je vous ai nourris, *memores sitis meæ nutrituræ*[5]. Cinquante ans plus tard, un chroniqueur parlant d'un homme en patronage du duc Chrodinus l'appelle « son nourri », *nutritum suum*[6]. Cette manière de parler restera dans la langue courante,

[1] Grégoire de Tours, IV, 46 : *Andarchius... Felicis senatoris servus... despicere dominos cœpit, et se patrocinio Lupi ducis commendavit.... Lupus insinuavit eum Sygibertho regi.... Quem ille per loca diversa dirigens, locum præbuit militandi.* — Ce dernier mot se dit de toute espèce de service ; Andarchius ne fut jamais un guerrier ; il devint duc d'Auvergne.

[2] *Carmina*, IX, 16.

[3] Grégoire de Tours, *Vitæ Patrum*, IX, 1 : *A quo cum nitriretur.*

[4] Lettre d'Abbo à Désidérius, dans Bouquet, IV. 48 : *In Palatio regis, ubi innutriti fuistis.*

[5] *Testamentum Bertramni*, Pardessus, n° 230, t. I, p. 212 : *Rogo atque jubeo ut quanticunque amici mei vel fideles servientes fuerint, memores sint nutrituræ meæ.... Adjuro Cabimoaldum episcopum ut semper memor sit nutrituræ meæ vel patrocinii Sancti Petri.*

[6] *Historia epitomata*, c. 59.

et, six siècles plus tard, un vassal s'appellera encore « un nourri ».

Les Vies de Saints attestent l'usage de la *commendatio*. Sigirannus, au sortir de l'école[1], fut attaché « à l'homme puissant Flaocat, pour être nourri[2] ». C'est que son père voulait le pousser à la cour; Sigirannus ne tarda pas, en effet, à devenir échanson du roi. De même Arnulfus, trop jeune, « est confié » à Gundulf, maire du Palais, du patronage duquel il passa bientôt dans la truste du roi[3]. Arnulf était un Franc; Eligius paraît être de race romaine ou gauloise; né et élevé à Limoges, instruit dans son art, il veut faire fortune dans le Palais; mais pour faire partie du Palais il doit se mettre dans la mainbour d'un grand; « il se remet au patronage du trésorier Bobbo, et vit sous son autorité[4]. »

On peut observer que les ecclésiastiques avaient une propension à se mettre ainsi en mainbour des grands. Le concile d'Auvergne de 535 juge nécessaire de le leur interdire; le patronage d'un grand serait pour eux un moyen d'échapper à l'autorité de leur évêque[5]. Le

---

[1] *Vita Sigiranni*, dans les *Acta Sanctorum ordinis Benedicti*, II, 432 : *In primæva ætate est in scholis traditus quatenus litterarum primordia, ut solet, perciperet.*

[2] Ibidem : *Deinde, transacto tempore, Flaocado cuidam potenti viro causa nutriendi adjunctus, Francorum in palatio devenit, ibique ab eodem ad altiora provocatus, pincerna regis in pueritia est deputatus.*

[3] *Vita Arnulfi*, écrite par un contemporain (c. 2) : *Arnulfus, prosapia genitus Francorum, nobilis parentibus.... Cum jam bene edoctus ad roboratam pervenisset ætatem, Gundulfo subregulo, rectori Palatii vel consiliario regis exercitandus in bonis artibus traditur.* (*Acta Sanctorum ordinis Benedicti*, II, 149.)

[4] *Vita Eligii*, ab Audoeno, I, 4 : *Notus factus est cuidam regis thesaurario, Bobboni vocabulo, cujus se patrocinio committens, sub ejus ditione degebat.* (Bouquet, III, 552.)

[5] *Concilium Arvernense*, 535, c. 4; Sirmond, I, 242 : *Ne a potentibus sæculi clerici contra episcopos suos ullo modo erigantur.*

concile d'Orléans de 538 signale ce fait curieux qu'il y a des ecclésiastiques qui refusent d'accomplir les actes de leur ministère et qui allèguent pour excuse qu'ils en sont empêchés par leurs obligations envers leurs patrons[1]. Le concile de Paris de 615 doit de nouveau interdire aux ecclésiastiques de se rendre vers le roi ou vers des hommes puissants et de les prendre pour patrons[2]. La même défense est adressée aux abbés et aux moines par le concile de Chalon de 642, et elle s'étend aux agents et administrateurs des domaines des monastères[3]. Les conciles luttaient ainsi contre un penchant bien fort. Ils finissent par lui céder, et le concile [dit] de Bordeaux de 662 autorise les ecclésiastiques, pourvu qu'ils obtiennent l'assentiment de l'évêque, « à se mettre en mainbour d'un laïque, comme c'est l'usage[4] ».

Voilà donc, à côté de la *commendatio* du pauvre qui a déclaré « qu'il n'avait pas de quoi se nourrir et se vêtir », une seconde sorte de *commendatio* de l'homme qui se met aux mains d'un grand par ambition ou pour le succès de ses intérêts. Ce patronage ou cette mainbour se pratique au vi[e] siècle sans distinction

[1] *Concilium Aurelianense*, 538, c. 11 ; Sirmond, I, 251 : *Si qui clerici ministeria suscepta agere detrectent, et excusationem de patrociniis quorumcunque prætendunt ne officium impleant, ac sacerdotes suos sub hujusmodi causa æstimant per inobedientiam contemnendos... inter clericos non habeantur neque ex rebus ecclesiasticis stipendia ulla percipiant.*

[2] *Concilium Parisiense*, 615, c. 3 ; Sirmond, I, 471 : *Si quis clericus, contempto episcopo, ad principem vel ad potentiores homines ambulaverit vel sibi patronos elegerit... non recipiatur.*

[3] *Concilium Cabilonense*, 642, c. 15 ; Sirmond, I, 492 : *Ut abbates et monachi aut agentes monasteriorum patrocinio sæculari non utantur.*

[4] *Concilium Burdigalense*, 662, dans les *Diplomata* de Pardessus, t. II, p. 130 : *Presbyteri, diaconi, vel quicumque e clero, sæculari mundeburde, ut familiare est, nisi cum convenientia episcopi (non utantur)*. — Il est curieux qu'un concile de Bordeaux appelle *mundeburdis* ce que les conciles d'Orléans, de Paris et de Chalon avaient appelé *patrocinium*.

de race ni de classe. Tous les hommes peuvent « se commender », les pauvres comme les riches, les Francs comme les Romains, les ecclésiastiques comme les laïques. Tous aussi, sans distinction de race ni d'ordre, peuvent exercer cette mainbour, pourvu qu'ils soient assez « puissants », c'est-à-dire assez « grands auprès du roi » pour que leur patronage soit utile.

Cette sorte de *commendatio* et de mainbour n'a encore aucun caractère militaire. Nous avons cité tous les exemples que les documents en présentent; il se trouve que parmi eux il n'y a pas un seul guerrier. Ces hommes que nous avons vus « se commender » à un grand, visaient à des fonctions administratives ou financières, à des emplois à la cour, à des dignités ecclésiastiques. Aucun d'eux ne paraît avoir porté les armes.

Nous ne conclurons pas de là qu'il n'y eût pas beaucoup de guerriers parmi ceux qui « se commendaient »; mais nous en conclurons que le service militaire n'était pas la condition essentielle et nécessaire de l'acte de commendation.

5° DU CARACTÈRE DE LA « COMMENDATIO »; QU'ELLE NE PRÉSENTE RIEN DE MILITAIRE.

Mais il faut pousser plus loin nos recherches. Peut-être trouverons-nous une mainbour ou une truste plus militaire. Il faut voir s'il n'existait pas des groupes guerriers constitués par la commendation de quelques hommes à un chef choisi par eux. Pour cela, nous allons passer en revue tous les documents, et surtout ceux qui ont un caractère plus germanique. Nous commencerons par les lois barbares.

Dans la Loi Salique, on ne trouve pas un seul trait qui se rapporte à cette vassalité. Qu'on en parcoure tous les articles, on ne rencontrera nulle part un homme qui soit en mainbour d'un autre homme, si ce n'est du roi. Le mot mainbour ou mundebour n'y est pas; le terme *trustis* ne s'y rencontre qu'appliqué au roi. Il n'y existe ni fidèles, ni vassaux. Aucune allusion n'y est faite à la pratique de la mainbour d'un particulier. De groupes guerriers attachés à un chef, il n'y a pas le plus petit indice.

Il en est de même de la Loi des Burgondes, qui a été rédigée peu de temps après l'invasion. Pas un mot de la mainbour, de la commendation, de la truste, de la bande guerrière. Ni ces mots, ni les choses qu'ils expriment, ne se trouvent dans ce code[1].

Dans la Loi des Francs Ripuaires, nous trouvons un mot qui paraît être une allusion aux usages que nous cherchons. Il y est parlé d'un homme libre, *ingenuus*, qui se trouve en dépendance d'un autre, *in obsequio alterius*[2]. Je n'oserais pas affirmer qu'il s'agisse ici de

---

[1] Il s'y trouve pourtant un mot sur lequel on a bâti bien des théories ; c'est le mot *faramanni*, titre 54, § 2 et 3 ; Pertz, t. III, p. 358. Cf. *fara*, titre 107, § 11, p. 577. Les érudits n'ont pas manqué d'y voir des groupes guerriers sous un chef. Mais la loi ne dit rien de pareil ; voici comment elle s'exprime : *De exartis novam nunc et superfluam faramannorum compelitionem et calumniam a possessorum gravamine præcipimus submoveri, ut... de exartis habeant cum Burgundionibus rationem. Simili conditione de curte et pomariis circa faramannos servata.* On voit qu'il s'agit là de contestations au sujet d'essarts et de vergers. Le mot *faramanni* signifie-t-il des guerriers ? Cela est possible, bien qu'on ne puisse pas l'affirmer, puisqu'on n'en connaît pas d'autre exemple. En tout cas, l'idée d'un groupe guerrier n'est nullement exprimée ici, et il n'y a pas le moindre indice que ces hommes fussent des *comites* ou des vassaux d'un chef.

[2] *Lex Ripuaria*, XXXI (XXXIII) : *Si homo ingenuus in obsequio alterius inculpatus fuerit, ipse qui eum post se eodem tempore retinuit, in præsentia judicis repræsentet.*

la mainbour, mais j'incline à le penser[1]. En tout cas, la Loi des Ripuaires emploie une expression toute latine. Le mot mainbour n'y est pas, et la loi ne connaît d'autre truste que celle du roi[2].

Les Codes des Alamans et des Bavarois ont été rédigés au viie siècle par l'ordre des rois francs. Dans le Code des Alamans, nous ne trouvons pas un seul mot qui se rapporte à la mainbour, au patronage, à la commendation[3]. Dans le Code des Bavarois, il n'est pas question de mainbour, ni de truste[4]; mais on rencontre, une fois, le terme romain de *commendatio*, et il est fait allusion incidemment à l'homme qui « s'est commendé », c'est-à-dire donné, à un autre homme[5]. Mais il n'est rien dit de plus sur cette pratique.

Dans la Loi des Thuringiens et dans celle des Frisons, nous ne trouvons rien qui s'y rapporte. Il n'y est pas même fait allusion. On n'y rencontre ni les termes germaniques *mundeburd*, *trustis*, *vassus*, ni les termes latins *commendatio*, *patrocinium*. La Loi des Saxons renferme un mot qui peut être une allusion au patronage; il y est parlé « de l'homme libre qui a été sous la tutelle d'un noble[6] »; on n'y trouve d'ailleurs ni la mainbour, ni la truste, ni la vassalité.

[1] D'autant plus qu'une rubrique porte : *De eo qui in obsequio se commendat* (édit. Sohm, p. 210 et 41). Mais cette rubrique est l'œuvre d'un copiste et ne se trouve que dans un seul des trente-quatre manuscrits.

[2] *Rex Ripuaria*, XI, 1.

[3] Le mot *mundeburdis* n'est pas dans la Loi des Alamans; le mot *mundium* n'y est employé que pour désigner l'autorité du mari sur la femme, titre LI [(LIII), p. 110 et 111 de l'édit. Lehmann]. Le mot *commendare* ne s'y trouve qu'avec le sens de « mettre un objet en dépôt », titre VI et LXXXI (LXXXIV). Le mot *trust* n'y est pas.

[4] Le mot *mundeburdis* n'est que dans un *additamentum* qui est l'œuvre de Charlemagne, Pertz, t. III, p. 478.

[5] *Lex Baiuwariorum*, III, 13, 1, Walter; ou IV, 28, Pertz, p. 294 : *Si quis liberum hominem... cui commendatus fuit dum vixit*.

[6] *Lex Saxonum*, XVII : *Liber homo qui sub tutela nobilis erat*

La Loi des Lombards, écrite au vii° siècle, mentionne l'homme qui « a fait quelques profits au service du roi, ou dans l'obéissance d'un comte ou d'un simple particulier[1] ». Peut-être faut-il voir ici un indice de la pratique de la mainbour; mais on n'ose pas l'affirmer.

C'est dans la Loi des Wisigoths que ce régime du patronage est le mieux décrit. Il n'est appelé ni *trustis*, ni mainbour; il est appelé *patrocinium*[2]. Le supérieur est désigné par le terme *patronus*[3]; l'inférieur est désigné, non par le mot *vassus*, qui ne se rencontre jamais, mais par cette périphrase : celui qu'on a en patronage[4]. Et il est dit de lui qu'il est entré en patronage par la *commendatio* : *se patrono commendavit*[5].

Tels sont les seuls renseignements que fournissent les codes barbares au sujet du patronage exercé par d'autres que par les rois. Les formules y ajoutent quelque lumière. Encore faut-il observer que ce régime de vassalité y tient bien peu de place. Sur cinq cents formules environ, il n'en est que quatre où il soit parlé d'elle[6].

---

[1] *Lex Langobardorum*, Rotharis, 167 : *Si fratres... unus ex ipsis in obsequium regis aut judicis aliquas res adquisiverit.* — Ibidem, 225 : *Si aliquid in gasindio ducis aut privatorum hominum obsequio donum munus conquisivit.* — Ailleurs, § 195, on rencontre le terme *se commendare*, mais appliqué à une femme qui peut se soustraire au *mundium* de son mari pour se placer sous le *mundium* du roi.

[2] *Lex Wisigothorum*, VI, 4, 2 : *Ingenui in obsequio, in patrocinio constituti.* — V, 3, 4 : *Si quis cum aliquo patrocinii causa consistat.*

[3] Ibidem, V, 3 : *De donationibus patronorum.*

[4] Ibidem, V, 3, 1 : *Si quis ei quem in patrocinio habuerit, arma vel aliquid donaverit.*

[5] Ibidem, V, 3, 2 : *Si... sibi patronum elegerit, habeat licentiam cui voluerit se commendare.* — V, 3, 4 : *Si quis patrono se commendaverit.* — Toutes ces lois sont qualifiées *antiquæ*, c'est-à-dire antérieures à la codification de Chindasuinthe, antérieures par conséquent au milieu du vii° siècle.

[6] *Turonenses*, 43; Marculfe, I, 23; I, 32; II, 36. Nous ne parlons pas encore de la mainbour royale qui est un autre sujet [ch. 13]. Nous avons déjà vu la formule I, 24, relative à la mainbour d'église [ch. 11, p. 254].

Le roi déclare dans une lettre que tel évêque ou tel grand, ayant été chargé par lui d'une mission, soit dans une province, soit à l'étranger, tous les procès qui pourront surgir contre lui seront remis à être jugés jusqu'au moment de son retour[1]. Il ajoute : « Et aussi les procès de ses *amici* ou *gasindi*, soit que ces *amici* l'accompagnent dans sa mission, soit qu'ils restent chez eux[2]. » C'est là le patronage. Le terme *amici*, dans la langue latine de la République et de l'Empire, avait désigné les hommes qui s'attachaient comme clients et sujets à un autre homme. Il avait conservé la même signification sous les Mérovingiens. Le testament de Bertramn nous montre que « amis » et « serviteurs » étaient deux termes synonymes[3]. Nous pouvons lire dans Grégoire de Tours que le même homme est appelé « l'ami » de Sirivald et « le sujet » de Sirivald[4]. Quant au terme *gasindi*, qu'emploie aussi notre formule, il est le terme germanique qui correspond au latin *amici*[5].

---

[1] Marculfe, I, 23; Rozière, 455 : *Carta de causas suspensas. Dum apostolico viro illo aut industri viro pro nostris utilitatibus ibi ambulare precipimus, ideo jubemus ut, dum illis partibus fuerit demoratus, omnes causas suas... in suspenso debeant resedere.*

[2] Idem : *Omnes causas suas suisque amicis aut gasindis.... Jubemus ut, interim quod de illis partibus revertetur, omnes causas ejus aut amicorum suorum, tam illorum qui cum ipso pergent quam qui ad proprias eorum resederint, in suspenso resedeant.*

[3] *Testamentum Bertramni*, Pardessus, p. 212 : *Illud rogo et jubeo ut quanticunque amici mei vel fideles servientes fuerint, semper memores sint nutriturae meae vel benefacti mei.* Les deux termes *nutriturae* et *benefactum* sont caractéristiques du patronage.

[4] Grégoire de Tours, *Historia Francorum*, III, 35 : *Sirivaldum taliter interfecit.... Egresso domo uno amicorum, putantes ipsum Sirivaldum esse, interfecerunt eum; sed indicat eis unus ex familia non eos dominum interfecisse, sed subditum.* La synonymie de *amicus* et de *subditus* est ici bien évidente.

[5] Le terme *gasindus* se retrouve dans Marculfe, I, 24 et II, 36. La signification du mot est bien marquée par la Loi des Lombards qui parle

Ces subordonnés d'un grand étaient encore désignés par d'autres noms. Une formule du recueil de Marculfe les appelle *pares*. Ce terme qui, dans la langue classique, avait signifié égal ou pareil, s'appliquait à toutes personnes libres unies par un contrat ou quelque autre lien volontaire[1]. Il avait à peu près le sens de compagnon. Une formule explique le mot *pares* par « les hommes qui suivent[2] ». C'est ainsi que nous le voyons appliqué, dès le viie siècle, aux hommes qui forment la suite ou le cortège d'un grand personnage[3].

Nous trouvons aussi le terme *fideles*. Dans une formule, le chef ou patron, s'adressant au *gasindus*, l'appelle « son fidèle », et il le récompense de « sa foi et de son service[4] ». C'est ainsi que Bertramn, dans son testament, dit de plusieurs hommes qu'ils sont « ses fidèles[5] ». La Loi des Wisigoths appelle « infidèle »

du *gasindium ducis* dans un passage où il s'agit manifestement d'un service d'homme libre (Rotharis, 225).

[1] C'est ainsi que deux époux sont désignés par l'expression *par*, l'un par rapport à l'autre; voir Marculfe, II, 39; Rozière, 328. Cf. *Diplomata*, Pardessus, t. II, p. 210. — A plus forte raison, deux contractants sont *pares* entre eux; même quand l'un se trouve fort inférieur à l'autre, ils sont égaux en tant que contractants: *Andegavenses*, 55 et 57 (Rozière, 125 et 114); *Turonenses*, 43; *Senonicæ*, 5; *Merkelianæ*, 54; *Bignonianæ*, 15 et 19. — C'est se tromper beaucoup que de donner au mot *pares* une origine féodale.

[2] Marculfe, I, 32; Rozière, 42 : *Cum pares suos qui eum secuti fuerunt.* — Dans la *Lex Alamannorum*, XLV (XLIV), *pares* a le sens de compagnons.

[3] Marculfe, I, 32 : *Dum ille cum pares suos... illum interfecit vel de regno nostro se transtulit.... Dum predicti viri illi vel reliqui pares aut gasindi eorum.... Tam ipse quam pares, gasindi vel amici.* — Cf. *pares ipsius monasterii*, dans les *Diplomata*, n° 385, diplôme de 677, p. 177, où *pares* est répété deux fois.

[4] Marculfe, II, 36; Rozière, 161 : SI ALIQUIS... GASINDO SUO ALIQUID CONCEDERE VOLUERIT. *Ego ille fideli nostro illi. Pro respectu fidei et servitii tui.*

[5] *Testamentum Bertramni : Meis fidelibus.... Fidelis meus Cherulfus.... Fidelis meus Bertolenus.... Fideles mei servientes.* — *Testamentum Hadoindi*, Pardessus, n° 300 : *Villam quam fidelis noster Chaddo per nostrum beneficium habet.*

l'homme qui manque aux devoirs envers son patron[1]. Nous avons vu précédemment que le lien moral entre les deux hommes s'était toujours appelé *fides*[2].

Le terme *vassus* existait dans la langue du temps; mais il n'avait pas la signification de vassal. Dans la Loi Salique, le *vassus* est un esclave; il figure parmi les autres esclaves; il est parmi eux celui qui sert personnellement le maître; mais son wergeld n'est pas pour cela plus élevé que celui de l'esclave qui garde les porcs ou qui taille la vigne[3]. Dans la Loi des Alamans, le mot *vassus* a le même sens[4], et nous pourrions citer une série de diplômes qui vont jusqu'au viiie et au ixe siècle, où les *vassi* ne sont autre chose que des esclaves attachés au service domestique[5]. L'idée de service libre, volontaire, honorable, ne s'attachait donc

---

[1] *Lex Wisigothorum*, V, 3, 3. — De même Abbon, dans son testament, parle d'un « *infidelis* » *qui nobis mentitus fuit*. Et cet « infidèle » se trouve être un clerc : *Et illam portionem quam de Mauringo clerico pro sua infidelitate quod nobis mentivit et per verbo dominico conquisivimus, dum et ipse nobis mentitus fuit* (Diplomata, n° 559, t. II, p. 377). On trouve le terme *nutritus noster* dans une formule d'Anjou, 56 (55) ; Rozière, 164. (Cf. plus haut, p. 277.)

[2] (Cf. p. 119.)

[3] *Lex Salica*, XXXV : *Si quis vassum ad ministerium aut fabrum ferrarium vel aurificum aut porcarium vel vinitorem aut stratorem furaverit aut occiderit...., solidos triginta culpabilis judicetur.* — Notons que, sur les 66 manuscrits, il n'y en a que 3 où se lise ce mot : *vassus* ; ce sont, il est vrai, les meilleurs, Paris 4404 et 9653, Wolfenbuttel. Le manuscrit de Munich remplace *vassum* par *puerum ad ministerium*, et l'on sait que *puer* dans la Loi Salique signifie toujours un esclave.

[4] *Lex Alamannorum*, LXXIX, 3 ou LXXXI, 5 ; Pertz, p. 73 [LXXIV, 1, Lehmann, p. 138] : *Si alicujus siniscalcus, qui servus est, et dominus ejus duodecim vassos infra domum habet, occisus fuerit, quadraginta solidis componatur*. Ces douze *vassi* forment la domesticité intérieure qui obéit au sénéchal, esclave comme eux. Cf. article 4 : *Mariscalcus qui super duodecim caballos est*.

[5] Voir, par exemple, dans les *Traditiones Wissemburgenses*, le n° 159 : *Dono vassallos meos et puellas meas quos ego intus sala mea habeo*. — *Traditiones Sangallenses*, n° 15. — Neugart, *Codex diplomaticus Alamannorum*, n° 21.

pas d'abord à ce mot germanique. Cette idée ne s'y est attachée qu'assez tard; on la voit poindre dans les Lois des Alamans et des Bavarois[1]. Il semble que le mot ait désigné d'abord un serviteur esclave et qu'il ait fallu du temps pour qu'il s'appliquât au serviteur libre et noble. Ajoutons qu'il ne se trouve ni dans les Lois des Lombards[2], ni dans celles des Ripuaires, des Wisigoths, des Burgondes, des Thuringiens, des Frisons[3]. Il faut remarquer aussi que le mot *leudes* ne se rencontre jamais appliqué à d'autres fidèles qu'à ceux des rois. Enfin, comme on ne trouve pas non plus le mot *truste* ou le mot *mainbour* appliqué aux fidèles d'un particulier[4], on est réduit à se demander si les Germains avaient dans leur langue un mot spécial et précis pour désigner cette subordination de l'homme libre à un autre homme.

Quoi qu'il en soit, les textes de l'époque mérovingienne nous ont assez bien montré que, sous les noms d'*amici*, de *gasindi*, de *pares*, de *fideles*, un homme peut avoir d'autres hommes libres attachés à sa personne. On voudrait savoir quelle était la nature du lien qui les unissait à lui.

[1] *Lex Alamannorum*, XXXVI [3, Lehmann] : *Vassus ducis aut comitis.* L'expression est dans les trois textes de la loi, *Hlotarii*, p. 56; *Lantfridiana*, p. 99; *Karolina*, p. 142. — *Lex Baiuwariorum*, II, 15, 1 : *Sive regis vassi, sive ducis*. Le contexte marque bien qu'il s'agit d'hommes libres.

[2] Le mot *vassus* ne s'introduit dans les lois des Lombards qu'à partir de Charlemagne. Voir *Liber Papiensis, Karoli*, § 18.

[3] Le mot *vassus* se lit dans une formule de Marculfe, II, 17 (Rozière, 129), mais dans un seul des trois manuscrits; il est difficile de décider s'il désigne des fidèles ou des serviteurs. Il est aussi dans le testament d'Eberhard, Pardessus, n° 545, p. 357 : *Quod ad vassos nostros beneficiavimus*; mais il est difficile de déterminer le sens qu'il donne à *vassus*; car il dit plus haut qu'il a donné un *beneficium* à un *servus*; l'acte est d'ailleurs de 728 au plus tôt.

[4] *Mundoburdum* n'est employé que dans la formule de Tours, n° 43; *trustis* ne l'est jamais.

Le lien se formait-il par un acte écrit? Le recueil des formules de Tours nous a fourni un curieux exemple d'une lettre de *commendatio*; mais nous avons dit qu'il ne fallait pas tirer de cet exemple unique une conclusion générale.

Se contractait-il par un serment? On le supposera volontiers, si l'on songe qu'il y avait un serment pour entrer dans la truste du roi[1]. Mais ce n'est là qu'une induction, et les documents de l'époque mérovingienne ne mentionnent pas le serment prêté à des particuliers.

Ce lien engageait-il l'homme pour toute sa vie? La formule de Tours que nous avons analysée le donnerait à penser; mais il y a de fortes raisons de croire qu'il s'agit ici d'un cas particulier. La Loi des Wisigoths déclare formellement que l'homme peut changer de « patron », et « se commender à qui il veut[2] ». Ce patronage peut se trouver héréditaire en fait, parce que les fils du patronné peuvent rester attachés au fils du patron[3]; mais cette hérédité n'est jamais obligatoire. Le patronage cesse de plein droit à la mort de l'un ou l'autre des deux contractants, et pour que le lien subsiste, il faut que le pacte soit renouvelé.

On chercherait en vain dans les textes quelque renseignement précis sur les obligations que les deux

---

[1] Loi Salique, XLII, 2 : *In truste dominica juratus*, dans deux manuscrits seulement, Paris, 4403 B et 18237. Cf. traité d'Andelot, Boretius, p. 14 : *Sacramenta præbuerunt*; Marculfe, I, 18 : *Trustem conjurasse*.

[2] *Lex Wisigothorum*, V, 3, 1 : *Si vero alium patronum elegerit, habeat licentiam cui se voluerit commendare, quoniam ingenuo homini non potest prohiberi quia in sua potestate consistit.* — V, 3, 4 : *Quicunque patronum suum reliquerit et ad alium tendens se contulerit, ille cui se commendaverit det ei terram....*

[3] Ibidem, V, 3, 1 : *Si tam ipse qui in patrocinio fuit quam filii ejus filiis patroni obsequi voluerint.... Si vero patroni filios vel nepotes crediderint relinquendos.*

hommes avaient l'un envers l'autre. Il y est parlé « d'obéissance », « de foi », « de service¹ »; mais la nature de cette foi, de cette obéissance, de ce service, n'est nulle part indiquée.

Si l'on s'en rapporte à la Loi des Wisigoths, et si l'on croit pouvoir d'après elle juger l'institution tout entière, on sera porté à croire que ce lien de patronage était fort étroit. Il est dit du patronné « qu'il habite avec le patron² ». Ce qui marque mieux encore sa dépendance, c'est que le patron est seul responsable en justice des crimes que son inférieur a pu commettre par son ordre. Il semble que ce subordonné n'ait pas conservé sa volonté assez libre pour résister au chef qui lui commande un crime³.

Dans la Loi des Bavarois, le « commendé » fait partie de la maison de son maître à tel point que, s'il vient à être tué, c'est au maître que le prix du meurtre est payé. Le patron représente les parents et la famille⁴. Il semble qu'il en ait été de même chez les Francs. Au moins voyons-nous qu'en cas de procès intenté à l'inférieur, c'est le supérieur qui a le devoir de l'amener au juge⁵; ou bien il est responsable du dommage. Le

¹ *Turonenses*, 43 : *Vobis servire et promereri... servicium vel obsequium inpendere.* — Marculfe, II, 36 : *Pro respectu fidei et servitii tui quia circa nos inpendere non desistis.* — *Lex Wisigothorum*, V, 3 : *Obsequi... in potestate patroni manere.... Si ei inveniatur infidelis.*

² *Lex Wisigothorum*, V, 3, 3 : *Si quis cum aliquo patrocinii causa consistat, et aliquid, dum cum eo habitat, adquisierit....*

³ *Ibidem*, VI, 4, 2 : *Si in patrocinio vel obsequio præsumptoris retenti, ab illo hoc facere jussi fuerunt, vel cum eo hoc eos fecisse constiterit, solus patronus ad omnem satisfactionem et pœnæ et damni teneatur obnoxius; nam illi non erunt culpabiles qui jussa patroni videntur esse complentes.*

⁴ *Lex Baiuwariorum*, III, 13, 1 (IV, 28) : *Si quis liberum hominem occiderit, solvat parentibus suis, si habet; si autem non habet, solvat duci, vel cui commendatus fuit dum vixit.*

⁵ *Lex Ripuaria*, XXXI : *Si ingenuus in obsequium alterius inculpatus*

supérieur doit défendre son subordonné dans tous ses procès. C'est pour cela que, si le supérieur est absent du pays, on devra attendre son retour pour juger les procès de ses « amis et de ses subordonnés [1] ».

Comment ce service de l'homme libre était-il rémunéré? Il est probable qu'il n'existait sur ce point aucune règle générale. Une formule de Tours dit que le chef doit fournir « nourriture et vêtement [2] ». La Loi des Lombards montre que l'homme en service d'un autre peut recevoir « des dons et des présents [3] ». La Loi des Wisigoths parle aussi de présents « d'armes ou d'autres objets [4] ». Une formule de Marculfe nous présente un homme qui fait donation d'une terre à son « fidèle », à son *gasindus*, pour reconnaître « sa foi et ses constants services »; or cette donation est perpétuelle. La terre, récompense de services passés, est donnée en pleine propriété et héréditairement [5].

A côté de cela, d'autres règles tendent à se constituer. Il semble, d'après les lois des Wisigoths, que les hommes du VII° siècle aient fort agité la question des droits de propriété du vassal. D'une part, le législateur

---

fuerit, ipse qui eum post se eodem tempore retinuit, in præsentia judicis repræsentare studeat, aut in rem respondere.

[1] Marculfe, I, 23.

[2] *Turonenses*, 43 : *Tam de victu quam et de vestimento.*

[3] *Lex Langobardorum*, Rotharis, 225 : *Si aliquid... in privatorum hominum obsequio, donum munus conquisivit.* — De même, 167 : *Si unus ex ipsis... aliquas res adquisierit.*

[4] *Lex Wisigothorum*, V, 3, 1 : *Si quis ei quem in patrocinio habuerit, arma vel aliquid donaverit.*

[5] Marculfe, II, 36; Rozière, 161 : SI ALIQUIS SERVO AUT GASINDO SUO ALIQUID CONCEDERE VOLUERIT. — Noter que *servus* dans cette rubrique ne peut pas désigner un esclave; jamais on ne donne à un esclave une terre en pleine et perpétuelle propriété; le *servus* est ici un serviteur. — *Ego ille fideli nostro illo. Pro respectu fidei et servitii quia circa nos inpendere non desistis, cedimus tibi a die presente locello nuncupante illo, infra villa nostra illa, cum terris, domibus, mancipiis, vineis, pratella... ita*

dit formellement que les dons reçus des patrons forment une propriété personnelle; le serviteur peut les vendre ou en faire donation à sa guise, suivant toutes les règles du droit commun[1]. Que ces présents consistent en armes ou en tout autre objet, le patron ne peut pas les reprendre[2]. D'autre part, si le serviteur quitte spontanément le patron pour « se commender à un autre », il doit « rendre à celui qu'il quitte tout ce qu'il a reçu de lui[3] ». Si le patronné meurt, ses fils conserveront ce qu'il a acquis, moyennant qu'ils restent dans l'obéissance du même patron et de ses fils[4]. S'ils quittent volontairement la famille du patron, ils doivent rendre tout ce que leur père a reçu de cette famille[5].

La loi distingue des dons les acquêts. Elle considère qu'il y a là une véritable propriété, sur laquelle les fils ont des droits après le père. Mais elle juge en même temps que, ces biens ayant été acquis à la faveur du patronage, sur la terre du patron ou par son appui, la famille du patron a aussi des droits sur eux. Elle com-

---

ut jure proprietario (la concession peut aussi, au choix du donateur, être sujette à la condition de redevance) *in tua revoces potestate... ut nulla redditus terræ solvere nec tu nec tua posteritas nobis vel heredibus nostris debeatis... vel quicquid exinde facere decreveris liberam habeas potestatem.* Cette formule n'est pas isolée; de même, Rozière, 163 et 164; Arvernenses, 6; Andegavenses, 56.

[1] *Lex Wisigothorum*, IV, 5, 5 : *Filius qui aliquid... patronorum beneficiis promeruerit, et exinde aliquid cuicunque vendere vel donare voluerit, juxta eam conditionem quæ in aliis legibus continetur, in ipsius potestate consistat.*

[2] Ibidem, V, 3, 1 : *Si quis ei quem in patrocinio habuerit, arma dederit vel aliquid donaverit, apud ipsum quæ sunt donata permaneant.*

[3] Ibidem : *Reddat omnia patrono quem d· servit.*

[4] Ibidem : *Similis forma servetur circa filios patroni vel filios ejus qui in patrocinio fuit, ut, si tam ipse qui in patrocinio fuit quam filii ejus filiis patroni obsequi voluerint, donata possideant.*

[5] Ibidem : *Si vero patroni filios vel nepotes, ipsis nolentibus, crediderint relinquendos, reddant universa quæ parentibus eorum a patrono donata sunt.*

bine ces deux principes en partageant la succession par moitié[1]. De même, si le patronné devient « infidèle », c'est-à-dire s'il quitte le patron, il ne peut garder que la moitié de ses acquêts[2].

Une disposition spéciale est prise à l'égard des dons de terre. Si le serviteur quitte son patron, il lui rend la terre qu'il tient de lui; c'est à son nouveau patron à lui en donner une autre[3]. Enfin, si l'homme en patronage ne laisse après soi qu'une fille, elle doit rester sous la tutelle et puissance du patron. Il appartient à celui-ci de lui choisir un mari de sa classe. Recevant un mari de sa main, elle gardera les dons faits à son père; mais si elle se marie contre la volonté du patron, elle devra rendre tout ce que son père a reçu[4].

Tels sont tous les renseignements que les documents divers fournissent sur ce patronage. Nous voyons les noms dont on l'appelait, et une partie des règles qui le régissaient. Deux choses sont à y remarquer.

En premier lieu, ce que nous avons vu marque bien que ce qui unit le « commendé » à son patron n'est

---

[1] *Lex Wisigothorum*, V, 3, 1 : *Quicumque in patrocinio constitutus sub patrono aliquid adquisierit, medietas ex omnibus in patroni vel filiorum ipsius potestate consistat. Aliam vero medietatem idem buccellarius qui adquisivit obtineat.*

[2] Ibidem, V, 3, 5 : *Si inveniatur infidelis vel eum derelinquere voluerit, medietas adquisitæ rei patrono tradatur. Aliam vero medietatem qui adquisivit obtineat.*

[3] Ibidem, V, 3, 4 : *Quicumque patronum suum reliquerit et ad alium se contulerit, ille cui se commendaverit det ei terram. Nam patronus quem reliquerit et terram et quæ ei dedit obtineat.*

[4] Ibidem, V, 3, 1 : *Si buccellarius filiam tantummodo reliquerit, et filium non reliquerit, ipsam in potestate patroni manere jubemus, sic tamen ut ipse patronus æqualem ei provideat qui eam sibi possit in matrimonio sociare et quidquid patri vel matri fuerit datum ad eam pertineat. Si ipsa sibi contra voluntatem patroni inferiorem maritum elegerit, quidquid patri ejus a patrono fuerat donatum, patrono vel heredibus ejus restituat.*

pas précisément un lien moral. C'est plutôt un lien d'intérêt. L'inférieur « s'est commendé », tantôt pour être « nourri », tantôt pour recevoir des « dons ». D'ailleurs, l'union entre les deux hommes est singulièrement étroite; l'inférieur « habite avec » le patron; il est de sa maison; il est « son nourri ». Plus que cela, le patron est en quelque point responsable des délits de l'inférieur, et il est en tout cas tellement mêlé à ses procès, qu'on ne conçoit pas que l'inférieur puisse être jugé en l'absence de son patron. L'inférieur est toujours libre de se retirer; mais tant qu'il reste, il est sujet et il ne possède que sous conditions. Il dépend de lui, il est « en sa puissance[1] », en lui est sa force et la source de tout ce qu'il a. Aussi la langue du temps dit-elle que « il regarde vers lui » et « espère en lui[2] ».

La seconde remarque qu'il faut faire, c'est que, parmi les conditions imposées à l'inférieur, nous ne voyons jamais le service militaire. On serait tenté de croire que ce groupe d'hommes qui s'est formé autour d'un chef est un groupe guerrier. Cependant les documents ne contiennent aucun indice de cela. Cherchez dans les onze codes germaniques, vous ne verrez nulle part que la loi reconnaisse à un homme autre que le roi ou qu'un fonctionnaire du roi le droit de se faire chef de guerriers et d'avoir une troupe militaire à sa suite. Les écrivains du temps ne parlent

---

[1] *In potestate patroni*, Lex Wisigothorum, V, 3, 1 et 2.

[2] Marculfe, I, 24 : *Qui per eum sperare videntur.* — Pardessus, n° 144 : *Qui per ipsum monasterium sperare videntur.* — Bouquet, V, 698 : *Hominibus qui per ipsos legibus sperare videntur.* — Dans tous ces exemples, celui « en qui l'on espère » se trouve être un ecclésiastique; mais nous pouvons penser que la même expression existait dans le patronage des laïques; exemple : *Senonicæ*, 28 : Rozière, 11.

jamais d'une telle coutume. Grégoire de Tours, dans ses longs et minutieux récits, ne mentionne pas un seul homme qui, à moins d'être fonctionnaire du roi, soit chef de guerriers. Rien de pareil dans Fortunatus, ni chez les hagiographes. De tels faits ne s'apercevront tout au plus que chez Frédégaire et dans le déclin de la royauté mérovingienne; nous n'aurons en parler que plus tard. Au ve, au vi^e et jusqu'au milieu du viie siècle, de pareilles bandes guerrières ne s'aperçoivent jamais[1]. Chaque fois que le roi franc lève une armée, il ne s'adresse pas à des chefs de bandes, il s'adresse aux fonctionnaires qui administrent en son nom. La Loi des Wisigoths, qui décrit si nettement ce patronage, ne le présente pas comme une institution militaire[2]. Dans les formules franques qui concernent la commendation ou la mainbour, on ne trouve pas un seul trait qui caractérise des guerriers.

Il n'a pourtant pas manqué d'érudits parmi les modernes qui se sont figuré ces sociétés germaniques du ve et du vi^e siècle comme des hiérarchies de petites bandes guerrières. Ils ont même donné à ces bandes un nom, celui d'arimannies, qu'ils croyaient trouver dans les textes.

---

[1] Le terme *haricarda* de la Loi Ripuaire, LXIV, le terme *contubernium* de la Loi Salique, XLIV et XLV, désignent une troupe armée pour le brigandage ou pour un coup de main; c'est la *hostilis manus* de la Loi des Bavarois, IV, 23; Pertz, 293, et la *manus armata* de la Loi Lombarde, Rotharis, 19. Cela n'a aucun rapport avec le groupe guerrier.

[2] Il ne faut pas tirer du mot *arma* qui se trouve dans la Loi une conclusion exagérée. La Loi parle des dons que le patron a faits; il est clair qu'il a pu donner des armes, comme il a pu donner autre chose (V, 3, 1), comme il a pu donner de la terre (V, 3, 4). — Le terme *saio* (V, 3, 2) ne signifie pas proprement un guerrier; il se dit de toute sorte de serviteurs et d'inférieurs; voir Cassiodore, XII, 3 et IV, 47; I, 24; II, 4; IX, 18; Isidore de Séville, *Origines*, X; *Lex Wisigothorum*, II, 1, 17; VI, 1, 6; X, 2, 5.

De textes, ils n'en ont cité qu'un, parmi tant de textes mérovingiens. C'est une formule du recueil de Marculfe, où il serait dit qu'un homme qui s'adressait au roi devait se présenter « avec son arimannie »; et de cela, on s'est hâté de conclure que l'arimannie était une bande guerrière, et que cet homme qui se présente ici devant le roi est un chef de bande. Par malheur, le mot arimannie n'est pas dans la formule, dans l'unique formule où on l'avait vu; tous les manuscrits portent, non pas *arimannia*, mais *arma*. Le désir de trouver une bande guerrière avait fait qu'on avait mal lu[1].

Quant à ce mot *arimannia*, sur lequel on s'est tellement hâté de construire un système, on aurait bien dû observer d'abord où et comment il a été employé. On ne le trouve pas une seule fois dans les documents de la Gaule mérovingienne[2]. Il n'est ni dans les lois, ni dans les formules, ni chez les écrivains. Pas une fois

---

[1] Marculfe, I, 18; Rozière, 8 : *Quia illi fidelis, Deo propitio, noster veniens ibi in palatio nostro una cum arma sua... conjurasse.* Voir Zeumer, p. 55. *Arimannia sua* avait été donné par Bignon, Pithou et tous les éditeurs jusqu'à M. de Rozière, qui le premier a rétabli la vraie leçon. — Voir Rozière, t. III, p. 315, où il rectifie une inexactitude qui lui était échappée et affirme nettement que tous les manuscrits sans exception portent *arma* [Cf. la note expresse de Zeumer, p. 55]. — Nous reviendrons plus tard sur cette formule et nous dirons pourquoi l'homme qui se présente devant le roi doit avoir ses armes; ce qui n'indique pas précisément qu'il soit un guerrier de profession. Observons seulement ici que les mots *una cum arma sua* ne doivent pas se joindre à ce qui précède, mais à ce qui suit jusqu'à *conjurasse*. Le sens est que l'homme jure avec ses armes. Sur le *jurare ad arma*, cf. Rotharis, 359 et 366.

[2] On en a rapproché les *faramanni* dont il est parlé dans la Loi des Burgondes; mais il faudrait établir quel est le sens de ce terme que la Loi des Burgondes n'applique, semble-t-il, qu'à des cultivateurs, et qui, bien certainement, ne désigne pas un groupe guerrier autour d'un chef. Cf. *fara* dans la Loi des Lombards, Rotharis, 177 : *Si quis liber homo cum fara sua migrare voluerit.* Il faut avoir l'esprit bien prévenu pour croire que *fara* désigne ici des guerriers. [Cf. p. 281, n. 1.]

non plus on ne le rencontre dans les Codes des Alamans, des Bavarois, des Thuringiens, des Frisons, des Saxons, des Wisigoths. Il n'existe que dans les Lois des Lombards ; encore faut-il noter deux choses : l'une, qu'il n'est pas dans l'édit de Rotharis, qui est du viie siècle, et qu'il n'apparaît que dans des lois du viiie ; l'autre, que, même dans ces lois, il ne désigne jamais des guerriers unis sous un chef de bande[1]. Qu'il y ait eu dans la langue un mot *arimannia* désignant un groupe de guerriers liés à un chef par la mainbour, qu'il y ait eu dans la société franque des troupes guerrières de cette nature, c'est ce dont on ne voit pas un seul exemple.

Les formules et les chartes franques désignent quelquefois par le mot *mitium* le groupe qui s'est formé autour d'un homme par la commendation ou la mainbour[2]. Ce mot, qui paraît avoir été inconnu de tous

---

[1] Les *arimanni* paraissent d'abord dans les lois de Liutprand ; ils y sont mentionnés deux fois, une fois parmi les fonctionnaires et agents du roi : *Judices, arimanni, actores nostri* (Liutprand, *Notitia de actoribus regis*) ; une autre fois comme des subordonnés du *judex*, c'est-à-dire du fonctionnaire public ; Liutprand, 44 : *Si judex neglectum fecerit ad ipsum hominem recolligendum aut arimanno suo mandatum faciendum*, c'est-à-dire : « si notre fonctionnaire a négligé d'arrêter un homme coupable ou de charger son ariman de l'arrêter. » Puis, dans la loi du roi Ratchis, l'ariman est le justiciable du juge royal ; Ratchis, 1 : *Si judex neglexerit arimanno suo, diviti aut pauperi, justitiam judicare*. Le mot se dit d'un homme libre quelconque ; Ratchis, 2 : *Si quis arimannus aut quislibet homo ad judicem suum prius non ambulaverit* ; Ratchis, 10 : *Arimannus, si mentierit et dolose dixerit*. Dans la Loi d'Aistulphe, 4, il se dit de l'homme libre, justiciable du *judex*. On trouve *uxor arimanna* dans le sens de femme libre, Ratchis, 6. — Il n'est pas douteux que le sens primitif de *arimannus* ne soit « homme de guerre », et il a encore ce sens dans Ratchis, 4 ; mais on ne le trouve jamais avec le sens de guerrier d'un autre homme, vassal guerrier, et *arimanni* n'est jamais employé pour désigner un groupe militaire privé.

[2] Le terme *mitium* se trouve dans les textes suivants : Marculfe, I, 23 ; I, 24 ; *Senonicæ*, 51 ; *Diplomata*, Pardessus, n° 144 ; n° 172 ; Pertz,

les pays hors de la Gaule, n'a pas une signification très claire pour nous[1]. L'idée qui s'y attache visiblement est celle d'autorité. Ce qui résulte le mieux de nos textes, c'est qu'il s'applique à des hommes qui sont placés sous le pouvoir d'un autre homme; l'un des effets de cette subordination est que la justice publique ne puisse les atteindre que par l'intermédiaire de cet homme[2]. C'est un groupe indivisible, en telle sorte que, s'il arrive, par exemple, que le roi prenne le chef sous sa protection, il y place en même temps le groupe entier[3]. Mais ce groupe n'est jamais présenté comme un groupe guerrier. Le *mitium* appartient à des évêques et à des abbés aussi souvent qu'à des laïques[4]. Non

n° 97; Tardif, n° 53; dom Bouquet, V, 698 et 699; Capitulaire de 810, Boretius, p. 115. Il se trouve aussi, mais avec moins de certitude, dans un *additamentum* à la *Lex Salica*, Behrend, p. 89 : *De mitio fristatito*, et p. 96; édit de Chilpéric, c. 7; Boretius, p. 9.

[1] M. Henri Brunner a publié en janvier 1885 (dans les *Juristische Abhandlungen, Festgabe für Georg Beseler*) une curieuse étude où il a porté sa pénétration ordinaire, sur *Mithio und Sperantes*. Il voit surtout dans le *mithium* un droit de représentation judiciaire; le *mithium* est le groupe de ceux qu'un même individu représente en justice. — Nous croyons que cette conception est trop étroite et n'est conforme qu'à une partie des textes.

[2] Marculfe, I, 23 : *Omnes causas suas suisque amicis aut gasindis seu undecumque ipse legitimo redebit mitio, in suspenso debeant resedere.* — Marculfe, I, 24 : *Si aliquas causas adversus eum vel suo mitthio surrexerint, in nostri praesentia reserventur.* — Pardessus, n° 372 : *Et si aliquas causas adversus ipsum monasterium aut mitio abbatis ortas fuerint... in praesentiam nostram reserventur.* — Cf. Capitulaires, *additamenta ad Legem Salicam*, Behrend, p. 96 : *Qui ipsum admallavit... ut ad mallobergo respondere aut convenire ubi antrustiones mithiu redebent*; p. 97 : *Ad mithio, solem culcassit*; édit de Chilpéric, 7.

[3] Diplôme de 546; Pertz, n° 4; Pardessus, n° 144 : *Una cum omnibus rebus vel hominibus suis, gasindis, amicis, susceptis, vel qui per ipsum monasterium sperare videntur, vel unde legitimo redebit mitio... recipimus.*

[4] La formule de Marculfe, I, 24, concerne le *mitium* d'un évêque ou d'un abbé. La formule I, 23, s'applique indifféremment à un laïque et à un évêque. Dans les *Diplomata* de Pardessus, les n°° 144 et 372 s'appliquent au *mitium* d'un monastère ou d'un abbé : *Mitium ipsius abbatis*.

seulement les hommes du *mitium* ne sont jamais représentés comme des guerriers, mais nous voyons qu'ils ne sont même pas toujours des hommes libres; car le même *mitium* comprend des colons, des affranchis et même des serfs[1]. Ce *mitium* est tout l'ensemble des hommes qui sont personnellement sujets d'un autre homme[2]. L'idée de service militaire n'y est jamais impliquée[3].

Nous ne devons pas oublier, d'ailleurs, que dans

De même dans Pertz, n° 97. De même encore dans les deux diplômes de Pépin, Bouquet, V, 698 et 699, et dans un diplôme de Pépin cité par Waitz, t. II, p. 428 : *Quos legitimo ad ipsum episcopatum redibit mitio*. Il n'y a qu'un seul acte où le *mitium* soit celui d'un laïque : c'est le jugement de 693, dans Tardif, n° 55.

[1] Cela est surtout visible dans le diplôme du recueil de Pertz, n° 97 : *De eorum hominibus aut ingenuis aut servientibus qui ad ipsas casas legitimo redebant mitio.* — Diplôme de Pépin cité par Waitz, II, p. 428 : *Tam de ingenuis quam de servientibus vel de qualibet natione hominum... quos legitime ad ipsum episcopatum redibit mitio.* — Diplôme de Pépin pour l'abbaye de Murbach, Bouquet, V, 699 : *Homines ecclesiæ tam ingenuos quam servos.*

[2] Diplôme de Pépin pour Anisola, Bouquet, V, 698 : *Nec abbatibus illius loci nec mitio potestatis eorum.* Jugement de 693, Tardif, 55 : *Ipse Amalberius aut mithius suus.* — Plusieurs textes présentent le *mitium* comme un groupe territorial, comprenant tous les habitants de certains domaines. Pertz, n° 97 : *Qui ad ipsas casas legitimo redebent mitio et earum agros commanere videntur.* Cf. un diplôme de Pépin, cité par Waitz, t. II, p. 428 : *Tam de ingenuis quam de servientibus in ecclesiæ villis commanentibus quos legitime ad ipsum episcopatum redibit mitio.* Diplôme de Pépin pour l'abbaye de Murbach, Bouquet, V, 699 : *Homines ecclesiæ qui super eorum terras vel mitio commanere videntur.* — *Mitium* est même venu à signifier le domaine lui-même que le groupe des sujets occupe; capitulaire de 810, Boretius, p. 115 : *Ut nec colonus nec fiscalinus foras mitio possint alicubi traditiones facere.* Le Polyptyque d'Irminon, p. 115, distingue les hommes qui habitent l'intérieur du domaine, les *inframitici*, et ceux qui habitent à l'extérieur, les *forasmitici*. (Cf. Prolégomènes, p. 430.)

[3] A dire toute ma pensée, je doute fort que *mithium* soit un terme propre à ce lien de patronage : 1° nous le voyons appliqué à des esclaves et à des colons; 2° il se présente, dans les textes, presque toujours sous cette forme : *Unde legitimo redhibet mitio*; or ni le mot *redhibere* ni surtout l'épithète *legitimus* ne sont des termes qui conviennent à la main-

l'époque que nous étudions, tous les hommes libres portaient les armes, les ecclésiastiques seuls exceptés. Gaulois et Francs étaient également soldats quand le roi levait l'armée. Le laboureur et le marchand devenaient guerriers sur l'ordre du roi. Les affranchis, les lites, beaucoup de colons figuraient à l'armée. Les esclaves même, quand ils accompagnaient leurs maîtres, portaient des armes. Il ne faut donc pas être surpris qu'il pût arriver souvent que les hommes en patronage portassent des armes autour de leurs patrons. Mais il ne suit pas de là que le groupe formé par le patronage fût par essence un groupe guerrier. Le patronné, qui devait toujours « obéir et servir », pouvait parfois devenir un combattant. Cela ne signifie pas que l'obligation essentielle et générale du patronage fût de combattre pour la personne du patron.

Ce patronage, à en juger par tous les documents qui nous sont parvenus, n'était pas un patronage guerrier. Le caractère militaire ne s'y est attaché que plus tard.

CHAPITRE XIII

Du patronage royal

Aussi bien que les églises, aussi bien que les grands et les riches, les rois exercent le patronat. Ils l'exercent de plusieurs façons et sur plusieurs catégories de personnes. Aussi revêt-il plusieurs formes assez distinctes.

bour ou au patronage. Il y a même une sorte de contradiction entre ce terme *legitimus* et l'institution que nous étudions du v⁰ au viii⁰ siècle. — La question du *mitium* me paraît à peu près insoluble.

Ici encore, nous devons nous garder de cette unité systématique que les historiens modernes ont mise dans le sujet. Dire, ainsi qu'on le fait, que la *commendatio* et la truste sont un patronage guerrier et rien de plus, c'est simplifier le problème au prix d'une erreur. Le patronage royal est plus complexe. Il faut procéder par l'analyse, en présentant successivement tous les textes.

On lit dans la Loi Salique, au titre qui vise le rapt d'une jeune fille libre : Si la jeune fille était « dans la parole du roi », *in verbo regis*, le ravisseur devra payer au roi 63 pièces d'or[1]. La même expression se retrouve ailleurs : le meurtre d'une femme libre en état de grossesse donne lieu à une indemnité de 900 pièces d'or; « mais si la femme s'était placée, pour quelque motif, dans la parole du roi, la peine est portée à 1200 pièces[2] ». La Loi des Francs Ripuaires parle aussi de la femme qui est « dans la parole » du roi, *in verbo regis*; elle lui assure une protection particulière; elle prononce une forte peine contre quiconque l'enlève à cette « mainbour » du roi, fût-ce pour l'épouser[3].

Cette expression de « parole du roi » étonne d'abord.

---

[1] *Lex Salica*, XIII : *De raptu ingenuorum* ou *De ingenuis hominibus qui ingenuas mulieres rapiunt* ; § 6 : *Si vero puella quæ trahitur in verbo regis fuerit, fretus exinde 2500 dinarios qui faciunt solidos 63 est.* — Cette phrase se trouve dans tous les manuscrits, aussi bien dans 4404 et Wolfenbuttel que dans ceux de l'*Emendata*. 18237 et 4403 B portent : *In verbo regis posita*. — Noter que tout le contexte est relatif à des femmes libres, *ingenuæ*.

[2] *Si vero ipsa mulier quæ mortua est pro aliqua causa in verbo regis missa est, 1200 solidos culpabilis judicetur.* — Cet article est à la suite de la Loi Salique dans le manuscrit de Wolfenbuttel et dans 4404 ; Behrend, p. 92, le place parmi le premier *additamentum*. Cf. Pardessus, p. 188 et 333 ; Hessels, p. 408.

[3] *Lex Ripuaria*, XXXV : *Si quis ingenuam puellam vel mulierem quæ in verbo regis vel ecclesiastica est....* — M. Sohm, p. 215 de son édition

On a supposé qu'elle était une expression germanique : ces hommes, en écrivant en latin, auraient traduit *mund* par *verbum*. Cela est fort possible. Encore faut-il observer que Grégoire de Tours emploie deux fois la même expression [1]. Or Grégoire ne connaissait pas les idiomes germaniques et n'avait certainement pas un texte germanique sous les yeux. Il parlait le latin de son époque. L'emploi qu'il fait de cette expression prouve qu'elle n'était pas seulement usitée par les hommes de race franque; quelle qu'en fût l'origine, qu'elle eût été apportée par les Germains, ou qu'elle appartînt au langage populaire de la Gaule, elle était entrée dans la langue usuelle des hommes du vi⁰ siècle [2]. On employait aussi, avec la même signification, les termes *sermo regis* ou *sermo tuitionis regiæ* [3]. C'étaient

---

in-folio, note 10, confond cette *puella in verbo regis* de l'article 35 avec la *regia* de l'article 14. Ce rapprochement sur une pure apparence est une erreur. A l'article 14, la *regia*, comme l'*homo regius*, est une *libertina*. Au contraire, dans notre titre 35, la *puella in verbo regis* est formellement qualifiée d'*ingenua*. L'*ingenua ecclesiastica* du même article ne doit pas non plus être confondue, comme le fait Sohm, ibidem, p. 216, avec la *femina ecclesiastica* de l'article 14.

[1] Grégoire de Tours, *Historia Francorum*, IX, 19 : *In verbo ginæ positus*; l'expression est répétée deux fois dans le même chapitre. Ibidem, 27 : *In verbo suo (id est regis) posita*.

[2] Rapprocher l'expression *verbum directum* que Grégoire de Tours emploie deux fois, III, 7, et IV, 14 : *Verbum directum habemus, verbum directum non habemus*, avec le sens de : nous avons ou nous n'avons pas le droit pour nous. Ici *verbum* ne paraît pas être une traduction de *mund*. — Il semble que le mot *verbum* ait eu, par lui seul, le sens de protection ou parole de sûreté. C'est ainsi que Paul Diacre l'emploie, et en parlant de peuples orientaux : *Edesseni acceperunt verbum* (*Historia miscella*, livre 18, *in fine*; édit. Migne, col. 1047); *Sophronius Ierosolymitanus sacerdos verbum accepit (ab Arabibus) ad totius Palestinæ securitatem* (ibidem, col. 1046). On croirait volontiers que *verbum* traduit ici un mot grec tel que λόγος, et du Cange cite en effet quelques exemples où le mot λόγος aurait eu cette signification dans la langue byzantine du vi⁰ et du vii⁰ siècle.

[3] *Extra sermonem regis*, Lex Salica, LIX et LXXVI : *Sub sermone tui-*

là des expressions convenues que tout le monde comprenait. Le sens en est visible. Cette *parole*, c'est la parole qui protège, c'est la protection ou le patronat.

Il est curieux que cette sorte de protection royale nous apparaisse d'abord accordée à des femmes. D'autres documents encore nous la montrent sous cette même forme. L'auteur de la Vie de sainte Consortia était un homme du vi[e] siècle[1]; il connaissait apparemment les usages et la langue de son époque. Or voici ce qu'il raconte[2]. Consortia était née en Provence vers la fin du règne de Clovis; elle appartenait, dit le biographe, à une famille sénatoriale, c'est-à-dire à une famille de l'aristocratie romaine. A la mort de ses parents, très riche, mais ayant besoin d'un appui, et ne voulant pas se marier, elle sollicita la protection du roi des Francs; c'était alors Clotaire Ier. Elle se rendit à son palais et le supplia « de donner un ordre en vertu duquel elle fût à l'abri de tout danger dans son royaume[3] ». C'était demander une protection particulière pour sa personne, et en même temps pour ses biens[4]. Le roi accorda ce qu'elle souhaitait, et il fit écrire « une lettre » par laquelle il faisait savoir à tous que celui qui ferait

---

tionis nostræ, Marculfe, I, 24. De même dans le latin de Grégoire de Tours, IX, 42 : *Sub sua tuitione et sermone.*

[1] Cela ressort du chapitre 2, où l'auteur dit que ce qu'il écrit lui a été raconté par le prêtre Uranius et le sous-diacre Celsus, qui avaient connu personnellement la sainte. Ces sortes d'affirmations ne suffisent pas à prouver la parfaite authenticité du texte; elles marquent au moins la date de la composition primitive.

[2] *Vita S. Consortiæ*, dans les *Acta Sanctorum ordinis Benedicti*, I, p. 250; Bollandistes, 22 juin.

[3] *Ad Chlotarium regem perrexit petitura ab eo ut per jussionem ejus quieta in regno suo manere posset.*

[4] *Obsecro, ait, domine mi rex, ut mihi permittas absque ullius inquietudine in cœpto virginitatis proposito permanere et quidquid in loca Deo sacrata vel in meos famulos contuli vel contulero, per vestram munificentiam ratum permaneat.*

quelque tort à Consortia serait traité comme s'il avait fait offense au roi¹. Quelques années plus tard, Clotaire Iᵉʳ étant mort, Consortia sollicita du successeur, Sigebert, une nouvelle lettre de protection, et l'obtint².

De ce récit de l'hagiographe, il ressort plusieurs faits importants. Voilà une femme qui demande la protection royale, et cette femme est certainement une Romaine. Toute romaine qu'elle est, elle se place dans la même situation que la Loi Salique signale pour la *puella in verbo regis*. Elle s'y place spontanément. Elle a dû adresser une demande ; elle a dû faire elle-même, dit le biographe, tout un long voyage pour présenter sa demande au roi³. La protection lui est accordée « par une lettre ». Ce n'est pas une protection vague et théorique ; la lettre indique que « celui qui fera tort à cette femme encourra l'offense royale », et cela signifie que ce sera le roi qui poursuivra la vengeance ou la punition. Enfin cette protection est personnelle à tel point qu'elle perd son effet à la mort de celui qui l'a accordée ; aussi a-t-il fallu que Consortia obtint du nouveau roi une nouvelle lettre de protection.

Grégoire de Tours nous présente quelques exemples des mêmes usages. Une jeune fille, de laquelle il ne dit pas si elle était franque ou romaine, avait tué un

---

¹ *Cujus petitioni rex libenter annuens præstitit quæ voluerat, epistolas per suos fideles dirigens ut cuncti cognoscerent quod si quis aliquid mali contra eam moliretur, principis offensam incurreret.* — La lettre ajoutait : *Si quid de suis facultatibus agere vellet, inconvulsum omni tempore perduraret.*

² *Vita S. Consortiæ*, c. 18, p. 251 : *Misit epistolas præcipiens ut nullus molestus esset Consortiæ, sed liceret ei uti privilegio quod illi pater ejus indulserat.*

³ *Ad regem ire perrexit.... Cumque palatio post multos viæ labores appropinquaret*, c. 12.

duc royal en se défendant contre lui[1]. Elle se rendit auprès du roi Gontran. Celui-ci, non content de lui faire grâce de la vie, la reçut « dans sa parole », et lui fit remettre « un diplôme » qui le constatait[2]. Ce diplôme portait que, étant placée dans la parole du roi, les parents du duc tué n'auraient aucun droit de poursuite contre elle. Vers le même temps nous voyons que deux abbesses de Poitiers, Radégonde et Agnès, ayant à se plaindre de leur évêque, quittent le pays, mais ont d'abord soin de se munir d'une lettre de protection royale[3]. Quelques jours après, ces mêmes femmes adressent une supplique au roi, « le conjurant de prendre leur monastère sous sa protection et dans sa parole[4] ».

Les hommes qui avaient besoin d'appui pouvaient obtenir le même patronage. Cela est attesté par plusieurs documents, dont l'un paraît bien remonter à Clovis. On a une lettre de ce roi qui est un diplôme de protection[5]. Les protégés sont deux ecclésiastiques, deux Romains, lesquels avaient servi Clovis dans une de ses guerres[6]. Le diplôme porte que « nul ne doit faire tort à ceux que soutient l'affection royale[7] ». Le diplôme

---

[1] Grégoire de Tours, *Historia Francorum*, IX, 27 : *Amalo dux in amorem puellolæ ingenuæ ruit....*

[2] *Rex non solum ei vitam donavit, verum eciam præceptionem tribui jussit ut in verbo suo posita, a nullo umquam parentum defuncti in aliquo molestiam pateretur.*

[3] Grégoire de Tours, IX, 40 : *Regis se tuitione munierunt.*

[4] Idem, IX, 42 : *Sub sua tuitione et sermone.*

[5] *Diplomata*, édit. Pardessus, n° 87.

[6] Voir la *Vita S. Maximini* dans les *Acta Sanctorum ordinis Benedicti*, I, p. 582, 583. Il ressort bien du récit de l'hagiographe, surtout des chapitres 5 et 7, que le prêtre Euspicius s'était interposé entre les habitants de Verdun et le roi. L'auteur dissimule à peine qu'Euspicius avait ouvert à Clovis les portes de la ville.

[7] *Neque enim nocendi sunt quos regalis affectus prosequitur.*

garantit les deux protégés « contre toute poursuite judiciaire injuste et toute violence[1] ». Il offre d'ailleurs cette particularité qu'il charge une tierce personne, laquelle est ici un évêque, d'exercer la protection[2]; c'est un point que nous retrouverons ailleurs[3].

[1] *Ab omni calumnia et injuria præsta liberos.*
[2] *Tu vero, Eusebi episcope, Suspicii senectam fove, Maximino fave, et tam eos quam possessiones eorum in tua parochia ab omni calumnia et injuria præsta liberos; neque enim nocendi sunt....*
[3] On ne possède ce diplôme que par une copie, qui a été trouvée dans les papiers de Jérôme Vigner, copie que d'Achery a acceptée sans suspicion. Mabillon, *De re diplomatica*, p. 463, croit ce diplôme authentique; son avis a été suivi par Bréquigny, Pardessus, K. Pertz. Récemment, M. Julien Havet a attaqué ce diplôme comme absolument faux. Les raisons qu'il a présentées sont plus spécieuses que solides. De ce qu'on n'a pas retrouvé l'original que Jérôme Vigner a dû avoir en mains, il ne suit pas nécessairement que cet original n'ait pas existé et que Vigner soit un faussaire. On sait, en effet, qu'une partie des papiers de Vigner avait été dérobée au lendemain de sa mort; il n'est donc pas surprenant que les originaux n'aient pas été retrouvés. L'autre raison que donne M. Havet n'est pas plus fondée; il allègue que ce diplôme n'est pas rédigé dans la forme ordinaire des diplômes mérovingiens; mais il n'existait sans doute pas encore, au début du règne de Clovis, c'est-à-dire après la prise de Verdun, un formulaire arrêté des diplômes mérovingiens. On se trompe d'ailleurs beaucoup quand on s'imagine qu'on possède toutes les sortes de diplômes et toutes les formules. Cet abus des arguments *a priori* et cette exagération gâtent les meilleures causes. Un esprit moins prévenu jugera que ce diplôme est fort altéré dans la forme; le *per sanctam confarreationem*, le *absque tributis, naulo et exactione*, et quelques autres mots encore ont été très vraisemblablement ajoutés. Le diplôme que Vigner a eu dans les mains n'était lui-même qu'une copie, peut-être même la *dernière copie d'une série de copies*, et de siècle en siècle les copistes avaient ajouté ou retranché quelque chose à l'original. Entre un diplôme authentique et une œuvre de faussaire il y a un milieu, et c'est à ce milieu que nous nous tenons. — D'autre part, M. Julien Havet ne me paraît pas avoir compris le sens du diplôme; il n'y voit qu'une concession de terre; c'est, au contraire, la phrase relative à cette concession qui me paraît ajoutée. La partie principale du diplôme est dans les dernières phrases qui constituent la protection royale, laquelle est déléguée à Eusébius, suivant un usage que nous retrouverons, à la même époque, chez les Ostrogoths d'Italie. Je dis que cette partie est authentique, et ma principale raison est qu'aucun copiste des siècles suivants n'aurait pensé à écrire des phrases qui n'étaient plus usitées de son temps. Toute cette seconde partie du diplôme est trop éloignée des habitudes carolingiennes

Ces mêmes lettres de protection royale se retrouvent, si nous ne nous trompons, dans un passage de la Loi Salique. Le titre XIV est relatif tout entier aux attaques à main armée contre un voyageur sur une grande route. Ce délit, qui ne va pas jusqu'au meurtre et qui se borne au vol, est puni d'une amende de 63 pièces d'or. Le paragraphe 4 ajoute : Mais si le voyageur avait une lettre du roi, *præceptum regis*, ou dans d'autres manuscrits, *cartas de rege*, l'amende est triplée et est portée à 200 *solidi*[1]. Nous voyons déjà ici l'un des effets de la

pour avoir pu être imaginée à cette époque. De pareilles phrases ne peuvent être que du temps de Clovis ou tout au moins de ses premiers successeurs. Le fond de ce diplôme n'est pas une concession de terre, c'est un acte de protection ou de patronage royal : *Neque enim nocendi sunt quos regalis affectus prosequitur*. Cela explique les derniers mots : *Desinite inter Francos esse peregrini*. — Qu'il y ait eu aussi une concession de terre, c'est ce que nous admettons sans peine; peut-être y a-t-il eu deux actes distincts que l'on aura essayé de coudre ensemble ou qu'un copiste aura confondus. — Toutes ces choses ont d'ailleurs leur commentaire naturel dans la *Vita S. Maximini* (Acta Sanctorum ordinis Benedicti, I, 583), qui paraît avoir été écrite au VII° siècle. On lit au chapitre 8 : *Rex jussit ut (Euspicius) sibi comes fieret...*; c. 10 : *Jubet ergo ut uterque ejus comitatui jungeretur ejusque conspectui semper præsto essent... comitatui ejus adhærentibus viris....* Plus loin, à une autre date, au chap. 11 : *Conscriptæ sunt conscriptiones de agro Miciacensi....* Et enfin, plus tard encore, c. 14 : *Rex eosdem viros præsuli Eusebio cum prædiis commendavit ut ejus juvamina tuerentur*. — La seconde Vie de saint Mesmin (ibidem, p. 593), écrite au IX° siècle, est plus vague sur ces faits, parce que l'auteur est plus éloigné d'usages qui avaient disparu depuis longtemps. Encore laisse-t-elle voir qu'Euspicius est d'abord admis au *comitatus* du roi, après le service qu'il lui avait rendu à Verdun, que ce même Euspicius obtint la permission de faire entrer avec lui dans le *comitatus* son ami et son élève Maximin, et que plus tard le roi leur donna le domaine de Nici et les plaça sous la protection de l'évêque Eusébius. Il y a donc eu plusieurs actes successifs, plusieurs diplômes, que l'on a un jour réunis en un seul. Il y a, tout particulièrement, un acte de protection dont quelques phrases au moins se retrouvent dans le diplôme que Jérôme Vigner nous a conservé.

[1] *Lex Salica*, XIV, XV, dans les manuscrits dits de l'*Emendata*. Le texte des trois quarts des manuscrits est celui-ci, § 4 : *Si quis hominem præceptum regis habentem contra ordinationem regis adsallire vel viæ laciniam ei facere præsumpserit, 8000 dinariis qui faciunt solidos 200 culpabilis judicetur*. Les autres manuscrits portent *de rege habuerit*

protection royale, qui est de punir au triple tout délit commis contre le protégé.

Voici un autre exemple qui explique mieux encore la nature et les effets de cette protection. Il est tiré de Grégoire de Tours et il a l'avantage de nous mettre sous les yeux un fait précis et clair. Grégoire raconte la querelle de deux hommes qu'il a connus personnellement[1]. Ils s'appelaient Sicharius et Chramnisindus. Nous supposerons volontiers qu'ils étaient de race franque; pourtant l'auteur ne le dit pas. Il dit seulement qu'ils étaient « citoyens de Tours[2] ». Or l'un d'eux se trouvait dans la protection de la reine Brunehaut, qui avait Tours dans le royaume de son fils. Sichaire était, dit l'historien, *in verbo reginæ*[3]. Or le récit suivant jette une grande lumière sur les conséquences de ce patronage. Sichaire ayant été assassiné par Chramnisinde, ce fut la reine, à titre de protectrice, qui poursuivit la punition du meurtrier. En tout autre cas, cette obligation aurait appartenu à la veuve et aux enfants de la victime. Ni sa veuve Tranquilla ni ses fils n'agirent en rien. Ce fut Brunehaut qui, « parce qu'elle avait eu Sichaire dans sa parole », fit condamner

---

præceptum, de rege n'étant d'ailleurs que la nouvelle forme du génitif. Le manuscrit de Paris 4627 et celui de Montpellier portent *de rege habet cartas*. Neuf manuscrits, et des meilleurs, comme 4404 et Wolfenbuttel, ajoutent un membre de phrase qui n'est pas ailleurs : *Et abbundirit in mallo publico*. Dans quatre manuscrits, le mot *adsallire* est remplacé par *restare*; quatre autres écrivent *restare aut adsallire*; partout ailleurs, c'est *adsallire*. Les *Septem causæ* portent : *Contra stare* (VI, 1). Le sens du paragraphe ressort avec une pleine évidence si on ne le lit qu'après les paragraphes précédents; il n'y a aucun doute qu'il ne s'agisse d'une attaque sur une grande route.

[1] Grégoire de Tours, *Historia Francorum*, IX, 19.

[2] Ibidem : *Cives Turonicos*. Cf. VII, 47 : *Gravia tunc inter Turonicos cives bella civilia surrexerunt; nam Sicharius, Johannis quondam filius....*

[3] Ibidem : *In ejus verbo Sicharius positus.... Regina in verbo suo posuerat Sicharium.*

Chramnisinde à la confiscation des biens. Les biens confisqués ne servirent pas à indemniser la famille de la victime, comme c'était le droit commun de l'époque; ni Tranquilla ni ses fils n'en eurent rien. Ils furent dévolus à la reine, par ce motif que Sichaire avait été « dans sa parole ». Cela rappelle l'article de la Loi des Bavarois en vertu duquel le prix du meurtre de l'homme libre « qui a vécu en commendation » est payé à son patron[1].

La chancellerie mérovingienne avait des formules de diplôme pour cette sorte de patronage. L'une d'elles était ainsi conçue : « Aux évêques et abbés, ainsi qu'aux hommes illustres, ducs, comtes, vicaires et centeniers, le roi des Francs, homme illustre. Sachez que tel homme, portant tel nom, est venu en notre présence et nous a demandé le droit de se recommander à nous; nous l'avons reçu et recevons en notre patronage. En conséquence, vous ne lui ferez aucun tort, ne troublerez en rien sa sécurité, n'enlèverez rien de ses biens, ni ne souffrirez qu'aucun autre fasse rien à son préjudice[2]. » Puis vient une phrase qui montre l'un des effets de ce patronage royal : « Si un procès surgit contre lui, et que le jugement de ce procès dans votre ressort lui soit préjudiciable, le débat sera porté devant nous; c'est nous qui jugerons et qui prononcerons la sentence définitive[3]. »

[1] *Lex Baiuwariorum*, IV, 27, Pertz, III, p. 294; Walter, III, 13. [Cf. p. 289.]

[2] *Formulæ Senonicæ*, n° 28; Zeumer, p. 197; Rozière, n° 11 : *Propterea omnino vobis rogamus atque jubimus, ut neque vos neque juniores neque successoresque vestri ipso vel hominis suis, qui per ipso legitimi sperare videntur, inquietare nec condempnare nec de rebus suis in ullo abstrahere nec dismanuere non presumatis nec facere permittatis.*

[3] Ibidem : *Et si talis causa adversus eo surrexerit, aut orta fuerit, et ibidem absque eorum iniquo dispendio minime definitas fuerit, adimpletis vos, quod ante nos separare vel reservatas, et talis causa ante nos fenetivam accipiant sententiam.*

Ainsi le protégé du roi pouvait porter, s'il voulait, tous ses procès devant le roi, ou tout au moins ceux où il était défendeur. Il échappait à la juridiction ordinaire, c'est-à-dire à celle des ducs, des comtes, des vicaires. Il dépendait directement, immédiatement, du roi[1].

Il nous est parvenu trois autres formules qui, pour se trouver reproduites dans des recueils carolingiens, n'en sont pas moins de l'époque mérovingienne. Le roi y déclare qu'un homme, désigné seulement par les mots « habitant de telle cité », est venu en sa présence; « il nous a demandé, à cause des maux que certains méchants lui font souffrir, que nous le prissions sous la sûreté de notre protection[2] ». Ailleurs, c'est une veuve qui a demandé « que nous la prissions sous notre mainbour, protection et défense[3] ».

Une autre formule, visiblement mérovingienne, puisqu'elle est dans le recueil de Marculfe, est relative à des ecclésiastiques. Il y est dit que tel évêque ou tel abbé est venu vers le roi, et « sur sa demande, pour le défendre contre le tort que lui font les méchants, le roi l'a reçu sous la parole de sa protection[4] ». Seulement, le roi délègue son patronage à un fonctionnaire qu'il désigne; c'est ici le maire du palais : « L'évêque ou l'abbé sera sous la mainbour et défense du maire

---

[1] Il est impossible de dire l'âge de cette formule. Elle fait partie d'un recueil qui n'a été composé qu'au IXe siècle; mais elle est visiblement plus ancienne que le recueil où on l'a insérée. Zeumer et Sickel la croient de l'époque mérovingienne, et cela me paraît certain. Cf. Zeumer, p. 182, et Th. Sickel, *Beiträge*, III, p. 11-14 et p. 100.

[2] Rozière, n° 12; Zeumer, p. 311 : *Hominem pro suis necessitatibus ad nos venientem, sub sermone tuitionis ac defensionis nostre suscepimus ac retinemus*; Rozière, n° 41; Zeumer, p. 318.

[3] Rozière, n° 14; Zeumer, p. 323 : *Sub nostro mundeburdo et defensione ac tuitione.*

[4] Marculfe, I, 24 : *Propter malorum hominum, inlicitas infestaciones sub sermonem tuicionis nostre visi fuimus recipisse.*

de notre maison »; la conséquence sera que les procès de cet ecclésiastique « et de tous ceux qui vivent sous lui » seront portés « devant le maire¹ ». Le diplôme est adressé aux ducs et aux comtes, et c'est pour leur défendre de faire aucun tort au protégé, et leur faire savoir que « tout procès qui surgira contre lui sera réservé au tribunal du roi² ».

Cette sorte de patronage, que nous apercevons dans la Loi Salique, dans la Loi Ripuaire, chez Grégoire de Tours et les hagiographes, dans les formules, et qui paraît avoir été tant en vigueur dans le royaume mérovingien³, n'apparaît pas aussi visible dans les autres États germaniques. Nous ne le trouvons pas, semble-t-il, dans les Lois des Burgondes, des Wisigoths, des Alamans, des Bavarois, des Lombards⁴. Mais nous en trouvons la trace chez les Ostrogoths d'Italie. Ce n'est

---

¹ Marculfe, I, 24 : *Ut sub mundeburde vel defensione illustris vero illius, majores domi nostri, cum omnibus rebus prefatæ ecclesiæ quietus dibeat resedere.*

² Ibidem : *In nostri præsentia reserventur.*

³ Voir encore le texte de la lettre de mainbour accordée à saint Boniface par Charles Martel. *Diplomata*, n° 532: *Bonifacius ad nos venit et nobis suggessit quod sub nostro mundiburdio vel defensione eum recipere debeamus.... Proinde ergo taliter ei manu nostra roboratam dare visi sumus, ut ubicumque ambulare visus fuerit, cum nostro amore, vel sub nostro mundeburdio et defensione quietus vel conservatus esse debeat.*

⁴ On peut rapprocher de cela la *commendatio ad curtem regis* dont parle la Loi Lombarde, Rotharis, 195 et 197; mais il ne s'agit là que d'une tutelle. La loi dit que la fille ou femme qui a des motifs de plainte contre son *mundoald* peut se placer sous le *mundium* du roi. Cela n'est pas la même chose que le patronage que nous étudions ici; il n'y a entre les deux choses qu'une simple analogie. Notons que *commendatio* et *mundeburdis* étaient des termes très compréhensifs qui s'appliquaient indifféremment à la tutelle des mineurs, au patronage sur les affranchis, et au patronage volontaire des hommes libres; quoique ces trois choses fussent essentiellement différentes, elles avaient dans la pratique assez de ressemblances pour que la langue usuelle leur appliquât les mêmes mots. (Exemple, pour *mundeburdis*, Loi Ripuaire, LVIII, art. 12 et 13.)

pas, à la vérité, dans des lois de ce peuple, ce n'est pas même dans l'*Edictum Theodorici* que nous le rencontrons; c'est seulement dans quelques lettres appartenant au recueil de Cassiodore. On sait que ce recueil se compose de quelques centaines de lettres ou diplômes, lesquels, signés par le roi Théodoric, sont visiblement rédigés par les bureaux du palais. Ces lettres et diplômes sont du plus pur latin, tel qu'on l'écrivait au IV° et au V° siècle; c'est la langue officielle et traditionnelle de la chancellerie impériale. Les bureaux de Rome et de Ravenne sont passés des empereurs aux rois ostrogoths, presque sans changements de personnes, certainement sans changement de langue, d'habitudes, de formulaire. C'est le formulaire de cette chancellerie romano-gothique qui nous a été conservé dans le recueil de Cassiodore. Nous y trouvons deux lettres de protection royale. L'une concerne un certain Pétrus qui avait sollicité la protection « contre les méchants[1] »; le roi la lui avait accordée; il avait délégué son patronage sur cet homme à un fonctionnaire nommé Amara; il se trouve que celui-ci a mal rempli ses devoirs et que, tout en protégeant, il a opprimé; le roi dans une nouvelle lettre transporte la protection personnelle de Pétrus à un autre de ses agents[2]. On reconnaît dans cet exemple que le patronage donnait des droits et une autorité au protecteur; ce patronage se payait toujours de quelque façon[3]. Dans une autre lettre, le protégé est

---

[1] Cassiodore, *Variarum*, IV, 27. Ce Pétrus n'était pas le premier venu; il est qualifié *vir spectabilis*. *Conquestus est saionis Amaræ tuitionem quam ei contra violentos indulsimus, in se potius fuisse grassatam.*

[2] Ibidem : *Tuitionem vero postulanti contra inciviles impetus ex nostra jussione præstabis.*

[3] Cela ressort surtout des mots : *Quidquid suprascriptus Amara commodi nomine de causis memorati supplicantis accepit....*

un médecin nommé Jean ; il a demandé le patronage royal à la suite d'un procès qu'il avait perdu au tribunal du vicaire du préfet de Rome ; le roi Théodoric le lui accorde, en chargeant un fonctionnaire de l'exercer à sa place, et il se trouve que ce fonctionnaire est un Romain, le patrice Albinus[1].

Enfin, ce même recueil nous fournit la formule ordinaire du patronage royal. Elle est d'une langue toute latine et rédigée suivant la phraséologie impériale : « Il peut paraître superflu de demander au prince une protection spéciale, puisque le prince a la ferme volonté de défendre tous les sujets. Toutefois, comme plusieurs méchants inquiètent ta sécurité, nous voulons bien accorder à tes supplications une sauvegarde particulière. Nous te recevons donc dans l'asile de notre défense et nous t'assurons un rempart contre tes adversaires. Notre autorité t'accorde la protection de notre nom comme une forteresse contre toutes attaques injustes[2]. »

Si l'on compare cette formule, usitée en Italie, à celles que nous avons vues usitées en Gaule, on remarquera que les expressions varient, que le style de la formule italienne se rapproche davantage du pur style de la chancellerie impériale, mais que le fond est exactement le même. Il s'agit toujours d'une protection spéciale « contre les attaques et poursuites injustes », et la conséquence est, non seulement de défendre contre des violences, mais aussi et surtout de soustraire le

---

[1] Cassiodore, *Variarum*, IV, 41 : *Patricii Albini tuitio te deputata communiet*. — La lettre précédente était adressée au fonctionnaire ; celle-ci l'est au protégé. Les deux formes étaient donc également usitées en Italie ; il en était de même chez les rois francs.

[2] Ibidem, VII, 59.

protégé aux poursuites judiciaires et à la juridiction commune.

Telle est, dans l'Italie comme dans la Gaule mérovingienne, la première forme du patronat exercé par les rois. C'est un patronat en faveur des femmes, des faibles, des ecclésiastiques. N'entendons pas par là une protection générale des faibles; il ne s'agit que de la protection de telle femme désignée, de tel ecclésiastique nommé dans l'acte. Les règles de ce patronage ressortent assez bien des exemples que nous avons vus. La première règle est que le patronage soit sollicité personnellement; l'expression d'une demande se trouve dans tous nos documents, et il semble même qu'il ait fallu que la demande fût marquée dans la lettre royale. La seconde est que le roi, s'il accorde, fasse écrire une lettre ou diplôme, *epistola*, *jussio*, *præceptum*, dans la forme ordinaire des diplômes royaux. Tantôt le roi exerce lui-même le patronage, tantôt il délègue quelqu'un pour l'exercer à sa place, et le nom de ce délégué est inscrit dans la lettre. La protection royale met à l'abri de la violence par le seul fait que celui qui l'enfreindrait serait poursuivi et puni comme ayant offensé le roi lui-même, et ce délit serait payé plus cher que s'il eût été commis contre toute autre personne. La même protection met le protégé à l'abri des poursuites judiciaires. Elle lui sert de rempart même contre la hiérarchie des fonctionnaires royaux. Elle le défend contre les ducs, les comtes et les vicaires, contre les administrateurs et les juges. Enfin, ce patronage imposait au roi certains devoirs spéciaux; il lui appartenait, non seulement de protéger, mais de venger. L'affaire de Sicharius montre bien que les règles ordinaires du droit commun étaient mises de côté dès que le patronage royal était en jeu.

L'indemnité pécuniaire et le prix du meurtre appartenaient au protecteur.

On voudrait savoir si le roi, au moment où il accordait le patronage, n'imposait pas quelque condition, ne mettait pas quelque prix à sa faveur. Les documents ne le disent pas. Quelques faits, que nous rencontrerons plus loin, permettent de supposer qu'ils laissent ici un sous-entendu. En tout cas, il est assez visible que cette protection toute spéciale, et qui n'était pas la protection des lois ou de l'autorité publique, mais la protection d'un homme, devait assujettir tout spécialement le protégé à la personne de cet homme. Il est à peu près hors de doute qu'il se soumettait à des obligations particulières et personnelles. Il nous est impossible de dire quelle était la nature de ces devoirs. Au moins ne dirons-nous pas que le service militaire y fût compris; les exemples que nous avons vus jusqu'ici ne se rapportent qu'à des femmes, à des ecclésiastiques, ou à des hommes qui visiblement n'étaient pas soldats.

CHAPITRE XIV

La truste du roi.

Il y avait une troisième forme de patronat royal, celui qui s'appliquait à des guerriers. Il a eu une grande importance; il ne nous est pourtant connu que par un petit nombre de textes. Notre principal document est la formule du diplôme que le roi accordait. Expliquer littéralement cette formule est presque le seul moyen que nous ayons de comprendre ce genre de patronat[1].

« Il est juste que ceux qui nous promettent une foi inviolable soient soutenus par notre protection[2]. » Dès ces premiers mots, nous apercevons deux choses qui se correspondent, foi et protection. Ces deux choses se rencontrent toujours dans la *commendatio* ou le patronat; c'est par la réunion de ces deux éléments que tout patronat se constitue.

« Comme le nommé un tel, notre fidèle, avec l'aide de Dieu, étant venu ici dans notre palais avec ses armes, nous a juré truste et fidélité en notre main, nous décidons et ordonnons qu'à partir de ce jour il soit compté au nombre de nos antrustions[3]. »

La première remarque à faire est qu'il s'agit d'un guerrier. Cela est suffisamment indiqué par les mots « avec ses armes[4] ». Est-ce à dire que cet homme soit un guerrier de profession? Ce serait trop s'avancer. Les documents mérovingiens ne montrent jamais qu'il y ait eu à cette époque une classe d'hommes uniquement vouée à la guerre. Ils montrent plutôt que tout le monde était guerrier, sans distinction de race. En temps de paix, tous les hommes libres, Francs ou Gau-

---

[1] Marculfe, I, 18; Rozière, n° 8 : DE REGIS ANTRUSTIONE. On sait que Marculfe a rédigé son recueil vers 600; chacun des éléments du recueil était plus ancien.

[2] *Rectum est, ut qui nobis fidem pollicentur inlesam, nostro tueantur auxilio.*

[3] *Et quia illi fidelis, Deo propitio, noster veniens ibi in palatio nostro una cum arma sua in manu nostra trustem et fidelitatem nobis visus est conjurasse, propterea per presentem preceptum decernemus ac jobemus ut deinceps memoratus ille inter numero antruscionorum conputetur.*

[4] *Una cum arma sua.* Tel est le vrai texte des trois manuscrits de Marculfe; voir Rozière, t. III, p. 315; Zeumer, p. 55. Ou bien *arma* est pour *armis*, ou bien il est l'ablatif du féminin *arma* dont on trouve quelques exemples. [Cf. plus haut, p. 295, n. 1.]

lois, avaient une arme au côté[1]. En temps de guerre, tous les hommes libres, Francs ou Gaulois, étaient appelés à combattre. Les mots « avec ses armes » ne doivent donc pas être entendus comme s'il s'agissait d'une catégorie particulière d'hommes. Ces mots excluent seulement les ecclésiastiques, les esclaves, les individus tout à fait pauvres ou visiblement trop faibles. Du moins ils indiquent un homme qui, au besoin, pourra combattre, un homme qui, s'il doit servir le roi, pourra le servir de l'épée.

Il y a, en tout cas, ici quelque chose de très nouveau. Dans tout ce que nous avons vu du patronage romain, l'arme n'était jamais mentionnée. Jamais ce n'était comme guerrier que l'homme « se commendait » à l'homme. L'idée de force guerrière était visiblement exclue de cet acte. L'arme apparaît ici, au vi[e] siècle, et elle va donner à l'acte de commendation un caractère qu'il n'avait pas eu encore.

Nous pouvons alors nous demander si nous sommes en présence d'une institution nouvelle, ou si c'est l'ancienne institution à laquelle un trait nouveau s'ajoute et qui se modifie. Nous pouvons nous demander encore si l'innovation vient de la Germanie et est introduite par les envahisseurs, ou si elle n'est que l'effet du changement qui s'est produit dans les mœurs du vi[e] siècle. La fidélité guerrière que nous avons sous les yeux est-elle celle des anciens Germains? Ou bien est-ce le vieux patronage qui, dans ces générations toujours troublées et toujours armées, a pris la forme militaire? Ces questions ne peuvent être résolues par les documents. Chaque esprit, suivant ses tendances propres, peut se

---

[1] [Voir la *Monarchie franque*.]

prononcer avec la même vraisemblance pour l'une ou l'autre solution ; il peut même les admettre toutes les deux comme parfaitement conciliables.

Ce [protégé] a dû se rendre de sa personne auprès du roi. Ce n'est pas par hasard que les mots « venant ici dans notre palais » sont insérés dans la formule. Pour en saisir la portée, nous devons nous rappeler qu'à l'époque mérovingienne tous les sujets sans distinction prêtaient déjà un serment au roi, lors de son avènement, mais que ce serment universel était prêté dans chaque canton, par les hommes réunis en groupe, en présence d'un fonctionnaire royal qui s'était déplacé pour le recevoir. C'est le contraire ici : le serment est prêté par un homme individuellement ; il a fallu qu'il se transportât vers le roi ; il est venu spontanément et sans être appelé. Il s'agit donc d'un serment tout autre que celui qui est exigé de tous[1].

Il a juré « truste et fidélité ». *Truste* est un terme nouveau pour nous. Il est très probablement germanique. Nous en aurions la pleine certitude si nous le trouvions chez les autres peuples germains. Il serait naturel, en effet, qu'un mot qui eût été usité dans l'ancienne Germanie, eût été importé par les divers peuples envahisseurs, et nous devrions le rencontrer chez les Burgondes, chez les Wisigoths, chez les Lombards. Il se retrouverait aussi chez les peuples restés en Germanie, comme les Alamans, les Bavarois, les Frisons

[1] M. Deloche suppose que l'homme qui se présente ici est suivi d'une troupe guerrière ; pas un mot de la formule ne l'indique. M. Deloche tire cela uniquement de la préposition *cum* qui est contenue dans *conjurare*. Il est vrai que, si nous étions au temps de Cicéron, le mot *conjurare* signifierait un serment collectif. A l'époque mérovingienne il ne faut pas tenir compte de cette préposition *cum*. *Commanere* ne signifie pas autre chose que *manere*, ni *conjurare* que *jurare*. Le serment est individuel.

et les Saxons. La vérité est que ce mot ne se trouve que dans les documents du royaume mérovingien. Il semble qu'il n'ait appartenu qu'aux Francs. Il se rapproche d'ailleurs beaucoup de deux radicaux qui sont aujourd'hui en allemand, *Treue* qui signifie fidélité[1], et *Trost* qui veut dire protection. Les philologues allemands sont partagés entre les deux étymologies[2]. Ce qui est plus important que l'origine du mot, c'est l'emploi qui en est fait. Il est employé douze fois dans nos documents, et avec trois significations distinctes : 1° dans deux articles d'un décret de Clotaire Ier et dans une addition à la Loi Salique, il a visiblement le sens d'association entre hommes libres qui se sont groupés pour la sûreté commune contre les malfaiteurs[3]; 2° dans deux capitulaires de 779 et de 857, il s'applique à une association illicite, c'est-à-dire à la réunion d'une bande armée sous un chef pour commettre des brigandages[4]; 3° enfin, six fois, c'est-à-dire dans quatre articles de la Loi Salique, et dans un article de la Loi Ripuaire, comme dans cette formule de Marculfe, la truste se

---

[1] Mais dans un sens un peu différent de la « fidélité » dont il est question ici. La fidélité du vassal ne s'appelait pas *Treue* en allemand.

[2] Pithou avait déjà traduit *Trost* par fidélité; c'est également l'avis de Sirmond, de Baluze, de du Cange, d'Eichhorn, de Roth. Grimm a préféré le sens d'assurance ou protection; voir préface de la Loi Salique de Merkel, p. IV. Suivant M. Deloche, p. 47, *Trust* signifierait aide ou assistance.

[3] *Decretio Chlotarii*, Borétius, p. 6, c. 9 : *Si latro per trustem invenitur, mediam compositionis trustis adquirat.* — C. 16 : *Jubemus ut in truste electi centenarii... licentiam habeant latrones persequere, et in truste quod defuerit causa remaneat.... Quem si in truste pervenerit, medietatem sibi vindicet.* — *Additamenta ad Legem Salicam*, Behrend, p. 89 : *Si quis truste dum vestigio minant detinere aut battere præsumpserit.*

[4] Capitulaire de 779, c. 14 : *De truste faciendo nemo præsumat.* — Capitulaire de 857, Baluze, II, c. 96 : *Qui rapinas exercent, domos infringunt, trustes commovent....* Cf. *Leges Langobardorum, Caroli Magni*, 11 (Walter, t. III, p. 584) : *De truste facienda ut nemo præsumat....*

dit d'un lien contracté avec le roi. On observera que ces trois significations du mot, si difficiles qu'elles paraissent, ont pourtant un point commun : l'idée qui y est contenue est toujours celle d'une association, d'un lien, d'un engagement mutuel.

Dans le passage de la formule de Marculfe, le sens du mot *trustis* est marqué d'une manière claire par les deux mots qui l'accompagnent. Quant on dit qu'un homme « a juré au roi truste et fidélité », il n'est pas douteux que les deux termes *truste* et *fidélité* n'expriment une même chose. Quiconque est familier avec les textes mérovingiens sait qu'il était dans les habitudes du langage de ce temps-là d'employer deux mots pour un seul objet. On disait *tuitio et mundeburdis, gasindi vel amici, comes aut grafio*. De même on écrit ici *trustis* et *fidelitas*. Ces deux mots, en quelque sorte, n'en font qu'un. Jurer au roi la truste est la même chose que jurer au roi la fidélité.

Ce serment est digne d'attention. Dans la *commendatio* ou le *patrocinium* romain, nous avions vu la *fides*, mais nous n'avions pas vu le serment. Les documents romains n'en contiennent aucun indice[1]. De même, quand le patronat royal est accordé à une femme ou à un ecclésiastique, le serment n'est pas mentionné. On ne le trouve qu'ici. Or il ne s'agit pas d'un serment reli-

---

[1] Les Romains avaient le serment militaire; Servius, *Ad Æneida*, VIII, 1 : *Apud majores nostros legitima erat militia eorum qui singuli jurabant, et sacramentum vocabatur*. Cf. Polybe, VI, 21 et 33 ; X, 16 ; Aulu-Gelle, XVI, 4 ; Ammien, XXI, 5, 10. *Sacramentum* était synonyme de service militaire; Digeste, XLVIII, 5, 12 (11) : *Miles solvi sacramento et deportari debet*. Code Théodosien, IX, 14, 3 : *Ad nulla sacramenta perveniat* ; VII, 2, 2 : *Cinguli sacramenta desiderare*. Autres textes dans Marquardt, *Staatsverwaltung*, t. II, p. 372-374 [p. 385 et suivantes, 2ᵉ édit.]. Mais le serment militaire romain ne paraît pas être la même chose que le serment de truste.

gieux. Les hommes de l'époque mérovingienne faisaient un grand usage du serment, surtout dans l'ordre judiciaire, et c'était par le serment que l'innocence se prouvait; mais ce serment était toujours prêté dans une église[1], sur un autel[2], sur quelque relique de saint[3], ou tout au moins sur une arme bénite[4]. Le serment dont il s'agit dans notre formule est essentiellement différent. Il n'est pas prêté dans une église, mais « dans le palais », non sur des reliques, ni à un saint, mais à la personne du roi, *nobis juravit*. C'est le caractère tout particulier de ce serment[5]; il ne res-

---

[1] Chez les Burgondes, le serment judiciaire a lieu dans l'église. *Lex Burgundionum*, VIII et XLV. Cf. *Lex Romana Burgundionum*, XXIII. — *Lex Ripuaria*, LVII, 5 : *In ecclesia juret*. — *Lex Baiuwariorum*, I, 5 : *Juret in altare in illa ecclesia*; I, 3; XVI, 5. — *Lex Alamannorum*, VI, 4 : *Manus super capsam ponant, ut sic ille Deus adjuvet vel illæ reliquiæ*. — Ibidem, XXIV : *Juret in ecclesia*. — Turonenses, 31 : *Breve sacramenti qualiter expressus est ille in ecclesia illa*. — *Sacramentum in basilica sancti*, Ibidem, 40. — *Ad basilicam beati Martini, sacramentum exuens*, Grégoire de Tours, VIII, 16. — *In basilica sancto illo ubi sacramenta percurrunt*, Senonenses, 2; Rozière, 479. — *Jurare in sancto loco*, Vita Eligii, II, 57. — *Lex dicta Chamavorum*, X : *In sanctis juret*.

[2] Serment *super altario*, Rozière, 472 (*Senonicæ recentiores*, 5). — *Sacramentum super altare sancti*, Andegavenses, 10; Rozière, 482. — *Positis manibus super altare*, Turonenses, 40. — Grégoire de Tours, III, 14; V, 32; V, 49; IV, 47. — *Manu missa super sanctum altare coram racineburgis*, Rozière, 486 (*Merkelianæ*, 27). — *Lex Alamannorum*, VII (6), 2 : *In ipso altare*.

[3] *In palatio super capella domni Martini ubi sacramenta percurrunt*, Marculfe, I, 38 (Rozière, 453). — *Testimoniaverunt super altario sancti illius, in illa capella que est in curte fisci*, Rozière, 472 (*Senonicæ recentiores*, 3). — Voir sur les serments judiciaires prêtés dans l'église, Rozière, nᵒˢ 536 et suivants. — *In reliquiis sanctorum*, *Lex Frisionum*, XII. — *Ponens manum super sanctum sepulcrum dixit*, Grégoire de Tours, *In gloria confessorum*, 91. — *Ad sacratissimum corpus beati Petri sacramenta præbere*, Grégoire le Grand, *Lettres*, VII, 18. — *Sacramentum ad evangelia*, Rotharis, 269, 359.

[4] *Jurare ad arma sacrata*, idem, 359 et 363.

[5] Il y a un exemple de serment judiciaire prêté *adprehensam manum vel arma judicis*, Turonenses, 50; Rozière, 491.

semble ni au serment chrétien, ni même au serment ancien qui avait été toujours un serment religieux[1]. La religion n'y entre pas; ni Dieu ni les saints n'en sont garants. La conscience seule et l'honneur y sont engagés. Aussi est-il tout personnel; il est prêté à la personne seule et « dans sa main ».

L'usage d'un tel serment s'est conservé. Nous l'avons vu dans une formule écrite avant 660, nous le retrouvons dans l'annaliste de 757 : « Le duc de Bavière vint vers le roi de France et se commenda dans ses mains en vasselage suivant la mode des Francs[2]. » Tout le moyen âge conservera cette sorte de serment du vassal dans les mains du suzerain.

Une fois ce serment prêté et reçu, l'homme devient « l'antrustion » du roi. « Qu'il soit compté au nombre de nos antrustions. » On a beaucoup discuté sur le sens de ce mot, et assez inutilement; le sens en est ici bien visible. L'homme a juré fidélité et il devient un fidèle. Il a juré truste et il devient dès lors antrustion. Ces deux manières de parler se correspondent et offrent la même idée. Ayant juré truste, on dit de lui qu'il est

---

[1] De là vient que le mot *jurare* n'est pas toujours employé pour désigner cet acte. Les hagiographes emploient plutôt *promittere*; *Vita S. Columbani*, 43; *Vita Eligii*, dans les *Acta Sanctorum ordinis Benedicti*, II, p. 688. — Noter d'ailleurs que *promittere* s'employait avec *sacramentum*; *Capitularia*, IV, 34 (Baluze, t. I, col. 785) : *Sacramentum fidelitatis quod nobis promisit*. De même, III, 8 : *Fidelitatem regi promittere* (Baluze, t. I, col. 755); Marculfe, I, 40 : *Fidelitatem debeant promittere et conjurare*.

[2] *Annales Einhardi*, année 757 : *Tassilo... more francico, in manus regis in vassaticum manibus suis se commendavit*. — Les *Annales Laurissenses* s'expriment de même : *Tassilo... in vassatico se commendans per manus* (Pertz, I, 140). — Plus tard, les *Annales Fuldenses* (Pertz, I, 401) disent de Zuentibold : *Homo imperatoris, sicut mos est, per manus efficitur*; et Ermold le Noir parlant de Hérold qui vient se livrer à Louis le Pieux : *Mox manibus junctis regi se tradidit ultro.... Cæsar et ipse manus manibus suscepit honestis*.

in truste, c'est-à-dire en fidélité; c'est le terme employé cinq fois dans les lois franques. Mais *in truste* peut être remplacé par *antrustio*; cela est si vrai, que dans l'article de la Loi Salique qui concerne l'homme *in truste dominica*, trois manuscrits remplacent ces mots par *antrustio dominicus*[1]. Comme *fidelis* est l'adjectif de *fidelitas*, *antrustio* l'est de *trustis*. Un antrustion est un fidèle. On peut remarquer que dans notre formule le même homme est appelé fidèle à la seconde ligne, et antrustion à la septième[2].

Voilà donc l'homme devenu, par son serment, fidèle du roi. Quels seront les effets de ce lien? Notre formule ne les énumère pas; elle ne dit pas à quoi cet homme s'est engagé, soit que tout le monde le sût assez pour qu'il ne fût pas nécessaire de le dire, soit que le roi préférât rester dans un certain vague et ne pas limiter les obligations de la fidélité en les énumérant. Il n'est pas spécifié que le service militaire soit exigé, mais on le conjecture aisément. Puisqu'il a fallu que cet homme vînt « avec ses armes », il va de soi que c'est surtout avec ses armes qu'il remplira les devoirs contenus dans son serment. Toutefois le service militaire ne paraît pas être un devoir spécial; il n'est qu'une partie de l'obligation générale de fidélité.

Du côté du roi, l'obligation est de protéger[3]. Il protège par cette lettre même qu'il vient de remettre à

---

[1] *Lex Salica*, XLI, 5 : *Si quis hominem qui in truste dominica est occiderit*. Les manuscrits de Montpellier, de Saint-Gall 731, et de Paris 4627, écrivent : *Si quis antrustionem dominicum occiderit*.

[2] Quelques érudits confondent l'antrustion avec l'optimate. Il est très vrai que les optimates devaient être antrustions, puisque certainement ils s'étaient « commendés » et avaient contracté le lien de fidélité; mais tous les antrustions n'étaient pas optimates. Beaucoup d'antrustions et de leudes étaient d'assez minces personnages.

[3] *Rectum est ut... nostro tueantur auxilio.*

son fidèle. Que cet homme voyage, il emportera sa lettre; il devra la montrer dans chaque comté au lieu où siège le comte[1], et elle sera sa sauvegarde. Cette lettre porte d'ailleurs en elle sa sanction; elle se termine par ces mots : « Si quelqu'un ose tuer cet homme, qu'il sache bien qu'il devra payer pour son wergeld une composition de 600 sous d'or[2]. » Cette somme de 600 sous est exactement le triple de celle qui était due pour le meurtre de tout autre homme libre.

Cette dernière partie de la formule est pleinement confirmée par les lois franques. Au titre 41 de la Loi Salique nous lisons d'abord que le meurtre de l'homme libre est puni de 200 sous d'or; « mais si cet homme était dans la fidélité du roi, la peine sera de 600 sous[3]. » Plus loin, la peine ayant été une première fois triplée parce que la victime a été tuée dans sa propre maison, elle est triplée une seconde fois si l'homme était dans la fidélité du roi et est portée ainsi au chiffre énorme de 1800 sous[4]. Il en est de même si le meurtre a eu lieu à l'armée[5]. Enfin nous voyons au titre 14 que, s'il ne s'agit que d'une attaque et d'un vol sur une route,

---

[1] Tel est le sens du § 4 de l'article XIV de la Loi Salique : *Si quis hominem qui migrare voluerit et de rege habuerit præceptum et abbundivit in mallo publico.* Migrare se dit de toute espèce de déplacement ou de voyage; *præceptum* n'est pas, comme on l'a supposé, une permission de *migrare*; ce *præceptum* est le diplôme d'antrustionat que nous étudions en ce moment. *Abundivit*, qui est écrit diversement dans les manuscrits, est un terme absolument inconnu; mais le sens de la phrase n'est pas douteux.

[2] *Et si quis forlasse eum interficere presumpserit, noverit se wiregildo suo solidos sexcentos esse culpabilem*, Marculfe, I, 18.

[3] *Lex Salica*, XLI, 1 et 3 : *Si vero eum qui in truste dominica fuit.*

[4] Ibidem, XLII : *Si in truste dominica est juratus ille qui occisus est, qui eum occisse probatur, MDCCC solidos culpabilis judicetur.*

[5] Ibidem, LXIII : *Si vero in truste dominica fuerit ille qui occisus est, cui fuerit adprobatum, MDCCC solidos culpabilis judicetur.*

l'homme qui a un diplôme de protection royale reçoit une indemnité triple[1]; et cela donne à penser que la même règle qui le protégeait contre le meurtre, le protégeait aussi contre les moindres délits et contre toute sorte de torts. C'est ce qu'indique d'ailleurs formellement la Loi des Ripuaires : « Si l'homme tué était dans la fidélité du roi, la peine sera de 600 *solidi*, et de même dans tous autres cas elle sera triple de ce qu'elle serait pour un autre Ripuaire[2]. »

Voilà donc un homme qui a triple prix, triple valeur à l'encontre de tous ceux qui agiraient contre lui; et cela uniquement parce qu'il est entré dans la fidélité personnelle du roi. On voudrait savoir quelle est la conception d'esprit qui a fait établir légalement un pareil privilège. Si le roi est l'auteur des lois franques, on se demande comment le pouvoir royal a pu être si fort que le roi ait, de son autorité privée, inscrit dans ces lois que son fidèle aurait trois fois la valeur d'un autre homme et ait inséré dans le droit pénal que le crime contre ce fidèle encourrait un châtiment trois fois plus fort. Le peuple est-il, au contraire, l'auteur de ces lois? On se demande alors comment un peuple libre a pu modifier son droit civil et son droit criminel de manière à mettre si fort au-dessus du vrai citoyen le fidèle du roi. Ces questions se posent à nous, mais nous n'en voyons pas la solution. Ce qui ajoute à la difficulté, c'est que les autres lois germaniques ne fournissent aucune comparaison qui nous éclaire. Nous

---

[1] *Si quis hominem qui migrare voluerit et de rege habuerit præceptum....*

[2] *Lex Ripuaria*, VII et XI: *Si quis homo ingenuum Ribuarium interfecerit, CC solidos culpabilis judicetur.... Si quis eum interfecerit qui in truste regia est, DC solidos culpabilis judicetur. Et quidquid ei fietur, similiter sicut de reliquo Ribuario in triplo componatur.*

ne trouvons ce privilège ni chez les Burgondes, ni chez les Goths. Dans les Lois des Bavarois et des Alamans, il y a bien un triple wergeld, mais c'est pour l'homme d'église¹. Il existe aussi un triple wergeld dans les lois des Frisons, des Thuringiens, des Saxons, mais c'est pour les hommes qui sont « de naissance noble ». C'est seulement chez les Francs que ce privilège appartient aux fidèles du roi.

Il appartient aussi aux fonctionnaires royaux, tels que ducs, comtes, grafs, vicaires, sacébarons². Ce privilège tient-il à ce qu'ils sont revêtus d'une part de l'autorité royale? Cela est possible; mais nous ne voyons nulle part l'expression de cette idée. L'exacte concordance de la règle relative à ces fonctionnaires avec celle qui concerne les hommes de la truste, permet de penser qu'il s'agit dans les deux cas du même privilège. Les ducs, comtes, grafs et sacébarons, qui tiennent leur nomination du roi seul, ont dû certainement « se commender » à lui et lui faire le serment de truste³. C'est donc, très probablement, parce qu'ils sont dans la fidélité royale qu'ils ont triple wergeld.

Ces fonctions publiques, qui ne dépendaient que de la volonté du roi, pouvaient être conférées par lui à des hommes de toute race. Les lois franques ne prennent pas la peine de dire qu'un Romain peut devenir comte; cela est trop visible; mais elles marquent qu'un simple affranchi peut le devenir. La Loi Ripuaire porte expressément qu'il y a des comtes qui sont nés libres, et des

---

¹ *Lex Baiuwariorum*, I, 10. Cf. *Lex Ripuaria*, XI, 5.
² *Lex Salica*, LIV; *Lex Ripuaria*, LIII; *Lex dicta Chamavorum*, VII et VIII.
³ Cela n'est pas dit dans la formule du diplôme de nomination (Marculfe, I, 8), et cela n'avait pas besoin d'y être dit. Notons cependant que dans cette formule le mot *fides* revient trois fois.

comtes qui sont nés « esclaves du roi » ou qui « ont été affranchis par les tablettes » suivant le mode romain[1]. De même dans la Loi Salique nous trouvons le « sacébaron ingénu » et le « sacébaron affranchi du roi[2] ». Les uns et les autres ont le triple wergeld, c'est-à-dire que la valeur que leur donne leur naissance ou ingénue ou servile se trouve triplée. Les uns valent 600 *solidi*, les autres 300.

Nous voyons déjà par là que les hommes de toute race et de toute naissance peuvent entrer dans la fidélité royale. Un texte qui, sans être la Loi Salique, fait corps avec elle, nous montre en effet « un homme romain ou lite qui est dans la truste du roi » et qui jouit du même privilège que tous les hommes de la truste[3].

On remarquera que la formule de Marculfe n'indique pas que, pour prêter serment de truste ou de fidélité au roi, il y ait des conditions de naissance ou de richesse. Elle ne contient même pas un mot qui donne à penser qu'il soit nécessaire d'être de race franque. Aussi n'est-il dit dans aucun document de l'âge mérovingien que cette institution ait un caractère germanique, ni qu'elle soit réservée aux Germains. Reportons-nous maintenant à la Loi Salique. Dans le même chapitre où elle prononce que l'homme libre en fidélité du roi aura un wergeld triple de celui d'un autre homme libre, elle ajoute « que l'homme romain qui est convive du roi » a aussi un wergeld triple de celui qu'aurait un autre homme romain. Les deux paragraphes se correspondent si exactement, qu'il n'est pas douteux que l'expression « convive du roi » ne corres-

---

[1] *Lex Ripuaria*, LIII.
[2] *Lex Salica*, LIV.
[3] *Recapitulatio Legis Salicæ*, Behrend, p. 133.

ponde aussi à celle d'antrustion. Telle a été l'opinion de Pardessus, de B. Guérard[1], de Roth et de Waitz, et nous ne pensons pas qu'on puisse l'infirmer. Ajoutons que l'expression « convive du roi » ne doit pas être prise au sens étroit. Il ne s'agit certes pas d'un homme qui, quelque jour, dînerait avec le roi. *Conviva* vient de *cum* et de *vivere*; il est le même mot que *convictor*; sous l'une ou l'autre forme, nous l'avons vu usité dans la société romaine pour désigner les clients du premier ordre[2]; il s'employait comme les mots *familiaris*, *comes*, *amicus*, et désignait l'homme de la maison d'un grand. Le *conviva regis* est l'homme que le roi a admis dans sa maison, dans sa familiarité. Ce titre est l'un des plus élevés de la clientèle ou fidélité royale. Il peut être porté par des Francs[3]. La Loi Salique nous montre qu'il peut l'être par des « hommes romains ». La fidélité ne distingue pas entre les races.

Cette « fidélité du roi », qui se trouve assez nettement décrite dans la formule de Marculfe et dans les lois franques, est mentionnée aussi par d'autres documents de l'époque mérovingienne. Le texte du traité d'Andelot mentionne « ceux qui ont prêté serment au roi Gontran[4] », « ceux qui ont prêté serment au roi Sigebert ». Il fait entendre que ce serment est prêté pour la vie; celui qui s'est lié à un roi n'a pas le droit

---

[1] Pardessus, p. 489; Guérard, Prolégomènes, p. 517-519.

[2] [Cf. p. 213.]

[3] Hagnéric est appelé *Theodoberti conviva et consiliis regis gratus*, dans la *Vita S. Columbani*, 50. Dans la *Vita Agili* écrite vers la fin du vi[e] siècle, Acnobald est appelé *conviva regis*, *Acta Sanctorum ordinis Benedicti*, II, 316. Dans Fortunat, Condanc qui semble bien être un Franc et un guerrier, reçoit du roi le titre de *conviva regis* (Fortunat, *Carmina*, VII, 16, 42).

[4] Boretius, p. 14 : *Leudes illi qui domno Gunthramno sacramenta primitus præbuerunt.*

de le quitter pour un autre roi. Les hommes qui ont prêté ce serment sont appelés des « leudes[1] ». Le titre de fidèles leur est aussi attribué[2]. Le mot *leude* est d'origine germanique. Il paraît avoir signifié un homme, surtout un homme subordonné et sujet. Le roi disait « mes leudes[3] », dans le sens où la langue latine disait *mei homines*[4]; il indiquait par là ceux qui dépendaient directement de lui et qui lui appartenaient personnellement. Le serment faisait de celui qui le prêtait un homme du roi[5].

L'Édit de 615 parle aussi des leudes, qu'il appelle encore fidèles, et de la foi qu'ils ont promise. « Si quelqu'un des fidèles et leudes s'est vu dépouillé de ses biens dans les guerres civiles pour avoir gardé sa foi à son seigneur légitime, ces biens lui seront rendus. » Leude et fidèle ici ne font qu'un; c'est un homme qui a engagé sa foi, *fides*[6].

---

[1] Boretius, p. 14 : *Leudes qui sacramenta præbuerunt.... Ut nullus alterius leudes nec sollicitet nec venientes excipiat.*

[2] Ibidem : *Quidquid reges ecclesiis aut fidelibus suis contulerunt.* Le mot *fideles* a deux sens très distincts au temps des Mérovingiens. De même qu'il y avait un serment général prêté par tous les sujets et obligatoire, et un autre serment, spécial, individuel, volontaire, il y avait aussi deux sortes de fidélités.

[3] Quelquefois, mais rarement, il a un autre sens : ainsi dans le capitulaire de 596, si l'on compare l'article 2 à l'article 1er, on voit que *leudes* est synonyme de *optimates* (Boretius, p. 15).

[4] L'expression *homines regis* est employée par Grégoire de Tours dans le sens de *leudes*; VII, 13: *Ejectis de civitate hominibus Childeberthi*; V, 25 (24) : *Nepotis sui hominis ab ejus sunt hominibus effugati*; VIII, 11 : *Ab hominibus regis peremptus.* — *Fideles* a le même sens; V, 49: *Omnia a fidelibus regis direpta sunt*; VII, 7: *Fideles regis*; VII, 29: *Suis fidelibus condemnavit.* — Enfin, *leudes* a le même sens exactement; III, 23 : *A leudibus suis defensatus est*; IX, 19: *Nullus alterius leudes sollicitet.*

[5] Aussi les hagiographes traduisent-ils *leudes* par *clientes*; *Vita Ricoberti*, 7; *Acta Sanctorum*, I, 175 : *Pippinus major domus dixit clientibus qui sibi assistebant.* — *Vita Aldrici*, 5; ibidem, I, 588 : *In palatii domesticis ac clientibus.*

[6] *Edictum Chlotarii*, c. 17, Boretius, p. 23 : *Et quæ unus de fidelibus*

Réunissons ces divers textes, formule de Marculfe, lois franques, traité d'Andelot, édit de 615, et remarquons les diverses expressions qui y sont employées pour désigner le même acte. La formule dit *trustem et fidelitatem conjurare*, les lois franques disent *esse in truste, in truste jurare*[1], le traité d'Andelot *sacramenta præbere*, l'édit de 615 *fidem servare*. Ajoutons l'annaliste du siècle suivant, qui dira *se in vassaticum in manu commendare*[2]. De même, l'homme qui a contracté ce lien est appelé dans la même formule un fidèle et un antrustion, dans les lois franques un antrustion, dans le traité d'Andelot un leude, dans l'édit de 615 un leude ou un fidèle. On ne saurait affirmer que ces mots fussent exactement synonymes, mais les nuances qui pouvaient les distinguer nous échappent, et il est visible qu'ils s'appliquaient à la même classe d'hommes. Si les Lois Salique et Ripuaire ne nomment pas les leudes, c'est qu'elles nomment les hommes *in truste* qui sont les mêmes hommes. Si Marculfe n'emploie pas le mot *leude*, c'est qu'il emploie le mot *antrustio*. Si le terme *leude* est rare dans les capitulaires mérovingiens et les diplômes, c'est que le terme *fidèle* y est fréquent. Les trois mots, ou synonymes ou équivalents, désignaient les hommes qui s'étaient mis dans cette dépendance personnelle du roi. Le roi de son côté les appelait des termes honorifiques de « convives », d' « amis », de « pairs[3] ». Car, à l'époque mérovin-

ac leudibus sua fide servandum domino legitimo, interregno faciente, visus est perdidisse, præcipimus revestire.

[1] Manuscrit 18237, titre LII (Behrend, p. 55). [Cf. ms. de Paris 4403 B; Hessels, col. 266.]

[2] [Cf. p. 321, n. 2.]

[3] Formules, Rozière, n° 10 : *Ille rex, vir inluster, inlustribus viris ducibus, comitibus, vigariis, centinariis, seu omnes missos nostros discurrentibus vel omnes pares et amicos nostros.* — Cette formule fait partie

gienne, aussi bien que dans la société romaine, ce lien de patronat volontaire était en apparence un lien d'égalité, d'amitié, de dévouement réciproque; en fait, il constituait une dépendance étroite.

Nous n'avons vu jusqu'à présent que des textes de nature officielle, lois ou formules. Les écrivains de l'époque parlent quelquefois de ces pratiques; ce que nous pouvons surtout observer chez eux, c'est la pensée que leurs contemporains y attachaient. La Vie de saint Colomban a été écrite vers le milieu du VIIe siècle, par un moine contemporain de Marculfe[1]. Les moines n'étaient pas alors tellement enfermés qu'ils ne connussent les usages du monde. Saint Colomban avait été en rapport avec les rois et les grands. Son biographe savait ce que c'était qu'un roi et un grand. Or il insère un récit dont nous pouvons tirer quelques lumières. Colomban se rencontre avec un personnage nommé Chrodovald qui, « bien que parent du roi Théodebert, est le fidèle du roi Thierry[2] ». Il lui dit : « Je sais que tu veux observer la loi du contrat qui te lie au roi[3]. » « J'ai, en effet, répond Chrodovald, promis le contrat de foi, et je l'observerai tant qu'il sera en mon pouvoir de le faire[4]. » Et Colomban réplique : « Puisque tu es uni au roi par ton contrat, sois mon messager au-

---

du Recueil de Lindenbrog, où elle porte le n° 38; Zeumer la range dans les *Additamenta* à Marculfe, p. 111; suivant Rozière, p. 11, elle appartient sans aucun doute à l'époque mérovingienne; Zeumer, p. 111, note, paraît croire qu'elle est du VIIIe siècle.

[1] *Vita S. Columbani, auctore Jona monacho.* Ce Jonas, après avoir été moine à Bobbio, vint en France au monastère de Luxeuil. Il mourut vers 665. La Vie de saint Columban est dans les *Acta Sanctorum ordinis Benedicti*, t. II, p. 5-29.

[2] *Ibidem*, c. 43, p. 25 : *Amitam Theodeberti regis in conjugium habebat, regi tamen Theoderico fidelis erat.*

[3] *Cognosco te regis Theoderici fœderis jura servare velle.*

[4] *Fatetur ille se fœdus fidei promisisse et quamdiu valeret observaret.*

près de lui qui est ton ami en même temps que ton maître¹. » [C'est là un] curieux dialogue. Les termes peut-être ne sont pas exactement ceux dont les deux personnages se sont servis; mais ils sont, dans le latin de l'hagiographe, ceux qui rendaient le mieux leur pensée. Peut-être ont-ils employé le mot *truste* ou le mot *fidélité*; l'hagiographe, qui tient à écrire dans le latin classique, a traduit par *fœderis jura* ou *fœdus fidei*. Au moins marque-t-il très bien la pensée qui s'attachait à ce genre de fidélité; c'était « un contrat de foi ». L'homme qui « avait promis ce contrat de foi » devenait dès lors « un fidèle », et celui à qui il l'avait promis était pour lui « un ami et un maître ».

La Vie de saint Léger fait allusion au caractère sacré de cette fidélité : « J'ai promis devant Dieu, dit le saint, de garder ma foi au roi Thierry; je ne changerai pas; plutôt la mort qui n'anéantira que mon corps que l'infidélité qui perdrait mon âme². » Telle est la conception d'esprit qui, au temps de saint Léger, s'attache à la fidélité.

Après l'examen de ces divers documents, nous pouvons conclure. Cette fidélité se rattache au patronat ou à la protection que nous avons étudiée antérieurement. Il est une forme de ce patronat. Il est ce patronat dont un des côtés a pris plus d'importance. La fidélité du protégé y est mieux accentuée. Elle se marque par un serment d'un caractère qui lui est propre. Elle lie plus fortement l'inférieur. Elle lui impose des obligations

---

¹ *Si regis Theoderici junctus es fœderi, amico tuo et domino eris a me legatus directus, et hæc auribus ejus infer.*
² *Vita Leodegarii, Acta Sanctorum ordinis Benedicti*, II, 688 : *Non mutabor a fide quam Theuderico promisi coram Domino conservare. Corpus meum decrevi potius in mortem offerre quam animam pro infidelitate denudare.*

qui, pour n'être pas indiquées dans nos actes, n'en sont pas moins rigoureuses, et parmi lesquelles nous pouvons compter le service de guerre. D'ailleurs, ce lien est tout à fait volontaire, et nul n'est tenu de le contracter. Il n'est contracté que spontanément, et il l'est individuellement. L'homme ne peut engager que soi et le lien n'est pas héréditaire. Il oblige les deux parties : l'une, sous le nom de fidélité, doit une sorte d'obéissance toute spéciale; l'autre doit une protection toute particulière. C'est une sorte de contrat bilatéral, et la formule même le dit à son début : « Il est juste que qui nous donne la foi reçoive de nous la protection. » Cela est exprimé plus fortement encore par l'écrivain du viie siècle, qui appelle cet acte « un contrat de foi », *fœdus fidei*.

Si nous disions que la féodalité est ici, ce serait certainement trop dire. Mais nous trouvons déjà ici plusieurs traits qui resteront dans la féodalité; nous trouvons d'abord, comme choses essentielles, le serment et le contrat; et nous trouvons encore, comme forme caractéristique, le serment prêté dans la main du chef, l'épée au côté; nous trouvons enfin certains termes qui sont aussi caractéristiques, celui de fidèle, celui d'ami ou de pair, et surtout le terme germanique qui correspond au terme « d'homme ».

[CHAPITRE XV]

Bénéfice et sujétion.

Il faut nous rappeler ici ce que nous avons dit plus haut de l'usage du bénéfice[1]; il était en une étroite relation avec le patronage ou la truste. Le patronage et le bénéfice étaient deux institutions d'ordre différent, qui s'appliquaient, l'une à la personne humaine, l'autre à la terre; mais ils produisaient des effets exactement semblables. Le recommandé était l'homme du patron; le bénéfice était le bien du propriétaire.

Il était possible que le recommandé ne fût pas un bénéficiaire; c'est qu'alors il ne demandait au patron que la nourriture ou la protection; en pratique et le plus souvent, c'était pour obtenir le bénéfice d'une part de sol qu'on se recommandait[2]. [Souvent aussi l'homme protégé recevait des terres comme récompense : l'usage se répandit que la jouissance des terres cessât avec celle de la protection[3].]

D'autre part, il n'était pas possible qu'on fût un bénéficiaire sans être en même temps un recommandé ou un fidèle. Si un grand propriétaire concédait une part de son sol par un acte de bienfait ou de précaire, l'homme qui recevait de lui cette faveur, toujours révocable, était inévitablement soumis à sa volonté. Souvent il lui faisait promettre par écrit d'obéir toujours à ses

---

[1] [Chapitre vii et en particulier, p. 192.]
[2] [Cf. p. 255.]
[3] [Cf. p. 291.]

ordres et d'être son sujet; il n'était même pas nécessaire que cette promesse fût écrite. Le maître pouvait tout exiger à tout moment, puisqu'il pouvait toujours reprendre la terre¹.

Si au contraire le bénéfice, accompli en sens inverse, était l'abandon du droit de propriété par un petit propriétaire qui se réduisait à une simple jouissance, il ressemblait mieux encore à la recommandation. L'une était l'engagement de la personne, l'autre était l'engagement de la terre, et l'une n'allait guère sans l'autre.

Le bénéficiaire était [donc] dans la dépendance du bienfaiteur et à sa merci. Les relations entre ces deux hommes n'étaient réglées ni par la loi ni par un contrat; elles l'étaient par la volonté seule de l'un d'eux. Celui qui ne possédait qu'en vertu d'un *bienfait* était donc personnellement lié au *bienfaiteur*. Par cela seul qu'il tenait de lui, qu'il jouissait de son bien, qu'il occupait le sol par sa grâce, il contractait avec lui un lien d'une autre nature que les liens légaux et plus fort que ceux-ci. Il lui devait autre chose qu'un cens annuel ou qu'un prix de fermage; il lui devait la reconnaissance, le respect, et ce qu'on appelait alors la *fidélité*. Or on entendait par ce mot non pas un attachement vague ou une sorte de loyauté chevaleresque, mais une série de devoirs très précis, un ensemble de services et de redevances, en un mot toute une sujétion de corps et d'âme. Il est vrai que le bénéficiaire avait toujours un moyen facile de

---

¹ Ce principe était encore ainsi exprimé au xiv⁰ siècle : « Celui qui reçoit aucun bien en benefice, il est mendre que celui qui le fait. » Oresme, 123. Notons que le patronage et le bénéfice étaient également extra-légaux; ils plaçaient donc l'homme en dehors de la protection des lois et dans la dépendance personnelle d'un autre homme.

ressaisir son indépendance; il lui suffisait de renoncer au bénéfice, car, de même que le débiteur n'était lié que jusqu'au remboursement de sa dette, le bénéficiaire ne l'était que jusqu'à la restitution de la terre. En renonçant à la jouissance du sol, il reprenait la liberté de sa personne; mais, aussi longtemps qu'il occupait la terre d'un homme, il était le sujet de cet homme. Il l'appelait du nom de maître, *dominus*, et se qualifiait lui-même son fidèle ou son serviteur; il s'engageait à lui être soumis, *ut subjectus esset*, à remplir envers lui toutes les obligations d'un sujet, *ut debitam subjectionem semper faceret*[1]. « Je promets, disait-il, de vous rendre les mêmes devoirs que vous rendent les autres hommes qui occupent votre terre. » Plus la formule était vague, plus elle mettait le bénéficiaire dans la dépendance du donateur. Souvent on se contentait de lui faire écrire : « S'il m'arrive jamais de prétendre que la terre que j'occupe par votre bienfait est à moi, je consens que vous m'en chassiez. » D'autres fois on lui faisait signer une formule ainsi conçue : « Si vous me donnez un ordre, quel qu'il soit, et que je refuse d'obéir, vous aurez la faculté de me chasser de cette terre[2]. » Il n'est donc pas douteux que le bénéfice n'établît dès cette époque un rapport de subordination personnelle, et que des deux hommes qui le contractaient l'un ne fût un sujet de l'autre.

La recommandation et le bénéfice, distincts par nature, ne se distinguaient [donc] pas aisément dans la pratique. Il était rare que le recommandé ne fût pas un bénéficiaire; il était impossible que le bénéficiaire ne fût pas dans la situation d'un recommandé. Par le

---

[1] *Diplomata*, t. I, p. 130 : *Testamentum Lonegesili*.
[2] Rozière, n° 524. [*Bituricenses*, 2; cf. p. 190.]

patronage, l'homme perdait la propriété de sa personne; il appartenait à un autre; il était un fidèle, un dévoué, un vassal, un serviteur. Par l'acte de bénéfice, la terre perdait de même son indépendance; elle devenait sujette; elle était astreinte à des redevances, à des services, à des devoirs de toute nature. La personne et la terre se trouvaient ainsi dans un même rapport de sujétion. Quand la terre cessait d'être un alleu, l'homme qui l'occupait cessait d'être un homme libre. De même que la propriété et la liberté allaient ensemble, le bénéfice et la subordination étaient inséparables. Les hommes se soumettaient les uns aux autres par une série de recommandations. Par une série d'actes de bénéfice, les terres venaient de même se placer hiérarchiquement les unes au-dessous des autres. Les deux institutions grandirent ensemble, se combinèrent, se confondirent et d'elles naquit presque tout le régime féodal.

[CHAPITRE XVI]

L'immunité.

[Le bénéfice et le patronage sont deux pratiques d'ordre privé, nées en dehors du palais du roi et qui n'y ont pénétré que tardivement. Il nous reste à étudier une dernière institution, sortie, au contraire, de la cour royale et qui a son origine dans des actes officiels, l'immunité. Il importe de l'examiner au même titre et en même temps que les précédentes. Comme elles, en effet, ce sera une des causes actives de la transformation de l'État franc et de l'organisation du régime féodal. Si elle a une origine différente de celle du bénéfice et du patronage, elle arrive au même effet, qui est de substituer, dans les rapports entre les hommes, le lien personnel au lien légal. C'est qu'au fond bénéfice, patronage, immunité, aboutissent à la même chose. L'immunité est un *beneficium*, un « bienfait », tout comme ces concessions de terre que nous avons plus spécialement appelées de ce nom : les diplômes désignent par ce mot l'une et l'autre classe de faveurs. De plus, l'octroi de ce bienfait a les mêmes conséquences que celui du bénéfice proprement dit. L'immuniste devient l'obligé du roi, de sujet qu'il était. Pas plus que le bénéfice ne supprime la propriété, l'immunité ne détruit l'autorité royale; mais elle la transforme en patronage. Le propriétaire qui l'obtient du roi prend le rang de fidèle. Si la charte d'immunité peut s'appeler un bénéfice, elle peut aussi être regardée comme une charte de mainbour. C'est en se combinant sous la forme de l'immunité que les pratiques privées du bénéfice et du patronage se sont surtout développées à la cour des rois francs.]

1° [ÉNUMÉRATION DES DOCUMENTS].

Quelques mots d'abord sur nos documents. Aucun écrivain du temps, pas même Grégoire de Tours, ne parle de l'immunité. A peine le mot apparaît-il quelquefois, sans aucune explication qui nous éclaire. Elle est mentionnée dans les actes du concile d'Orléans de 511[1], dans un édit de l'un des rois qui ont porté le

---

[1] *Concilium Aurelianense*, c. 5 (Mansi, VIII, p. 352; Labbe, IV, 1405): *Agrorum vel clericorum immunitate concessa*.

nom de Clotaire[1], dans une lettre de l'évêque Rauracius qui est de la première moitié du viie siècle[2]. Ce serait assez pour attester que la concession d'immunité est ancienne; ce n'est pas assez pour nous apprendre en quoi consistait l'immunité. Mais nous possédons les actes eux-mêmes, c'est-à-dire les diplômes qui ont été écrits par l'ordre des rois francs et signés de leur main. Ces diplômes, en même temps qu'ils confèrent l'immunité, la définissent en termes très nets et en énumèrent minutieusement les effets[3].

Ces documents nous paraissent devoir être rangés en deux catégories, suivant qu'ils précèdent ou suivent l'avènement de Dagobert Ier.

En premier lieu, nous avons un diplôme qui est attribué à Clovis et qui paraît daté de 497[4]. On y lit que le roi franc fait donation d'une terre à Jean, fondateur

---

[1] *Chlotarii constitutio*, c. 11 (Pertz, *Leges*, I, p. 5; Boretius, *Capitularia*, p. 18) : *Ecclesiæ vel clericis... qui immunitatem meruerunt*. Sirmond a attribué cet édit à Clotaire Ier, à cause du mot *germani* qui se trouve dans ce même article. Waitz et Boretius préfèrent l'attribuer à Clotaire II, et il est vraisemblable qu'ils ont raison. Seulement, la raison qu'ils donnent, à savoir que le grand-père de Clotaire Ier étant païen n'a pu donner d'immunités à des églises, est une de ces raisons à priori qui ont peu de valeur historique. Childéric, sans être chrétien, a bien pu traiter avec des évêques.

[2] *Epistola Rauracii, Nivernensis episcopi ad Desiderium* (dom Bouquet, IV, 44) : *Sicut et immunitas nostra ex hoc continet*. — *Vita S. Balthildis*, 9, dans les *Acta Sanctorum ordinis S. Benedicti*, II, 780 : *Eis emunitates concessit*.

[3] Nous nous sommes servis de l'édition de Pardessus, *Diplomata, chartæ, epistolæ, leges*, 1843-1849, édition qui reste encore la meilleure après la publication des *Diplomata* par K. Pertz, dans les *Monumenta Germaniæ*, 1872. — Pour les diplômes qui sont aux Archives nationales, le texte en est dans Tardif, *Monuments historiques, cartons des rois*. — Sur plusieurs de ces diplômes il faut lire Th. Sickel, *Beitræge zur Diplomatik*, dans les comptes rendus des séances de l'Académie de Vienne, juillet 1864, p. 175 et suivantes.

[4] *Diplomata*, n° 58, t. I, p. 30.

du monastère de Réomé[1], et la suite de l'acte montre qu'une pleine immunité est accordée à lui et à ses successeurs sur cette terre. Si l'authenticité de cet acte était certaine, nous pourrions saisir dès le temps de Clovis tous les caractères de l'immunité mérovingienne; mais le texte du diplôme porte les marques trop visibles d'interpolations d'une époque postérieure[2]. Il n'est probablement qu'une copie altérée et allongée d'un ancien diplôme[3]. Clovis a accordé l'immunité, mais non pas sous cette forme. Nous inclinons même à croire que deux actes s'y trouvent réunis, l'un qui est une charte de mainbour, l'autre qui est une charte d'immunité, et que ces deux actes ont été réunis et mal fondus ensemble par un successeur assez éloigné du premier concessionnaire. Nous ne regardons pas ce diplôme comme une pièce absolument fausse, mais comme une pièce très remaniée et en tout cas très postérieure à la date qui y est inscrite. Nous nous en servirons, mais comme s'il était un acte du viie siècle, et nous y cher-

[1] Reomaus, dans le *pagus Tornodorensis* (cf. Grégoire de Tours, *De gloria confessorum*, 87). Ce *pagus* ne faisait pas partie, comme on l'a dit, du royaume des Burgondes; d'après l'*Historia epitomata*, c. 19, il était du territoire de Clovis dès 493. Ainsi tombe l'une des objections qu'on a faites contre la sincérité de ce diplôme.

[2] Par exemple, il est inadmissible que Clovis ait compté les *abbates* parmi les dignitaires de son *temps* et les ait mis à côté des évêques. Cf. concile d'Orléans de 511, can. 7 et 19. — Clovis n'a pas pu écrire *propter meritum tanti patroni... peculiarem patronum nostrum dominum Johannem*, Jean n'étant pas encore un saint au moment où la concession de terre lui était faite. — Le petit monastère de Jean ne possédait pas encore les *vicos* et les *villas* dont il est parlé dans l'acte. Les expressions *primo subjugationis Gallorum anno* sont tout à fait inusitées et elles s'expliquent d'autant moins que Clovis savait parfaitement qu'il n'avait pas conquis la Gaule d'un seul coup ni à une date précise. — Voir Junghans, *Childéric et Chlodovech*, trad. G. Monod, p. 145.

[3] C'est l'opinion de Bréquigny et de Pardessus; je la crois plus juste et plus sage que celle de Junghans qui rejette absolument ce diplôme comme n'ayant aucune valeur.

cherons ce qu'était l'immunité, non pas au temps de Clovis, mais deux siècles après lui.

Nous ne parlons pas du diplôme que Clovis aurait donné au monastère de Saint-Pierre-le-Vif de Sens[1]; il est universellement regardé comme apocryphe. Une lettre du même roi, dont l'authenticité est généralement admise, nous montre Clovis donnant un domaine à Euspice et à Maximin, et assurant en même temps à ce domaine une exemption perpétuelle des impôts[2]. Ce n'est pas encore là l'immunité complète, telle que nous la verrons tout à l'heure; mais ce qui est assez curieux, c'est que nous possédons en même temps deux diplômes relatifs à la même concession et attribués au même prince[3], qui sont plus longs que la lettre originale, et où les privilèges de l'immunité sont bien plus étendus. Le monastère n'est plus seulement exempté des impôts; il est affranchi de toute autorité civile et ecclésiastique. Ne pouvons-nous pas croire que ces diplômes sont des copies postérieures dans lesquelles les successeurs des premiers concessionnaires ont inséré ce qu'ils ont pu? La concession se serait ainsi développée de copie en copie.

Des fils et des petits-fils de Clovis nous possédons quatre diplômes qui touchent à notre sujet : deux de Childebert Ier et un de Chilpéric en faveur du monastère d'Anisola[4], et un de Clotaire Ier qui confirme celui que

---

[1] *Diplomata*, édit. Pardessus, n° 64; édit. Pertz, *Spuria*, n° 2. Il contient, à la fin, la formule de pleine immunité.

[2] Ibidem, n° 87 : *Absque tributo, naulo et exactione*. — Il faut observer que cet acte se distingue de tous ceux qui concernent l'immunité, en ce qu'il est sous forme de lettre adressée aux concessionnaires. Il faut ajouter que le mot *immunitas* ne s'y trouve pas. Enfin, les deux concessionnaires sont placés sous la *tuitio* d'un évêque, ce qui est contraire à toutes les chartes d'immunité que nous connaissons. Cette lettre ne peut donc pas être prise comme type. [Cf. p. 305, n. 3.]

[3] Ibidem, n°[s] 88 et 89.

[4] [M. Julien Havet a récemment attaqué les trois diplômes d'Anisola et

Clovis avait accordé au monastère de Réomé. Ces actes passent généralement pour authentiques, sauf quelques points de forme. Mais nous devons faire observer qu'ils sont plutôt des diplômes de mainbour que des diplômes d'immunité, bien que la clause essentielle de l'immunité s'y trouve comprise. Nous pourrons nous en servir; mais ils ne suffiraient pas à nous éclairer. Ainsi, depuis Clovis jusqu'à la fin du vi° siècle, les documents sont peu nombreux, peu précis et peu sûrs. Ils laissent bien voir que l'immunité existait déjà, mais ils ne permettent pas d'affirmer qu'elle allât plus loin que l'exemption des impôts.

Cette dernière remarque est confirmée par la lecture de Flodoard; ce chroniqueur écrivait au x° siècle; mais il avait dans les mains des diplômes qui remontaient beaucoup plus haut. Or, quand il parle de l'immunité accordée par Clovis à l'église de Reims, il est visible qu'il n'y voit qu'une exemption des impôts[1]. Il en est de même quand il parle du diplôme accordé à la même église par Childebert II[2], et ce n'est que plus tard, en parlant d'un évêque du vii° siècle, qu'il décrit une immunité plus étendue.

Dès le vii° siècle, en effet, les diplômes abondent, et l'immunité s'y présente dans son développement complet et avec tous les caractères qu'elle conservera pendant six siècles.

Un grand nombre de ces diplômes sont attribués à

les a attribués au ix° siècle, *Questions Mérovingiennes*, IV, *École des Chartes*, t. XLVIII, 1887.]

[1] Flodoard, *Historia ecclesiæ Remensis*, II, 2 : *A tempore domni Remigii et Clodovei regis, ab omni functionum publicarum jugo liberrima exstitit.*

[2] Ibidem, II, 2: *Præsul Egidius apud regiam majestatem immunitatis præceptum ecclesiæ suæ obtinuit ut ab omni fiscali functione vel mutilatione haberetur immunis.*

Dagobert Ier; nous citerons seulement celui de 627 en faveur de l'église de Worms¹, celui de 632 pour l'église de Trèves², celui de 635 pour les *matricularii* de l'abbaye de Saint-Denis³, celui de 635 en faveur du monastère de Rebais dans le diocèse de Meaux⁴, celui que le même prince a donné à l'abbaye de Saint-Denis entre 631 et 637⁵.

Nous trouvons ensuite deux diplômes de Clovis II, l'un pour le monastère de Saint-Maur, l'autre pour le monastère de Saint-Denis⁶; deux diplômes de Clotaire III en faveur de l'abbaye de Corbie⁷; quatre de

---

¹ *Diplomata*, n° 242. L'authenticité en est contestée, sans preuves tout à fait convaincantes, du moins en ce qui concerne le fond. M. Pertz le range parmi les *spuria*. — On sait que Pardessus a inséré dans son Recueil, et à leur date, les diplômes contestés, et même les diplômes reconnus faux; et il a eu raison. Un acte altéré, interpolé, remanié, peut être fort utile à l'historien. On peut tirer quelques lumières même d'un acte entièrement contrefait, surtout si l'on peut distinguer à quelle date il a été fabriqué, et à la condition qu'on applique les renseignements qui s'y trouvent, non à la date qui y est inscrite, mais à la date où l'acte a été fait.

² Ibidem, n° 258.

³ Ibidem, n° 268. La signification d'immunité ressort de l'emploi des mots *absque introitu judicum* que nous expliquerons plus loin.

⁴ Ibidem, n° 270. Comparez à ce diplôme, qui accorde l'immunité civile, deux bulles de Jean IV et de Martin Ier qui accordent l'immunité ecclésiastique au même monastère (ibidem, n°⁵ 302 et 311).

⁵ Nous avons trois textes de ce diplôme : deux dans un cartulaire de Saint-Denis, qui est du xive siècle (Bibliothèque nationale, lat., 5415), et un troisième aux Archives nationales, K, 1, 7. Celui-ci est semblable au premier texte du cartulaire ; le second texte du cartulaire est sensiblement différent des deux autres. D'ailleurs, celui qu'on a aux Archives n'est pas l'original, il n'est qu'une copie du ixe siècle. Pardessus, Pertz et Sickel sont d'accord pour penser que le diplôme, dans quelque texte qu'on le lise, est faux. Il faut entendre qu'il est faux dans la forme où il nous est parvenu, c'est-à-dire qu'il est tout au plus une copie altérée d'un diplôme vrai. On a dit que Clovis II était l'auteur de la première immunité accordée à Saint-Denis; mais cela ne ressort pas des documents. — On trouvera le premier texte du cartulaire dans les *Diplomata* de Pardessus, n° 282, le deuxième texte au n° 281, et le texte des Archives dans les *Monuments historiques* de Tardif, p. 7-8.

⁶ *Diplomata*, n°⁵ 291 et 322.

⁷ Ibidem, n°⁵ 336 et 337.

Childéric II pour les monastères de Sénones, de Montier-en-Der, de Saint-Grégoire en Alsace, et pour l'église de Spire¹; cinq de Thierry III pour les monastères d'Anisola, de Saint-Denis, de Saint-Bertin, d'Ebersmunster en Alsace, de Montier-en-Der²; deux de Clovis III pour Anisola et pour Saint-Bertin³; deux de Childebert III, dont le texte original se trouve aux Archives nationales, l'un en faveur du monastère de Saint-Maur⁴, l'autre en faveur de celui de Tussonval⁵; quatre du même prince en faveur de Saint-Serge d'Angers, des églises de Vienne et du Mans⁶, et d'un couvent de femmes à Argenteuil⁷; deux de Dagobert III en faveur du monastère d'Anisola et de l'église du Mans⁸; un de Chilpéric II en faveur de l'abbaye de Saint-Denis, dont l'original se trouve aux Archives⁹; un autre du même prince en faveur du monastère de Saint-Bertin¹⁰; quatre de Thierry IV pour Saint-Bertin, pour Anisola,

---

¹ *Diplomata*, n°ˢ 341, 367, 368, et *Additamenta*, t. II, p. 424.

² Ibidem, n°ˢ 372, 597, 400, 402, 403. [M. Julien Havet attaque également celui de Thierry III. Cf. plus haut, p. 340, n. 4. Pour les autres diplômes d'Anisola que nous citons plus loin, et que M. Havet accepte, voir les textes qu'il en donne, *Questions mérovingiennes*, p. 217 et suivantes.]

³ Ibidem, n°ˢ 417 et 428.

⁴ Archives nationales, K, 3, 12⁵. Il a été publié par Bordier, dans la *Bibliothèque de l'École des chartes*, 1849, p. 59, et par Tardif, *Monuments historiques, cartons des rois*, n° 41, p. 34. Il a été inséré dans les *Diplomata* de K. Pertz, p. 64.

⁵ Archives nationales, K, 3, 10; *Diplomata*, édit. Pardessus, n° 456. Ce diplôme confirme un diplôme antérieur de Thierry III.

⁶ *Diplomata*, n°ˢ 444, 445, 463.

⁷ Ibidem, n° 441. Ce diplôme présente une forme particulière, et l'immunité y est, on le comprend, moins étendue que dans les autres. L'appendice de Marculfe, n° 44 (Rozière, n° 23; Zeumer, p. 200-201), présente aussi une immunité accordée à un couvent de femmes.

⁸ Ibidem, n° 482, 486.

⁹ Archives nationales, K, 3, 17; Tardif, *Monuments historiques*, p. 38-39; *Diplomata*, n° 495.

¹⁰ Extrait du cartulaire rédigé par le moine Folquin au x° siècle. Guérard, *Cartulaire de Saint-Bertin*, p. 27. Ibidem, 507.

pour le couvent de Maurmunster, près de Saverne, et pour celui de Murbach[1]; un de Childéric III pour Saint-Bertin[2]; et enfin un de Pépin, agissant encore comme maire du palais, en faveur de l'église de Mâcon[3].

Tous ces diplômes ne sont pas d'une authenticité également certaine. Pour un très petit nombre seulement, nous possédons les originaux; pour quelques autres, des copies du ıx° ou du x° siècle. Le plus grand nombre s'est trouvé dans des cartulaires d'époque postérieure, où ils ont pu être altérés par les copistes. Mais quand même nous ne posséderions que les deux diplômes originaux de Childebert III et celui de Chilpéric II qui sont aux Archives nationales, ce serait assez de ces trois documents irréfutables pour nous faire connaître l'immunité mérovingienne. Or les autres diplômes ressemblent fort à ces trois-là et contiennent presque toujours les mêmes clauses. On peut contester certaines dates et certaines signatures; on peut soupçonner çà et là quelques lignes; mais tous ces diplômes forment un ensemble dont la valeur historique n'est pas contestable[4].

L'énumération que nous venons de faire donne lieu à une autre remarque. Ce grand nombre de diplômes d'immunité qui ont échappé à la destruction permet de juger de la multitude de concessions de cette nature qui ont été obtenues des rois mérovingiens. Tous les

---

[1] *Diplomata*, n°° 515, 522, 531, 542.
[2] Ibidem, n° 570.
[3] Ibidem, n° 568.
[4] Flodoard a eu sous les yeux d'anciens diplômes d'immunité: *Quorum adhuc regalium monumenta præceptionum in archivo ecclesiæ conservantur.* Il ne les a pas insérés dans son histoire: mais il en a résumé le contenu (*Historia ecclesiæ Remensis*, II, 2); or son résumé concorde pleinement avec les diplômes que nous avons.

rois semblent en avoir accordé. L'immunité ne date pas de la décadence des Mérovingiens; elle est à peu près aussi ancienne que la monarchie franque. Elle n'a pas été arrachée à la faiblesse de quelques princes : c'est de Dagobert Ier, c'est-à-dire du plus puissant et du plus absolu des rois, que nous avons le plus grand nombre de diplômes. En un mot, la concession d'immunité n'est pas un acte exceptionnel et anormal; c'est un acte très ordinaire et très régulier dans l'administration mérovingienne.

Il y a lieu de penser qu'il en existait des formules officielles et des modèles constants, comme pour tous les autres actes, dans les bureaux du palais, *scrinia palatii*. Nous le reconnaissons à l'unité de style de presque tous ces diplômes. Qu'ils soient écrits en Austrasie ou en Neustrie, c'est toujours le même langage, la même phraséologie soignée et arrêtée, c'est surtout le même fond.

Nous n'avons pas ce formulaire de la chancellerie royale. Mais le moine Marculfe a composé, au VIIe siècle, un recueil des formules qui étaient employées, soit au tribunal du palais, soit dans les tribunaux des comtes, *in palatio aut in pago*. Parmi les premières, il en insère six qui sont des formules d'immunité[1]. Ces formules, que Marculfe a copiées sur un grand nombre

---

[1] Marculfe, I, 3 (Rozière, 1859, n° 16; Zeumer, p. 43); cette formule porte pour titre Emunitate regia. — Idem, I, 4 (Rozière, 20; Zeumer, p. 44) : Confirmatio de emunitatem. — Idem, I, 14 (Rozière, n° 147; Zeumer, p. 52). — Idem, I, 17 (Rozière, n° 152; Zeumer, p. 54) : Conspiracio ad secularibus viris. — La formule I, 16, contient aussi mention d'immunité. La formule I, 2, concerne à la fois l'immunité vis-à-vis de l'évêque et l'immunité vis-à-vis des pouvoirs civils. — Enfin l'*Appendix ad Marculfum*, 44 (Rozière, n° 25; Zeumer, p. 200), [*Senonicæ*, 55], renferme aussi une concession d'immunité; mais elle est probablement d'âge carolingien.

d'actes, ont la même valeur que les diplômes eux-mêmes dont elles sont l'image, et elles se trouvent en effet conformes, dans tous leurs traits essentiels, aux diplômes royaux que nous citions tout à l'heure.

Tels sont nos documents. Insuffisants pour le vi° siècle, ils sont pour le vii° très nombreux. Ils sont, dans leur ensemble, authentiques et presque officiels. Toutefois nous devons faire observer que tous ces documents sont d'une seule nature et d'une seule sorte. Or l'historien n'est vraiment maître d'un sujet que lorsqu'il possède sur ce sujet des documents de nature diverse. Il lui faut des sources divergentes et parfois opposées. Cela est surtout vrai pour celui qui étudie les institutions; il a besoin de documents qui le renseignent sur l'état légal, et d'autres documents qui lui laissent voir l'état réel, avec toutes les diversités et les nuances de l'application. Voyez quelles idées fausses quelques-uns se font de la société franque quand ils la jugent d'après les seuls textes législatifs. Si l'on veut connaître les différentes faces d'une même société, d'une même institution, il faut faire sortir la lumière des documents les plus contradictoires. C'est pourquoi nous voudrions posséder, à côté des diplômes et des formules qui nous présentent les formes légales de l'immunité, quelques phrases d'historiens ou d'annalistes, quelques lettres, quelques anecdotes qui nous fissent voir ce qu'elle était dans la pratique. C'est l'absence de textes de cette nature qui fait la difficulté du sujet et la limite de notre étude[1].

---

[1] Parmi les travaux modernes nous citerons : Pardessus, *Loi Salique*, p. 588 et suivantes. — Lehuerou, *Institutions carolingiennes*, p. 245-252. — Roth, *Geschichte des Beneficialwesens*, 1850, p. 118-119. — Zœpfl, *Deutsche Rechtsgeschichte*, 1872, t. II, p. 223-228. — Idem, *Alterthümer*, 1860, t. I, p. 59-54. — Waitz, *Deutsche Verfassungsge-*

2° [DES CAUSES QUI ONT PU CRÉER L'IMMUNITÉ].

Avant d'entrer dans l'étude directe de l'immunité, il est utile de jeter un coup d'œil sur le gouvernement des rois francs et leur administration. On y verra au milieu de quelles circonstances l'immunité s'est produite, et l'on y discernera peut-être les causes qui l'ont engendrée.

Le gouvernement des successeurs de Clovis était la monarchie absolue. La royauté était héréditaire et se partageait entre les fils comme un domaine. Les nombreux écrits qui dépeignent la vie du temps ne nous montrent jamais rien qui ressemble à des assemblées nationales. Nous y voyons souvent des guerriers réunis, mais nous n'y voyons jamais un peuple qui délibère. La royauté franque était sans limites légales.

Le roi réunissait dans ses mains tous les pouvoirs. Il était le juge suprême de tous les hommes du royaume, sans distinction de races. Entouré de hauts fonctionnaires du palais, il vidait les procès et punissait les crimes. Il condamnait à la prison, à la confiscation des biens, à la mort. On le voit même assez souvent frapper de mort un accusé, gaulois ou franc, sans aucune forme de jugement, et aucune protestation n'indique qu'on crût qu'il outrepassait son droit. Soit que, comme Chilpéric, « il multipliât les condamnations afin de

---

schichte, t. II, p. 634-645 de la seconde édition. — Th. Sickel, *Beitraege sur Diplomatik*, III, dans les *Sitzungsberichte* de l'Académie de Vienne, 1864, juillet, p. 175 et suivantes. — Tout récemment, M. Prost a publié dans la *Revue historique du droit français et étranger*, t. VI, une étude sur l'immunité, étude sérieuse, mais où beaucoup d'affirmations nous paraissent inexactes. Il s'est d'ailleurs peu occupé de la période mérovingienne qui fait l'objet spécial de notre travail. [Cf. p. 374, n. 3.]

s'enrichir par la confiscation des biens des condamnés », soit que, comme Dagobert, « il jugeât avec tant d'équité qu'il frappait les grands de terreur et remplissait les pauvres de joie », dans l'un et l'autre cas il était le grand juge du royaume[1].

Il percevait des impôts et en fixait lui-même le chiffre[2], sans que nous voyions jamais qu'un peuple fût consulté sur cette matière. Il commandait l'armée et ordonnait à son gré les levées militaires. Tous les sujets, sans distinction de races, prenaient les armes sur son ordre et se portaient où il voulait[3]. Il faisait à son gré la guerre ou la paix, obligé sans doute de plaire à ses guerriers et surtout de satisfaire leur cupidité, mais n'ayant jamais à consulter une nation ou une assemblée sur la guerre à entreprendre ou le traité à conclure.

Telle fut la royauté mérovingienne jusqu'à la fin. Même sous les rois que depuis on a appelés, à tort ou à raison, les rois fainéants, la royauté ne fut pas moins absolue. Il y eut plus de désordres, plus d'ambitions autour du trône, plus de révoltes; il n'y eut pas plus de liberté. On fit et l'on défit des rois dans des guerres civiles; nul ne paraît avoir songé à fonder des institutions libres ou à amoindrir légalement la royauté.

Pour se faire obéir dans les provinces, cette royauté avait à sa disposition tout un corps administratif qu'elle tenait de l'Empire romain. Loin de le supprimer, elle le développa. Elle augmenta le nombre des agents du pouvoir. Elle eut ses *duces* et ses *comites*, à peu près comme l'Empire; elle eut de plus des *vicarii*, des *tribuni*, des

---

[1] [Cf. *La Monarchie franque*, p. 333 et suivantes.]
[2] [Ibidem, p. 268 et suivantes.]
[3] [Ibidem, p. 290 et suivantes.]

centenarii[1]. Cela fit un réseau qui couvrit tout le royaume et qui rendit la royauté présente dans les moindres cantons. Les ducs et les comtes étaient nommés par le roi et pouvaient être révoqués par lui[2]. Les vicaires, tribuns et centeniers paraissent avoir été nommés par les comtes, dont ils étaient les délégués[3]. Les ducs et les comtes recevaient directement les ordres du roi; les vicaires et centeniers recevaient les ordres du comte. Tous représentaient l'autorité royale vis-à-vis des populations.

Le terme général dont on désignait les membres de cette vaste hiérarchie administrative, était celui de *judices*. Ce terme venait de l'Empire romain, où il avait désigné les gouverneurs des provinces. Il resta usité dans toute la période mérovingienne. Quand nous rencontrons le mot *judex* dans les lois ou dans les textes historiques, il ne faut pas croire qu'il s'agisse simplement d'un magistrat de l'ordre judiciaire, moins encore d'un homme privé qui serait investi temporairement du droit de juger. Le *judex* est un duc, un comte, un *vicarius* ou un centenier, c'est-à-dire un agent de l'administration[4]. Les textes l'appellent souvent *judex publicus*, ce qui ne signifie pas autre chose que juge royal ou agent royal. Les rois disent indifféremment *judices publici* ou *judices nostri*. Les mêmes hommes sont désignés par les mots *agentes nostri*, nos agents, les agents du roi, de même que les évêques ont leurs agents ou intendants, *agentes episcoporum*, de même que les riches propriétaires ont leurs agents qui administrent

---

[1] [*La Monarchie franque*, p. 220 et suivantes.]
[2] [Ibidem, p. 206.]
[3] [Ibidem, p. 224 et suivantes.]
[4] [Ibidem, p. 327.]

leurs domaines, *agentes potentum*. Ces termes, appliqués aux ducs, comtes et centeniers mérovingiens, correspondent exactement à l'expression d'officiers du roi qu'employait le xvii° siècle. Dans notre langue actuelle, le mot qui s'approche le plus pour le sens du terme *judices* de la langue mérovingienne, est celui de fonctionnaires.

Ces hommes étaient chargés d'administrer les cités et les cantons, au nom du roi et pour son service. Ce qu'on entendait alors par administration, ce n'était pas le soin de veiller sur les intérêts moraux ou matériels des populations, d'entretenir des routes ou des écoles. L'administration, *judiciaria potestas*[1], comprenait la police, la justice, la perception des impôts, la levée et le commandement des soldats[2]. Tout cela était réuni dans les mains du même fonctionnaire. Dans la circonscription que le roi lui confiait, il était à la fois l'administrateur, le juge, le receveur des impôts et le chef militaire. Dans chacune de ces attributions, il agissait à sa guise et comme maître, n'ayant de comptes à rendre qu'au roi. Les documents ne montrent jamais qu'il existât à côté de lui aucun pouvoir légal pour restreindre son autorité ou contrôler ses actes. Nous apercevons bien que dans la pratique il avait besoin de ménager les grands propriétaires du canton et surtout les évêques; mais nous n'apercevons jamais qu'il y eût rien à côté de lui qui ressemblât à une assemblée provinciale ou cantonale. Contre ses actes arbitraires, la population n'avait qu'une ressource, le recours au roi; mais on conçoit que cette

---

[1] Dans la langue mérovingienne, les mots *judiciaria potestas* s'appliquent à toute fonction publique conférée par le roi : *Ducibus, comitibus, seu quacumque judiciaria potestate præditis* (*Diplomata*, n° 506 et passim).

[2] [*La Monarchie franque*, p. 213 et suivantes.]

ressource ne fût permise qu'aux plus grands et aux plus riches; d'autant plus qu'une foule d'exemples nous donnent à penser que, pour obtenir d'être jugé par le roi, il fallait avant toute chose lui offrir des présents[1]. Le duc, le comte, le centenier pouvait donc être un petit tyran local. Il pouvait opprimer comme juge, opprimer comme receveur des impôts, opprimer comme chef militaire[2]. L'omnipotence du comte était d'autant plus grande que tous les fonctionnaires inférieurs étaient choisis par lui et par conséquent à sa dévotion. C'est ce qui ressort bien de cette prescription du roi Gontran qui défend aux comtes « de choisir pour vicaires ou de déléguer dans les diverses parties du comté des hommes qui, par vénalité, soient de connivence avec les malfaiteurs[3]. »

Quant aux comtes eux-mêmes, leur cupidité était pour ainsi dire excusable. Ils avaient acheté, le plus souvent, leur fonction au roi[4]. Comme d'ailleurs ils ne recevaient aucun traitement, et qu'ils n'avaient, pour s'enrichir et pour entretenir leur nombreuse suite, qu'une part des amendes judiciaires et des produits fiscaux, ils avaient intérêt à ce que la justice fût très sévère, les impôts très lourds, le service militaire très rigoureux. Tous les abus de pouvoir étaient pour eux des profits.

On peut voir dans Grégoire de Tours une série de

---

[1] Grégoire de Tours, *Historia Francorum*, IV, 46; VIII, 43; X, 21. *Vita S. Rigomeri*, dans dom Bouquet, III, 427.

[2] Il pouvait surtout abuser de l'amende appelée *hériban*. Voir quelques exemples dans Grégoire de Tours, *Historia Francorum*, V, 28; VII, 42. Cf. *Lex Ripuaria*, LXV; *Diplomata*, t. II, p. 233.

[3] *Guntchramni præceptio*, dans Boretius, *Capitularia*, p. 12. Pertz, *Leges*, I, 3. Cf. capitulaire de 884 : *Comes præcipiat suo vicecomiti suisque centenariis*. Concile de Chalon de 813, c. 21 : *Comites... ministros quos vicarios et centenarios vocant, justos habere debent.* — Sur la subordination du *vicarius* au comte, cf. *la Monarchie franque*, p. 221.

[4] Grégoire de Tours, *Historia Francorum*, IV, 42; VIII, 18.

traits qui montrent l'avidité et la violence de presque tous ces personnages, à qui les évêques seuls osaient tenir tête[1]. Nous avons une lettre d'un évêque qui redoute pour ses terres et pour ses esclaves « les déprédations des fonctionnaires[2] ». Ce que les rois eux-mêmes pensaient d'eux, nous pouvons le lire dans leurs ordonnances. Clotaire Ier parle du comte « qui condamne injustement[3] ». Gontran croit nécessaire de prescrire à ses comtes « de ne rendre que de justes jugements », et il craint que leurs vicaires « ne prêtent la main aux criminels et ne s'enrichissent de dépouilles injustes[4] ». Un autre roi menace de la peine de mort les fonctionnaires qui, par cupidité, relâcheraient les coupables[5]. Dans leurs diplômes, on voit sans cesse les rois défendre à leurs agents de dérober[6], d'usurper la terre d'autrui[7], de susciter d'injustes procès[8]. D'après ce que les rois pensaient de leurs propres officiers, nous pouvons juger ce qu'en pensaient les peuples.

En résumé, puissance absolue et illimitée du roi dans le royaume, du fonctionnaire dans sa circonscription, nulle borne légale ni pour l'un ni pour l'autre, nul droit

---

[1] Grégoire de Tours, *Historia Francorum*, III, 16; IV, 40; V, 48; VIII, 43; etc.

[2] *Epistola Rauracii episcopi ad Desiderium* (Bouquet, IV, 44) : *Ut de judicum infestatione liceat eis vivere cum quiete.*

[3] *Constitutio Chlotarii*, 6 : *Si judex aliquem contra legem injuste damnaverit, in nostri absentia ab episcopis castigetur* (édit. Boretius, p. 19).

[4] *Guntramni edictum* (Boretius, *Capitularia*, p. 12) : *Cuncti judices justa studeant dare judicia; non vicarios aut quoscumque de latere suo per regionem sibi commissam instituere praesumant qui malis operibus consentiendo venalitatem exerceant, aut iniqua quibuscumque spolia inferre praesumant.*

[5] *Decretio Childeberti*, art. 7 (édit. Boretius, p. 17).

[6] *Ut nulli judicum licentia sit aliquid defraudare* (*Diplomata*, n° 270).

[7] Ibidem, n°° 111, 341, 372, 531.

[8] Ibidem, n° 441 : *Nullam calumniam generare praesumatis.*

assuré aux populations contre leurs gouvernants à tout degré, le fonctionnaire apparaissant aux hommes, non comme un protecteur, mais comme un spoliateur qui ne peut s'enrichir qu'à leurs dépens, voilà les faits qui précèdent et entourent l'immunité, qui peut-être l'engendrent. C'est de ce milieu qu'elle surgit. Nous reconnaîtrons, en effet, dans la suite de cette étude, que ce privilège personnel ne pouvait naître que dans un régime où les libertés publiques faisaient défaut.

3° [DES CARACTÈRES DE L'IMMUNITÉ].

Le plus sûr moyen de nous faire une idée exacte de l'immunité est d'analyser l'un des documents qui la définissent de la façon la plus complète. Prenons la formule qui, dans le recueil de Marculfe, porte le n° 3. On peut la regarder comme le type le plus usité de ce genre de concession au vii° siècle.

En voici d'abord le préambule : « Nous croyons donner à notre autorité royale toute sa grandeur, si nous accordons, d'une intention bienveillante, aux églises — ou à toute personne — les bienfaits qui leur conviennent, et si, avec l'aide de Dieu, nous en faisons un écrit qui assure la durée de nos faveurs. Nous faisons donc savoir à Votre Zèle que, sur la demande de l'homme apostolique, seigneur un tel, évêque de telle église, nous lui avons accordé, en vue de notre récompense éternelle, la faveur suivante[1]. » Ce préam-

---

[1] Marculfe, I, 3 : *Maximum regni nostri augere credimus monimentum, si beneficia oportuna loca ecclesiarum, aut cui volueris dicere, benivola deliberatione concedimus ac, Domino protegente, stabiliter perdurare conscribimus. Igitur noverit Solertia Vestra nos ad peticionem apostolico vero domino illo, illius urbis episcopo, talem pro æterna retributionem beneficium visi fuemus indulsisse ut....*

bule n'est pas sans importance, et il faut l'étudier presque mot par mot.

« Nous croyons. » C'est manifestement le roi qui parle. Tous nos diplômes, en effet, commencent par le nom du roi et par ses deux titres officiels, *Rex Francorum, vir illuster*. Il est digne de remarque que tous les diplômes d'immunité émanent du roi directement, et du roi seul. Jamais l'immunité n'est accordée par un duc ni par un comte. Elle est exclusivement un acte royal. Il n'est jamais dit non plus qu'elle soit concédée sur l'initiative ou le conseil d'un de ces hauts fonctionnaires. Le consentement des grands de la cour, qui semble nécessaire pour d'autres actes, n'est jamais mentionné dans ceux-ci[1]. Le roi est le seul auteur de la concession.

Nous remarquons, en second lieu, que cette concession se produit toujours sous la forme d'un acte officiel. Elle ne se fait pas verbalement ou par simple lettre. L'acte est une véritable ordonnance royale. On l'appelle une *auctoritas* ou un *præceptum*[2]. Ne supposons pas que cet acte soit rédigé par l'évêque intéressé, apporté tout fait par lui, présenté par lui à la signature royale. Il est rédigé dans les bureaux du palais, et présenté au roi

---

[1] Quelques actes portent plusieurs signatures d'évêques ou de comtes ; mais ces actes ne sont pas parmi les plus authentiques.

[2] *Præsens auctoritas* (Marculfe, I, 3). — *Hæc auctoritas* (idem, I, 4). — *Ut hæc auctoritas firmiorem habeat vigorem* (diplôme de 528, n° 111). — *Per propriam nostram auctoritatem* (diplôme de 637, n° 281). — *Huic nostræ auctoritatis decreto* (diplôme de 661, n° 341). — *Hac auctoritate concedimus* (diplôme de 683, n° 402). — *Per præsentem præceptum* (diplôme de 546, n° 144). — *Præceptum decreti nostri* (diplôme de 635, n° 270). — *Per hoc præceptum decernimus* (diplôme de 682, n° 400). — *Per hunc præceptum jubemus* (diplôme de 716, n° 495). — *Per præsente præceptione decernimus ordenandum* (diplôme de Childebert III, aux Archives nationales, Tardif, *Monuments historiques*, n° 41).

par le référendaire, qui y appose son nom comme pour en conserver la responsabilité[1]. Puis il est signé du roi et scellé de l'anneau royal comme tout autre décret[2].

« Si nous accordons, d'une intention bienveillante, des bienfaits aux églises. » Cette phrase de la formule n'est pas un pur ornement, une élégance de chancellerie. Elle a, à notre avis, une grande importance. Elle signifie que la concession est absolument bénévole de la part du roi. On peut voir, en effet, dans tous les diplômes, que l'immunité n'est jamais présentée comme un droit des églises. Elle est toujours une faveur, *beneficium*[3]. Elle émane de la seule bonté du roi, *ex nostra indulgentia, ex nostra munificentia*[4]. Les rédacteurs des actes multiplient à dessein les expressions qui marquent l'initiative propre du roi et sa volonté d'accorder un bienfait[5]. Souvent le roi donne comme motif de ce bienfait sa piété ou le soin de son salut[6]. Il écrit, par

---

[1] *Nordebertus obtulit* (diplôme de Childebert III pour Tussonval); *Sygobaldus jussus obtulit* (diplôme du même pour Saint-Maur); *Actulius jussus optulit* (diplôme de Chilpéric II pour Saint-Denis); *Chrodebertus recognovit* (diplôme du même pour le même monastère). Archives nationales, K, 3, 10; K, 3, 12³; K, 3, 17; K, 3, 18.

[2] Marculfe, I, 3 : *Et ut presens auctoritas tam presentis quam futuris temporibus inviolata permaneat, manus nostræ subscribtionibus infra roborare decrevimus.* Cette phrase se retrouve dans presque tous les diplômes.

[3] Ce terme *beneficium*, qui est dans la formule de Marculfe, se retrouve dans presque tous les diplômes d'immunité : *Tale nos præstitisse beneficium* (diplôme de 660, n° 337); *tale beneficium concessimus ut* (diplôme de 682, n° 400); *ipsa beneficia concessa* (diplôme de 718, n° 507). Quand le mot *beneficium* ne se trouve pas, il y a un synonyme; les termes *indulsimus, indultum* reviennent sans cesse.

[4] Diplômes de 635, n° 270; de 661, n° 341, etc.

[5] *Gratanti animo nos præstitisse* (diplôme de 546, n° 144); *libenti animo* (diplôme de 528, n° 111); *nos promplissima voluntate concessisse* (diplôme de 637, n° 281); *plena et integra voluntate visi fuimus concessisse* (diplôme de 673, n° 368).

[6] Marculfe, I, 3, *in fine* : *Quod nos propter nomen Domini et animæ nostræ remedium indulsimus.*

exemple : « Pensant au salut de notre âme et à la récompense éternelle, nous avons décidé[1]. » Ces phrases sont là, à notre avis, pour signifier que le roi agit de son plein gré, sans pression ni obligation d'aucune sorte, surtout sans aucun motif d'ordre temporel. L'immunité n'est toujours, d'après la formule acceptée de tous, qu'une faveur.

Aussi lisons-nous, deux lignes plus loin, dans la formule de Marculfe : « A la demande de tel évêque, nous avons accordé. » Il faut bien que ce mot « demande » ait eu une grande importance, car nous le trouvons dans tous les diplômes[2]. Nous saisissons encore ici l'un des caractères de la concession d'immunité : il faut qu'elle ait été réellement et expressément demandée par le concessionnaire, et le diplôme ne manque pas de constater que cette condition a été remplie[3]. Ainsi Childebert Ier écrit que Cariléphus, premier abbé de Saint-Calais, lui a adressé une demande, *postulavit*[4]. Dagobert écrit que l'évêque Modoald lui a adressé une prière, *deprecatus fuit*, ou que l'abbé Aigulfe a supplié sa bonté royale, *clementiam regni nostri suppli-*

---

[1] Diplôme de 627, n° 242 : *De remedio animæ nostræ et de futura retributione cogitantes.* — Diplôme de 632, n° 258 : *Pro divini cultus amore et animæ nostræ remedio.* — Diplôme de 705, n° 463 : *Pro cœlesti amore vel pro æterna retributione.*

[2] *Cujus petitionem* (diplôme de 528, n° 111). — *Si petitionibus sacerdotum* (diplôme de 539, n° 136 ; de 673, n° 368 ; de 683, n° 402 ; de 692, n° 428 ; de 696, n° 436 ; de 724, n° 531). — *Sacerdotum rectis petitionibus annuentes* (diplôme de 632, n° 258). — *Inter cæteras petitiones* (diplôme de 637, n° 281 ; de 635, n° 270 ; de 661, n° 341 ; de 716, n° 493). — *Hujus viri sancti petitione suscepta* (diplôme de 661, n° 341).

[3] *Magnoaldus abba petiit celsitudinem nostram ut* (diplôme de 696, n° 436). — *Quod poposcitis, quia digna est petitio et postulatio vestra* (diplôme de 697, n° 441). — *Nos precibus tanti viri aurem accommodantes* (diplôme de 673, n° 367).

[4] Diplôme de 528, n° 111. [Sur ce diplôme, cf. plus haut, p. 340, n. 4.]

carit[1]. Au siècle suivant, Chilpéric II se sert encore des mêmes expressions[2]. Quelquefois on ajoute que la demande a été faite « humblement[3] ».

La règle ordinaire était que la demande fût adressée par le pétitionnaire en personne; ainsi l'évêque ou l'abbé devait se présenter lui-même devant le roi[4]. Pourtant il n'est pas sans exemple que l'évêque ou l'abbé transmît sa demande par des envoyés[5]. Cette obligation de se présenter en solliciteur devant le roi, ou tout au moins de lui envoyer une supplique, me paraît digne d'attention. Menus détails, dira-t-on peut-être, et pures formes; mais c'est l'ensemble de ces détails et de ces formes qui nous donnera l'explication de l'immunité.

« Si nous accordons des bienfaits aux églises — ou à toute personne », *aut cui volueris dicere*. Ces derniers mots forment dans le texte de Marculfe une parenthèse. Comme il écrit une formule qui doit pouvoir s'appliquer à plusieurs sortes de concessionnaires, il avertit

---

[1] Diplôme de 652, n° 258 : *Præsul Modoaldus deprecatus fuit sublimitatem nostram ut....* — Diplôme de 657, n° 281 : *Aigulfus abba clementiam regni nostri supplicavit.* — Diplôme de 674, n° 372 : *Siriardus abba supplex clementiæ regni nostri expetiit ut....*

[2] Diplôme de 716, n° 495 : *Chillardus abbas de basilica peculiaris patroni nostri Dionysii clementiæ regni nostri supplicavit.*

[3] *Amandus episcopus humiliter petiit* (diplôme de 657, n° 280). — *Humiliter deprecatus est* (diplôme de 638, n° 291).

[4] Diplôme de 638, n° 291 : *Blidegisilum nostræ sublimitatis præsentiam advenisse.* — Diplôme de 691, n° 417 : *Venerabilis vir Bertinus abba... ad nostram accessit præsentiam.* — Diplôme de 705, n° 463 : *Venerabilis vir Theodebertus abba ad nostram accessit præsentiam et clementiæ regni nostri suggessit ut....* — Diplôme de 721, n° 515 : *Venerabilis vir Erkembodus abba ad nostram accedens præsentiam.* — Diplôme de 743, n° 599 : *Episcopus Dubanus ad nos venit.*

[5] Diplôme de 546, n° 144 : *Daumerus abba, missa petitione, clementiæ regni nostri suggessit.* — Diplôme de 562, n° 168 : *Gallus abba, missa petitione.* — Diplôme de 692, n° 428 : *Ibbolenus abba per missos clementiæ regni nostri detulit in notitiam.*

son lecteur ou le praticien pour lequel il écrit que le mot *églises* devra être remplacé par un autre terme, si ce n'est pas une église qui est concessionnaire. Cette parenthèse de Marculfe est significative : elle marque que la concession pouvait être faite à des personnes de toute sorte, *cui volueris*.

Il est vrai que tous les diplômes d'immunité qui nous sont parvenus des Mérovingiens s'appliquent à des évêchés ou à des monastères. Il n'en faut pas conclure que la concession n'ait jamais été faite à des laïques. L'Église savait garder ses chartes et les faisait renouveler à chaque génération; les grandes familles laïques gardaient moins bien les leurs, et d'ailleurs ces familles se sont éteintes. Ce qui prouve que l'immunité pouvait être accordée à d'autres qu'à des clercs, c'est que nous trouvons dans le recueil de Marculfe la formule de l'immunité accordée à un laïque[1]. L'acte est rédigé avec moins de détails que lorsqu'il s'agit d'une église; mais les traits essentiels et caractéristiques de l'immunité s'y rencontrent. Nous avons aussi la formule de renouvellement d'immunité en faveur des laïques, *ad seculares viros*, et nous pouvons remarquer qu'elle est exactement sur le même type que les formules de renouvellement qui concernent l'Église[2]. La différence la plus notable est que le roi donne pour motif de son bienfait,

---

[1] Marculfe, I, 14. Dans cette formule il s'agit d'une donation de terre avec immunité. L'immunité est bien marquée par ces mots : *In integra emunitate, absque ullius introitus judicum de quaslibet causas freda exigendum.*

[2] Idem, I, 17. La phrase *si petitionibus fidelium* remplace la phrase ordinaire *si petitionibus sacerdotum*. La requête du concessionnaire est mentionnée dans les mêmes termes : *Industris vir illi clementiæ regni nostri suggessit... petiit ut.* La faveur toute bénévole du roi est marquée dans les mêmes formes : *Cujus peticionem gratanti animo nos prestitisse cognuscite.* L'acte s'appelle aussi une *auctoritas.*

non plus sa piété et le salut de son âme, mais la fidélité du concessionnaire[1].

Quelques autres documents confirment ces deux formules. Dans la Vie de saint Éloi, écrite par un contemporain qui était fort au courant des usages de la cour mérovingienne, nous voyons que l'immunité fut accordée à un domaine de ce personnage alors qu'il était encore laïque[2]. Dans un acte de donation fait par Harégarius et sa femme Truda, nous lisons que le domaine de ces deux laïques jouissait d'une pleine et entière immunité[3]. Plus tard, au IX° siècle, nous verrons des diplômes d'immunité qui sont accordés, non plus seulement à de grands seigneurs propriétaires, mais à des marchands et même à des Juifs. On doit donc admettre que l'immunité n'était pas réservée aux églises et aux abbayes. Elle pouvait être accordée à toute classe de personnes.

« Nous faisons savoir à Votre Zèle », *noverit Solertia Vestra*. Ces mots de la formule de Marculfe sont ceux

---

[1] *Pro fidæi suæ respectu* (Marculfe, I, 17). Une autre différence est que l'immunité ne s'étend pas, comme pour les églises, à tous les domaines qui seront acquis à l'avenir.

[2] *Vita S. Eligii ab Audoeno*, I, 15. — De même nous remarquons dans le diplôme 292 que Blidégisile est simple diacre et que c'est comme particulier qu'il reçoit, avec une terre, le privilège d'immunité.

[3] *Diplomata*, n° 108 : *Charta Haregarii et Trudæ conjugis... Nullas functiones, vel exactiones, neque exsquisita et lauda convivia, neque gratiosa vel insidiosa munuscula, neque caballorum pastus atque paravereda vel angaria aut in quodcunque functionis titulum judiciaria potestate dici potest... sub integra emunitate sicut a nobis hucusque possessa est.* — Il y a dans Marculfe une formule de donation *de magna re*, c'est-à-dire d'un grand domaine, à un monastère ou à une église, et nous y lisons que le donateur, lequel est certainement un laïque, cède sa terre, *remota officialium seu publicorum omnium potestate, sub integra emunitate, sicut a me possessa est* (Marculfe, II, 1 ; Rozière, n° 571). Cette formule donne à penser que l'immunité accordée à la terre d'un laïque n'était pas rare.

dont les rois se servaient quand ils s'adressaient à eurs fonctionnaires. Nous retrouverons les mêmes termes ou des termes analogues dans tous les diplômes. Dans la langue de ce temps, on disait au roi : *Vestra Sublimitas, Vestra Gloria*; aux évêques, *Vestra Sanctitas*; aux fonctionnaires du premier rang, *Vestra Magnitudo*, aux fonctionnaires du second ordre, *Vestra Industria, Vestra Solertia, Vestra Utilitas*. Ces trois mots de la formule de Marculfe nous indiquent donc que la lettre royale est adressée à des fonctionnaires publics. Cela est d'ailleurs confirmé par les mots *non præsumatis* qui se trouvent plus loin. Il en est ainsi de tous nos diplômes. La plupart ont encore la phrase initiale que Marculfe a omise : « Un tel, roi des Francs, aux ducs, comtes, vicaires, centeniers, et à tous nos agents[1]. » Dans les diplômes où cette phrase a été omise par les copistes ou a disparu, on rencontre dans le texte les mots *cognoscat Magnitudo seu Utilitas Vestra*, qui indiquent clairement que le roi s'adresse à ses fonctionnaires[2]. Il est digne de remarque que le roi, quand il

[1] *Chlotarius rex Francorum vir illustris omnibus episcopis et illustribus viris ducibus, comitibus, domesticis, vicariis, grafionibus, centenariis vel (et) omnibus junioribus nostris* (diplôme de 559, n° 136). — *Dagobertus... ducibus, comitibus, domesticis, et omnibus agentibus* (diplôme de 652, n° 258). — *Hildericus viris illustribus ducibus seu comitibus* (diplôme de 665, t. II, p. 424). — Quelquefois le roi emploie la formule plus courte *omnibus agentibus* (diplôme de 660, n° 537; de 692, n° 428; de 705, n° 463; de 712, n° 482). — Parfois l'acte royal est adressé à un seul duc ou comte; c'est que les domaines sur lesquels on accorde l'immunité sont situés dans un seul duché ou comté (diplôme de 635, n° 288; de 638, n° 291); autrement le roi s'adresse à tous les fonctionnaires du royaume, au moins à tous ceux dans le ressort desquels l'immuniste possède des biens, *in quorum actionibus habet* (diplôme de 721, n° 515; de 743, n° 570). — Souvent le diplôme est adressé aux évêques en même temps qu'aux comtes; dans ce cas, il s'agit ordinairement de monastères, lesquels avaient à se prémunir autant contre les évêques que contre les officiers du roi.

[2] *Cognoscat Magnitudo seu Utilitas Vestra* (*Diplomata*, n°ˢ 281, 337, 368,

accorde l'immunité à un personnage, n'adresse jamais sa lettre à ce personnage. Il parle toujours, comme dans toute ordonnance royale, aux agents de son administration[1]. Il est vrai que c'est au concessionnaire que l'exemplaire original était remis[2]; il n'est pas bien sûr que des copies en fussent envoyées aux ducs et aux comtes; je doute même qu'on en conservât copie dans les archives du roi[3]. Il n'en est pas moins vrai que la concession d'immunité avait toujours la forme, non d'une lettre adressée au privilégié, mais d'un ordre prescrit aux fonctionnaires royaux; et nous verrons aussi que c'étaient eux que l'acte visait.

Nous avons encore à faire une remarque sur cette phrase de la formule de Marculfe : « A la demande de l'homme apostolique, seigneur un tel, évêque de telle église, nous avons accordé la faveur suivante. » On reconnaît bien ici que la concession est donnée nommément à l'évêque. Elle s'applique, il est vrai, à toutes les terres et domaines appartenant à son église. Mais ce n'est pas la terre d'église qui obtient l'immunité, c'est

402, 463, 495, etc.). — *Cognoscat Industria Vestra* (n° 268). — *Cognoscat Strenuitas Vestra* (n° 336). — *Cognoscat Magnitudo seu Industria Vestra* (n° 337). — Voir encore les n°˚ 144, 400, 441, 463. — Deux ou trois fois ces mots mêmes ont disparu, mais on trouve alors le mot *cognoscite*, qui ne peut se rapporter qu'aux agents du roi.

[1] Je ne vois d'exception à cette règle que la lettre de Clovis à Euspice et à Maximin (*Diplomata*, n° 87.) Il y a aussi une lettre de Childebert III adressée à l'abbé Ephibius; mais cette pièce, tort différente de tous nos diplômes est jugée très suspecte par Pardessus. Sauf ces deux cas, toute concession d'immunité est adressée aux fonctionnaires royaux.

[2] *Ideo has litteras nostra manu firmatas domino Johanni dedimus* (diplôme de 497, n° 58). — *Litteras meas mea manu firmatas eidem dedimus* (diplôme de 743, n° 499).

[3] Si les rois avaient gardé la copie ou la minute, il n'aurait pas été nécessaire que les concessionnaires représentassent l'original à chaque changement de règne, ainsi que nous le voyons dans les diplômes de confirmation.

l'évêque. Si ces terres deviennent privilégiées, ce n'est pas parce qu'elles sont des biens ecclésiastiques, mais seulement parce que l'évêque, qui en est le propriétaire légal, a adressé une prière et a sollicité une faveur. Ce trait ne doit pas être négligé. Nous le rencontrons dans tous nos diplômes sans exception. Dans toute concession d'immunité, nous trouvons un nom propre, nom d'évêque ou d'abbé, et c'est toujours sur ce nom que porte la concession. Il n'y a jamais d'immunité collective. L'immunité n'est jamais accordée à l'ensemble des biens ecclésiastiques[1], ni même à plusieurs églises par le même diplôme, ni à plusieurs monastères à la fois, ni à une classe d'hommes, ni à une race, ni à une région. Elle est toujours accordée à une personne, et il faut toujours que cette personne soit nommée dans l'acte.

L'immunité avait ainsi le caractère d'une faveur tout individuelle. Était-elle viagère ou perpétuelle, c'est ce qu'il est assez difficile d'établir. D'une part, les diplômes sont remplis d'expressions qui impliquent la perpétuité. « Nous voulons que notre bienfait profite à toujours à cette église[2]. » « Nous voulons que notre décret dure à perpétuité, dans toute la suite des rois qui nous succéderont[3]. » Presque toujours, on ajoute au nom de l'évêque les mots « et ses successeurs ». On écrit encore que les avantages de l'immunité s'étendront aux do-

---

[1] L'article XI de la *Constitutio Chlotarii* ne vise que les églises et les clercs qui ont obtenu l'immunité, *qui immunitatem meruerunt*.

[2] *Ecclesiæ proficiat in perpetuum* (Marculfe, I, 3).

[3] *Quod perpetualiter mansurum esse jobemus* (Marculfe, I, 14). — *Hoc in perpetuo volumus esse mansurum* (Diplomata, nᵒˢ 400, 436, 441, 486, 496, etc.). — *Hoc perenniter maneat inconvulsum* (Marculfe, I, 4). — *Tam nobis præsentibus quam per tempora succedentibus regibus* (Diplomata, nᵒ 541). — *Tam nostris quam futuris temporibus* (nᵒˢ 367, 402, 403, etc.).

maines que l'église ou le monastère acquerra dans l'avenir[1]. Que serait cette clause si la concession ne devait pas durer toujours?

Mais, d'autre part, la série des diplômes nous montre que l'on faisait renouveler l'acte à chaque génération. Était-ce une obligation stricte, on ne saurait le dire; c'était certainement un usage. L'immunité accordée au premier fondateur du monastère de Saint-Bertin a été renouvelée huit fois en l'espace d'un siècle[2]. Or les nombreux diplômes confirmatifs que nous possédons, ainsi que les formules qu'en donne Marculfe[3], montrent par leur teneur qu'il ne s'agissait pas d'une pure formalité, que les rois ne se croyaient pas obligés de renouveler la concession, qu'ils exigeaient qu'on leur adressât une nouvelle demande et qu'ils s'exprimaient comme s'ils accordaient une nouvelle faveur[4]. Ainsi l'abbé Bertin eut à demander quatre fois l'immunité, parce qu'il vécut sous quatre rois; son successeur Erkembod l'obtint une première fois de Chilpéric II en 718, et dut la demander, à trois ans d'intervalle, à

---

[1] Marculfe, I, 3 : *In villas ecclesie quas moderno tempore habere videtur vel quas deinceps in jure ipsius sancti loci voluerit divina pietas ampliare.* — Diplôme de 673, n° 367 : *Quod ad præsens in quibuslibet locis possidere videntur, seu quod adhuc inantea a christianis hominibus fuerit additum vel condonatum.* — Cf. n°ˢ 258, 270, 281, 403, etc.

[2] Le premier diplôme a été donné par Clovis II; nous ne l'avons plus, mais il est cité dans un diplôme de 691, où il est dit qu'il en a été donné lecture (voir le *Cartulaire de Saint-Bertin*, p. 35). Le second diplôme est de 662; il est dans les *Diplomata*, n° 343, et dans Guérard, *Cartulaire de Saint-Bertin*, p. 20. C'est proprement une autorisation d'échange de terres; mais la clause d'immunité s'y trouve à la fin. Puis la concession a été renouvelée par Childéric II, dont nous n'avons plus le diplôme, par Thierry III (*Diplomata*, n° 400; *Cartulaire*, p. 27); et elle l'a été successivement par Clovis III, Childebert III, Chilpéric II, Thierry IV et Childéric III (*Diplomata*, n°ˢ 417, 507, 515, 580; *Cartulaire*, p. 34, 42, 47, 51).

[3] Marculfe, I, 4; I, 17.

[4] Voir particulièrement les diplômes de 632, n° 258, et de 691, n° 417.

Thierry IV; d'où l'on peut conclure, à ce qu'il semble, que la concession, pour être valable, devait être renouvelée à la mort du roi qui l'avait accordée. Une remarque en sens contraire peut être faite sur les chartes du monastère d'Anisola; on y voit le même roi, Childebert Ier, accorder successivement deux diplômes d'immunité[1]; c'est qu'il y a eu deux abbés, Cariléphus d'abord, puis Daumerus. D'où il semble naturel de conclure que le privilège avait besoin d'être renouvelé, non seulement à la mort du roi qui l'avait signé, mais aussi à la mort du concessionnaire qui l'avait reçu.

Ainsi, d'une part, l'acte contient des termes qui indiquent que la concession est perpétuelle; d'autre part, on demande sans cesse le renouvellement de la concession, comme si elle était viagère. Cette contradiction n'étonnera pas ceux qui sont familiers avec l'époque mérovingienne. Ce roi qui accorde veut que son bienfait dure à perpétuité; mais le roi qui le suit tient à marquer que l'immunité ne dure que parce qu'il la renouvelle. D'après la lettre des diplômes, l'immunité est perpétuelle; d'après la pratique, il semble bien qu'elle soit révocable. Il est vrai que nous ne voyons pas souvent que le roi reprenne la concession faite par ses prédécesseurs[2]; mais, à voir le soin des évêques et des abbés à

---

[1] Diplôme de 528, n° 111; diplôme de 546, n° 144. — Pardessus croit que les deux diplômes sont authentiques; Sickel conteste le premier, à cause de quelques mots et de quelques formes qui ne lui paraissent pas être de cette époque (Sickel, *Beiträge zur Diplomatik*, dans les comptes rendus de l'Académie de Vienne, juillet 1864, p. 188). [M. Havet a repris et fortifié les doutes de Sickel dans son étude sur les chartes de Saint-Calais (Anisola). *Questions mérovingiennes*, IV.]

[2] Je n'en connais d'autre exemple que celui que donne Grégoire de Tours en parlant de Chilpéric (VI, 46) : *Ipsas patris sui præceptiones sæpe calcavit*. L'ensemble de la phrase indique qu'il s'agit de *præceptiones in ecclesias conscriptæ*, c'est-à-dire vraisemblablement de diplômes d'immunité.

faire renouveler les diplômes, on reconnaît que l'idée qui régnait dans les esprits était qu'il pouvait la reprendre. La raison de cela s'aperçoit bien si l'on fait attention à la teneur des diplômes. Nous n'y lisons pas que la concession ait été accordée parce que les terres sont des terres d'église; cette raison n'est jamais donnée; elle a été accordée uniquement parce qu'elles appartiennent à tel évêque ou à tel abbé qui a personnellement demandé la concession. L'immunité est par essence une faveur, un *beneficium*; elle vient après une requête, *petitio, preces*, qui a été personnelle; il semble naturel aux hommes qu'elle soit personnelle aussi. Que la personne meure, on se demande aussitôt si la faveur se continue; on doute; et dans le doute on renouvelle la requête, et le roi renouvelle la faveur. Il n'est pas inutile de signaler ces idées et ces pratiques; elles sont un des traits caractéristiques des mœurs du temps, et elles ne sont pas sans rapport avec les idées féodales qui commencent déjà à poindre dans les esprits.

Nous en avons fini avec le préambule de la formule de Marculfe. Nous y avons déjà saisi quelques-uns des caractères de l'immunité : 1° elle est un acte exclusivement royal; 2° elle doit émaner de la libre volonté du roi, que le concessionnaire a dû préalablement solliciter; 3° elle se produit sous la forme d'une ordonnance, que le roi adresse, non au concessionnaire, mais aux fonctionnaires et agents de son administration; 4° elle n'est jamais accordée collectivement à un clergé, à une caste, à une classe; elle est toujours le privilège d'une personne, soit que cette personne représente un évêché ou un monastère, soit qu'il ne s'agisse que d'un individu laïque; 5° cette concession conserve toujours la forme d'un pur bienfait, et n'est perpétuelle que par le renouvellement qu'on en fait à chaque décès du concédant ou du concessionnaire ; l'immunité ne devient jamais un droit.

Tels sont les caractères, pour ainsi dire extérieurs, de l'immunité. Nous pouvons chercher maintenant quels en étaient les caractères intimes, en quoi elle consistait, de quels privilèges et de quels avantages elle se composait.

4° [L'ENTRÉE DU DOMAINE EST INTERDITE AUX FONCTIONNAIRES PAR L'IMMUNITÉ].

Voici la suite de la formule donnée par Marculfe[1] : « La faveur que nous accordons est telle, que dans les domaines de l'église de cet évêque, tant dans ceux qu'elle possède aujourd'hui que dans ceux que la bonté divine lui fera acquérir dans la suite, aucun fonctionnaire public ne se permette d'entrer, soit pour entendre les procès, soit pour exiger les *freda*, de quelque source qu'ils viennent, mais que cela appartienne à l'évêque et à ses successeurs en toute propriété. Nous ordonnons en conséquence que ni vous, ni vos subordonnés[2], ni ceux qui viendront après vous, ni aucune personne re-

---

[1] Marculfe, I, 3 : .... *Talem beneficium ut in villas ecclesie domni illius quas moderno temporæ aut nostro aut cujuslibet munere habere vidætur, vel quas deinceps in jure ipsius sancti loci voluerit divina pietas ampliare, nullus judex publicus ad causas audiendo aut freta undique exigendum non presumat ingredire; sed hoc ipse pontifex vel successores ejus, propter nomen Domini, sub integra emunitatis nomine valeant dominare.*

[2] Nous traduisons ainsi les mots *juniores vestri*. Dans la langue mérovingienne, *senior* signifie le supérieur, *junior* l'inférieur. *Juniores* s'appliquait particulièrement aux agents inférieurs de l'administration. Voici des exemples : *Chlotarius rex ducibus, comitibus, domesticis, vicariis, grafionibus, centenariis, vel omnibus junioribus nostris* (Diplomata, n° 136). — *Theodoricus rex viris illustribus, gravionibus, seu et om-*

vêtue d'une fonction publique, vous n'entriez jamais dans les domaines de cette église, en quelque endroit de notre royaume qu'ils soient situés, ni pour entendre les procès, ni pour percevoir les amendes. Nous vous défendons d'oser y exiger le droit de gîte et les prestations, ainsi que d'y saisir des répondants[1]. »

Dans cette page où chaque mot a son importance, il y a deux lignes qui dominent tout le reste, et dont il faut parler d'abord : « Nous accordons qu'aucun fonctionnaire public ne se permette d'entrer sur ces terres.... Nous vous défendons, à vous, nos agents, de mettre le pied sur ces domaines. » C'est ici que se trouve le trait principal et ce qui fait le fond de l'immunité. Toutes les autres clauses peuvent être supprimées ou sous-entendues, et elles le sont en effet dans beaucoup de diplômes ; mais la clause qui interdit aux fonctionnaires l'entrée du domaine se trouve dans tous nos actes. Il n'y a pas d'immunité sans elle.

Cette interdiction est exprimée dans les chartes sous deux formes légèrement différentes. Tantôt le roi emploie la forme indirecte et dit qu'aucun agent de l'ordre administratif, *nullus judex publicus, neque quilibet judiciaria potestate accinctus*, n'entrera sur les domaines

---

nibus agentibus vel junioribus eorum (ibidem, n° 515). — Dans le diplôme n° 402, les mots *junioribus vestris* sont remplacés par *subditis vestris*, ce qui signifie littéralement vos subordonnés, les agents sous vos ordres. Nous avons vu en effet plus haut que les vicaires et les centeniers n'étaient que les subordonnés et les agents des comtes. *Juniores* était donc synonyme de *subditi*. — Dans Grégoire de Tours, V, 26, les mots *junioribus ecclesiæ* désignent les serviteurs d'une église, ceux qu'on appelle ailleurs *homines ecclesiæ* [cf. IX, 6]. De même dans le premier concile de Paris, can. 4.

[1] *Statuentes ergo ut neque vos neque juniores neque successores vestri nec nulla publica judiciaria potestas quoque tempore in villas... aut ad audiendas altercationes ingredire, aut freta de quaslibet causas exigere, nec mansiones aut paratas vel fidejussores tollere non presumatis.*

privilégiés[1]. Tantôt il emploie la forme directe, et s'adressant à ses ducs et à ses comtes, il leur dit : « Ni vous ni vos agents, *neque vos neque juniores vestri*, vous n'entrerez sur ces domaines[2]. » Nous trouvons la première forme dans dix-sept de nos diplômes, la seconde dans vingt-deux. Toutes les deux expriment la même chose avec la même netteté et la même force : *non præsumatis ingredi*; *nullus judex publicus ingredi audeat*; *judices publici non habeant introitum*[3].

Il arrive quelquefois que le rédacteur du diplôme l'abrège et omette tous les détails que nous avons vus dans la formule de Marculfe. Il se contente alors d'écrire que telle église, tel monastère ou tel laïque, possédera ses domaines en pleine immunité, sans que les officiers royaux y puissent entrer, *absque introitu judicum*. Toute l'immunité est comprise dans ces trois mots[4].

Quelques érudits ont pensé que les rois, en accordant

[1] *Diplomata*, n°ˢ 242, 258, 270, 291, 330, 341, 357, 456, 402, 405, 414, 487, 507, 515, 542, 570, n° 4 des *Additamenta*. Comparez Marculfe, I, 2 : *Nulla judiciaria potestas nec presens nec succidia ibidem non presumat ingredere*.

[2] *Diplomata*, n°ˢ 58, 111, 144, 168, 281, 368, 372, 400, 402, 428, 436, 441, 465, 482, 486, 491, 495, 522, 531, 568, 599. — Les deux formes sont employées concurremment dans la formule de Marculfe et dans plusieurs diplômes, par exemple dans celui de Childebert III pour Saint-Maur-des-Fossés qui est aux Archives nationales.

[3] *In illas possessiones nulla unquam judiciaria potestas præsumat ingredi* (diplôme de 661, n° 341). — *Ut nullus judex publicus [vel] quislibet judiciaria potestate accinctus in villis ipsius monasterii nullum debuisset habere introitum* (Appendix ad Marculfum, 44; Cartæ Senonicæ, 35). — *Nullus judex publicus ibidem introitum nec ingressum habere deberet* (diplôme de 696, n° 456, aux Archives nationales, K, 5, 10). — Par un acte de 659, Clotaire III donne au monastère de Corbie dix domaines et il ajoute : *Nullus de judicibus nec ad ipsum monasterium nec in curtes suas præsumat ingredi, sed pars ipsius monasterii vel omnis congregatio ibi consistens absque introitu judicum sub integra immunitate possidere valeat vel dominare* (*Diplomata*, n° 336).

[4] Diplôme de 635, n° 263; diplôme de 681, n° 399 : *Sub emmitatis nomine absque introitu judicum*. — Marculfe, I, 4; I, 14; I, 17. Quel-

l'immunité, renonçaient pour eux-mêmes à toute autorité sur les domaines de l'immuniste. Pour appuyer cette doctrine, on a dit que les diplômes portaient, non pas *neque vos neque juniores aut successores vestri*, mais *neque nos neque juniores aut successores nostri*. Il est visible que ce seul changement de trois lettres transforme le sens de la phrase et même du diplôme tout entier. Dans un cas, l'interdiction s'adresse seulement aux agents du roi; dans l'autre, le roi s'interdit à lui-même l'entrée des terres privilégiées. M. Boutaric, dans un essai trop rapide sur les origines du régime féodal, cite, en effet, une charte où se lisent les mots *nos* et *nostri*, et il en conclut que les rois renonçaient à toute autorité[1].

Il est regrettable que M. Boutaric ait choisi pour type de l'immunité la seule charte où les mots *nos* et *nostri* se rencontrent, et sans nous avertir qu'elle soit la seule. Dans toutes les autres, ce sont les mots *vos* et *vestri* que l'on trouve[2]. D'ailleurs, ce diplôme de Dagobert Ier est suspect; l'exemplaire qu'on en possède aux Archives nationales n'est qu'une copie, et cette copie n'est pas antérieure au IXe siècle. Ajoutons que, de cette

---

ques diplômes (n{os} 567 et 403) portent *absque interdictu judicum*; il y a apparence que *interdictu* est pour *introitu*.

[1] Boutaric, *De l'origine et de l'établissement du régime féodal*, dans la *Revue des questions historiques*, 1875, tirage à part, p. 45-50. Le diplôme qu'il cite est celui qui fut donné par Dagobert Ier à l'abbaye de Saint-Denis, entre 631 et 637, dont une copie se trouve aux Archives nationales (K, 1, 7; cf. *Diplomata*, n° 282).

[2] Dans les deux diplômes en faveur de Réomé, tous les deux fort suspects, on trouve les mots *nos nostrique successores*; mais il faut noter que la phrase n'est pas la même que dans les autres diplômes; il s'agit d'une concession de terre, et le roi dit que ni lui ni ses successeurs ne reprendront cette terre; ce n'est pas là l'immunité. De même Clotaire Ier s'interdit le droit de lever des contributions, *nec nos nec publici judices requisitiones requiramus*. L'immunité n'est pas là. Dans les 40 diplômes et les 4 formules où « l'entrée » est interdite, ce sont les mots *vos* et

même charte de Dagobert en faveur de l'abbaye de Saint-Denis, nous avons deux textes légèrement différents ; Pardessus les a insérés tous les deux dans son recueil, en nous prévenant que le premier est suspect et le second plus suspect encore¹. Or le premier porte *neque vos neque successores vestri*, et c'est seulement le second qui porte *nos* et *nostri*. Quel fond peut-on faire sur un document de si peu d'authenticité, quand tous les autres documents lui sont contraires? On a aux Archives nationales quatre diplômes d'immunité, qui ne sont pas des copies, mais qui sont, paraît-il, les originaux eux-mêmes² ; tous les quatre portent les mots *vos* et *vestri*, et ce sont eux aussi que nous lisons dans tous les autres diplômes comme dans les formules de Marculfe³. Ce qui est d'ailleurs décisif, c'est que la moitié des diplômes emploient la forme indirecte, *nullus judex publicus*, ce qui ne permet aucune contestation⁴.

Cette discussion pourra paraître peu utile. Pour les

---

vestri qui se lisent, et ils s'adressent aux ducs et aux comtes. — Il est vrai que dans un diplôme de 660 donné par Clotaire III à l'abbaye de Corbie (n° 337), on lit *nos* et *nostri* ; mais il faut faire attention que le verbe de cette phrase est *praesumatis* ; cette seconde personne du pluriel suppose pour sujet *vos* et *vestri* ; il est donc très probable que *nos* et *nostri* sont une faute du copiste.

¹ Voir Pardessus, *Diplomata*, Prolégomènes, p. 55. Il a tiré ces deux copies d'un manuscrit de la Bibliothèque nationale, n° 5413. — K. Pertz range ce diplôme parmi les *spuria*, et il n'est pas attaqué sur ce point par Sickel dans la critique que ce savant a faite de son édition, Berlin, 1873.

² Archives nationales, K, 3, 10 ; K, 3, 12³ ; K, 3, 17 ; K, 3, 18. Tardif, *Cartons des rois*, n°ˢ 37, 41, 45, 46.

³ Comparer d'autres formules analogues, relatives à la mainbour royale, où on lit : *Nec vos nec juniores aut successores vestri* (Marculfe, I, 24 ; Rozière, 9) ; *nullus ex vobis* (Lindenbrog, 38 ; Marculfe, *Addiamenta*, 2 ; Rozière, 10) ; *neque vos* (Lindenbrog, 177 ; Cartæ Senonicæ, 28 ; Rozière, 11) ; *nullus ex vobis sive ex junioribus vestris* (Rozière, 12 ; *Formulæ imperiales*, 32) ; *jubemus ut nullus vestrum* (Rozière, 13 ; *Formulæ imperiales*, 41) ; *concessimus ut neque vos neque juniores atque successores vestros* (Appendix ad Marculfum, 31 ; Cartæ Senonicæ, 19 ; Rozière, 38).

⁴ Nous avons à faire une remarque sur les mots *neque successores*

hommes de nos jours, il est assez indifférent que l'interdiction concerne le roi, ou qu'elle concerne les agents du roi; ce serait la même chose aujourd'hui. C'étaient deux choses fort différentes, et nous le constaterons plus loin, pour les hommes du vii° ou du viii° siècle. Or l'intelligence historique consiste à comprendre ces différences d'idées, et l'exactitude à les signaler.

Le sens de l'immunité n'est donc pas que le roi s'interdit à lui-même l'entrée des domaines du concessionnaire, mais qu'il l'interdit à ses ducs, comtes et autres agents de son administration[1]. Elle a pour effet de soustraire les domaines privilégiés, non pas précisément à l'autorité royale, mais à l'autorité de tous les officiers royaux. C'est contre ceux-ci qu'elle est faite[2]. Assurer l'immuniste contre eux est la grande préoccupation qui paraît régner dans l'esprit des auteurs des diplômes : « Nous ne voulons pas, disent-ils, qu'aucun fonctionnaire public soit contraire à ce que nous accordons[3]. » « Nous ne voulons pas qu'aucun fonc-

---

restri. On s'étonne au premier abord que le roi, s'adressant à ses comtes leur dise : « Vos successeurs », et cela s'éloigne fort de nos idées. Mais il faut songer : 1° que les fonctionnaires mérovingiens étaient fréquemment déplacés; 2° qu'ils n'étaient pas solidaires entre eux. Un comte aurait donc pu alléguer que le diplôme ne s'adressait pas à lui, puisqu'il n'était pas comte à la date qui y était inscrite. Cela était surtout vrai quand le diplôme était spécialement adressé à tel duc ou à tel comte désigné par son nom, comme cela est dans plusieurs diplômes. Il était donc de toute nécessité qu'un mot indiquât qu'en cas de changement le successeur serait lié aussi bien que l'était le titulaire actuel.

[1] Flodoard résume cette clause des diplômes qu'il avait sous les yeux, en ces termes : *Ut nullus judex publicus in ipsas terras auderet ingredi* (*Historia ecclesiæ Remensis*, II, 11).

[2] *Ut de judicum infestatione, sicut immunitas nostra continet, liceat eis vivere cum quiete* (*Epistola Rauracii episcopi*, dom Bouquet, IV, 11).

[3] *Jubemus ut neque vos neque juniores seu successores vestri ex hoc contrarii non existatis* (diplôme de 673, n° 368).

tionnaire fasse obstacle ou mette empêchement à notre bienfait[1]. » « Nous ne voulons pas que cette église ait à redouter aucune oppression, aucun procès injuste, aucune usurpation de la part de nos officiers[2]. » Cela est répété sous toutes les formes. La méfiance du roi à l'égard de ses fonctionnaires perce dans toutes nos chartes. Pour être plus sûr qu'ils n'opprimeront pas, il leur interdit toute action. Pour être certain qu'ils n'agiront pas, il leur interdit jusqu'à l'accès et l'entrée des maisons, terres, champs et domaines du privilégié. L'immunité ne se borne pas à donner quelque sécurité et quelque droit vis-à-vis du fonctionnaire royal ; elle écarte et exclut le fonctionnaire[3].

5° [DE LA DÉFENSE DE JUGER CONTENUE DANS L'IMMUNITÉ].

Après avoir signalé le point capital de la formule d'immunité, nous reprenons dans le détail l'analyse de cette formule. Nous y verrons quels étaient les pouvoirs d'un officier du roi, et quelle était l'étendue

---

[1] *Ut nullam refragationem, nullum impedimentum a judicibus publicis pertimescant* (Diplomata, n°ˢ 417, 486, 507, 515, 570).

[2] *Ut nulli judicum licentia sit aliquid defraudare* (n° 270). — *Nullus judicum audeat... sibi usurpare* (n° 541). — *Nec de rebus monasterii abstrahere nec minuere præsumatis* (n° 599). — *Ut neque vos neque juniores vestri... aliquid de rebus monasterii minuere cogitetis aut in aliquo molesti esse velitis* (n° 111). — *Nec nullam calumniam generare non præsumatis* (n° 441). — *Jubemus ut nullus vestrum eos de qualibet causa injuste calumniari præsumat* (Formules, édit. de Rozière, n° 15 ; Formulæ Imperiales, 41). — *Ut neque vos neque juniores vestri homines injuriari præsumatis* (diplôme de 724, n° 531). — *Ut neque vos... inquietare et depravare nec de rebus abstrahere præsumatis* (diplôme de 748, n° 599). — *Ut nulli judicum licentiam sit... iniquiter defraudare aut suis usibus usurpari* (Marculfe, I, 2).

[3] L'exclusion est quelquefois prononcée même contre les *missi ex palatio discurrentes*. Cependant je ne trouve cette exclusion que dans trois diplômes (n°ˢ 144, 168, 172). Encore faut-il noter que ces trois

d'une immunité qui consistait à être soustrait à ces pouvoirs.

« Le fonctionnaire public, est-il dit, n'entrera sur aucun des domaines de l'immuniste pour entendre les procès. » Voilà le point qui est marqué le premier dans les formules et dans tous les diplômes. Les expressions employées sont très claires; la formule dit *ad causas audiendas*[1], et plus loin elle emploie comme synonymes les mots *ad audiendas altercationes*. La première des deux expressions était la plus usitée; nous la trouvons dans vingt-cinq de nos diplômes[2]. Deux autres emploient les mots *ad judicandum*, *ad agendum*[3], qui sont

---

diplômes appartiennent au même monastère, celui d'Anisola, et ne forment, en quelque sorte, qu'un seul document. Je voudrais trouver d'autres textes avant d'affirmer que les *missi*, les *missi a latere regis*, représentants directs du roi, fussent exclus, comme les comtes et les centeniers, des domaines immunistes. [M. Havet a refait cette remarque et en a tiré une nouvelle preuve contre l'authenticité de ces diplômes, p. 29 et suivantes.] — Il n'est pas de notre sujet de parler de l'immunité ecclésiastique par laquelle un monastère était affranchi de l'autorité de l'évêque Les principaux documents sur ce sujet sont : 1° Bulles des papes Jean IV et Martin Ier; lettres de Grégoire le Grand, II, 44; VIII, 12; IX, 3; XIII, 8; lettre du pape Théodore pour le monastère de Bobbio, Migne, t. LXXXVII, p. 99; 2° lettres et chartes d'évêques dans les *Diplomata*, n°° 172, 201, 221, 320, 353, 535, 544, 545, 591, 401, 512; 3° lettres ou diplômes des rois, particulièrement pour le monastère de Rebais (n° 270), et pour le monastère de Stavelot (n° 575); 4° formules de Marculfe, I, 1; I, 2 (Rozière, n°° 574 et 575). — Le formulaire de ces immunités ecclésiastiques ressemble en plusieurs points à celui des immunités civiles; elles consistent essentiellement à écarter l'évêque et à lui interdire « l'entrée », sauf certains cas déterminés dans l'acte.

[1] Marculfe, I, 3 (Rozière, n° 16); *Appendix ad Marculfum*, 44 (*Cartæ Senonicæ*, 55).

[2] *Diplomata*, édit. Pardessus, n°° 58, 242, 258, 270, 281, 291, 336, 341, 367, 403, 417, 428, 436, 482, 486, 487, 495, 507, 515, 522, 542, 568, 570, 599. Joignez-y le diplôme de Childebert III en faveur de Saint-Maur. — Je ne vois l'expression *ad audiendas altercationes* que dans un diplôme de 745, n° 558, et dans la formule de Marculfe.

[3] Diplôme de 697, n° 444; diplôme de 705, n° 463. Les mots *ad agendum* se trouvent aussi dans la formule de Marculfe, I, 4, et ils y

visiblement synonymes. Il y en a trois qui expriment la même idée par le mot *condemnare*[1].

On sait par une série d'autres documents que les ducs et les comtes, représentants du roi, ainsi que leurs subordonnés, vicaires et centeniers, rendaient la justice aussi bien au civil qu'au criminel[2]. C'est l'exercice de ce pouvoir judiciaire qui leur est interdit par la charte d'immunité.

Ici se pose naturellement une question : Est-il possible que l'immunité exempte le concessionnaire de toute juridiction et fasse disparaître pour lui toute justice publique? Quelques érudits ont reculé devant cette conclusion, qui choque en effet toutes les idées modernes. Tout récemment, M. Prost a essayé de ce passage de nos diplômes une autre explication[3]. Suivant

---

occupent exactement la même place que les mots *causas audiendas* occupaient dans I, 3.

[1] *Non condemnare præsumatis* (diplôme de 546, n° 114; de 674, n° 372; de 724, n° 531). La même expression se trouve dans la formule de Lindenbrog, 177 (Rozière, n° 14; *Cartæ Senonicæ*, 28).

[2] Grégoire de Tours, *Historia Francorum*, VIII, 18 : *Gundovaldus comitatum Meldensim conpetiit, ingressusque urbem, causarum accionem agere cœpit; exinde dum pagum urbis in hoc officio circuiret....* — Idem, VIII, 12 : *Ad discuciendas causas Ratharius quasi dux dirigitur.* — Cf. Fortunat, *Carmina*, VII, 5. — La Loi des Ripuaires, article LXXXVIII, énumère tous ceux qui rendent la justice : *Majordomus, domesticus, comes, gravio.* — Exemples de jugements rendus par le comte jugeant directement et prononçant souverainement : Grégoire de Tours, *Historia Francorum*, IV, 43; VI, 8; *In gloria confessorum*, 101 ; *In gloria martyrum*, 75; *De virtutibus Martini*, III, 53; *Vitæ patrum*, VII, 9. Cf. *Vita Walarici* dans les *Acta Sanctorum ordinis Benedicti*, II, 81; *Vita Amandi*, ibidem, II, 714.

[3] Aug. Prost, *L'immunité*, dans la *Nouvelle Revue historique du Droit*, mars 1882, p. 157 et suivantes. [M. Prost est revenu sur ce sujet pour défendre sa théorie, et il l'a fait avec énergie et talent, quoique sans nous convaincre. *Revue historique*, t. XXIV, p. 357 et 358, et surtout son grand article sur *La justice privée et l'immunité*, dans les *Mémoires de la Société des Antiquaires de France*, V⁰ série, t. VII, surtout c. 5 et c. 6.]

lui, l'expression *audire causas* ne signifie pas juger; elle signifie seulement écouter les débats; elle s'applique à un comte ou à un centenier qui « tiendrait les plaids », et qui présiderait un tribunal populaire dont il ne ferait qu'exécuter la décision. Partant de là, M. Prost croit que la charte d'immunité interdit seulement au comte de « tenir le plaid », c'est-à-dire de réunir le peuple dans l'intérieur des domaines privilégiés; elle ne lui interdit pas de réunir le plaid en dehors et à côté de ces domaines et d'y appeler l'immuniste ou ses hommes pour juger leurs procès et punir leurs délits. D'après cette interprétation, la juridiction du comte resterait entière; seulement elle ne s'exercerait qu'à distance. Tout le privilège se bornerait à n'avoir pas le juge chez soi.

Les textes ne justifient pas cette interprétation. Les diplômes et les formules n'ont pas un mot qui implique que les habitants du domaine devront se rendre au tribunal du comte. Non seulement cela n'est jamais dit, mais nous verrons tout à l'heure certaines clauses de nos diplômes qui empêchent le comte d'appeler devant lui les hommes du domaine. A quoi eût-il servi d'ailleurs à l'immuniste d'être exempté d'avoir le juge chez lui, s'il eût été tenu d'aller se présenter devant ce même juge et de lui amener ses hommes?

Nous ferons remarquer aussi que, dans la langue mérovingienne, l'expression *audire causas* signifie juger. Elle se dit de celui qui, après avoir entendu les débats, décide et prononce. Les textes ne laissent aucun doute sur ce point[1]. Aussi nos diplômes emploient-ils quel-

---

[1] Ainsi le roi dit en tête de ses arrêts judiciaires: *Cum nos ad universorum causas audiendas in palatio nostro resideremus.* — Cf. *Lex Alamannorum*, XLI.: *Nullus causas audire præsumat nisi qui a duce*

quefois comme terme synonyme le mot *judicare* ou le mot *condemnare*.

Observons enfin que nos formules et nos diplômes d'immunité ne parlent pas une seule fois de plaids. Ils ne disent pas au comte : « Vous ne réunirez pas le peuple. » Ils ne disent pas au peuple : « Vous ne vous assemblerez pas. » Ils disent, s'adressant au comte : « Ni vous ni vos agents, vous n'entrerez pour juger sur ces domaines. » Toutes ces chartes, qui pourtant appartiennent à tous les règnes et à toutes les provinces de l'État franc, n'ont pas un seul mot sur le plaid populaire. Elles ne le connaissent pas. Le seul juge qu'elles connaissent est le comte, ou bien son vicaire et ses centeniers.

C'est donc ce droit de juger, et de juger seul, qui est enlevé au comte par l'immunité. Flodoard, qui avait sous les yeux les vieux diplômes accordés à l'église de Reims, exprime cette clause de la manière la plus nette quand il dit qu'ils interdisaient aux fonctionnaires royaux d'entrer sur les terres de cette église et de faire des jugements, *judicia facere*[1].

Mais il faut nous demander s'il s'agit de toute espèce de jugements. Remarquons d'abord que, si la juridiction du comte est supprimée, celle du roi ne l'est pas. On conçoit en effet que, lorsque l'évêque, l'abbé ou le simple laïque s'est présenté devant le prince et lui a demandé, plus ou moins humblement, l'immunité, il ne lui demandait certainement pas d'être exempté de sa

---

judex constitutus est ut causas judicet. — Déjà dans la langue des jurisconsultes romains, *causam audire* signifiait juger; on peut voir des exemples de cela au Code Justinien, I, 4, 8; I, 4, 13; III, 24, 3, etc.

[1] *Ut nullus judex publicus auderet ingredi ut quælibet judicia præsumeret* (Flodoard, *Historia ecclesiæ Remensis*, II, 11); *ut nullus judex publicus in terras ipsius ecclesiæ auderet ingredi vel quælibet judicia facere* (ibidem, II, 17).

justice. Ni le solliciteur ni le roi n'entendaient qu'il fût question de cela. L'évêque demandait au roi d'être soustrait à l'autorité du comte; rien de plus. Si le roi avait renoncé à son propre droit de justice, il l'aurait écrit dans la charte, comme il y écrit quelquefois qu'il renonce à l'impôt. Il ne parle, au contraire, que de la juridiction du comte et des subordonnés du comte, *neque vos neque juniores vestri*. Mais il ne s'interdit pas à lui-même d'entrer sur la terre de l'immuniste pour le juger, lui ou ses hommes. Encore moins s'interdit-il d'appeler l'immuniste ou ses hommes devant son propre tribunal, le tribunal du palais.

Aussi voyons-nous dans Grégoire de Tours et Frédégaire que des évêques et des abbés étaient jugés par le roi ou portaient leurs procès devant lui. Cette vérité apparaît encore mieux dans la série des diplômes judiciaires. Nous avons aussi des formules mérovingiennes où nous voyons un évêque mandé au tribunal du roi[1]; plus que cela : un évêque, si l'un de ses clercs est accusé d'un délit et refuse satisfaction, est tenu à le faire conduire de force au tribunal royal[2]. Il faut donc admettre que le maintien de la juridiction royale était sous-entendu dans les chartes d'immunité, et, si l'on ne prenait pas la peine de l'exprimer, c'est qu'il n'entrait dans l'esprit de personne de supprimer cette juridiction[3].

Il y a même plusieurs diplômes où l'on voit que la

[1] Marculfe, I, 26 (Zeumer, p. 59).
[2] Idem, I, 27.
[3] Nous pouvons citer comme exemple l'église de Reims, qui, au temps de l'évêque Nivard (650-670), chargeait un de ses prêtres de soutenir ses procès devant le roi, *causas apud regiam majestatem pro rebus ecclesiasticis vel colonorum legibus agere*; et pourtant l'église de Reims possédait déjà au moins deux diplômes d'immunité (Flodoard, *Historia ecclesiæ Remensis*, II, 10).

justice de l'État est expressément maintenue. Le roi s'exprime ainsi : « S'il s'élève contre le monastère ou contre les hommes de l'abbé quelque procès dont le jugement par le comte ou par ses subordonnés serait trop préjudiciable au monastère, le procès sera porté devant nous, et c'est par nous que la sentence sera rendue[1]. » On voit bien dans ce texte que la juridiction même du comte n'était pas absolument supprimée. Si un procès était intenté au monastère immuniste, c'était le comte qui était d'abord saisi de l'affaire. Il en était le juge naturel, à moins que le monastère, alléguant que cela lui était « trop préjudiciable », ne voulût porter l'affaire devant le roi. L'abbé n'échappait donc pas à la justice publique; son privilège se bornait à être jugé, s'il le voulait, par le roi au lieu de l'être par le comte.

Il faut nous tenir au texte littéral des diplômes. Ils ne disent pas : « Le juge royal ne jugera jamais ni l'abbé ni ses hommes. » Cette manière de s'exprimer ne se rencontre jamais. Ils disent, ce qui n'est pas la même chose : « Le juge royal n'entrera pas dans les domaines de l'abbé ou de l'évêque pour rendre la justice. » Ne dépassons pas nos textes ; ils ne parlent que de la justice

---

[1] Diplôme de 562, n° 168; de 674, n° 572 : *Si aliquas causas adversus ipsum monasterium aut militio ipsius abbatis ortas fuerint, quas a vobis vel junioribus vestris absque eorum iniquo dispendio terminatas non fuerint... in præsentiam nostram serventur et ibidem finitivam sententiam debeant accipere.* — Diplôme de 748, n° 599 : *Si tales causæ adversus Dubanum abbatem aut homines suos ortæ fuerint, quæ in pago absque suo iniquo dispendio recte definitæ non fuerint, jubemus ut sint suspensæ vel reservatæ et postea per nos pro lege et justitia finitivas accipiant sententias.* — Marculfe, I, 24 (Rozière, n° 9) : *Si aliquas causas adversus eum vel suo mitthio surrexerint, quas in pago absque ejus grave dispendio defenitas non fuerint, in nostri præsentia reserventur.* — Cf. Formules de Lindenbrog, n° 38 (Rozière, n° 10; *Additamenta* à Marculfe, 2). — Les diplômes et les formules que nous citons ici concernent plutôt la mainbour que l'immunité; mais nous verrons plus loin quel lien il y avait entre les deux choses.

qui serait à rendre dans l'intérieur du domaine. Ils ne veulent pas dire que l'immuniste et ses hommes échappent, pour toutes sortes de procès et de délits, à la justice du comte[1]. Si un étranger porte plainte contre l'évêque ou contre un de ses hommes, si un procès s'élève, si, par exemple, il y a contestation entre un laïque et l'évêque pour la possession d'une terre[2], ou si un laïque se plaint qu'un clerc de l'évêque ait fait violence à un de ses serfs[3], le débat est porté devant le comte ou devant le roi. Ainsi, les textes marquent bien que, dans tout conflit entre un homme du domaine et un étranger, la juridiction publique subsiste. Dès lors, quels peuvent être les cas où cette juridiction disparaît? A quelles affaires pense le rédacteur du diplôme quand il dit que le juge royal n'entrera pas dans le domaine pour les juger? Il nous semble que ce sont les affaires où les deux parties appartiennent également au domaine privilégié; il ne se peut agir que des procès issus sur le domaine lui-même ou des délits qui y ont été commis.

On sait bien qu'il existait sur chacun de ces grands domaines toute une population mêlée de serfs, d'affranchis, d'hommes libres. On ne doutera pas que, dans cette population d'origine diverse, d'intérêts inégaux et discordants, il n'y eût des procès, des conflits, des délits et des crimes. C'est le jugement de toutes ces

---

[1] [M. Prost, p. 37 et p. 38 de son dernier travail, cite quelques exemples, mais il semble avoir tort d'en conclure que l'immuniste est « toujours justiciable des juges publics et tenu de comparaître devant eux, soit pour lui-même, soit pour ses hommes libres et non libres ». M. Viollet a remarqué, p. 400 de ses *Institutions*, qu'il s'agit de fugitifs qui ont pénétré dans le domaine privilégié : on ne saurait penser que l'immunité crée pour lui un droit d'asile. Il faut surtout noter que les textes cités par M. Prost sont *tous* de l'époque carolingienne.]

[2] C'est le cas spécifié dans la formule de Marculfe, I, 23.

[3] C'est le cas spécifié dans la formule de Marculfe, I, 27.

affaires intérieures qui, suivant nous, est interdit au comte. A cela se réduit, si nous ne nous trompons, le privilège de l'immuniste en matière de justice; mais nous montrerons plus loin la grande importance de ce privilège et les conséquences qu'il a produites.

6° [DÉFENSE DE PERCEVOIR LES « FREDA » ET DE SAISIR DES RÉFONDANTS].

A la défense de juger, l'immunité ajoute l'interdiction de percevoir les *freda*[1]. On sait que presque tous les jugements aboutissaient à un *fredum*[2]. Notre mot amende rend imparfaitement ce mot de la langue mérovingienne; car il y a grande apparence que l'idée qui s'y attachait s'éloignait assez de celle que notre esprit moderne attache au mot amende. Les hommes considéraient que, dans tout crime ou délit, il y avait deux personnes lésées, la victime d'abord, ensuite le roi, dont le criminel avait enfreint la volonté et violé les lois. Il fallait donc *composer* avec le roi comme avec la famille de la victime. Il y avait ainsi deux *compositions* en quelque sorte, l'une payée à la victime, l'autre payée au roi. C'est cette seconde partie de la *composition* que l'on appelait *fredum*. Grégoire de Tours indique nettement que c'est ainsi que le *fredum* était compris par les hommes de son temps[3]. Même dans beaucoup de procès

---

[1] *Nullus judex publicus... aut [ad] freta exigendum... non presumat ingredire* (Marculfe, I, 3; idem, I, 4; *Diplomata*, n° 58, 242, 258, 270, 291, 336, 367, 368, 402, 403, 417, 428, 439, 463, 482, 486, 487, 495, 507, 515, 522, 542, et le diplôme de Childebert III en faveur de Saint-Maur).

[2] *De quaslibet causas freta exigendum* (Marculfe, I, 14; I, 17). — *De qualibet causa freta exigat* (*Lex Ripuaria*, LXXXIX).

[3] Grégoire de Tours, *De virtutibus S. Martini*, IV, 26: *Adfirmavit rex quosdam ex his qui absoluti fuerant* (il s'agit de quelques condamnés qui avaient été délivrés de leurs fers) *ad se venisse atque conpositionem fisco debitam, quam illi fretum vocant, a se fuisse reis indultam.* —

civils, l'intervention du magistrat donnait lieu au payement d'un *fredum*¹. Dans la pratique ordinaire, il semble bien que le *fredum* était le prix dont le juge, c'est-à-dire le roi ou le comte, faisait payer sa juridiction². Ce revenu faisait partie du droit de justice, et nous pouvons même penser que, pour beaucoup de fonctionnaires, il en était la partie principale. En ôtant au comte le droit de juger sur les domaines privilégiés, il semble qu'il ne fût pas nécessaire d'ajouter qu'on lui enlevait du même coup le droit d'y percevoir les *freda*; pourtant les rédacteurs des diplômes n'ont pas jugé inutile d'avertir le fonctionnaire que ce n'était pas seulement la justice qui lui était enlevée, mais aussi les profits de la justice³.

La charte d'immunité défend aussi au fonctionnaire

Idem, *Historia Francorum*, VI, 25 : *Jubet rex omnes custodias relaxari, vinctos absolvi, compositionesque negligenti fisco debitas non exigi.* — Dans la *Lex Salica*, XIII, *fretus* n'a pas d'autre sens que celui de composition; mais c'est qu'il s'agit d'un cas où le roi est la partie lésée, et alors la composition et le *fredum* se confondent. — Voir sur le *fredum* la *Decretio Chlotarii*, article 16, édit. Boretius, p. 7; *Lex Baiuwariorum*, I, 6, 7, 9; IX, 14; XIII, 2, 3. [Cf. *La monarchie franque*, p. 403, 405 et 496.]

¹ Cela ressort du titre L de la *Lex Salica*. Cf. *Lex Alamannorum*, XXXVI, 3; *Lex Baiuwariorum*, XIII, 2 et XIII, 3. Diplôme de 695, n° 431 : *Ei fuit judicatum ut in exfaido et fredo solidos XV pro hac causa fidem facere deberet.*

² Voir *Lex Wisigothorum*, II, 1, 25 : *Judex pro labore suo et pro judicata causa et legitime deliberata....* — *Lex Baiuwariorum*, II, 15 (Pertz) ou II, 16 (Baluze) : *Judex partem suam accipiat de causa quam judicavit.* — Le *fredum* paraît avoir été, le plus souvent, le tiers de la composition : *Duas partes ille cujus causa est ad se revocet, tertiam partem ad se grafio fredum recolliget* (*Lex Salica*, L). Cf. capitulaire de 801, c. 24 (Pertz, p. 86) · *Tertiam partem fisco tribuat*. Mais nous ne savons pas quelle était la proportion entre la part du roi et la part du comte. La Loi des Bavarois fixe la part du juge à un neuvième de la composition totale; celle des Visigoths à un vingtième seulement.

³ Un diplôme porte *injusta freda tollendum* (diplôme de 658, n° 291); mais je ne trouve le mot *injusta* dans aucun autre; et d'ailleurs ce diplôme est très suspect (voir l'ardessus, *Prolégomènes*, p. 75). Nous

royal a de saisir des répondants », *tollere fidejussores*[1]. Pour comprendre le sens de cette interdiction, il est nécessaire de jeter un coup d'œil sur quelques procédés de la police judiciaire des Mérovingiens.

Quand un homme était accusé d'un crime ou d'un délit que le comte devait juger dans son *mallus*, il pouvait rester libre jusqu'au jour du jugement, à la condition de fournir des répondants, *si fidejussores habuerit*[2]. Les répondants d'un accusé étaient garants de sa comparution en justice[3]. Quand le jour du jugement était arrivé, il était d'usage, sinon de règle, qu'ils le conduisissent eux-mêmes au tribunal du comte[4].

Il en était de même quand il s'agissait du tribunal du roi. L'homme qui était sommé d'y comparaître pouvait rester libre jusqu'au jour fixé, en donnant des répondants, *datis fidejussoribus*[5]; puis, au jour du juge-

---

devons donc penser, conformément à tout l'ensemble des documents, que ce ne sont pas seulement les *freda* illégaux, mais bien tous les *freda* qui sont interdits aux fonctionnaires royaux sur les terres d'immunité.

[1] *Neque ad fidejussores tollendos* (Marculfe, I, 3; I, 4; *Diplomata*, n°⁸ 258, 284, 291, 367, 403, 417, 463, 486, 495, 507, 515, 522, 568).

[2] Voir une anecdote racontée par Grégoire de Tours (IV, 43) où l'historien cite, comme contraire à l'usage, qu'un duc ait fait mettre en prison un prévenu qui demandait à rester libre *datis fidejussoribus*. Il cite ailleurs (VI, 12) une femme *quæ, datis fidejussoribus, Tolosæ dirigitur*. — Cf. *Capitularia Caroli Calvi*, XLV, 5 (Baluze, *Capitularia*, II, 229): *Comprehensus, si fidejussores habere potuerit, per fidejussores ad mallum adducatur; si fidejussores habere non potuerit, a ministris comitis custodiatur et ad mallum perducatur*.

[3] Pérard, *Instrumenta historiæ Burgundicæ*, p. 55: *Dedit Maurinus fidejussorem, nomine Autardo, de sua presentia.*

[4] *Per fidejussores ad mallum adducatur* (*Capitularia Caroli Calvi*, XLV, 5).

[5] Grégoire de Tours, *Historia Francorum*, VIII, 43: *Antestius vero, acceptis fidejussoribus ab episcopo ut in præsencia regis adesset.* — Ibidem: *Datis fidejussoribus de præsencia sua ante regem.* — Ibidem, VIII, 7: *Cauciones et fidejussores dederunt ut decimo Kalendas mensis noni ad sinodum convenirent.* — Ibidem, VI, 11: *Multi tamen eorum per idoneos fidejussores dimissi ad regem jussi sunt ambulare.*

ment, il était amené devant le roi par ces répondants eux-mêmes[1].

L'importance de ces répondants se devine bien si l'on songe que les crimes et les délits étaient punis, le plus souvent, par la *composition* et le *fredum*. Presque toute justice se résolvait en argent. D'après ces usages et d'après les conceptions que les hommes se faisaient de la justice, l'accusé était regardé préventivement comme un débiteur. Il suivait de là que les répondants étaient regardés comme les cautions d'une dette. Si l'accusé s'échappait avant le jugement, ils étaient responsables sur leurs biens propres. C'est pour cela apparemment qu'ils se chargeaient de conduire le prévenu au tribunal du comte et même au tribunal du roi, fallût-il traverser la Gaule entière. Leur intérêt propre les y engageait.

Il faut remarquer que, si l'accusé possédait des biens fonciers d'une valeur suffisante, on n'exigeait pas qu'il présentât des *fidejussores*; on l'exigeait s'il n'avait pas de biens fonciers ou s'il en possédait trop peu[2]. Cette règle nous montre assez clairement l'idée qu'on se faisait du *fidejussor*; c'était un homme qui offrait sa

---

[1] *Si fidejussores habuerint qui eos in præsentia regis adducant* (capitulaire de 793, art. 6, dans Baluze, I, 542). — *De his qui legem servare contemnunt, ut per fidejussores in præsentiam regis deducantur* (*Capitularia*, livre III, art. 54; livre VI, art. 210). — *Per fidejussores ad præsentiam regis perducatur* (*Capitularia Caroli Calvi*, XIV, 4; Baluze, II, 65).

[2] Cela ressort de deux textes un peu postérieurs à l'époque qui nous occupe; mais la règle est certainement ancienne. *Per fidejussores, si res et mancipia in illo comitatu non habet, ad præsentiam nostram adducatur* (*Capitularia Caroli Calvi*, XXXVI, 23; Baluze, II, 185). — *Si liber homo de furto accusatus fuerit et res proprias habuerit, in mallo ad præsentiam comitis se adhramiat, et, si res non habet, fidejussores donet qui eum adhramire et in placitum adduci faciant* (capitulaire de 819, c. 15; Baluze, I, 605).

propre fortune en garantie pour un accusé dont la fortune était insuffisante.

Le *fidejussor* ne répondait pas seulement de la présence de l'accusé au tribunal ; il répondait aussi de l'exécution du jugement, c'est-à-dire du payement intégral de la composition et de l'amende[1]. C'est pour cela qu'on voulait que ces répondants fussent *credibiles, idonei, firmissimi*[2]. Par ces épithètes nous devons entendre, non la moralité des répondants, mais leur solvabilité. On tenait à ce qu'ils fussent cautions solvables.

Gardons-nous bien d'attribuer aux hommes de ce temps des idées qu'ils n'avaient pas. En pratiquant la *fidejussio*, ils ne songeaient pas à assurer la liberté ; ils n'avaient pas dans l'esprit de supprimer l'emprisonnement préventif, dont nous savons qu'ils usaient largement. Ils ne voyaient en elle qu'une assurance de payement. Aussi était-elle pratiquée dans l'intérêt de l'administration, et non pas dans l'intérêt des accusés. Grâce à ces répondants, l'accusé se voyait entouré de surveillants qui étaient intéressés à ce qu'il ne s'échap-

---

[1] On a en effet plusieurs exemples où les *fidejussores* sont donnés, non pas pour la comparution en justice, mais pour l'exécution de l'arrêt. Ainsi, dans Grégoire de Tours, *Historia Francorum*, IX, 8, Childebert dit : *Veniat coram nobis et datis fidejussoribus in præsencia patrui mei, quicquid illius judicium decreverit, exsequamur.* — De même dans le *De gloria confessorum*, 70 : *Convenitur episcopus, datisque fidejussoribus in præsentia regis adsistit* ; si l'évêque donne des *fidejussores*, c'est pour assurer le payement de l'amende de 300 *aurei* dont il va être frappé. — La formule des *Turonenses*, n° 32 (Rozière, n° 465), nous montre deux accusés pour lesquels la peine de mort est commuée en une composition ; ils donnent immédiatement un *fidejussor* pour garantir le payement : *Fidejussorem pro soledos oblegaverunt*.

[2] *Per idoneos fidejussores* (Grégoire de Tours, VI, 11). — *Per firmissimos fidejussores* (capitulaire de 882 ; Baluze, II, 228). — *Per credibiles fidejussores ante nos venire permittatur* (capitulaire de 882 ; Baluze, II, 289). Cf. *Papianus*, XI, 3, dans Pertz, *Leges*, t. III, p. 604 : *Fidejussorem idoneum donet qui quid fuerit judicatum se permittat implere.*

pât pas, et qui ne manquaient guère de mettre la main sur sa personne pour sauver leurs propres biens. Les répondants, de leur côté, avaient une lourde charge : ils se voyaient obligés à de nombreuses démarches, à des pertes de temps, à des dépenses, surtout s'il fallait aller jusqu'au roi ; et, ce qui était pis encore, ils étaient menacés, en cas de condamnation, d'avoir à payer pour le condamné. Si l'on songe à quel taux exorbitant les rois mérovingiens portèrent les compositions et les *freda*, on devinera qu'il était fort dangereux d'être *fidejussor*. L'administration seule se trouvait bien de cette pratique ; car elle était sûre que les prévenus seraient bien gardés, sûre aussi que ses *freda* lui seraient intégralement payés.

Le moyen était bon ; le gouvernement mérovingien en abusa. Non seulement il permit aux accusés d'offrir des répondants volontaires afin de rester libres, mais il en vint à obliger des hommes à être répondants malgré eux et malgré les accusés. Ce fait étrange s'aperçoit à la lecture de quelques textes. Ainsi, nous voyons dans Grégoire de Tours un duc arrêter un évêque et le faire conduire immédiatement devant le roi ; et en même temps ce duc cherche lui-même et requiert des *fidejussores*[1]. Il ne se peut agir ici de cautions volontaires que l'évêque offrirait pour rester libre ; car il n'est pas libre, et tout au contraire on le mène au roi « sous bonne garde[2] ». Il s'agit de cautions que l'autorité choisit elle-même pour répondre sur leurs biens de tout ce que le jugement pourra prononcer contre l'évêque. Ailleurs,

---

[1] Grégoire de Tours, *Historia Francorum*, VIII, 12 : *Ratharius quasi dux a parte regis diregitur.... Episcopum vallat, fidejussores requirit, et ad præsenciam regis direxit.*
[2] Ibidem : *Cum ad præsentiam regis sub ardua custodia duceretur.*

nous voyons un envoyé du roi qui arrête deux accusés en prenant des *fidejussores* et qui les envoie au tribunal du roi[1]. Une autre fois, c'est un évêque que l'on veut obliger à comparaître à ce même tribunal; un envoyé du palais prend des *fidejussores* qui, de l'Auvergne, amènent l'évêque jusqu'à Trèves[2]. On reconnaît dans ces exemples que le *fidejussor* n'est plus ce répondant que l'accusé présentait pour rester libre; il est au contraire un homme choisi par l'autorité pour amener l'accusé au jugement et assurer l'exécution de l'arrêt.

De même dans une formule mérovingienne, nous voyons que le roi prescrit à un évêque, dans le cas où un clerc de son église serait coupable d'un délit, de l'envoyer au tribunal du roi *per fidejussores positos*, c'est-à-dire par des répondants, qui ne sont pas choisis assurément par l'accusé, mais qui lui sont assignés[3]. Dans une autre formule, le roi prescrit à ses comtes de faire justice d'un coupable; « et si vous ne pouvez faire justice, saisissez des *fidejussores* et faites-le conduire devant notre tribunal[4]. » Ailleurs encore le roi dit à ses comtes : « Si un brigand poursuivi dans un comté se réfugie dans un autre comté, le comte, dans le ressort

[1] *Vita S. Rigomeri*, dans dom Bouquet, III, 427 : *Missus de palatio ut Rigomerum et puellam per fidejussores colligaret ut ad palatium pergerent.*

[2] *Vita S. Præjecti*, c. 10, 11, dans les *Acta Sanctorum ordinis Benedicti*, II, p. 645-644 : *Missos ex latere dirigit qui eum per fidejussores nuntiarent et in aula regis facerent præsentari.... Depromit quo modo per fidejussores venisset.*

[3] Marculfe, I, 27 : *Indecolum ad episcopo.... Ipso abbate [aut] clerico præsentialiter constringatis, qualiter ac causa legibus studeat emendare; certe si noluerit, ipso illo per fidejussores posito ad nostram studeatis presentiam diregere.* — Cf. capitulaire de 756 (Baluze, I, 178) : *Tunc comes ipsam personam per fidejussores positam ante regem faciat venire.*

[4] Marculfe, I, 28 : *Ille rex illo comite.... Constrigatis qualiter ac causa studeat emendare; certe si noluerit, ... tultis fidejussoribus ad*

duquel il s'est réfugié, le contraindra *per fidejussores* à revenir dans le comté où il doit être jugé¹. »

Ainsi l'usage s'est établi de « saisir » des *fidejussores*. Ces répondants font une sorte d'office de police, et même quelque chose de plus, puisqu'ils répondent de la pleine exécution de la sentence. L'autorité publique, ayant affaire à un accusé, ne se contente pas de s'emparer de sa personne; elle met la main sur des répondants, afin d'être bien certaine que ni l'accusé ni l'amende ne lui échapperont.

C'est là ce que nos diplômes appellent *tollere fidejussores*. Il y a sur cette pratique un texte qui, bien qu'il soit postérieur à l'époque qui nous occupe, mérite d'être cité. On y voit des évêques se plaindre « d'une coutume oppressive qui s'est établie : les comtes et juges royaux obligent par force les prêtres à venir à leurs plaids; ils les saisissent comme répondants, aussi bien que s'ils étaient des laïques² ». On devine aisément ce qu'il y avait de cruel pour des hommes qui étaient occupés ou de leur sacerdoce, ou de leur travail, ou de leur culture, à être ainsi mis en réquisition et enlevés à leur foyer, pour arrêter un accusé, pour le garder, pour le conduire au tribunal; on devine surtout quelles pou-

---

nostram diregire studeatis presentiam. — Cf. *Lex Ripuariorum*, XXXII, 4 : *Judex fidejussores ei exigat ut se ante regem repræsentit*. — *Præceptum Childeberti I* (Boretius, p. 2) : *Datis fidejussoribus non aliter discedant nisi in nostris obtutebus præsententur*.

¹ *Si latro de uno comitatu in alium comitatum fugerit, comes in cujus comitatum fugit per fidejussores constringat ut, velit nolit, illuc reveniat et ibi malum emendet ubi illud perpetravit* (Capitularia Caroli Calvi, XLV, 1, dans Baluze, II, 227).

² *In sua parochia gravissima increvit consuetudo quod comites atque judices seu ministri illorum, sacerdotes Domini sive reliquos ecclesiæ ministros ad placitum suum ducere et fidejussores tollere atque eos more laicorum distringere præsumant* (diplôme de Charles le Simple dans les Historiens de France, t. IX, p. 479).

vaient être les conséquences de cette responsabilité, et combien d'hommes elle conduisait à la ruine. L'immunité, en interdisant au fonctionnaire royal de saisir des répondants dans l'intérieur du domaine, accordait donc un privilège précieux.

Mais voici la conséquence. Cette saisie des répondants était le principal moyen de police judiciaire. Supprimez-la, il n'y a plus de justice. Le comte ne pourra plus obliger l'habitant du domaine privilégié à comparaître à son tribunal. S'il prononce un jugement contre cet homme, il n'aura plus la garantie du payement de l'amende. Ainsi, la clause qui défend au comte de saisir des répondants équivaut pour lui à la défense de juger. Déjà on lui a interdit de faire aucun acte judiciaire dans les limites du domaine privilégié; maintenant on lui ôte le moyen d'appeler à lui les hommes de ce domaine et de les juger dans son plaid, à moins qu'ils n'y viennent volontairement.

Quelques diplômes ajoutent encore une interdiction qui est formulée en ces termes : *Neque ad homines distringendos*[1]. Ce mot *distringere*, dans la langue mérovingienne, s'entend de toute espèce de contrainte, aussi bien de la contrainte par corps[2] que de la contrainte par saisie des biens[3]. Il désigne spécialement

---

[1] *Diplomata*, n°° 242, 258, 291, 417, 507, 515. — Marculfe, I, 4 : *Nec homines ipsius ecclesiæ de qualibet causas distringendum.* — Diplôme de Childebert III en faveur de Saint-Maur : *Nec homines tam ingenuos quam servientes distringendum.*

[2] *Ad latrones distringendos* (*Capitularia*, III, 87 ; Baluze, I, 770). — *Si quis contempserit, comes eum distringere faciat* (capitulaire de 756, art. 3 ; Baluze, I, 178).

[3] *Ut veniant ad mallum, per res et mancipia et mobile distringantur* (capitulaire de 873, art. 3 ; Baluze, II, 228). — *Si jussa facere neglexerint, licentiam eos distringendi comitibus permittimus per ipsas res* (capitulaire de 812 ; Baluze, I, 547).

la contrainte pour exécution des arrêts de justice¹. C'est tout cela qui est interdit à l'officier royal. Par conséquent, si l'un des hommes de l'immunité est accusé d'un crime ou d'un délit, le comte ne pourra ni se saisir de sa personne ni mettre la main sur ses biens. Il n'aura donc pas le moyen d'exécuter son jugement.

En résumé, grâce à cette série de précautions que le roi prend contre son propre agent, celui-ci n'a plus aucune juridiction sur les hommes du domaine privilégié, et toute action judiciaire sur eux lui est devenue impossible.

7° [DE L'ABANDON DES IMPÔTS].

Nous arrivons à une autre série de privilèges, qui se présentent encore, comme les précédents, sous la forme d'interdictions adressées par le roi à ses propres officiers.

« Ni vous ni les agents sous vos ordres, vous ne vous permettrez de prendre gîte dans les maisons ou sur les terres de cette église². » On sait qu'au temps de l'Empire romain les fonctionnaires et soldats en voyage avaient le droit de gîte chez les particuliers³. Les chefs barbares n'étaient pas pour renoncer à cet avantage. Ils n'eurent pas à l'instituer; ils n'eurent qu'à laisser leurs officiers en continuer la pratique. La Loi des Ripuaires

---

¹ *Ille rex illo comite jubemus ut... vobis distringentibus memoratus ille partibus istius conponere et satisfacere non recuset* (Turonenses, 55; Rozière, n° 445; Zeumer, p. 155).

² *Nec mansionem facere* (Marculfe, I, 3; 1, 4; *Diplomata*, n°⁸ 58, 258, 291, 336, 367, 403, 428, 436, 463, 482, 486, 487, 495, 507, 515, 522, 568).

³ C'est ce qu'on appelait *hospitium*, ou *metatum*. Voir Ulpien, au Digeste, L, 4, 3, § 13 et 14; I, 16, 4; I, 18, 6, § 5; L, 5, 10. — Code Théodosien, VII, 8 : *De metatis*; VII, 9 : *De salgamo hospitibus non praebendo*. — Code Justinien, XII, 40; XII, 41.

prononce l'énorme amende de 60 *solidi* contre celui qui aura refusé sa maison à un envoyé du roi, « à moins qu'une immunité royale ne l'ait déchargé de cette obligation [1] ».

Au droit de gîte se joignait presque toujours ce que nos diplômes appellent *paratæ*, littéralement le repas préparé, ou plutôt toutes les fournitures nécessaires au repas [2]. Or nous devons bien penser qu'à cette époque un envoyé du roi, un *missus*, un duc, un comte, ne voyageait pas seul. Il avait sa suite d'agents subalternes et de soldats. Il fallait nourrir tous ces hommes, les défrayer de tout, nourrir aussi leurs chevaux et souvent leur en fournir. Nous savons par une formule de Marculfe que le gouvernement essaya d'établir une sorte de tarif. Tout envoyé du roi devait être porteur d'une lettre qui marquait ce qu'on devait lui fournir chaque jour, « tel nombre de pains blancs, tant de mesures de vin, tant de livres de viande de bœuf et de porc, tant d'agneaux, tant de poulets et de faisans, telle quantité d'huile, de miel, de poivre et d'épices, tel nombre enfin de voitures de foin pour ses chevaux [3] ». Nous doutons un peu qu'un tarif régulier ait été appliqué. Le puissant fonctionnaire était à peu près le maître de prendre

---

[1] *Lex Ripuariorum*, LXV : *Si quis legatariam reges vel ad regem seu in utilitatem reges pergentem hospicio suscipere contempserit, nisi emunitas regis hoc contradixerit, sexaginta solidis culpabilis judicetur.* — Cf. *Capitularia*, III, 39, dans Baluze, I, 761 : *De missis nostris discurrentibus vel ceteris hominibus propter utilitatem nostram iter agentibus, ut nullus eis mansionem contradicere præsumat.*

[2] *Neque paratas facere* (Marculfe, I, 3; I, 4). — *Nec mansiones aut paratas faciendum* (diplôme de Childebert III pour Saint-Maur). — Cf. *Diplomata*, n° 258, 291, 336, 367, 403, 436, 463, 486, 507, 515, 522.

[3] Marculfe, I, 11 : *Jubemus ut eis eveccio ministretur, hoc est, viridos sive paraveridos tantos, pane nidido modios tantos, vino modios tantos, lardo liberas tantas, carne liberas tantas, porcos tantos, vervices tantos, agnellus tantos, augas tantas, fasianos tantos, pullos tantos, oleo liberas*

ce qu'il voulait. Grégoire de Tours nous montre un duc arrivant en Anjou avec une suite nombreuse, *cum magna potentia*; il ruine les habitants en leur prenant tout ce qu'il trouve, grains, fourrages, vins, et le reste; et il interprète son droit de gîte de telle façon que, pour peu que les clefs se fassent attendre, il brise les portes[1]. Ces déprédations légales se renouvelaient à chaque visite d'un *missus*, au passage de chaque ambassadeur, à chaque tournée administrative ou judiciaire du comte ou du vicaire. On peut remarquer dans Grégoire de Tours que les fonctionnaires mérovingiens se déplaçaient bien souvent. Chaque déplacement leur donnait le droit de vivre aux dépens des populations. C'était peut-être, avec les amendes, le plus clair des revenus de leur emploi[2].

On comprend donc que ceux qui demandaient aux rois des chartes d'immunité aient tenu à y faire inscrire l'exemption du droit de gîte et des prestations. C'était s'affranchir de frais, de gênes, d'abus de toute sorte. Toutefois il ne doit pas nous échapper que ce droit de gîte et ces prestations, suivant les idées et les pratiques du temps, faisaient partie des impôts publics. Les faire

tantas, garo liberas tantas, mel tantum, cimino tantas, piper tantum, cinamo tanto... item victu ad caballos, fæno carra tanta, etc. Marculfe ne donne pas les chiffres; ceux-ci variaient, bien entendu, suivant le rang des personnages. Comparer un capitulaire de 829, dans Baluze, I, 671.

[1] Grégoire de Tours, *Historia Francorum*, VIII, 42 : *Multa mala gessit, ita ut annonas, fænum, vinum vel quicquid repperire potuisset in domibus civium, nec expectatis clavibus, disruptis osteis, devastaret.* — Il va sans dire que les rois avaient aussi le droit de gîte et que leur suite abusait aisément de ce droit; c'est ce que fait entendre Grégoire de Tours, VI, 31 : *Ubi cum resedisset rex, magnum dispendium rerum incolis intulit.*

[2] Notons bien que, par les termes de ces chartes d'immunité, le roi enlève le droit de gîte et les prestations à ses fonctionnaires, mais non pas à lui-même.

disparaître sur les terres privilégiées, ce n'était pas seulement écarter un abus, c'était abolir, sur ces terres, une des formes des contributions d'État.

Les rois ne gardèrent pas mieux les autres impôts. « Nul de nos officiers n'entrera sur ces terres pour y faire aucune réquisition[1], pour y lever aucune des redevances auxquelles le fisc royal avait pu jusqu'ici avoir droit[2]. » Nos diplômes sont très clairs sur ce point. Quelques-uns emploient l'expression *functiones publicæ* qui, depuis plusieurs siècles, désignait les contributions publiques[3]. D'autres emploient le mot *tributa* ou le mot *inferenda* qui avaient le même sens[4]. La plupart, sans désigner les impôts par leurs noms, se servent d'une périphrase très nette et qui ne prête à aucun malentendu : « Tout ce qui avait pu jusqu'à présent revenir au fisc royal » ; « tout ce que nos fonctionnaires avaient perçu jusqu'ici » ; « tout ce qu'il avait été d'usage de rendre à notre fisc[5] ». Ainsi, ce que le roi interdit à ses

---

[1] *Nulla judiciaria potestas... ad aliquid exactandum ingredi præsumat* (diplôme de 635, n° 270). — *Nec aliquid exigendum* (diplôme de 661, n° 341). — *Nullam requisitionem nec injunctionem* (diplôme de 683, n° 402). — *Nec judiciaria potestas ullam requisitionem exinde requireret* (diplôme de 705, n° 463). — *Nec nulla redibutione requirendum* (Marculfe, I, 4). — *Nec quaslibet redibutiones exactare præsumat* (diplôme de 673, n° 367). — *Nec nullas redibutiones requirendum* (diplôme de Childebert III pour Saint-Maur). — Voir encore les diplômes n°° 402, 403, 417, 495, 507, etc.

[2] *Quicquid fiscus undecumque potuerat sperare* (Marculfe, I, 3). — *Quod fiscus noster exinde accipere aut sperare potuerat* (diplôme de Childebert III pour Tussenval).

[3] *Tam freda quam reliquas functiones* (diplôme de 673, n° 368). — *Nullas functiones publicas requiratis* (diplôme de 682, n° 400). — *Nec ullas functiones requirendas* (diplôme attribué à Clovis, n° 58). — Cf. *Chlotarii constitutio*, c. 11 : *Ecclesiæ vel clericis nullam requirant agentes publici functionem qui immunitatem meruerunt*.

[4] *Diplomata*, n°° 144, 168, 372 ; *Gesta Dagoberti*, 37. Le mot *inferenda* est encore rare dans les documents mérovingiens.

[5] *Quidquid fiscus noster poterat exactare* (diplôme de 637, n° 284).

agents, ce ne sont pas seulement les perceptions abusives et arbitraires, c'est la perception des véritables impôts publics, des impôts les plus réguliers.

Encore faut-il faire attention que les chartes d'immunité n'abolissent pas précisément ces impôts. Elles ne disent pas que les terres privilégiées n'en payeront plus. Elles disent seulement que le fonctionnaire royal n'entrera plus sur ces terres pour les percevoir.

Qui donc lèvera désormais ces contributions? Cela est sous-entendu dans la plupart des chartes, et exprimé formellement dans quelques-unes; ce sera le grand propriétaire, c'est-à-dire l'évêque ou l'abbé, par ses agents. « Que l'évêque ou ses agents lèvent les 200 *solidi* d'*inferenda* et 200 autres *solidi* d'*aurum pagense* qui revenaient à notre fisc du fait de cette *villa* et de ces *curtes*[1]. »

Quelquefois les rédacteurs des actes prennent soin de stipuler que le produit de l'impôt ainsi perçu sera porté au trésor public. Nous lisons dans un diplôme de 705 : « Le vénérable homme Théodebert, abbé du monastère

Quod ad nostrum fiscum sperari videtur (diplôme de 715, n° 486). — *Quidquid fiscus noster exinde poterat exactare* (diplôme de 716, n° 495). — *Quod judices requirere poterant* (diplôme de 697, n° 444). — *Quod partibus fisci nostri fuit consuetudo reddendi* (diplôme de 627, n° 242). — *Quod fisci nostri ditionibus debuerant inferre* (diplôme de 685, n° 402). — *Remotis et resecatis omnibus petitionibus de partibus fisci* (diplôme de 675, n° 367 ; de 683, n° 403).

[1] *Ipse pontifex aut agentes sui ill. CC inferendales et alios ducentos auri pagensis, quod ad fiscum nostrum de ipsa villa vel de ipsis curtis suis vel ecclesiis suis et monasteriis reddebantur, debeant transsolvere* (diplôme de 715, n° 486). — *Ipse Berarius pontifex aut agentes sui CC inferendales et alios CC auri pagensis quod a fisco nostro de ipsis villulis vel de curtis suis reddebantur, ipse vel successores sui debeant reddere* (diplôme de 722, n° 522). — *Quidquid exinde fiscus noster potuerat sperare, per manus agentium eorum...* (diplôme de 743, n° 568). — *Homines ingenui qui in mundeburde monasterii... ab actoribus præfati monasterii impendant* (diplôme de 685, n° 402).

de Saint-Serge, est venu en notre présence et nous a fait savoir que les *curtes* appartenant à cette basilique, à savoir les domaines appelés Marentius, Silviliacus, Taunucus, Noviliacus, Sénona et Généhonnus, rendaient au fisc, chaque année, à titre d'*inferenda*, six *solidi* et six autres *solidi* à titre d'*aurum pagense*; mais notre aïeul Clovis et notre père Thierry ont accordé au monastère par lettres signées de leur main qu'aucun fonctionnaire public n'entrât dans ces *curtes* pour y faire aucune perception; et ils ont voulu que cette contribution fût portée chaque année au trésor public par l'abbé ou par ceux qu'il en chargerait. Nous renouvelons cette faveur, et voulons qu'aucun de vous ni de vos subordonnés ne se permette de rien percevoir de ce qui était dû à notre fisc, mais que les douze *solidi* soient portés à notre trésor par l'abbé ou par son envoyé[1]. »

Quand cette clause se trouve dans un diplôme, il est visible que la terre privilégiée n'est pas exemptée de l'impôt. L'impôt public subsiste; seulement, au lieu d'être perçu par le fonctionnaire du roi, il est perçu par le grand propriétaire, qui en verse le produit aux mains du roi.

Mais cette clause, qui a pu être fréquente, se rencontre rarement dans les diplômes qui nous ont été conservés. Elle a disparu et a été remplacée par une clause absolument contraire, qui est conçue en des termes tels que ceux-ci : « Tout ce que notre fisc avait coutume de percevoir sur leurs hommes et sur tous ceux qui habitent leurs terres, nous, par notre bonté,

---

[1] Diplôme de Childebert III, n° 463. — Voir de même un diplôme de 715, n° 486 : *Quod in sacello publico fuit consuetudo reddendi, ipse pontifex vel successores sui per missos hoc debeant reddere.* — Voir encore le diplôme de 722, n° 522, cité plus haut.

nous le remettons et concédons aux moines, afin que cela serve à l'entretien du saint lieu¹. » Il est clair qu'ici l'État fait réellement abandon de l'impôt. Seulement, il importe de remarquer que cet abandon de l'impôt n'est pas général. La clause qui le constate ne se trouve pas dans la majorité des diplômes². Là où elle se trouve, elle est placée à la fin de l'acte, et elle semble une addition. Elle n'est pas de l'essence de l'immunité; elle s'ajoute à l'immunité. Par l'immunité proprement dite, le roi a écarté seulement le percepteur royal en se réservant le produit net de l'impôt. Puis, par une faveur distincte et peut-être postérieure, il a fait don au monastère de ce produit de l'impôt.

Tenons pour certain que les rois francs n'ont aboli volontairement aucune des contributions que le gouvernement romain avait instituées. Mais il leur est souvent arrivé d'abandonner, par une faveur toute personnelle, les fruits de l'impôt à un évêque, à un abbé, même à

---

¹ Marculfe, I, 3 : *Quicquid exinde aut de ingenuis aut de servientibus ceterisque nationibus qui sunt infra agros vel fines seo super terras predictæ ecclesiæ commanentes, fiscus aut de freta aut undecumque poterat sperare, ex nostra indulgentia pro futura salute in luminaribus ipsius ecclesiæ per manu agentium eorum proficiat in perpetuum.* — Idem, I, 4 : *Quidquid de freciis aut de reliquiis fiscus augmentare poterat, ad ipsos pauperes proficiat in augmentis* (diplôme de 655 en faveur des *matricularii* de Saint-Denis). — *Quidquid fiscus de eorum hominibus aut ingenuis aut servientibus aut in eorum agris commonentibus poterat sperare, ex indulgentia nostra, in luminaribus ipsius sancti loci vel stipendia servorum Dei debeant cuncta proficere* (diplôme de 655, n° 270). — *Quidquid fiscus poterat sperare aut solebat suscipere, ex indulgentia nostra, ipso sancto loco remittimus et concedimus* (diplôme de 661, n° 341). — *Ipse abbas... hoc habeat indultum atque concessum* (diplôme de 682, n° 400). — *Quod fisci nostri ditionibus debuerant inferre, hoc ad ipsam congregationem concedimus ut hoc habeant concessum atque indultum* (diplôme de 685, n° 402). — Voir encore les diplômes n°ˢ 242, 281, 337, 430, 444, 495, 542, 568.

² L'abandon du *jus fisci* se trouve nettement exprimé dans 16 de nos diplômes mérovingiens.

un laïque. Nous avons un diplôme par lequel un roi décide que les habitants de deux villages, lesquels avaient jusqu'alors payé au fisc les *freda* et les *functiones*, les payeront désormais à l'abbé d'un monastère voisin[1]. Il y a lieu de penser que cette sorte de concession n'a pas été rare.

On fit de même pour les impôts indirects. Le tonlieu romain était passé aux mains des rois francs[2], ainsi que les droits de passage, qui étaient compris sous les noms de *transitus publicus*, de *rotaticum*, de *pontaticum*. Rien de tout cela ne disparut du nouveau royaume; mais les rois en firent des dons par une série de faveurs particulières. Il faut d'ailleurs, au sujet de ces impôts indirects, distinguer trois sortes de concessions. Quelquefois le roi se contente de dire que ses officiers n'entreront pas sur les domaines privilégiés pour y lever le tonlieu[3], ce qui implique la suppression de cet impôt dans l'intérieur des domaines de l'immuniste. D'autres fois, le roi exempte l'immuniste et tous ses hommes, agents ou serviteurs, de payer aucun tonlieu ni aucun droit de passage, pour eux ni pour leurs marchandises, dans tout le royaume[4]. Ici le privilège est beaucoup

---

[1] Diplôme de 673, n° 368 : *Childebertus... cognoscat Magnitudo seu Utilitas Vestra quia nos homines illos qui commanent in Monasenisheim et Onenheim, quantumcunque ipsi ad partes fisci nostri reddebant, tam freda quam reliquas functiones, Valedio abbati visi sumus concessisse... Totum et ad integrum Valedio abbati omnes functiones reddere debeant.*

[2] *Edictum Chlotarii*, art. 9 : *De teloneo, per ea loca debeat exigi vel de speciebus ipsis de quibus præcedentium principum tempore est exactum.*

[3] *Diplomata*, n°⁸ 258, 291, 367, 403. *Nullus judex publicus ad telonea exigenda ingredi audeat* (n° 291). — *Nullus judex publicus... nec rotaticum infra urbes vel in mercatis extorquendum* (n° 367). — C'est ici la *teloneorum remissio* dont parle Flodoard, *Historia ecclesiæ Remensis*, II, 11.

[4] Diplôme de 660, n° 337 : *Tale nos actoribus seu discursoribus*

plus important, et l'on peut deviner à quelles conséquences il conduisait; le monastère immuniste pouvait devenir une sorte de grand commerçant privilégié. D'autres fois enfin, le roi fait don à un monastère ou à une église du droit de percevoir à son profit le tonlieu et tous les droits de passage qui sont maintenus sur une rivière, sur une route ou sur un pont[1]. En ce cas, l'impôt subsiste, mais il devient la propriété particulière d'une église ou d'un couvent.

Ainsi, la concession d'immunité, sans être précisément l'abandon des impôts publics, a abouti naturellement à cet abandon. Il n'est pas besoin de dire qu'elle a porté le désordre dans toute l'administration financière que les rois avaient héritée de l'Empire romain.

monasterii praestitisse beneficium ut quoties monachi, missi, vel discursores ipsius monasterii, partibus provinciae vel per reliqua loca, ad cappas comparandas aut reliquas opportunitates monasterii exercendum, seu cellarium fuerint egressi mercandum in quibuslibet locis, ubicunque teloneum, pontaticum, rotaticum ceterasque redibitiones fiscus noster a discursoribus seu iter agentibus exigere consuevit, habeant hoc monachi indultum atque concessum. — Diplôme de Thierry III, année 681, aux Archives nationales, K, 2; Pardessus, n° 597. — Diplôme de Chilpéric II, pour Saint-Denis, 716, aux Archives nationales, K, 3, 18 : *Tam in Massilia quam et per reliqua loca, ubicunque teloneus, portaticus, pontaticus, rotaticus... a judicibus publicis exigitur, nullatenus requiratur, nec exigatur.* Cf. Flodoard, *Historia ecclesiae Remensis*, II, 7. — La même immunité a été accordée quelquefois à des laïques. Voir la formule 45 de l'*Appendix ad Marculfum* (Rozière, n° 51; Zeumer, p. 201).

[1] Diplôme de 562, n° 167, en faveur de l'église de Tournai : *Teloneum de navibus super fluvio Scalt... de quolibet commercio... vel de omnibus venalibus unde teloneus exigitur,... nostra gratia visi sumus concessisse.* Sur l'authenticité de ce diplôme, qui n'est pas à l'abri du soupçon, voir les Prolégomènes, p. 31. — Cf. diplôme de 654, n° 319 : *Teloneum quod ad portum Vetraria... quod judices vel agentes nostri ad portus ipsos tam quod navalis evectio conferebat, aut undique negotiantium commercia in teloneo aut ripatico in fisco nostro solebant recipere, ... ad monasterium concedimus.* Cf. *Vita S. Remacli*, c. 20 : *Rex legavit emacio quaedam in Aquitania, puta telonium in portu Vetraria,* etc.

6° [DES RAPPORTS ENTRE LA HAINDBOUR ET L'IMMUNITÉ].

On a reconnu, dans ce qui précède, que l'immunité n'était pas précisément l'abandon de l'autorité royale. Ce qu'elle supprimait, c'était l'autorité administrative. La royauté gardait, au moins en principe, tous ses droits; elle renonçait seulement à les faire exercer par ses agents. Dans aucune de nos chartes, le roi ne fait le sacrifice de sa juridiction; là même où il fait don de l'impôt par faveur spéciale, il ne dit pas qu'il n'ait pas le droit de lever l'impôt et qu'il ne le lèvera jamais. Pas un mot n'implique que le concessionnaire, affranchi de l'obéissance envers le comte, soit affranchi de l'obéissance au roi. Nous avons un diplôme de 632, dans lequel le roi, après avoir énuméré les privilèges qu'il accorde, ajoute : « Nous voulons que l'évêque possède ses domaines en pleine immunité, paisiblement et sans nul obstacle, et qu'il obéisse fidèlement à notre autorité[1]. » Ces derniers mots semblent comme la condition même du privilège. Il est vrai que nous ne trouvons cette condition littéralement exprimée que dans un seul des diplômes mérovingiens[2]; mais elle était contenue implicitement dans les autres. Qu'on lise, en effet, ces diplômes, qu'on en observe le style et le ton, on y reconnaîtra bien que la royauté, loin de s'effacer, s'affirme. Le concessionnaire n'y est qu'un humble solliciteur et le diplôme commence toujours par rappeler sa prière, *petitio*, *preces*. Puis la suite marque bien que l'immunité n'est pas un droit; elle est une

---

[1] Diplôme de Dagobert Ier, n° 258 : *Liceat præfato præsuli suisque successoribus omnia præfata monasteria, villas, vicos et castella quieto ordine possidere et nostro fideliter parere imperio.*

[2] Elle est devenue fréquente dans les diplômes carolingiens.

faveur, *beneficium*; le roi l'accorde par pure bonté, *ex indulgentia sua*. En l'accordant à un évêque ou à un abbé, le roi n'entend pas cesser d'être roi à son égard. S'il s'agit d'un laïque, la faveur n'est accordée qu'en considération de sa fidélité, *ex respectu fidei suæ*[1]; chacun comprend par ces mots que, pour que la faveur dure, il faudra que la fidélité se continue. Ni le roi, qui donne l'immunité, n'a conscience qu'il amoindrisse ses droits; ni le concessionnaire n'a l'idée qu'il s'affranchisse du roi. Cela est si vrai, qu'à chaque décès on renouvelle l'humble demande.

Dire que les rois renonçaient par l'immunité à régner sur une partie de leurs sujets, c'est parler suivant nos idées modernes. De nos jours, en effet, s'il était possible qu'un souverain accordât des concessions de cette nature, chacun des concessionnaires deviendrait aussitôt indépendant du prince et de tout pouvoir social. Mais les hommes du VIIe siècle avaient dans l'esprit des idées que nous n'avons plus; ils concevaient, en dehors de tout système administratif, une façon de gouverner l'homme directement, individuellement, sans intermédiaire d'agents et sans action de lois générales.

Le principe sur lequel reposait ce mode de gouvernement était ce qu'en langue germanique on appelait mundebour ou mainbour, ce qu'en langue latine on appelait protection, *tuitio*, *defensio*. Un homme demandait au roi de le prendre sous sa mainbour ou défense; le roi l'acceptait, *suscipiebat*[2]; dès lors un lien personnel se trouvait établi entre le roi et cet homme. L'autorité royale ne disparaissait pas; elle changeait seulement de nature. Elle ne s'appelait plus autorité, mais

[1] Marculfe, I, 17; Rozière, n° 152.
[2] [Voir plus haut, ch. XIII et XIV.]

protection. L'obéissance ne s'appelait plus sujétion, mais fidélité. Ne pensons pas d'ailleurs que l'autorité et l'obéissance fussent amoindries; elles étaient plutôt fortifiées, ou du moins on le croyait; car l'autorité s'exerçait directement, l'obéissance se donnait sans intermédiaire, et ni l'une ni l'autre n'avaient de limites légales.

Ces idées étaient-elles germaniques ou romaines, on ne saurait le dire; car, d'une part, on ne peut les constater ni dans ce qu'on sait de l'ancienne Germanie ni dans ce qu'on sait de l'Empire romain; et, d'autre part, on les voit régner, au vıı^e siècle, aussi bien chez l'une que chez l'autre race. Il est possible qu'elles soient venues à l'esprit des hommes à la suite du désordre général qui accompagna les invasions. Elles grandirent à mesure que l'autorité publique s'affaiblit. Elles prirent de la force dans les interminables guerres civiles des princes mérovingiens.

Elles se répandirent bien vite dans tous les esprits. Nous les constatons d'abord chez les rois eux-mêmes. Il ne paraît pas que les princes francs aient bien compris le système administratif des Romains; ils le laissèrent debout, comme tout le reste : ils en usèrent comme d'un moyen commode de lever les impôts, de brider les populations et de récompenser leurs fidèles; mais il ne semble pas qu'ils en aient jamais apprécié les avantages politiques. Ils furent toujours en défiance à son égard, et la manière même dont ils distribuaient les fonctions administratives marque le peu de cas qu'ils faisaient du système. Sans réflexion, ils travaillèrent contre leur propre administration et firent tout ce qu'il fallait pour qu'elle tombât. Ils inclinaient, sans s'en rendre bien compte, vers une autre forme de gouvernement, dans laquelle il n'y aurait plus d'administration.

Les populations pensaient de même. L'agent administratif, duc, comte, centenier, leur apparaissait comme un maître, un maître tout proche et présent, le maître qu'on déteste. Elles le voyaient s'enrichir à leurs dépens, n'être payé que de ce qu'il leur enlevait. Forcément, il abusait de son pouvoir comme juge, il abusait de son pouvoir comme percepteur des impôts. Il n'y avait pas à attendre de lui une protection, parce que presque jamais il n'avait intérêt à protéger. Au contraire, le roi était loin; le mal qu'il pouvait faire était moindre, était plus rare, et en tout cas se voyait moins. La pensée de se faire protéger par lui contre l'agent administratif venait naturellement. Il était doux de pouvoir opposer au duc ou au comte la lettre de mainbour qu'on tenait du roi. Ainsi les hommes croyaient trouver un grand profit à supprimer l'intermédiaire administratif; ils croyaient devenir plus libres en dépendant directement du roi.

L'Église partageait ces idées, qui se trouvaient conformes à ses intérêts. Sans doute les rois lui faisaient sentir leur autorité, parfois même d'une main assez lourde; mais elle avait bien plus à souffrir de l'autorité toujours présente et toujours active du comte. Le grand intérêt du moment était que l'évêque fût le maître dans sa cité, l'abbé dans son couvent et sur les vastes terres qui en dépendaient. Or c'était précisément cette indépendance locale que le comte leur contestait[1]. Il était et serait toujours un concurrent. Il fallait le supprimer ou le réduire à l'inaction. En s'attachant directement au roi, l'évêque ou l'abbé aurait sans doute à obéir encore, mais du moins il serait obéi chez soi, et c'était la conquête la plus urgente.

[1] Sur l'hostilité entre l'évêque et le comte, voir de nombreux exemples dans Grégoire de Tours, III, 16; IV, 39; V, 47; VIII, 20; VIII, 43, etc.

A ces idées, vagues chez les uns, claires chez les autres, l'immunité répondait admirablement. Détruire d'un seul coup tout le corps administratif, nul n'aurait osé y songer. Créer un gouvernement où les hommes auraient été liés au roi directement par le contrat de fidélité, était une révolution impossible à faire d'un seul coup. Mais supprimer, sur tel ou tel domaine désigné, l'autorité de l'administrateur et lui substituer l'autorité directe du roi, cela paraissait naturel et était toujours possible. C'est ce qui fut fait par l'immunité. En effet, le diplôme de concession interdisait « l'entrée du domaine » au fonctionnaire et à ses agents; il lui défendait d'agir comme juge, comme receveur d'impôts, comme administrateur. Dès lors l'immuniste n'avait plus personne entre le roi et lui; il se trouvait tout naturellement rattaché au roi sans intermédiaire. Or ce lien personnel, d'après les habitudes du temps, devenait presque inévitablement un lien de mainbour C'est ce que l'observation des textes va nous montrer.

On a vu[1] qu'en dehors des chartes qui conféraient l'immunité, il y avait des chartes par lesquelles les rois accordaient spécialement leur mainbour ou protection. Il est assez probable qu'à l'origine la mainbour et l'immunité n'étaient pas la même chose; mais elles se ressemblaient beaucoup. Prenons comme exemple la charte de mainbour accordée par Childebert Ier au monastère d'Anisola; nous y voyons le roi déclarer « que l'abbé Daumérus lui a demandé de le recevoir, lui et tous ceux qui dépendent de lui, sous la parole de sa protection et dans sa mainbour »; le roi exauce cette demande, et, comme conséquence, il dit à ses fonction-

[1] [Cf. chapitres XIII et XIV.]

naires : « Ni vous ni vos agents ni vos successeurs ni les envoyés de notre palais vous ne serez assez téméraires pour troubler le repos de l'abbé ni des hommes qui dépendent de lui; vous ne prononcerez aucune condamnation contre eux, vous ne lèverez pas l'impôt sur eux, vous ne diminuerez en quoi que ce soit leur avoir[1]. » Voilà une charte de mainbour qui entraîne après elle l'immunité. Clotaire Ier, dans un diplôme en faveur du monastère de Réomé, écrit « qu'il reçoit l'abbé Silvester sous son immunité et défense[2] ». Voilà encore une charte où la mainbour et l'immunité sont associées. Le diplôme, qui est attribué à Clovis et que nous croyons postérieur à ce prince, marque très nettement cette réunion de deux choses originairement diverses : « La terre que nous accordons à Jean, nous et nos successeurs la tiendrons en notre défense, protection et immunité, et elle ne sera soumise à aucune dignité séculière[3], » c'est-à-dire à aucun agent royal.

Au VIIIe siècle, un diplôme est conçu ainsi : « L'abbé Maurus nous a demandé que lui et tous les hommes et

---

[1] Diplôme de 546, n° 141 [cf. ici, p. 364, n. 1] : *Venerabilis vir Daunerus... missa petitione clementiæ regni nostri expetiit ut eum ei ipsum monasterium una cum omnibus rebus vel omnibus suis... sermone tuitionis nostræ vel mundeburde recipere deberemus. Quod nos gratanti animo illi præstitisse cognoscite. Quapropter per præsentem jubemus præceptum ut neque juniores vestri aut successores, missi de palatio nostro discurrentes, ipsi Daunero abbati vel monachis ipsius... nec condemnare nec inquietare, nec inferendas sumere, nec de res eorum aliquid minuere præsumatis.* — Cf. diplôme de 528, n° 111 : *Jubemus ut neque vos neque successores vestri in causas aut in rebus monasteri ingredere presumatis.*

[2] *Diplomata*, n° 136 : *Genitor noster Chlodoveus monasterium Johannis sub sua* EMUNITATE *recepit.... Ita et nos Silvestrum abbatem sub nostra* EMUNITATE AC DEFENSIONE *recipimus, decernentes ut semper sub nobis et nostris successoribus tam abbas quam monachi maneant.*

[3] Ibidem, n° 58 : *Locellum suum Nostræ Celsitudini tradidit et commendavit ut sub nostra* EMUNITATE ET MUNDIBURDIO *maneat... Reges teneant in* DEFENSIONE ET IMMUNITATE, *nullique unquam dignitati subdatur.*

biens du monastère fussent reçus par nous sous notre mainbour et défense. Sachez que nous lui avons accordé ce qu'il demandait. En conséquence, ni vous ni vos gens vous n'agirez contrairement aux intérêts de l'abbé ni de ses hommes, vous ne prononcerez aucune condamnation contre eux, vous n'enlèverez rien de leurs biens; mais ils vivront avec le privilège d'immunité et sous notre mainbour[1]. »

Est-ce la mainbour qui a entraîné l'immunité? Est-ce l'immunité qui a entraîné la mainbour? On ne saurait dire laquelle a précédé et a provoqué l'autre. Ce qui est certain, c'est qu'elles sont à peu près inséparables. La mainbour royale soustrait la personne du concessionnaire à l'autorité des agents royaux. L'immunité soustrait les terres du concessionnaire à l'autorité de ces mêmes agents. Entre ces deux actes si semblables l'un à l'autre, qui émanent du même roi, qui sont accordés à la même personne, qui sont rédigés en termes analogues et qui écartent les mêmes fonctionnaires, la confusion s'est bientôt faite. De là les expressions singulières que l'on remarque dans beaucoup de diplômes. Au lieu de dire : « Nous accordons l'immunité, » le roi dit : « Nous accordons la protection de notre immunité[2], nous recevons ce monastère sous la

---

[1] Diplôme de 724, n° 531 : *Petiit ut eum cum omni familia rebusque monasterii sub nostro* MUNDIBURDIO ET DEFENSIONE *reciperemus.... Quapropter decernimus ut neque vos neque juniores vestri seu successores ipsum abbatem vel homines suos injuriari neque condemnare, nec ei rem irrationabilem facere, neque de rebus ad se pertinentibus quippiam auferre praesumatis, sed liceat ei suisque sub* EMUNITATIS TITULO ET *nostro* MUNDIBURDIO VEL DEFENSIONE *quietos residere*. — Nous devons noter qu'il y a des raisons de croire que ce diplôme n'a été écrit qu'au IXᵉ siècle, après l'incendie du couvent de Maurmunster en 828. Il n'est peut-être qu'une copie faite de mémoire d'un diplôme brûlé. — Cf. diplôme de 748, n° 599, où l'on remarque le mot *commendare*.

[2] Diplôme de 627, n° 242 : IMMUNITATIS TUITIONEM *dedimus*.

défense de notre immunité[1]. » Les deux expressions sont associées, parce que les deux choses sont confondues.

Que l'on compare les formules qui concernent spécialement la mainbour à celles qui concernent l'immunité, on sera frappé de la ressemblance. Voici celle que donne Marculfe[2] : « Charte de mainbour royale. Nous faisons savoir à Votre Grandeur et à Votre Zèle que, sur la demande de l'évêque un tel, nous l'avons reçu sous le couvert de notre protection avec tous les hommes et biens qui dépendent de lui. En conséquence, nous ordonnons que ni vous ni vos agents vous ne fassiez aucun mal ni n'apportiez aucun trouble à lui ni à ses hommes, et, s'il surgit quelque procès qui ne puisse être jugé sans grand dommage pour lui à votre tribunal, la cause sera réservée pour être jugée devant nous. » Cette formule nous offre les mêmes éléments que la formule d'immunité. Ce sont les mêmes formes; c'est aussi le même fond. La concession consiste dans les deux cas à écarter le fonctionnaire public et à lui interdire toute action. Les deux formules diffèrent par quelques expressions; les effets sont les mêmes. L'un des actes s'appelle mainbour, l'autre s'appelle immunité; la protection royale est mieux marquée dans le premier, les privilèges de l'immuniste sont énumérés plus longuement dans le second. En réalité, ils produisent les

---

[1] Ibidem de 637, n° 280 : *Sub* TUITIONIS ET IMMUNITATIS NOSTRÆ DEFENSIONE *consistere volumus*. — Diplôme de 674, n° 372 : *Liceat eis sub* SERMONE TUITIONIS NOSTRÆ VEL EMUNITATIS NOSTRÆ *vivere*. — Voir une formule carolingienne, dans l'édition de Rozière, n° 24 [*Imperiales*, 29] : *Immunitates priscorum regum Francorum quibus sanxerunt sub inmunitatis sue defensione consistere*. — Rozière, n° 21 [*Imperiales*, 28] : *Quod reges Francorum prædictam sedem sub suo munimine et defensione consistere fecerant*.

[2] Marculfe, I, 24; édit. de Rozière, n° 9; édit. Zeumer, p. 58 [cf. plus haut, p. 509]. — Cf. *Cartæ Senonicæ*, 28 (Rozière, 11); *Additamenta ad Marculfum*, 2 (Rozière, 10).

mêmes conséquences. La charte de mainbour, qui écarte le fonctionnaire, contient virtuellement l'immunité ; et de même la charte d'immunité, par cela seul qu'elle écarte le fonctionnaire, suppose et contient la mainbour royale.

M. Sickel a remarqué fort justement que les chartes d'immunité du vi° et du vii° siècle ne contiennent ni le mot mainbour ni le mot protection, moins encore le mot recommandation, termes qui deviennent de plus en plus fréquents sous les Carolingiens. Ce n'est pas à dire que la confusion ne se soit pas déjà faite au vii° et peut-être même au vi° siècle. Dans les chartes d'immunité il n'était pas nécessaire de signaler la mainbour royale; elle était implicitement contenue; elle résultait de la seule exclusion du fonctionnaire; elle résultait surtout de l'idée même que le concédant et le concessionnaire se faisaient de la concession. L'immuniste n'échappait au comte que pour obéir directement au roi. Par conséquent, si l'autorité administrative disparaissait, c'était nécessairement la mainbour royale qui en prenait la place.

9° [L'IMMUNITÉ TRANSFORME LE PROPRIÉTAIRE EN MAÎTRE].

Peut-être les rois pensaient-ils que l'immunité fortifierait leur autorité en la rendant plus directe et plus personnelle. Ce qu'elle fortifia surtout, et pour toujours, ce fut l'autorité du grand propriétaire.

On a pu remarquer que l'immunité concernait toujours des propriétaires fonciers. Si un évêque l'obtient, c'est comme étant légalement propriétaire de toutes les maisons, villages et domaines de son église; or nous savons que la plupart des églises étaient fort riches et qu'elles possédaient de grands domaines, non seulement autour de la cathédrale et dans le diocèse, mais dans d'autres provinces souvent fort éloignées[1]. Un abbé était aussi un propriétaire de biens immenses ; l'abbaye de Saint-Denis avait des terres bien loin du Parisis, en Neustrie, en Bourgogne, en Provence et ailleurs. La richesse territoriale de Saint-Bertin et de Saint-Germain-des-Prés était considérable.

Or, si l'on observe la teneur des diplômes, on reconnaîtra que l'immunité, bien qu'elle soit accordée au nom personnel de l'évêque ou de l'abbé, ne porte jamais sur sa personne, mais porte toujours sur les terres de l'évêché ou du couvent. Le diplôme ne dit pas : « Nos comtes respecteront l'évêque, ne le jugeront pas, n'exigeront rien de lui. » Il dit : « Nos comtes n'entreront pas sur les terres, villages et domaines de cette église, en quelque province de notre royaume qu'ils soient situés, pour y juger ou y lever les impôts. » Manifestement, l'immunité vise, non la personne du concessionnaire, mais les terres qu'il possède et surtout la population qui les occupe.

Il existait en effet sur chaque domaine tout un petit peuple. On y trouvait, en premier lieu, des serfs, les uns nés sur le domaine, les autres achetés. Il y avait ensuite les fils d'anciens serfs, aujourd'hui affranchis, qui cultivaient de petits lots de terre moyennant une redevance et quelques corvées dues au propriétaire. Il y avait les colons, qui n'étaient pas des serfs, et qui cultivaient héréditairement la terre du domaine, sans

---

[1] *Episcopi qui in aliis possedent regiones* (édit de Clotaire II, année 614, art. 12). — L'église de Reims, pour citer un exemple, possédait des domaines *in Austrasia, Neustria, Burgundia, seu partibus Massiliæ, in Rodonico etiam, Gavalitano, Arvernico, Turonico, Pictavico, Lemovicino* (Flodoard, *Historia ecclesiæ Remensis*, II, 11).

pouvoir s'en détacher[1]. Au-dessus de ces catégories d'hommes, il existait ordinairement sur le domaine quelques hommes libres, *ingenui*, qui y étaient établis à titre d'habitants, *accolæ*, ou à titre d'hôtes, *hospites*, avec la jouissance d'un lot qu'on appelait *hospitium*[2]. Les uns étaient comme des fermiers de la terre, les autres en étaient de simples habitants, *commanentes*; mais tous, entrés libres sur le domaine, y subissaient forcément une sorte de dépendance à l'égard du propriétaire et devenaient « ses hommes[3] ». Ce n'est pas tout. Les églises et les monastères avaient leurs dévoués ou dévots, *devoti*, *votivi*, hommes qui s'étaient donnés eux-mêmes à l'église ou au saint du couvent, moitié par piété, moitié par intérêt[4]. En livrant leur personne, ils avaient aussi livré leurs biens, dont la propriété appartenait dès lors à l'église ou au couvent, mais dont la jouissance leur était laissée, non sans conditions[5]. D'autres encore avaient contracté avec

[1] [Cf. le volume sur l'*Alleu*, ch. xii.]
[2] [Cf. le volume sur l'*Alleu*, p. 414 et suivantes; p. 357 et suivantes.]
[3] Le terme *homo* a dès le vi° siècle la signification d'homme dépendant. On trouve des exemples de cela dans Cassiodore, *Lettres*, X, 5; Grégoire le Grand, *Lettres*, III, 37; VI, 9. Cf. *homo vester* dans la formule de Marculfe, I, 27. Voir aussi dans les diplômes, *passim*, les expressions *homines ecclesiæ*, *homines ejus* (id est, episcopi), *homines eorum* (id est, monachorum), *homines monasterii*; et dans l'édition de 614: *Homines ecclesiarum aut potentum* (art. 15, édit. Boretius, p. 22). Le mot *familia* désigne, tantôt les serfs spécialement, tantôt tout cet ensemble d'hommes dépendants et de serviteurs; exemple: *Cum omni familia rebusque monasterii* (diplôme de 724, n° 551).
[4] *Homines qui se ab sanctam basilicam tradere et devovere voluerunt* (diplôme, n° 281). — *Homines qui se ad ipsa basilica tradunt vel condonant* (diplôme, n° 495). — Cf. *Lex Alamannorum*, I, 1: *Si quis liber se ad ecclesiam tradere voluerit;* concile d'Orléans de 549, c. 7; concile d'Orléans de 589, c. 8; concile de Mâcon de 585, c. 7; concile de Paris de 614, c. 7. Polyptyque d'Irminon, III, 61, p. 31; IV, 34, p. 37: *De votivis hominibus;* X, 47, p. 213: *Isti sunt votivi;* XXIV, 112, p. 260: *Dederunt se in servitio S. Germani.*
[5] *Ipsum sanctum locum vel homines qui se cum substantia eorum vel*

l'évêque ou l'abbé une sorte de contrat de fidélité ou de recommandation; on les appelait *suscepti*, terme qui signifiait qu'ils avaient été acceptés en mainbour ou en protection. Nos chartes les désignent aussi sous les noms de *gasindi* et d'*amici*, termes qui marquaient la dépendance volontaire de l'inférieur à l'égard du supérieur qu'il s'était choisi¹. Les chartes disaient d'eux « qu'ils regardaient au monastère », « qu'ils espéraient dans le monastère² »; cela signifiait qu'ils n'attendaient de protection que de lui et qu'ils ne dépendaient aussi que de lui.

Les chartes que nous citons sont toujours relatives à des églises ou à des couvents; mais nous savons d'autre part que les laïques aussi avaient sur leurs domaines toute une population de serfs, d'affranchis, d'habitants ou *manants* à titres divers; et s'ils étaient puissants, ils avaient derrière eux une suite de *suscepti*, de *gasindi*, d'*amici*³. La grande propriété du laïque, de

cum rebus suis devovere voluerint (diplômes n° 281 et 495). — Cf. Marculfe, II, 6 (Rozière, n° 213); II, 3 (Rozière, n° 215); Formules de Sirmond 4 et 35 (Rozière, n°ˢ 211 et 214); *Lex Alamannorum*, I et II; *Chronicon S. Benigni Divionensis* dans dom Bouquet, III, 409. — Voir aussi Flodoard, *Historia ecclesiæ Remensis*, II, 11, *in fine*; *Vita Agili*, 23; *Vita Aicadri*, 26.

¹ *De hominibus ingenuis qui in mundeburde monasterii...* (diplôme de 683, n° 402). *Gallus abbas petiit ut eum et ipsum monasterium una cum rebus et hominibus suis, gasindis, amicis, susceptis...* (diplôme de 562, n° 168). *Una cum fratribus vel hominibus suis, gasindis, amicis, susceptis* (diplôme de 674, n° 372). — Les mêmes hommes sont quelquefois appelés *fideles*, par exemple dans le testament de Bertramn. — Sur le sens de *amicus*, voir une phrase de Grégoire de Tours, *Historia Francorum*, III, 35, où le même homme est dit *amicus et subditus*. — Cf. plus haut, ch. 11.

² *Tam abbas quam monachi quamque omnes qui pro casa Dei aut ipso abbate spectare videntur* (diplôme de 539, n° 136). — *Daumero abbate vel qui per ipsum monasterium sperare videntur* (diplôme de 546, n° 144). — *Qui per monasterium sperare videntur* (diplôme de 562, n° 168). — *Qui per ipsum monasterium sperare videntur vel unde legitimo redibit mitio* (diplôme de 674, n° 372).

³ Voir les testaments de Wandemir, d'Ermintrude, d'Abbon, l'acte de

celui que les lois appellent un *potens*[1], ressemblait trait pour trait à celle de l'évêque ou de l'abbé. On y trouvait réunis une foule d'hommes dans les conditions les plus diverses.

Les relations de ces différentes classes d'hommes avec le propriétaire n'étaient pas encore bien réglées. Les lois n'en parlaient pas, et l'usage ne les avait pas fixées. On ne pouvait dire au juste jusqu'où allait la dépendance de chacun de ces hommes, qui certainement ne devaient pas tous la même obéissance. Pouvaient-ils s'affranchir de cette obéissance en s'éloignant? Quels droits avaient-ils en échange de leurs obligations? En cas de faute, de conflit ou de litige, par qui devaient-ils être jugés, par qui punis? Les lois ne disaient rien. Encore moins réglaient-elles la relation de ces hommes avec la terre qu'ils occupaient à divers titres. Le serf avait ordinairement un champ; jusqu'à quel point le propriétaire pouvait-il le lui enlever? Jusqu'où s'étendaient les obligations de l'affranchi, et celles du fils d'affranchi, que la loi proclamait libre et que la pratique maintenait dans la demi-servitude appelée *obsequium*[2]? Avait-il quelque droit sur sa tenure, et sa redevance ou ses corvées pouvaient-elles être augmentées? Les *hôtes* n'avaient pas de contrat écrit; la demeure et la terre leur étaient-elles assurées, et à quelles conditions? L'incertitude était grande aussi à

---

vente de Nizézius, les actes de donation de Godinus, de Théodétrude, de Wulfoald, etc. (*Diplomata*, n° 186, 241, 442, 452, 475, 559).

[1] Édit de Clotaire II, art. 19: *Potentes qui in aliis possident regionibus*. — Ibidem, art. 20: *Agentes potentum*. — *Pactus pro tenore pacis*, c. 12 (Boretius, p. 6): *Quislibet de potentibus qui per diversa possident*.

[2] Sur l'*obsequium* et le service d'affranchi, on peut voir les testaments de Bertramn, d'Ansbert, d'Erminétrude, d'Abbon (*Diplomata*, n° 230, 437, 452, 559) et les Formules, édit. de Rozière, n° 93, 98, 99, 100, 129.

l'égard des hommes libres qui s'étaient volontairement donnés avec leurs terres, et qui entendaient conserver l'usufruit de ces terres et souvent même les transmettre à leurs enfants. Les règles de la mainbour étaient encore loin d'être définies, et la contradiction des intérêts engendrait souvent des conflits et des hostilités ou sourdes ou violentes. Dans une société qui était toujours en état de guerre par suite des dissensions des rois ou de l'ambition des grands, nous pouvons bien croire que chez les petits, dans l'intérieur du domaine, l'existence n'était ni très paisible ni très régulièrement ordonnée. La plus grande question peut-être du viie siècle a été le règlement de ces relations diverses. Nul problème plus grave n'occupa les hommes et n'agita leur existence quotidienne que celui de savoir jusqu'où irait l'autorité du grand propriétaire à l'égard des différentes classes d'hommes qui vivaient sur son sol.

Supposez un corps administratif bien constitué, des ducs, des comtes, des centeniers qui soient des représentants fidèles de l'État et qui soient obéis des populations; il sera presque impossible que le grand propriétaire devienne un maître absolu. Les petits et les faibles trouveront dans le fonctionnaire public un recours et un appui. Les hommes libres n'auront pas besoin d'autre patronage. Les petits propriétaires ne subiront pas la nécessité de se livrer eux et leurs biens. Les fermiers libres et les hôtes auront un contrat régulier et la garantie des lois. Les affranchis et les colons seront armés de quelques droits bien définis. Les serfs eux-mêmes pourront être protégés. Mais voici l'immunité. Elle écarte le fonctionnaire public. Elle lui défend « d'entrer ». Ce fonctionnaire n'existe plus pour le grand propriétaire. De même, il n'existe plus pour toute la population mêlée qui habite les nombreux domaines de ce grand propriétaire.

Voyons ce qui va se passer pour la justice. « Le juge public, disent les diplômes, ne pourra plus entrer sur ces domaines pour juger les procès. » Nous avons expliqué plus haut le sens de cette interdiction. Suivant nous, elle ne soustrait pas le grand propriétaire en personne à la justice de l'État, qui continue à juger ses procès et ses crimes; elle n'en exempte même pas, d'une manière générale, les hommes du propriétaire qui commettraient des délits en dehors de la propriété; mais tous les procès qui surgissent dans l'intérieur du domaine, tous les délits qui s'y produisent, échappent désormais à la justice du comte.

Faisons attention à la nature de ces procès, en nous transportant au milieu de l'état social de cette époque. Il y avait d'abord une série de procès relatifs à l'état civil et à la condition personnelle de l'homme : revendication en esclavage, contestation d'une charte d'affranchissement, litiges dont l'objet était de savoir si un homme était serf, ou affranchi, ou colon, ou né de parents libres[1]. Il y avait ensuite les procès relatifs au mariage; c'était la source de nombreux débats dans une société où le mariage était interdit entre personnes de deux classes, et presque interdit entre personnes de deux domaines différents; dans le premier cas, il pouvait y avoir litige sur la condition des enfants; dans le

---

[1] Sur ces sortes de procès, voir *Lex Ripuariorum*, LIII, LVIII, LIX; *Appendix ad Marculfum*, 1, 2, 3, 4, 5, 32; Formules de Lindenbrog, 163, 164, 167, 169. — Ceux qu'on appelle *homines calumniati* dans le Polyptyque d'Irminon sont des hommes sur la condition desquels il y a litige (*Polyptyque*, XIX, 36, 37, 48; XXIV, 42).

second, on pouvait se demander auquel des deux propriétaires les enfants appartenaient. Puis venaient les procès relatifs à la tenure de la terre : d'une part, réclamation du tenancier affranchi ou colon dont on veut augmenter la redevance ou les services, de l'hôte ou du cultivateur libre qui veut quitter la terre et qu'on prétend retenir, ou bien qu'on veut en chasser et qui prétend y rester ; d'autre part, réclamation du propriétaire contre un intendant infidèle, contre un colon qui néglige la terre, contre un affranchi oublieux de ses obligations. Joignez à cela les innombrables querelles qu'entraînait le contrat toujours indécis de la *recommandation*, les deux parties ne comprenant pas toujours de la même manière la protection et la fidélité. Enfin, il y avait les inévitables discussions qu'engendre la vie rurale, discussions sur le bornage, sur le ban de vendange, sur la garenne, et le reste ; et les contraventions fréquentes, les délits, les rancunes, les crimes de toute sorte que le désordre des temps multipliait et que l'influence de l'Église, peu sévère dans sa morale à cette époque, n'empêchait pas. Or il s'agissait de savoir si tous ces procès et tous ces délits seraient jugés par la justice de l'État ou s'ils le seraient par le propriétaire lui-même.

Cette question, qui occupa sans nul doute la pensée de tous les hommes, fut tranchée par la concession d'immunité en faveur du propriétaire. Car la justice de l'État cessa « d'avoir entrée » dans l'intérieur du domaine. Elle ne put même pas entendre les débats qui y naissaient.

On a douté que la juridiction, enlevée aux fonctionnaires, soit passée immédiatement au propriétaire du sol. Il est bien vrai que les diplômes ne le disent pas, mais ils n'avaient pas besoin de le dire. Notons bien, en effet, que c'est toujours le propriétaire qui obtient du roi l'immunité, ce ne sont pas ses hommes; or, s'il obtient que la justice de l'État ne pénètre pas chez lui, ce n'est pas pour y substituer quelque autre juridiction qui ne serait pas la sienne. Aussi nos diplômes ne font-ils pas la moindre allusion à un tribunal populaire ni à une organisation quelconque de la justice. Le juge public disparu, il ne reste dans l'intérieur du domaine que le propriétaire. Il jugera donc forcément. Quand les hommes ne le voudraient pas, quand lui-même ne le voudrait pas, il se trouvera le seul juge possible. Il jugera donc, ou par lui-même ou par ses agents.

C'est pour cela que nous voyons dès ce moment les évêques, les abbés, et aussi les riches laïques, avoir sur leurs différents domaines des *judices* qu'ils choisissent eux-mêmes et à qui ils délèguent leur autorité judiciaire. Chaque domaine immuniste eut désormais son *judex privatus* qui remplaça le *judex publicus*. Au fonctionnaire du roi se substitua le fonctionnaire ou l'agent du grand propriétaire[1].

Les diplômes marquent aussi que les *freda* appartenaient désormais au propriétaire[2]. Or ces *freda* n'étaient, si l'on peut parler ainsi, que le côté pécuniaire

---

[1] *Edictum Chlotarii*, art. 19 (Pertz, *Leges*, I, p. 15; Boretius, p. 25): *Episcopi vel potentes qui in aliis possident regionibus* (c'est-à-dire hors du lieu de leur résidence) *judices vel missos discursores de aliis provinciis non instituant nisi de loco, qui justitiam percipiant et aliis reddant.* — Le *judex immunitatis* est cité dans un capitulaire de 779, art. 9 (Baluze, I, 197; Boretius, p. 48) et dans les *Capitularia*, V, 105 (Baluze, I, 860).

[2] *Hoc monasterium sibimet omnes fredos concessos debeat possidere* (diplôme de 635, n° 270). — *Cum fretis concessis* (diplôme de 691, n° 417). — *Cum omnis fridus concessus* (diplôme de Childebert III en faveur de Saint-Maur). — *Omnis fridus ad integrum concessus* (diplôme

de l'œuvre judiciaire. De même que toute juridiction donnait droit à la perception des *freda*, de même la perception des *freda* supposait nécessairement la juridiction. Aux yeux des hommes, la possession des *freda* était comme la preuve matérielle de la possession légitime de la justice[1].

La police du domaine, dans lequel l'autorité publique n'avait plus entrée, appartenait de toute nécessité au propriétaire. Quand le roi écrit dans un diplôme que ses propres agents n'auront plus le droit de saisir aucun des hommes du domaine, ni serf ni libre, il est clair que ce droit, que le propriétaire avait déjà en partie comme maître de ses serfs et patron de ses affranchis, lui appartient désormais sans réserve sur tous les hommes qui habitent sa terre. Le rapprochement que fait le diplôme entre les libres et les serfs, *tam ingenuos quam servientes*, est singulièrement significatif.

Voyons maintenant ce qu'il advenait de l'impôt. Les expressions qui sont employées sur ce sujet doivent être observées de près et interprétées littéralement. Le roi ne dit pas : « L'évêque ou l'abbé ne payera plus de contributions à notre fisc. » Il dit : « Nos fonctionnaires n'entreront plus sur les terres de l'évêque ou de l'abbé pour percevoir les contributions sur les hommes, libres ou serfs, qui habitent les terres de cet évêque ou de cet abbé[2]. » Ainsi, les impôts dont il s'agit ici

---

de 716, n° 515). — *Quidquid fiscus de freda poterat sperare... in luminaribus vel stipendiis servorum Dei mancipetur* (diplôme de 727, n° 542). — Marculfe, I, 3 : *Hoc* (c'est-à-dire *causas audire et freda exigere*) *episcopus vel successores ejus valeant dominare.*

[1] Du moins au VIIe et au VIIIe siècle; plus tard, le mot *freda* a été employé quelquefois pour désigner des impôts ou exactions d'autre nature.

[2] *Quidquid fiscus de eorum* (id est, *monachorum*) *hominibus aut de*

sont moins des impôts payés par le propriétaire du sol que des impôts payés par ses hommes, c'est-à-dire par ceux qui habitent et cultivent sa terre. Pour s'expliquer l'importance de cela, il faut se rappeler que depuis le temps de l'Empire romain une série de contributions publiques étaient à la charge, non plus du propriétaire, mais des tenanciers à qui il avait distribué les lots du domaine. L'impôt foncier, au lieu de porter en bloc sur sa tête, s'était réparti et distribué entre ses cultivateurs[1].

Cet impôt était-il supprimé par la charte d'immunité? Nullement. Les diplômes n'ont pas un mot qui implique que les hommes du domaine, libres, colons ou serfs, soient exemptés du payement des contributions publiques. Ils en ôtent seulement la perception à l'officier du roi pour la confier expressément, ainsi que nous l'avons vu, au propriétaire du sol. Quelquefois le roi stipule que le propriétaire remettra dans ses mains une somme fixe qui répond à peu près au produit net de l'impôt. D'autres fois, il lui fait don de toutes les sommes perçues; mais, même en ce cas, les

---

ingenuis aut de servientibus, aut in eorum agris commanentibus poterat sperare (diplôme de 635, n° 270). — *Quidquid fiscus ex eorum hominibus vel in eorum agris commanentibus poterat sperare* (diplôme de 661, n° 341). — *Quod ad fiscum nostrum reddere debuerant homines ecclesiæ* (diplôme de 665, dans les *Diplomata, Additamenta*, t. II, p. 424). — Marculfe, I, 3: *Quidquid de ingenuis aut de servientibus ceterisque nationibus que sunt infra* (infra dans la langue du temps a le sens de *intra*) *agros seu super terras prædictæ ecclesiæ commanentes, fiscus aut de freda aut undecunque poterat sperare*.

[1] La manière dont cette modification s'opéra dans l'assiette de l'impôt foncier s'aperçoit bien dans une loi de Justinien, au Code, XI, 48, 20, § 3. On y voit que le *colonus*, outre qu'il payait au propriétaire le *reditus terræ*, payait en même temps au fisc les *functiones publicæ*, c'est-à-dire l'impôt public inhérent à cette terre. La Loi de Justinien constate que c'était là une coutume ancienne, *more solito*, mais non pas une coutume universelle.

termes de la concession marquent bien que les hommes du domaine ne sont pas exempts : « Tout ce que le fisc avait droit de percevoir sur les hommes, libres ou serfs, qui habitent les domaines, nous le remettons et concédons à l'église ou au couvent, pour servir au luminaire ou à l'entretien des moines[1]. » Ailleurs, le roi dit en parlant des hommes de deux villages : « Tout ce qu'ils rendaient autrefois au fisc, ils le payeront désormais à l'abbé[2]. » Il est donc certain que le contribuable continue à payer; mais il paye au propriétaire. Qu'ensuite ce propriétaire ait à compter avec le roi ou qu'il garde les sommes pour lui, cela importe assez peu à l'homme qui a payé. C'est tout au plus s'il sait si l'argent va au roi ou s'il reste à l'évêque. Dans un cas comme dans l'autre, lui, contribuable, ne connaît ni le roi ni l'État : il ne connaît que le propriétaire, lequel lui apparaît désormais comme le vrai maître de l'impôt.

Il resterait à se demander ce que devenait le service militaire, et il y a ici une assez grande obscurité. On sait que ce service était exigé de tous les hommes non serfs, sans distinction de race. On sait même que les lites d'une part, les hommes de l'Église de l'autre, y étaient assujettis. Avant l'immunité, ils devaient obéir à toute réquisition des ducs et des comtes, et ceux qui refusaient de prendre les armes devaient payer une forte amende, laquelle était appelée *hériban* comme le

---

[1] *In luminaribus ipsius sancti loci vel stipendia servorum Dei proficiat in perpetuum* (diplôme de 635, n° 270). — *Quantumcunque homines reddere debuerant... ipse pontifex habeat concessum atque indultum* (diplôme de 665 cité plus haut).

[2] Diplôme de 673, n° 568. — Cf. *Vita S. Remigii ab Hincmaro* (dom Bouquet, III, p. 377-378) : *Petentibus incolis locorum, qui multiplicibus exeniis erant gravati, ut quod regi debebant, ecclesiæ Remensi persolverent, rex concessit.*

service lui-même[1]. En cas d'immunité, les hommes étaient-ils exempts? Aucun diplôme ne le dit; mais deux diplômes disent expressément que « les fonctionnaires publics ne lèveront plus l'hériban, et que ce sera l'Église qui le lèvera pour son propre usage[2]. » Il est visible que, si le comte n'a plus la perception de l'hériban qui représente le service militaire, c'est qu'il n'a plus la levée des soldats, et que, si cette sorte d'impôt est donnée à l'évêque, c'est que la levée des soldats lui appartient aussi. On ne voit pas d'ailleurs comment le comte aurait pu forcer les hommes du domaine à le suivre à la guerre, puisque la charte d'immunité lui enlevait le droit de les saisir, *distringere*, et lui ôtait tout moyen de les contraindre. Ce qui est, sinon certain, du moins très vraisemblable, c'est que le roi ne dispensait pas ces hommes du service militaire, mais qu'écartant ses propres agents, il laissait au grand propriétaire le soin de faire la levée des hommes et de les lui amener, soit par lui-même en personne, soit par son représentant.

En résumé, la charte d'immunité n'est jamais faite en faveur des hommes du domaine; elle est toujours

---

[1] Grégoire de Tours, *Historia Francorum*, V, 27: *Chilpericus rex de pauperibus et junioribus ecclesiæ vel basilicæ bannos jussit exigi pro eo quod in exercitu non ambulassent.* — Idem, VII, 42: *Edictum a judicibus datum est ut qui in hac expeditione tardi fuerant, damnarentur.... Pretia dissolvetis quod regis imperium neglexistis.* — *Lex Ripuariorum*, LXV, 1: *Si quis in utilitatem regis sive in hoste bannitus fuerit et minime adimpleverit, LX solidis multetur.* — Cf. diplôme de 695, n° 434.

[2] Diplôme de 665, t. II, p. 424: *Ut nullus judex publicus... nec herebanno recipere nec requirere præsumat... sed ipse pontifex valeat habere concessum atque indultum.* — Diplôme de 727, n° 542: *Quidquid fiscus de herebanno poterat sperare, ad luminaribus vel stipendiis famulis Dei mancipetur.* — Comparez un diplôme qui paraît être de 739 et où l'on voit que l'*heribannus* appartient au propriétaire, laïque ou ecclésiastique (*Diplomata*, t. II, p. 464).

faite en faveur du propriétaire. Elle ne dispense ces hommes ni d'être jugés, ni de payer des impôts, ni de servir comme soldats. Toutes les charges de la population subsistent. Le seul changement est que le droit de justice, la perception des impôts, la levée des soldats, au lieu d'appartenir aux agents du roi, appartiennent au propriétaire. L'immunité ne touche pas, en principe, à l'autorité royale ; elle ne touche pas non plus à la condition ou aux charges des classes inférieures ; seulement, comme elle fait disparaître le fonctionnaire royal et lui substitue le propriétaire, il résulte de là que tout ce que les classes inférieures avaient eu d'obligations envers l'agent royal est transporté de fait au propriétaire.

Voilà donc le grand point obtenu. Le propriétaire, en dépossédant le fonctionnaire public, est devenu un maître absolu sur ses domaines. Vis-à-vis des hommes, libres ou serfs, qui « sont manants sur ses terres », il n'est plus seulement un propriétaire ; il est tout ce qu'avait été le comte : il a dans ses mains tout ce qu'avait eu l'autorité publique. Il est le seul chef et le seul juge, comme le seul protecteur. Les hommes de sa terre ne peuvent plus avoir d'autre gouvernement que le sien. Il est vrai qu'à l'égard du roi il reste un sujet, ou plus exactement un fidèle ; mais chez lui il est un roi.

CONCLUSION.

On a souvent rapproché l'immunité mérovingienne de l'immunité qui avait existé dans l'Empire romain. Elles diffèrent par des traits caractéristiques.

Il y avait dans l'Empire romain deux sortes d'immunités qu'il faut d'abord distinguer : les unes collectives, les autres personnelles. Les immunités collectives existaient en vertu des lois; aussi est-ce dans le recueil des lois impériales que nous les trouvons. Elles appartenaient de plein droit à certaines catégories ou classes de personnes : en premier lieu, aux *palatini*, c'est-à-dire aux fonctionnaires de la cour, aux employés supérieurs des bureaux[1], et aussi à ces agents que le prince envoyait dans les provinces sous le titre de *agentes in rebus*[2]; en second lieu, aux hommes qui exerçaient les professions libérales, médecins, professeurs, architectes, peintres[3]; enfin, à plusieurs professions industrielles ou commerciales, aux *navicularii*[4], aux orfèvres, aux géomètres, aux fabricants de machines, et à beaucoup d'autres artisans[5], pour qui elles étaient moins une faveur que la compensation de quelques charges spéciales. Il est assez visible que cette sorte d'immunité ne ressemble en rien à l'immunité mérovingienne. Celle-ci n'est jamais collective. On ne voit pas qu'elle soit jamais accordée à des professions ou à des classes d'hommes, pas même aux grands du palais. Elle est essentiellement personnelle.

L'immunité que les empereurs accordaient était surtout l'exemption des charges municipales. Elle affranchissait : 1° de l'obligation de remplir les *honores*, c'est-à-dire les fonctions fort coûteuses de la cité[6];

[1] Code Théodosien, VI, 35, 1 : *A palatinis, tam illis qui obsequiis nostris inculpata officia præbuerunt quam illis qui in scriniis nostris versati sunt....* — Ibidem, VI, 35, 3.
[2] Ibidem, VI, 35, 3, § 3; VI, 35, 7.
[3] Ibidem, XIII, 3, 1-4 ; XIII, 3, 10-16.
[4] Ibidem, XIII, 5, 5 ; XIII, 5, 7. Cf. Lampride, *Alexander*, 22.
[5] Digeste, livre L, tit. 6.
[6] C'est le sens des mots : *Nominationes jubemus esse summotas*, de la loi 1 du Code Théodosien, VI, 35. Le sens du mot *nominatio* est bien

2° du payement des impôts municipaux[1]; 3° de certaines prestations dites sordides, *sordida munera*, qui étaient des corvées municipales[2]. On y ajouta l'exemption de quelques charges publiques, comme le logement des soldats, le service militaire, et même le payement de quelques surcroîts d'impôts, tels que la superindiction[3]. Mais pour ce qui est des impôts réguliers, de l'impôt foncier, de la capitation, nous ne voyons pas qu'ils aient jamais été compris dans cette sorte d'immunité. Quant à la justice, l'immunité romaine avait seulement pour effet de soustraire celui qui en était l'objet à la justice municipale ou à la juridiction inférieure des *judices pedanei*[4]. Elle ne supprimait nullement la justice du *præses*. Quelques hauts fonctionnaires avaient le privilège de n'être jugés que par le prince; mais cela même n'a qu'une analogie apparente avec le privilège judiciaire de l'immunité mérovingienne.

Il est vrai qu'en dehors de ces immunités collectives et légales il y a eu, durant toute la période impériale, des immunités personnelles qui émanaient de la pure faveur du prince. C'est sur ce point seulement qu'il

---

marqué dans plusieurs lois du Code Justinien, X, 32, lois 2, 18, 45. Les *honores* dont il est question dans d'autres endroits sont des fonctions municipales; voir Code Théodosien, VI, 35, 3.

[1] Ces contributions municipales sont parfois désignées par l'expression *functiones publicæ*; voir Code Justinien, X, 32, lois 26, 31, 46.

[2] *Immunes a cunctis muneribus sordidis et personalibus* (Code Théodosien, VI, 35, 1). — Ibidem, 3 et 4. — Sur les *munera* ou *munia* qui sont des charges municipales, voir Code Justinien, X, 32, lois 46, 49, 50, 58.

[3] *Medicos et professores... nec ad militiam comprehendi, neque hospites recipere* (Code Théodosien, XIII, 3, 3; Paul, au Digeste, L, 5, 10). — *Nec eorum domus militem seu judicem suscipiant hospitandum, nec ad militiam liberi eorum trahantur inviti* (Code Théodosien, XIII, 3, 16). — Ibidem, XIII, 3, 2; XIII, 3, 18 et 19. — L'exemption de la superindiction est accordée aux *clerici* par une loi de 412 (ibidem, XVI, 2, 40).

[4] *Neve pedaneorum judicum obnoxii sint potestati* (Code Théodosien, XIII, 4, 4). — *In jus vocari prohibemus* (Code Théodosien, XIII, 3, 1); mais

pourrait y avoir quelque ressemblance avec l'immunité mérovingienne. Mais ces concessions impériales nous sont fort peu connues. A peine sont-elles indiquées par quelques textes assez vagues qui n'en disent ni la nature ni les effets[1]. Ce qu'on y peut apercevoir, c'est que ces concessions entraînaient une exemption d'impôts[2]; mais rien n'autorise à penser que l'immunité impériale supprimât la juridiction du fonctionnaire public; rien ne permet de croire qu'elle interdît au gouverneur de province d'entrer sur la terre de l'immuniste.

L'immunité mérovingienne n'a donc rien de romain, si ce n'est son nom. Est-ce à dire qu'elle vienne de la Germanie? Il suffit de lire un de ces diplômes pour reconnaître une série de traits absolument opposés à ce que nous savons de la Germanie ancienne. Elle n'est, suivant toute apparence, ni romaine ni germanique. Il faut la prendre comme un fait qui a surgi dans le désordre du VI° siècle et qui, se développant et prenant des formes de plus en plus arrêtées, est devenu au VII° siècle l'institution que nous avons vue. Nous pou-

---

il faut observer qu'il ne s'agit que de la justice municipale: le contexte le marque bien.

[1] Suétone, *Auguste*, 40 : *Cuidam tributario Gallo immunitatem obtulit.* — Idem, *Tibère*, 49 : *Plurimis... et privatis immunitates ademptæ.* — Tacite, *Histoires*, III, 55 : *His tributa dimittere, alios immunitatibus juvare.* — Code de Justinien, X, 42, 3, loi d'Alexandre Sévère : *Qui immunitatem munerum publicorum consecuti sunt.* — Ibidem, X, 42, 7, loi de Dioclétien : *Etiam minores ætate patrimoniorum muneribus subjugari solent, unde intelligis te frustra plenam immunitatem desiderare cum munera quæ impensas exigunt subire te necesse est.* D'où il résulte que cette immunité n'exemptait jamais des *munera patrimonialia* (Code Justinien, X, 42, 5). — Cf. ibidem, XI, 48, 9; Digeste, livre L, titre 15.

[2] C'est ce qui résulte déjà d'un texte de Suétone cité plus haut [note 1] : *Cuidam tributario Gallo immunitatem obtulit, affirmans se passurum fisco detrahi aliquid.*

vons, après l'avoir étudiée en détail, en résumer les caractères.

1° L'immunité est une faveur, un *beneficium*[1]. Elle est accordée par le roi personnellement à un homme qui d'ordinaire s'est présenté en personne. Elle ne vient qu'à la suite d'une demande ou prière dont mention est faite dans l'acte. Puis cette prière et cette faveur se renouvellent à chaque décès. Tous ces traits, qui semblent de pure forme, nous font pourtant saisir le lien étroit qui unit l'immunité aux autres institutions génératrices de la féodalité. [On a remarqué[2] que les rois francs ont assez rarement pratiqué le bénéfice, et qu'ils en ont usé surtout pour rémunérer leurs fonctionnaires. L'immunité était sans doute le bienfait qu'ils accordaient de préférence à ceux de leurs sujets qu'ils voulaient obliger.]

2° Le privilège d'immunité consiste à affranchir l'évêque, l'abbé ou le grand seigneur laïque de l'autorité administrative, soit pour la juridiction, soit pour la levée de l'impôt, soit pour la police locale. Elle ne détruit pas d'une manière générale la hiérarchie des ducs, comtes et centeniers, mais elle soustrait des milliers de domaines à leur autorité.

3° Elle ne supprime pas l'autorité royale, le roi ne renonce nulle part à ses droits, il renonce seulement à les faire exercer par l'intermédiaire de ses agents. Dès lors il arrive que l'autorité royale, qui ne peut plus

---

[1] [M. Prost, 1886, p. 193, dit que dans cette étude sur l'immunité on est « parti de l'idée, peu justifiée, que l'immunité est un bénéfice »; mais on s'est borné à dire ici qu'elle est un *beneficium*, un bienfait : c'est l'expression dont l'appellent les documents; et cette conclusion n'a été donnée qu'après l'étude minutieuse des textes. L'historien ne part pas d'une idée; il y arrive.]

[2] Voyez plus haut, p. 180.

agir administrativement, prend le caractère d'un patronage direct et personnel ; le sujet n'est plus qu'un fidèle. [L'immunité est une des formes sous lesquelles la royauté accordait sa protection, son patronage.]

4° L'immunité est toujours accordée à un grand propriétaire foncier, évêque, abbé ou seigneur laïque ; elle ne l'est jamais aux hommes qui habitent et cultivent les grands domaines. Elle n'a rien de démocratique : elle est toujours à l'avantage des plus grands. Tous les droits dont la royauté dessaisit ses agents, c'est au grand propriétaire qu'elle les donne, ce n'est pas aux classes inférieures. Comme conséquence naturelle de l'exclusion du fonctionnaire royal, le grand propriétaire devient le juge de tous les hommes qui sont sur ses terres, et la justice publique se change, dans l'intérieur des domaines privilégiés, en justice privée. Les impôts sont perçus par le grand propriétaire, et, soit qu'il les porte au roi, soit qu'il les garde pour lui, ces impôts se transforment, dans la pratique, en contributions privées. Toutes les obligations que les hommes des domaines avaient eues auparavant envers l'État, ils les ont désormais envers le grand propriétaire.

Ainsi l'immunité a modifié les rapports des hommes entre eux, aussi bien ceux des propriétaires vis-à-vis du roi que ceux des classes inférieures vis-à-vis des propriétaires.

C'est par là que l'immunité a été l'une des sources du régime féodal. Durant plusieurs siècles, elle a été un de ces faits mille fois répétés qui modifient insensiblement et à la fin transforment les institutions d'un peuple. En changeant la nature de l'obéissance des grands, et en déplaçant l'obéissance des petits et des faibles, elle a changé la structure du corps social. Elle a contribué, pour sa part, à substituer à la monarchie administrative, que l'Empire avait établie et que les Mérovingiens croyaient continuer, le système nouveau de la fidélité. Que les habitants des domaines deviennent les sujets du grand propriétaire, et que ce grand propriétaire devienne un simple fidèle, voilà les deux traits essentiels qui feront le régime féodal; or cela se trouva établi, dès le vii° siècle, non pas partout, mais sur mille points du territoire, par l'immunité.

CONCLUSION

[Le bénéfice, le patronage, l'immunité, voilà les trois institutions d'où la féodalité va sortir. Si le domaine rural, l'*alleu*, est le terrain sur lequel s'élèvera l'édifice féodal, ces trois coutumes donneront à cet édifice sa contexture, sa forme et son aspect. Elles sont, toutes trois, de même nature, elles se sont développées dans les mêmes circonstances, elle ont abouti, à la fin du viie siècle, aux mêmes résultats.

1° Un usage analogue au bénéfice existait déjà dans la société romaine. C'était le précaire, concession de terre accordée sur une simple prière, et toujours révocable au gré du bienfaiteur. La loi ne le sanctionnait pas; il était en dehors du Droit, ou, plutôt, contraire au Droit. Cependant il tenait une très grande place dans la vie ordinaire. A la fin de la République romaine, il s'était assez répandu pour constituer une aristocratie foncière qui n'est pas sans analogie avec le monde féodal. De nouveau, sous le Bas-Empire, il s'est développé. Sans entrer dans les lois, il est passé dans les mœurs. Sous le nom de bénéfice, il est devenu d'un usage constant dans la société de l'époque mérovingienne, et ses conséquences l'ont profondément transformée. Il a diminué à l'infini le nombre des petits propriétaires. Il a changé les biens de moindre importance en tenures dépendantes des grands domaines. Établissant un rapport entre les terres, il a créé en même temps un lien entre les personnes. Pendant qu'il accroissait la fortune territoriale des grands propriétaires, il augmentait leur puissance sur les hommes.

2° Le patronage a eu les mêmes destinées. Nous l'avons constaté dans les sociétés primitives de la Gaule et de la Germanie; mais nous avons pu l'étudier surtout sous la République romaine. A la fin du premier siècle avant notre ère, il avait pris, en même temps que le précaire, une très grande extension. Il a fait que les propriétaires d'alors étaient aussi riches en clients qu'en domaines, et qu'ils avaient en leur pouvoir autant d'hommes que de terres. Il s'est continué sous l'Empire, atténué et restreint, pour se propager de nouveau au v° siècle. Dès lors, il y a eu en Gaule un vaste système de patronages et de recommandations dans lequel chacun a pris sa place. Les conséquences de cette pratique ont été les mêmes que celles du bénéfice : un très grand nombre de personnes se sont trouvées placées sous la protection d'un très petit nombre d'hommes puissants.

3° A la différence du bénéfice et du patronage, la pratique de l'immunité s'est développée dans le palais du roi. Elle ne s'en rattache pas moins au même groupe d'institutions. Par l'immunité, la royauté a soustrait les grands domaines à l'autorité de ses agents. Les rapports légaux ont été remplacés par des liens personnels. Les propriétaires immunistes sont devenus les fidèles du roi, et les hommes qui habitaient sur leurs terres sont devenus leurs sujets.

Ainsi, ces trois pratiques ont concouru à fortifier la puissance de l'aristocratie foncière. On a vu, dans le précédent volume[1], quelle était sa richesse en terres;

---

[1] [Cf. l'Alleu.]

on a essayé de montrer, dans celui-ci, comment elle est devenue la maîtresse des hommes, comment il s'est fondé, à son profit, un ordre social différent de l'ordre public.

Dans cet ordre nouveau], les hommes étaient subordonnés hiérarchiquement les uns aux autres et liés entre eux par le pacte de foi ou de sujétion personnelle. Le régime féodal existait [donc dès le viie siècle] avec ses traits caractéristiques et son organisme complet.

Seulement il n'existait pas seul. Le régime de l'État, sous la forme monarchique, subsistait avec son administration, sa justice publique, quelques restes d'impôts et des codes de lois communes. Le patronage et la fidélité se faisaient jour au milieu de tout cela, mais ne régnaient pas encore. Légalement c'étaient les institutions monarchiques qui gouvernaient les hommes. La féodalité était en dehors de l'ordre régulier. Les lois ne la combattaient plus comme au temps des empereurs; du moins elles ne la consacraient pas encore. Ce vasselage tenait déjà une grande place dans les mœurs, dans les usages, dans les intérêts; il n'en avait presque aucune dans le droit public.

[Ce vasselage n'est pas d'origine guerrière. Il n'a pas encore le caractère militaire. C'est pour cela surtout qu'on ne peut dire que la féodalité soit définitivement constituée. Cependant on devine qu'il le prendra bientôt.

C'est déjà l'épée au côté que les fidèles du roi lui prêtent serment. D'autre part, tout protégé va devenir nécessairement le soldat de son patron. Si on se rappelle en effet comment le service militaire était organisé, on pensera que cette dernière transformation était inévitable. L'armée était constituée sur le modèle de la société civile : on disait indifféremment *exercitus* et *populus*. Tous les hommes libres portaient les armes. Les magistrats civils étaient en même temps les chefs militaires; ceux qui, pendant la paix, jugeaient et gouvernaient les hommes, étaient aussi ceux qui les conduisaient au combat. Quand les cadres de la société civile seront changés, ce système militaire changera avec eux. Il s'adaptera au nouvel ordre social. Les hommes obéiront alors comme soldats à ceux dont ils dépendent comme fidèles, et le seigneur se présentera devant le roi comme le chef militaire de ces hommes.]

TABLE DES MATIÈRES

Chapitre		
	I. Qu'il n'existait pas dans l'Empire romain de bénéfices militaires.	1
—	II. Le « comitatus » germanique est-il l'origine des institutions féodales ?	12
—	III. Que le système bénéficiaire ne s'est établi ni immédiatement après la conquête franque, ni par l'effet de concessions royales.	30
	1° Des donations privées.	30
	2° Des donations royales.	55
—	IV. Le précaire romain.	63
	1° De la possession et de l'usufruit en droit romain.	65
	2° La nature du précaire d'après les jurisconsultes.	69
	3° Des effets produits par le précaire dans l'histoire romaine. — D'une analogie qui existe entre la République romaine et le régime féodal.	83
	4° Du précaire à la fin de l'Empire, d'après Salvien.	95
	5° Opérations auxquelles s'associait le précaire ; du patronage des fonds de terre.	98
—	V. Le précaire dans l'État mérovingien. Le précaire sur les terres laïques.	110
—	VI. Le précaire dans l'État mérovingien. Le précaire sur terres d'Église.	128
	1° Précaire au profil des clercs et serviteurs d'une église.	129
	2° Du précaire servant au louage.	134
	3° Le précaire associé à la rente et à la donation.	139
	4° Du précaire concédé en échange de la nue propriété d'une terre.	143
—	VII. Le bénéfice de l'époque mérovingienne.	152
	1° De quelques opinions erronées au sujet du bénéfice.	152
	2° Du « beneficium » dans l'époque mérovingienne. — Analyse des documents et définition des termes.	157

TABLE DES MATIÈRES.

	3° Le « bénéfice » des rois.	180
	4° Les conséquences de l'usage du bénéfice.	187
Chapitre VIII.	Le patronat chez les Gaulois et les Germains.	192
	1° Les Gaulois.	194
	2° Les Germains.	200
— IX.	Le patronat et la « commendatio » dans la société romaine.	205
	1° La clientèle volontaire dans les deux derniers siècles de la République.	206
	2° Relations entre clients et patrons.	215
	3° Le patronat se continue pendant les trois premiers siècles de l'Empire.	225
	4° La clientèle impériale.	227
	5° Le patronage romain au IV° siècle.	235
— X.	Le patronage et la recommandation dans l'État franc.	248
— XI.	De la « commendatio » à l'Église.	252
— XII.	La « commendatio » et le mainbour des particuliers.	267
	1° De ceux qui « se commendent » parce qu'ils n'ont pas « de quoi se nourrir et se vêtir ».	267
	2° De ceux qui se « commendent » pour obtenir des honneurs et des places.	274
	3° Du caractère de la « commendatio »; qu'elle ne présente rien de militaire.	280
— XIII.	Du patronage royal	299
— [XIV].	La truste du roi.	314
— XV.	Bénéfice et sujétion.	333
— XVI.	L'immunité.	336
	1° [Énumération des documents].	337
	2° [Des causes qui ont pu créer l'immunité].	347
	3° [Des caractères de l'immunité].	353
	4° [L'entrée du domaine est interdite aux fonctionnaires par l'immunité].	366
	5° [De la défense de juger contenue dans l'immunité].	372
	6° [Défense de percevoir les « freda » et de saisir des répondants].	380
	7° [De l'abandon des impôts].	389
	8° [Des rapports entre le mainbour et l'immunité].	398
	9° [L'immunité transforme le propriétaire en maître].	406
	Conclusion	419
Conclusion.		427

www.ingramcontent.com/pod-product-compliance
Lightning Source LLC
Chambersburg PA
CBHW070604230426
43670CB00010B/1402